国家社科基金
后期资助项目

马克思的新唯物主义哲学革命研究

Research on Marx's New Materialist Philosophy Revolution

聂海杰 著

中国社会科学出版社

图书在版编目（CIP）数据

马克思的新唯物主义哲学革命研究／聂海杰著． —北京：中国社会科学出版社，2024.6
ISBN 978 – 7 – 5227 – 2989 – 3

Ⅰ.①马…　Ⅱ.①聂…　Ⅲ.①马克思主义哲学—研究　Ⅳ.①B0 – 0

中国国家版本馆 CIP 数据核字（2024）第 033917 号

出 版 人	赵剑英
责任编辑	刘　艳
责任校对	陈　晨
责任印制	李寡寡

出　　版	中国社会科学出版社
社　　址	北京鼓楼西大街甲 158 号
邮　　编	100720
网　　址	http://www.csspw.cn
发 行 部	010 – 84083685
门 市 部	010 – 84029450
经　　销	新华书店及其他书店
印　　刷	北京君升印刷有限公司
装　　订	廊坊市广阳区广增装订厂
版　　次	2024 年 6 月第 1 版
印　　次	2024 年 6 月第 1 次印刷
开　　本	710×1000　1/16
印　　张	21
字　　数	373 千字
定　　价	118.00 元

凡购买中国社会科学出版社图书，如有质量问题请与本社营销中心联系调换
电话：010 – 84083683
版权所有　侵权必究

国家社科基金后期资助项目
出 版 说 明

　　后期资助项目是国家社科基金设立的一类重要项目，旨在鼓励广大社科研究者潜心治学，支持基础研究多出优秀成果。它是经过严格评审，从接近完成的科研成果中遴选立项的。为扩大后期资助项目的影响，更好地推动学术发展，促进成果转化，全国哲学社会科学工作办公室按照"统一设计、统一标识、统一版式、形成系列"的总体要求，组织出版国家社科基金后期资助项目成果。

全国哲学社会科学工作办公室

目　录

引　言 …………………………………………………………… （1）

第一章　马克思新唯物主义哲学革命的问题意识 ……………… （9）
　一　古希腊时代对西方哲学理论建制的奠基 ………………… （10）
　　（一）泰勒斯的"水本原说"的形而上学意蕴 ……………… （10）
　　（二）柏拉图"理念论"对西方哲学理论建制的筹划 ……… （14）
　二　经验论和唯理论：西方哲学的近代化形态 ……………… （22）
　　（一）经验论和唯理论对于柏拉图主义问题的转化 ……… （23）
　　（二）西方哲学近代化的逻辑进程 ………………………… （25）
　　（三）休谟怀疑论与西方哲学近代化的终局 ……………… （29）
　　（四）法国唯物论对西方哲学近代化固有矛盾的暴露 …… （30）
　三　作为柏拉图主义完成形态的德国古典哲学 ……………… （33）
　　（一）应对"休谟问题"：康德"纯粹理性批判"的
　　　　　理论旨趣 ………………………………………………… （34）
　　（二）费希特、谢林对于"康德形而上学疑难"的求解 …… （42）
　　（三）黑格尔哲学：德国古典哲学和传统
　　　　　西方哲学的完成形态 …………………………………… （49）
　四　传统西方哲学理论建制的维度缺失 ……………………… （54）

第二章　马克思新唯物主义哲学论域的开启 ………………… （59）
　一　"法的形而上学体系"的构建及其先验疑难 …………… （60）
　　（一）马克思触及西方哲学理论建制的弊病 ……………… （60）
　　（二）马克思对黑格尔辩证法的接受和转化 ……………… （70）
　二　自我意识哲学批判及其效应 ……………………………… （72）
　　（一）马克思与青年黑格尔派：和而不同 ………………… （72）
　　（二）勘察"自我意识哲学观"的限度 …………………… （79）

（三）"世界的哲学化"就是"哲学的世界化" …………………… (91)
　三　新唯物主义哲学的崭新论域 ……………………………………… (97)

第三章　马克思新唯物主义哲学主题的确立 ………………………… (102)
　一　探求哲学与政治的联盟 …………………………………………… (102)
　　（一）普鲁士书报检查令的二律背反 ……………………………… (103)
　　（二）马克思哲学理论建制的初步阐发 …………………………… (110)
　　（三）物质利益疑难对马克思哲思逻辑的丰富 …………………… (115)
　二　马克思哲学观的双重转变 ………………………………………… (117)
　　（一）哲学批判与政治批判的统一 ………………………………… (118)
　　（二）马克思哲学观双重转变的实质 ……………………………… (121)
　三　马克思新唯物主义哲学的主题 …………………………………… (123)

第四章　马克思新唯物主义哲学革命逻辑的深化 …………………… (130)
　一　对黑格尔法哲学的批判和超越 …………………………………… (131)
　　（一）《克罗茨纳赫笔记》的研究主题 …………………………… (131)
　　（二）马克思批判黑格尔法哲学的三个维度 ……………………… (136)
　二　犹太人问题的深层破解及其共产主义解答 ……………………… (142)
　　（一）"犹太人问题"凸显的解放限度及其困境 ………………… (143)
　　（二）消灭私有制与犹太人问题的彻底破解 ……………………… (149)
　三　"批判的武器"与"武器的批判"的统一 ……………………… (153)
　　（一）哲学作为"此岸世界"的真理 ……………………………… (153)
　　（二）哲学作为无产阶级解放的思想武器 ………………………… (157)

第五章　马克思对旧哲学理论建制的颠覆和瓦解 …………………… (164)
　一　市民社会解剖奠定马克思哲学革命的根基 ……………………… (165)
　　（一）"市民社会"相关范畴分析 ………………………………… (166)
　　（二）市民社会的颠倒本性及其克服 ……………………………… (174)
　　（三）市民社会的矛盾本质及其辩证扬弃 ………………………… (180)
　二　市民社会解剖的深入及对唯心史观的清理 ……………………… (190)
　　（一）革命实践推动马克思哲思逻辑的飞跃 ……………………… (191)
　　（二）祛除"神圣家族"实践观的思辨性 ………………………… (197)
　　（三）瓦解"神圣家族"构造世界的认识论基础 ………………… (201)

第六章　旧哲学的终结与马克思的新唯物主义哲学观……………(216)
一　马克思新唯物主义哲学革命的成果凝结………………………(216)
（一）新唯物主义世界观及其实践变革的要旨 ……………(216)
（二）意识形态批判对阶级统治及其幻象的打破 …………(228)
（三）旧哲学的终结与"改变世界"哲学的确立 ……………(246)
二　马克思的新唯物主义哲学观……………………………………(249)

第七章　马克思对资本主义的唯物主义批判与人类文明的未来………(260)
一　资本主义社会制度的颠倒性……………………………………(261)
（一）破除"国家决定市民社会"的资产阶级意识形态 ………(262)
（二）资产阶级国家政权和政治制度的颠倒特性 …………(264)
二　资本主义必然灭亡的历史命运…………………………………(278)
（一）空想社会主义的迷误 …………………………………(279)
（二）资本主义必然灭亡的历史科学阐释 …………………(281)
三　共产主义对资本主义的扬弃和超越……………………………(285)
（一）消灭阶级统治的共产主义道路 ………………………(285)
（二）从资本主义到共产主义的过渡 ………………………(292)
（三）作为有机体的共产主义社会 …………………………(300)

结　语……………………………………………………………………(308)

参考文献…………………………………………………………………(318)

后　记……………………………………………………………………(327)

引　言

长期以来，国内外学界都十分重视对马克思哲学革命的研究。围绕这一经典课题，大家进行了深入的研究，产出了丰硕的成果。可以说，对于马克思发动哲学革命这一事实，鲜少有人否认；然而，对于马克思哲学革命究竟何以可能这一问题，却并非没有争议。国外的一些思想家，例如，以海德格尔为代表的现代西方哲学家们，并不否认马克思哲学革命的实在性，但却质疑马克思哲学革命的彻底性，实则是否认马克思以"新哲学"超越了"旧哲学"。国内思想界既承认了马克思哲学革命的实在性，也肯定了马克思哲学革命的彻底性，但大家对于这场重大哲学革命的实质及其本质逻辑，却并未真正达成一致。

造成纷争的原因，部分地或许与马克思哲学革命的开展方式、马克思哲学思想的言说形式有关联。马克思虽然在《关于费尔巴哈的提纲》中明确地将自己的哲学命名为"新唯物主义"，但他并未像那些职业哲学家那样，专题而又集中地在一部著作中系统阐述自己的哲学思想。事实上，"新唯物主义"这个称谓是"马克思第一次也是唯一一次使用的概念"，与之相应的，提出这一概念的《关于费尔巴哈的提纲》可谓马克思使用"'新唯物主义'的孤本"；有鉴于此，"人们不免发问：什么是作为新世界观'新唯物主义'？它的深刻意蕴何在？作为一种新唯物主义，它新在哪里？"[①] 可以说，对于马克思的哲学革命究竟何以可能的问题，即对于如何深刻把握作为"新唯物主义"的马克思哲学的本质要义这一问题，在今天仍然是一项值得作进一步深入探索、认真研究的基础理论课题。

从"现实的人及其历史发展"的维度，立足于新时代的中国现实，深耕马克思哲学文本、进入其思想世界，更深体味作为"新唯物主义"的马克思哲学的深邃意蕴，显得极其重要而又十分迫切。作为"全世界无产阶级和劳动人民的革命导师"，作为"马克思主义的主要创始人"和"马克思主义政

---

① 张奎良：《马克思的新唯物主义及其微型体系》，《马克思主义研究》2018年第5期。

党的缔造者和国际共产主义的开创者",作为"近代以来最伟大的思想家",马克思的思想在今天不仅没有过时,反而越发地彰显出其真理性和科学性魅力。"两个世纪过去了,人类社会发生了巨大而深刻的变化,但马克思的名字依然在世界各地受到人们的尊敬,马克思的学说依然闪烁着耀眼的真理光芒!"① 一百多年来,中国共产党坚定地将马克思所创立的马克思主义作为思想武器,领导中国人民"坚持把马克思主义基本原理同中国具体实际相结合、同中华优秀传统文化相结合"②,一步步推动着中华民族迎来了从站起来、富起来到强起来的伟大飞跃。立足于新时代中国特色社会主义实践,反思马克思主义的真理性和科学性的思想前提,研究作为"新唯物主义"的马克思哲学的建构逻辑,具有十分重要的意义和价值。对这项课题的研究,既可以进一步凸显作为"改变世界"的马克思哲学与只是一味地"解释世界"的传统西方哲学的本质差异,从而加深我们对马克思主义哲学的理论特质的认识,也有助于从马克思的思想中"汲取科学智慧和理论力量"③,充分展现马克思主义科学指导中国社会发展的重大作用。

从研究成果看,在国外一直存在着关于马克思哲学思想的争议。鲜有人会否定马克思的哲学家身份,但又普遍抹杀马克思哲学思想的特质而将之归入传统西方哲学行列。自改革开放以来,大批专家学者投身于对马克思哲学思想的专题研究,取得了丰硕的成果。但亟待对一些最为基本的问题作进一步的研究。

综观国外对马克思哲学思想的研究,突出的特点是多偏重于西方哲学视角去反观马克思的哲学思想。马克思在世时,这种错位和倾向就已然产生。青年黑格尔派的布·鲍威尔和麦·施蒂纳等人不堪忍受马克思的清算,将马克思归结为"费尔巴哈主义者",意图消解马克思哲学的批判威力;而杜林则从隐蔽的意识形态辩护的资产者立场将马克思归结为黑格尔的"拙劣模仿者"。以梅林、普列汉诺夫等为代表的第二国际理论家们对马克思的哲学革命给予了高度的评价。但他们的评价却是建立在一个值得商榷的前提之上的。在梅林看来,正是由于费尔巴哈这位"埋葬了黑格尔的全部哲学的大胆的思想家",以其著作《关于哲学改造的临时纲要》"致命地打击了黑格尔哲学——神学的最后避难所和合理的支柱"④,马克思才得以创立自己的哲学思想。"在梅林对马克思哲学的阐释定向中,恰恰只是从完全形式的方面来

---

① 习近平:《在纪念马克思诞辰二百周年大会上的讲话》,人民出版社 2018 年版,第 1—2 页。
② 《中国共产党第十九届中央委员会第六次全体会议文件汇编》,人民出版社 2021 年版,第 96 页。
③ 习近平:《在纪念马克思诞辰二百周年大会上的讲话》,人民出版社 2018 年版,第 16 页。
④ 〔德〕梅林:《马克思传》上卷,樊集译,人民出版社 1973 年版,第 71 页。

界别马克思和费尔巴哈的。但是这样一来，又恰恰把本质重要的存在论基础的性质完全忽略掉了——事实上，不是被忽略掉，而是暗中把这一基础的本质性完全归诸费尔巴哈。"① 梅林无疑看到了费尔巴哈哲学对于马克思的重要影响，但又绝对地夸大了这个影响作用，以至于无形之中消解了马克思哲学革命的彻底性。基于这样一种认知，对旧哲学的批判和变革已经先行由费尔巴哈完成了，而马克思只是对费尔巴哈哲学变革的运用、深化和拓展而已。普列汉诺夫关于马克思哲学革命实质的认识与梅林的看法大同小异。"总体而言，普列汉诺夫与梅林一样，把马克思的唯物主义的本质性导回到费尔巴哈，并且同样遵循一条抽象的和退行的路线。"② 普列汉诺夫的确对马克思的哲学革命给予了很高的赞誉，但他却将马克思哲学降格为费尔巴哈哲学的分支。

第二国际理论家的观点招致了西方马克思主义者的反对。这些人十分不满第二国际理论家对马克思主义哲学革命的素朴阐释，极力要从思想史即西方哲学发展史维度凸显马克思哲学革命的变革内涵。特别是以卢卡奇、科尔施、阿尔都塞为主要代表的一些西方马克思主义者，为协调马克思主义与趋于稳定的资本现实的矛盾，力图基于黑格尔主义视角对马克思的哲学思想进行阐释。

卢卡奇所谓马克思主义作为"关于社会（作为总体）发展的科学"③ 的看法，只是从形式上承认了马克思思想（主要是马克思的哲学思想）的"科学性"，事实上却并未真正抓住马克思主义作为一门"历史科学"的实质。这是因为，和梅林过度夸大了费尔巴哈对马克思的影响那样，卢卡奇也过度夸大了黑格尔对马克思的影响。他不是强调马克思的唯物辩证法对黑格尔的唯心辩证法的变革，而是极力强调后者对于前者的奠基地位和支撑作用。这样一来，卢卡奇对马克思哲学的理解就从"历史科学"退行到了"历史哲学"的误区之中。卢卡奇关于马克思哲学变革的这些见解，尤其是他对马克思主义的这种纯粹哲学化举措，在国外马克思主义思潮中有着较大的代表性。它甚至成为当代西方学界的一个主流倾向。例如，在《马克思主义之后的马克思》这部著作中，汤姆·洛克曼就认为："黑格尔不仅仅是马克思所反对并且纠正了其错误的人，而且更是一个其思想被保留下来并牢牢地编织进马克思成熟理论的经纬线之中的人。"正因如此，他进一步指出，

---

① 吴晓明：《形而上学的没落——马克思与费尔巴哈关系的当代解读》，人民出版社2006年版，第16页。

② 吴晓明：《形而上学的没落——马克思与费尔巴哈关系的当代解读》，人民出版社2006年版，第41页。

③ 〔匈〕卢卡奇：《历史与阶级意识——关于马克思主义辩证法的研究》，杜章智、任立、燕宏远译，商务印书馆1999年版，第80页。

"把马克思置于黑格尔思想的对面，是理解马克思的一个重大失误；我们应当把马克思看作黑格尔思想'之内'的，而且在批判或者拒斥别人的时候他有意无意地挖掘出了黑格尔的某些见解"①。以柯尔施为例，在其代表性论著《马克思主义和哲学》中，他明确地将马克思主义看作"彻头彻尾的哲学"。就其直接的出发点而言，柯尔施高扬马克思主义的哲学性质，乃是为了扭转第一、第二国际的一些理论家对马克思主义哲学内容的忽略和忽视。柯尔施甚至认为，这些理论家的"马克思主义从其本性上来讲与哲学没有任何关系，并认为他们说的是很重要的有利于马克思主义的东西"②。仅就这些论断本身看，柯尔施的这些见解不可谓不深刻，并且也深度地部分切中了马克思主义哲学观的内容与实质。然而，我们必须同时看到，柯尔施对马克思主义哲学的高扬，或者说，柯尔施视域中的"马克思主义哲学"原则性地是从黑格尔出发的，黑格尔的哲学观根本上构成了柯尔施的思想前提。阿尔都塞则提出了著名的"认识论断裂"命题。他坚持认为，这一断裂是根本性的"决然二分"。断裂前后是质之不同的两种思想模态。1845年断裂之前是"意识形态"阶段，1845年断裂之后则是"科学"阶段。③ 所谓"意识形态"阶段，即马克思沉陷于甚至依附于旧的哲学形而上学架构。阿尔都塞对此做出了具体的区分。他认为1842年到1845年必须被归入"理性共产主义阶段"。因为在这里马克思更多的是停留在康德、费希特以及费尔巴哈的总问题之中，即根本上是处于这些哲学家们的思想境域之中。如此一来，一系列重要的、关涉马克思主义哲学变革的作品，例如，《论犹太人问题》《〈黑格尔法哲学批判〉导言》《神圣家族》《1844年经济学哲学手稿》，都被阿尔都塞归入了意识形态性质的作品行列。

自20世纪以降，以海德格尔④等为主要代表的哲学家和思想家，将这种做法延续到了现代。他们基于虚无主义立场抽离了马克思哲学的价值立场和

---

① 〔法〕汤姆·洛克曼：《马克思主义之后的马克思》，杨学功、徐素华译，东方出版社2008年版，第8—9页。
② 〔德〕卡尔·柯尔施：《马克思主义和哲学》，王南湜、荣新海译，重庆出版社1989年版，第4页。
③ 〔法〕路易·阿尔都塞：《保卫马克思》，顾良译，商务印书馆2006年版，第18页。
④ 〔德〕海德格尔：《晚期海德格尔的三天讨论班纪要》，〔法〕F. 曼迪耶等辑录，丁耘编译，《哲学译丛》2001年第3期。海德格尔在其著述中一以贯之地将马克思视为传统哲学家，"中世纪神学家们以他们自己的方式（亦即以重新解释的方式）研究柏拉图和亚里士多德，这就如同卡尔·马克思为他自己的政治世界观去利用黑格尔的形而上学一样"（〔德〕海德格尔：《海德格尔文集·尼采》下卷，孙周兴译，商务印书馆2015年版，第817页。）"马克思和基尔凯郭尔是最伟大的黑格尔信徒。他们不由自主地成了黑格尔信徒。"（〔德〕海德格尔：《海德格尔文集·路标》，孙周兴译，商务印书馆2014年版，第512页。）

实践旨趣,将之拉回传统哲学的思想境域,或者像以往那样将马克思哲学看作黑格尔哲学的延续,或者将黑格尔哲学归结为马克思哲学的存在论根基。海德格尔一方面肯定了马克思哲学的"优越性",认为"马克思主义关于历史的观点比其余的历史学优越"[1];另一方面又对其是否超越西方哲学提出质疑:"解释世界与改变世界之间是否存在着真正的对立?难道对世界的每一个解释不都已经是对世界的改变了吗?"[2] 海德格尔对此予以否认,并由此将马克思强行拉入近代西方哲学家行列。显而易见,他的这一做法实则是意图消解马克思哲学和西方哲学的本质差异。

以上可见,国外思想界倾向于从某一特定视角诠释马克思的哲学变革。他们的诠释不乏深刻性,但普遍抹杀了马克思哲学与旧哲学的本质差异。特别是"第二国际主流派的理论家们恰恰不理解这一点,他们总是割裂理论和实践的关系。他们从来没有想过把马克思主义当作一个整体来看待"[3]。而这一维度缺失也延伸到了以卢卡奇等为代表的国外马克思主义者那里。他们在一定程度上克服了第二国际理论家关于马克思哲学的理解的局限性,但也没有真正深入马克思哲学变革的逻辑进程及其思想脉络中去,因此也就同样没有真正把握这一变革本身的内容和实质。

我国早在20世纪50—60年代就有关于本课题的研究成果,艾思奇、郭英、杨献珍、冯定等前辈已然关注到了这一课题,并进行了较为深入的研究。自改革开放以来,我国的研究开始走向系统化。围绕着马克思哲学思想的内涵和实质,四十多年来,我国学界进行了深入的研究,提出了一系列深刻的思想和观点。

改革开放重新激发了人们对马克思主义哲学的浓厚兴趣。在真理标准问题讨论的促动下,如何突破苏联教科书体系束缚以把握马克思主义哲学的精神实质,成为学界的一个普遍诉求。研究马克思的哲学思想由此蔚然成风。这股潮流最初表现为对西方著述的译介,如沈真教授编译的《马克思恩格斯早期哲学思想研究》,中国社会科学院哲学研究所马克思主义哲学史研究室编译的《马克思哲学思想研究译文集》,以及《马克思早期思想研究译文集》[4] 等。

---

[1] 〔德〕海德格尔:《海德格尔选集》上卷,孙周兴译,上海三联书店1996年版,第388页。
[2] 〔德〕海德格尔:《晚期海德格尔的三天讨论班纪要》,〔法〕F. 费迪耶等辑录,丁耘译,《哲学译丛》2001年第3期。
[3] 张一兵主编,姚顺良著:《资本主义理解史》第2卷,江苏人民出版社2009年版,第79页。
[4] 沈真主编:《马克思恩格斯早期哲学思想研究》,中国社会科学出版社1982年版;中国社会科学院哲学研究所马克思主义哲学史研究室《哲学译丛》编辑部编:《马克思哲学思想研究译文集》,人民出版社1983年版;熊子云、张向东编译:《马克思早期思想研究译文集》,重庆出版社1983年版。

这些译著的出版激发了国内学者的研究热情，涌现出一批研究专著。例如，邢贲思教授的《马克思哲学思想研究》，陈先达教授、靳辉明教授合著的《马克思早期思想研究》，孙伯鍨教授的《探索者道路的探索：青年马克思恩格斯哲学思想研究》，陈先达教授的《走向历史的深处：马克思历史观研究》，以及赵常林教授的《马克思早期哲学思想研究》① 等。这些论著力图通过对马克思哲学文本的深入耕耘，探索马克思究竟在何种意义上实现了对旧哲学的变革，并力图完整全面地再现马克思哲学思想的发展逻辑。21世纪以来，国内对本课题的研究进入了第二个阶段：深入反思马克思哲学的本体论基础。部分学者主张将马克思哲学变革归结为本体论或存在论的革新。② 另外一部分学者则对这种研究范式进行了质疑。他们认为，这种将马克思哲学变革归结为纯粹存在论革命的做法，并未能够切中马克思哲学的本真要义。③ 高清海教授、孙伯鍨教授则从实践角度强调了马克思哲学思想的特质，他们认为，马克思的哲学思想根本不是从近代认识论向现代存在论的转换，它是面向现实的批判精神和彻底改造社会的科学方法论。④

近些年来，国内关于本课题的研究进入了一个新阶段，着重从历史观维度深入探究马克思哲学思想的内涵和实质。围绕这一问题的争论，基本上形成了三种主要观点。第一种观点是以往基于存在论维度对马克思哲学思想进行理解的拓展，认为马克思的新唯物主义是以"社会存在"为对象的哲学理论或感性现象学；第二种观点对这种看法进行了质疑和诘难，认为这种研究范式从根本上抹杀了马克思哲学思想的实质，新唯物主义根本不是哲学，而是一门真正超越纯粹存在论境域的"实证科学"⑤；第三种观点基本上与第

---

① 邢贲思：《马克思哲学思想研究》，上海人民出版社1983年版；陈先达、靳辉明：《马克思早期思想研究》，北京出版社1983年版；孙伯鍨：《探索者道路的探索：青年马克思恩格斯哲学思想研究》，安徽人民出版社1985年版；陈先达：《走向历史的深处：马克思历史观研究》，中国人民大学出版社1987年版；赵常林：《马克思早期哲学思想研究》，北京大学出版社1987年版。

② 俞吾金：《马克思哲学是社会生产关系本体论》，《学术研究》2001年第10期；吴晓明：《马克思的哲学革命与全部形而上学的终结》，《江苏社会科学》2000年第11期。

③ 孙麾：《本体论的限度与改变世界的哲学》，《哲学研究》2003年第7期；张汝伦：《马克思的哲学观和"哲学的终结"》，《中国社会科学》2003年第7期。

④ 高清海、孙利天：《马克思的哲学观变革及其当代意义》，《天津社会科学》2001年第5期；孙伯鍨、刘怀玉：《"存在论转向"与"方法论革命"——关于马克思主义哲学本体论研究中的几个问题》，《中国社会科学》2002年第5期；张一兵主编：《马克思哲学的历史原像》，人民出版社2009年版。

⑤ 俞吾金：《历史唯物主义是哲学而不是实证科学——兼答段忠桥教授》，《学术月刊》2009年第10期；段忠桥：《历史唯物主义："哲学"还是"真正的实证科学"——答俞吾金教授》，《学术月刊》2010年第2期。

二种观点保持同一，但着重强调新唯物主义的阶级属性，认为新唯物主义奠立于马克思参与和领导的工人阶级革命实践，并非书斋子里的学问，而是我们观察当代现实问题的立场、观点和方法。①

进入新时代以来，学界仍然十分关注这一课题，一些学者基于不同的维度对问题进行了深入研究。例如，刘同舫教授基于对"马克思文本解读"的价值反思，强调新时代对马克思哲学思想的研究应当"澄清马克思思想与其所展露方法论的内在关联，实现马克思文本解读的方法论自觉"②；唐正东教授从"历史规律的辩证性质"维度深刻剖析了马克思文本的"呈现方式"③；孙亮教授通过对"社会事实"和"社会存在"这两个范畴的区分，分析了马克思的唯物史观在《资本论》中的方法论意蕴④；魏博教授立足于日本学者对 MEGA2 第一部分第 5 卷出版的回应，对《德意志意识形态》与历史唯物主义的关系问题进行了研究⑤；陈培永教授认为，马克思的新唯物主义世界观的本质内涵集中体现在对"实践或感性的活动"的推崇。⑥

我们在高度肯定国内学界研究成果的丰富性和深刻性的同时，也要清醒地看到一系列基本问题亟待进行更为深入细致的研究。一是须基于更为开阔的视角澄清马克思哲学思想诞生的历史和逻辑前提；二是须基于整体性视角将马克思哲学思想看作贯穿其全部思想的有机构成；三是须将马克思哲学思想的发展看作一个非线性的即辩证的演绎过程。习近平总书记深刻地指出："从《共产党宣言》发表到现在，170 年过去了，人类社会发生了翻天覆地的变化，但马克思主义所阐释的一般原理整个来说仍然是完全正确的。"⑦ 因此，新时代我们通过对马克思哲学思想的发展逻辑和变革

---

① 孙正聿：《历史唯物主义的真实意义》，《哲学研究》2007 年第 9 期；陈先达：《历史唯物主义的史学功能——论历史事实·历史现象·历史规律》，《中国社会科学》2011 年第 2 期；崔唯航：《重估马克思与唯物主义的关系问题》，《南京大学学报》2016 年第 1 期。
② 刘同舫：《马克思文本解读的价值反思与方法论自觉》，《马克思主义与现实》2021 年第 3 期。
③ 唐正东：《历史规律的辩证性质——马克思文本的呈现方式》，《中国社会科学》2021 年第 10 期。
④ 孙亮：《从"社会事实"到"社会存在"——基于《资本论》价值形式批判的尝试性分析》，《天津社会科学》2021 年第 2 期。
⑤ 魏博：《历史唯物主义与〈德意志意识形态〉——日本学者对 MEGA2 第一部分第 5 卷出版的回应》，《马克思主义与现实》2021 年第 3 期。
⑥ 陈培永：《重思马克思新唯物主义的世界观》，《马克思主义理论学科研究》2021 年第 5 期。
⑦ 习近平：《在纪念马克思诞辰二百周年大会上的讲话》，人民出版社 2018 年版，第 25 页。

意蕴的进一步研究，不仅可以有力地回应国内外研究中存在的问题，也有利于更好地在实践中发挥马克思主义作为思想武器的科学指导作用。用心用力做好这项研究工作，我们不仅可以进一步领会马克思"新唯物主义哲学革命"的"新意"，还可以加深对马克思哲学思想和马克思主义哲学本真要义的认识。

第一章　马克思新唯物主义哲学革命的问题意识

如笛卡尔所说，"哲学好像一棵树，树根是形而上学"①。旧哲学的理论建制——世界观、历史观和价值观——就是它的根，就是所有哲学体系奠立其上、赖以生成的逻辑始基。马克思不是在旧哲学的形而上学地基上构建哲学体系，而是要根本扬弃这样一种"体系哲学"构造的传统思路。因此，马克思的哲学革命十分彻底，不像青年黑格尔派对黑格尔的批判——从来没有"离开过哲学的基地"②。马克思对旧哲学的批判是"全面的批判"，所谓"全面"就是从根基处着手，对其理论建制亦即逻辑始基进行彻底的前提批判。

在马克思看来，旧哲学的理论建制有其突出的特点，超然地亦即形而上学地独立于世俗世界之外，构成旧哲学的基本属性和内在品格。立足于此，旧哲学将"存在之为存在"确立为研究主题，将超验的"思想世界"（即所谓的"超感性世界"）设定为研究论域，力图探究世界存在的本体根据，力图开显事物存在的可能性。毋庸讳言，这自然有其合理性所在。撇开对存在者的逾越这一形式上的抽象不言，哲学家们实则是以独到的方式透过现象着力于把握世界存在和运行的本质。然而，由于这些形而上学家们先行将现实世界悬搁为实存而不真的假象世界，实则就罢黜了自己所从事的哲思活动的物质本源，他们的哲学因此就成了漂浮于现实世界之上的先验玄思。不仅如此，由于唯一地专注于"合理性"，旧哲学不可避免地割裂现象与本质，将可能性绝对地置于现实性之上，将应有与现有的对立绝对化。"理性"因而被本体化为凌驾于现实世界之上的主宰力量，脱离尘世的先验图景因而成为

---

① 〔法〕笛卡尔：《谈谈方法》，王太庆译，商务印书馆2000年版，第70页。
② 马克思、恩格斯：《德意志意识形态》，《马克思恩格斯文集》第1卷，人民出版社2009年版，第514页。

其神往的彼岸理想。

历史地看,西方哲学从古到今的发展有其所遵循的基本理论建制。究其实质,这既是所有哲学家构建哲学体系的逻辑前提,也是他们所构建的全部哲学体系的共同的思想根基。在海德格尔看来,西方哲学的这个理论建制是在古希腊时代奠定的。"纵观整个哲学史,柏拉图的思想以有所变化的形态始终起着决定性作用。形而上学就是柏拉图主义。"① 柏拉图不仅构建了以"理念论"为形式的哲学体系,而且由此为后世西方哲学的发展确立了一个范型。从此以后,哲学都是按照柏拉图的标准定义,这样一来后世的所有西方哲学家们都以此为圭臬,以柏拉图为导师,以其"理念论"为模板,构建起一个个新的哲学体系。问题在于,柏拉图的思想何以会对整个西方哲学史"始终起着决定性的作用"?西方哲学何以被盖之以"形而上学"这个名称并被归结为"柏拉图主义"?问题的实质在于,柏拉图本人的哲学体系"理念论"为何会有如此大的"魔力",以至于规定着整个西方哲学的理论形态和发展趋势?这一问题从前提上关涉到我们对于马克思哲学革命的实质的理解,即关涉到马克思所发动的新唯物主义哲学革命的问题意识。有鉴于此,我们有必要对古希腊哲学进行一个思想史的回顾。

一 古希腊时代对西方哲学理论建制的奠基

(一) 泰勒斯的"水本原说"的形而上学意蕴

西方哲学的历史开端并不是柏拉图哲学。有史记载的第一个西方哲学家并不是柏拉图,而是泰勒斯(又译泰利士)。从哲学史发展的经验事实角度看,"泰勒斯构成了古希腊宇宙生成论的哲学传统的开端"②。黑格尔也坚持这一观点,他认为,"从泰利士起,我们才真正开始了我们的哲学史"③。黑格尔的这个论断具有双重的含义,不仅是从时间角度记述西方哲学的历史起点,更是从理论层面强调西方哲学作为一种思维方式的独特规定的逻辑开端。被恩格斯赞誉为"古代世界的黑格尔"的亚里士多德对西方哲学的思维

---

① 〔德〕海德格尔:《海德格尔文集·面向思的事情》,陈小文、孙周兴译,商务印书馆2014年版,第82页。
② 聂敏里:《西方思想的起源》,中国人民大学出版社2018年版,第39页。
③ 〔德〕黑格尔:《哲学史讲演录》第1卷,贺麟、王太庆等译,商务印书馆2017年版,第197页。

方式作了界定。在他看来，哲学即是研究"作为存在的存在"的"形而上学"。① 亚里士多德特别强调，相比较物理学、数学等以"存在者"为研究对象的具体科学，以"形而上学"为根本特质的哲学研究的是"存在者之为存在者"，其作为存在者的存在特性，因而是一门独一无二的"第一科学"。这一看法得到了后世所有哲学家的认同和遵循。海德格尔明确地基于亚里士多德的界定将西方哲学的根本特质界定为"Ontology"，将这门"第一科学"称为"Ontologie"。海德格尔强调，作为"Ontologie"，西方哲学本质上是"关于存在者之为一般存在者的科学"。从西方哲学发展的历史看，这门科学被哲学家叫做"存在学（Ontosophie）或者存在论（Ontologie）"②。

历史地看，作为"形而上学"的西方哲学，其根本特质在它的源头那里已然有所绽放。这样一种"形而上"地对世界的本体或本原进行追溯和探究的特点，在堪称是西方哲学的鼻祖泰勒斯那里就已然可以窥见。从泰勒斯开始，一种不同于常识和自然科学的思维方式开始出现。"初期哲学家大都认为万物唯一的原理就在物质本性……其属性变化不已，而本体常如。"③ 这些哲学家普遍认为万物都是从共同的"一"（本原）所演化和派生的。亚里士多德以苏格拉底为例作了具体阐释。无论苏格拉底的外部形态如何发生变化，他的本体即苏格拉底之为苏格拉底的主体性本身并无变化。当他美丽和文雅的时候，他是"苏格拉底"；当他失去了这些外部特征的时候，他还是"苏格拉底"。亚里士多德的这段话深刻地描述了西方哲学的形而上学的思维方式和研究范式的鲜明特质。基于这样的思维方式，万物变化而其本体不变，万事万物不断地生灭变化，而作为其本体的"实在"本身却是万古常在而稳固不变的。这样的哲学思维方式以其初始形态展现在第一位哲人泰勒斯那里。"这类学说的创始人泰勒斯说'水为万物之原'。"④ 这个论断本身并非常识判断，而是一个哲学判断，泰勒斯并不将"水"视为自然物质，而是将它视为"包围着地球、无所不在的普遍本质"⑤。问题并不在于泰勒斯将什么看作世界的本原、万物的本体，问题的关键和实质在于：泰勒斯这个命题的哲学意蕴是什么？他为何将某种基质设定为世界的本原、万物的本体？他的这种设定本身有着什么样的特殊规定，以至于后世人们普遍认为这种做

---

① 〔古希腊〕亚里士多德：《形而上学》，苗力田译，中国人民大学出版社2003年版，第58页。
② 〔德〕海德格尔：《海德格尔选集》下卷，孙周兴选编，上海三联书店1996年版，第829页。
③ 〔古希腊〕亚里士多德：《形而上学》，吴寿彭译，商务印书馆1997年版，第7页。
④ 〔古希腊〕亚里士多德：《形而上学》，吴寿彭译，商务印书馆1997年版，第7页。
⑤ 〔德〕黑格尔：《哲学史讲演录》第1卷，贺麟、王太庆等译，商务印书馆2017年版，第202页。

法本身宣告了哲学的诞生?

对于泰勒斯遗留给后世的这个唯一的哲学命题,我们如果对它进行仔细推敲的话,会发现它包含值得进行深入思索的疑难。黑格尔深刻地揭示了这里所涉及的问题:作为一切事物的"本质"的"水"将如何演化万物?"在什么方式下,各种特殊形态可以从这个原则里推演出来?"① 归结起来,问题本身其实内蕴着两个疑难:其一,泰勒斯为何把"水"而非别的东西设定为世界的本原?其二,"水"何以能够作为世界的本原?

对于第一个疑难问题,亚里士多德倾向于从经验事实角度进行解释。在他看来,泰勒斯产生这一思想、提出这一命题,与他所处的生活世界和物质环境有密切的联系。日常生活经验表明,构成生命机体的"养料"要么直接是水,要么呈现出和水一样的"湿润"特质。"因为这个缘故……所以他得到了这种思想。"对此,亚里士多德同时还从古希腊文化传统视角作了进一步的阐释:古希腊人相信一个古老的神话传说,他们把海洋之神奥克安诺及其妻子德谛斯视为"造物主";同时,他们还把诗人看作"宣誓时的见证神灵","因为最古老的是最受尊敬的,而宣誓时作见证的神也是最受尊敬的"。② 亚里士多德的这一解释遭到了黑格尔的反对。黑格尔从思辨唯心论的哲学立场出发,认为这种解释过于停留在了经验事实层面,而没有真正触及问题的实质。基于马克思主义哲学立场,我们并不认同黑格尔的观点。

根据马克思和恩格斯在《德意志意识形态》中阐发的马克思主义认识论原理:"意识[das Bewuβtsein]在任何时候都只能是被意识到了的存在[das bewuβte Sein],而人们的存在就是他们的现实生活过程"③,亚里士多德把意识归结为存在的产物,这一做法具有一定的合理性。可以说,亚里士多德的这种解释本身展现了其哲学中的唯物论思想倾向,素朴地揭示了"意识"与其"存在"(外部环境和文化传统)之间的本质联系。这事实上也暴露了长期以来人们对西方哲学与现实世界和时代发展的内在联系的认识的局限性。"一旦把古希腊哲学放到它所置身的社会历史环境中,笼罩在它身上的那层属于神圣精神的神秘主义的面纱就被拂去,我们所看到的仅仅是这样一个最浅显易懂的事实:古希腊哲学不过是公元前7世纪到公元前6世纪逐

---

① 〔德〕黑格尔:《哲学史讲演录》第 1 卷,贺麟、王太庆等译,商务印书馆 2017 年版,第 202 页。

② 〔德〕黑格尔:《哲学史讲演录》第 1 卷,贺麟、王太庆等译,商务印书馆 2017 年版,第 203 页。

③ 马克思、恩格斯:《德意志意识形态》,《马克思恩格斯文集》第 1 卷,人民出版社 2009 年版,第 525 页。

渐发育成熟的古希腊城邦文明的理智的产物。"[1] 这一时期，古希腊城邦文明迎来了急剧的社会变革，与周边的国家和民族之间的交往日益密切，开始处于十分复杂的外部环境之中。这种客观的社会条件促使古希腊人自觉地基于理性的视角去观察世界，意图透过纷繁复杂的大千世界，将万事万物归结为"一"，由此追溯人之安身立命的意义和价值。

第二个问题的实质是"水"的本原地位确立的根据。这个问题是要追问"客观本质、'实在'"何以能够"提高为自身反映自身的概念"[2]？也就是说，"水"如何能够派生出世界，这个"一"何以能够派生出"多"？遗憾的是，泰勒斯本人对此并没有给出答案。在黑格尔看来，泰勒斯对于西方哲学发展的伟大贡献就是以强大的精神勇气将自然界还原为一个"长存不变的单纯本体"。泰勒斯由此确立了一种根本不同于常识的，也不同于自然科学的亦即理性的思维方式。当他将普遍的"一"视为本质、真实亦即"唯一自在自为的存在体"之际，就从常识的思维形式飞跃到了形而上学的亦即哲学思维方式。一旦确立了"水"是世界的本原这样的形而上学的哲学思维方式，人们就得以从纷繁复杂的事物的现象中超脱出来。他们就会以一种理性的思维形式去"观世界"，基于这样的理性的思维方式，作为"特殊的存在体"的感性事物就没有独立性，不过是始终处于变化之中的偶然现象；作为"普遍的存在体"的本原（或本体）则是自在自为的存在体，这个没有任何感性特质的"一"，以其普遍性特质决定着感性事物虽然历经生灭变化而始终保持其本质不变。

通过这般的回顾和反思，我们大致把握住了泰勒斯"水是万物本原"这个命题的哲学意蕴。不同于黑格尔，我们认为，泰勒斯的这个命题离不开经验事实的支撑，实际上是对一定的经验现象进行深入思考而得出的深刻论断。这是第一位古希腊哲人所发出的第一句"哲学的声音"。这也是一种与物理学有着本质差异的崭新思维方式。这种思维方式究其实质而言，是将特殊上升为普遍，同时将这个"普遍"确立为世界的本原的形而上学的哲思方式。这种被亚里士多德界定为"形而上学"的思维方式的突出特点有二：一是力图将人的意识从纷繁复杂的感性事物、现象界中超脱出来，自觉地将这个现象界的实在性诉诸并还原为"水"；二是力图设定感性的特殊存在体与理性的普遍存在体之间的根本差异，着力于将哲学的领域和对象确立为对于

---

[1] 聂敏里：《西方思想的起源——古希腊哲学史论》，中国人民大学出版社2017年版，第14—15页。
[2] 〔德〕黑格尔：《哲学史讲演录》第1卷，贺麟、王太庆等译，商务印书馆2017年版，第204页。

二者之分离关系的研究。这样一来，作为有史记载的第一位西方哲学家，作为古希腊哲学和整个西方哲学的鼻祖，泰勒斯以其遗留给后世的唯一的哲学命题，实际上就开启了一种全新的亦即哲学的形而上学思维方式，并因而为西方哲学的理论建制的确立和各种理论体系的构建奠定了第一块基石。

（二）柏拉图"理念论"对西方哲学理论建制的筹划

将泰勒斯视为古希腊哲学乃至西方哲学的鼻祖，这丝毫不能掩盖柏拉图对于古希腊哲学和全部西方哲学的重大贡献。若从理论建制的确立这个视角而言，泰勒斯至多是古希腊哲学和西方哲学的"生父"，而柏拉图则是自他以降的全部西方哲学家的精神导师。一言以蔽之，柏拉图汲取了包括泰勒斯在内的所有自然哲学家的思想，他特别地汲取了苏格拉底的哲学精华；他将所有的古代哲学家的哲学思想熔铸到了自己的哲学体系中，构建起了古希腊时代第一个最为恢宏而又丰富深刻的哲学体系。"柏拉图的姿态奠立了一种整体历史的基始（archè）（形而上学的命运）"①。这个被命名为"理念论"的柏拉图哲学体系，筹划并确立了影响后世两千年西方哲学发展历史的基本理论建制，使得作为形而上学的西方哲学独有品格和理论特质首次鲜明而又集中地展现在了世人的面前。

正如恩格斯所言，任何新的学说都"必须首先从已有的思想材料出发"②。柏拉图哲学亦是如此。它绝非柏拉图个人头脑灵光一现的结果，而是柏拉图对前人哲学思考的总结和系统化。究其实质，柏拉图哲学是从泰勒斯到苏格拉底古希腊早期哲学思想的结晶。柏拉图把这些哲学家的思想内化并吸收到了自己的思想中，十分强烈地意图将以往出现的各派哲学都纳入自己的"理念论"之中，将前人的哲思转化为自己哲学的"具体环节"。③ 这使得柏拉图哲学客观上成为对以往各个流派的古希腊哲学进行系统综合的结果。在柏拉图的一系列哲学作品中，也的的确确地呈现出这样的鲜明特征。鉴于柏拉图著作和其哲学思想与古希腊早期哲学家们的这种内在联系，我们有必要对自泰勒斯到苏格拉底的古希腊哲学家们的哲学思想进行一个简要的回顾。我们无意进行纯粹的思想史梳理，并非要详尽描述这些哲学家们的观点，而是要弄清楚他们究竟是如何完善由泰勒斯为西方哲学所初步奠定的理

---

① 〔法〕阿兰·巴迪欧：《德勒兹：存在的喧嚣》，杨凯麟译，南京大学出版社 2018 年版，第 128 页。
② 恩格斯：《反杜林论》，《马克思恩格斯全集》第 26 卷，人民出版社 2014 年版，第 19 页。
③ 〔德〕黑格尔：《哲学史讲演录》第 1 卷，贺麟、王太庆等译，商务印书馆 2017 年版，第 189 页。

论建制的。

黑格尔在《哲学史讲演录》中对古希腊哲学发展的历史作了十分精细而又具体的划分。根据他的这个划分，在柏拉图之前，古希腊哲学发展史可以分为两个阶段。第一个阶段是从泰勒斯到阿那克萨戈拉；第二个阶段包括智者学派、苏格拉底和苏格拉底学派。第一个阶段又可以进一步细化为若干环节：伊奥尼亚学派，毕达哥拉斯和毕达哥拉斯学派，爱利亚学派，赫拉克利特、恩培多克勒、留基波、德谟克利特，阿那克萨戈拉。这几个环节是逐步深化的关系，连在一起作为一个整体展现了古希腊哲学的发展逻辑。撇开哲学家的具体的观点和思想的不同，我们会看到这样一个贯穿其中的清晰的主线：由泰勒斯所初步奠定的西方哲学的理论建制被不断地丰富和完善。

整体观之，这些古希腊早期哲学家的哲学思考和研究有其共同旋转的中心。他们大体上是围绕着泰勒斯的哲学原则及其问题意识而展开的。作为他们的哲学思考和研究的共同主题，和泰勒斯近乎一样，也是要对这个世界的"本原问题"作出形而上学的求解。伊奥尼亚哲学流派的哲学家们，阿那克西曼德、阿那克西美尼二人沿着泰勒斯的思路，分别将"无定者"（或"无限"）、"气"作为世界的本原。毕达哥拉斯和他的学派则将"数"视为本原。在此之后的爱利亚学派的塞诺芬尼、巴门尼德、麦里梭、芝诺则推进了对问题的研究。这个学派的哲学家们一方面将"太一"视为世界的本原，延续了早期的自然哲学家们的本原学说；另一方面，他们深化了对问题的研究，将问题本身推进到了思维如何认识和把握本原、真理何以能够确立的更高层次。特别是巴门尼德和芝诺，开启了将辩证法引入哲学思考、运用辩证法论证本原与世界的关系的传统。到了赫拉克利特这里，关于问题的思考变得更加深入了。赫拉克利特扬弃了以往哲学家们的局限性。泰勒斯的"水本原说"以及作为其继承者的伊奥尼亚学派都摒弃了世界的运动；毕达哥拉斯和他的学派的"数本原说"，无法协调作为本原的"数"与世界的对立关系；至于爱利亚学派，芝诺意识到了问题的实质，但是其解决问题的方案却停留在主观辩证法的消极形式中。这些问题在赫拉克利特这里有了新的进展：哲学的"理念""第一次以它的思辨形式出现了"[①]。从马克思主义哲学立场来看，赫拉克利特的贡献在于为西方哲学理论建制的确立初步奠定了重要的认识论前提。这是西方哲学构建其理论体系不可或缺的认识论根据。可以说，赫拉克利特最早洞悉到了这一点，并初步对问题本身进行了预先的

---

① 〔德〕黑格尔：《哲学史讲演录》第 1 卷，贺麟、王太庆等译，商务印书馆 2017 年版，第 326 页。

探索。

　　到了苏格拉底这里，我们看到古希腊哲学的发展开始出现了一个明显的转折。苏格拉底不再像以往的自然哲学家们那样抽象地探讨自然界的本原"是什么"，也不再抽象地将某种自然物质的抽象形态设定为世界的本体。苏格拉底既延续了古希腊早期哲学的传统，又进一步地将之提升到了一个新的更高的境界，"他把客观事物的真理归结到意识，归结到主体的思维——这是一个无限重要的环节"①。苏格拉底由此为传统西方哲学理论建制的完善作出了自己的贡献。"苏格拉底在自己关于诸神的信念上不正统，并且创立了新的存在，即理念（ideas）"②，他认为"必须逃到诸道理那儿求庇护，并靠它们去观看诸是者之真"③。苏格拉底发展了古希腊早期哲人们的辩证法思想。他将这种被后世称为"助产术"的辩证方法用于对一系列伦理道德问题的追问。他这样做的意图是通过对特殊事例的分析探知普遍的原则，引导人们注重获得关于真、善和美的正确认识，从常识思维方式进入主观反思的哲学思维方式。苏格拉底因此颠覆了古希腊城邦文明的传统观念。不少青年人受苏格拉底吸引并追随他学习哲学，他们遵照苏格拉底的方法（辩证法）进行追问，于是"他们发现一些人以为知道某种东西，但其实知之甚少，或者一无所知，而这些人不在少数。因而那些被他们盘问的人由此就对我生气，却不对他们自己生气，还说，苏格拉底是个最邪恶的人，并且在败坏年青人"④。这样必然导致的结果是，苏格拉底最终被审判并被判处死刑。

　　苏格拉底不愧为一个伟大的哲学家，一个真正地将其哲学原则贯彻到个人的生命活动中的英雄。苏格拉底之死对于西方哲学的发展产生了不容忽略的、从根本上影响其发展态势的历史效应。从一定意义上说，从泰勒斯到苏格拉底，古希腊哲学经历了一个从肯定走向否定的发展过程。泰勒斯连同他之后的那些自然哲学家直接将哲学的研究领域视为"存在者之为存在者"的根据，并由此将哲学的研究对象和任务确定为对世界的本体或本原的追溯。他们这样做的时候，是素朴地承认了哲学与世界的统一，但又在思想深处设定了哲学与世界的分离。本原之为本原，正是在于它对于整个作为"存在者

---

① 〔德〕黑格尔：《哲学史讲演录》第 2 卷，贺麟、王太庆等译，商务印书馆 2017 年版，第 42 页。
② 〔美〕阿兰·布鲁姆：《人应该如何生活：柏拉图〈王制〉释义》，刘晨光译，华夏出版社有限公司 2020 年版，第 26 页。
③ 〔古希腊〕柏拉图：《柏拉图全集·斐洞》，溥林译，商务印书馆 2021 年版，第 135 页。
④ 〔古希腊〕柏拉图：《柏拉图全集·苏格拉底的申辩》，溥林译，商务印书馆 2021 年版，第 19 页。

大全"的"宇宙"的超越；作为本原的发现者的哲学家们纷纷以真理的化身和代表自居，基于一种在他们看来是确凿无疑的洞见而超越于世俗生活世界之上。而理性的"哲学王国"与世俗的"生活世界"的形而上的关系，这"两个世界"（确切来说，应该是世界的"二重化"）的对立统一的矛盾关系，以"苏格拉底之死"这个偶然事件就深刻地暴露了出来。

这因此也成为柏拉图所面对的时代课题，也是其哲学所无法回避的根本任务。前人的探索、古希腊早期哲学家的努力汇聚到了柏拉图这里。我们不能漫无目的地详细描述柏拉图的丰富哲学思想，而是要结合上述这些分析，进一步深入地思考这样几个基本问题：（1）柏拉图是如何对古希腊早期哲学思想作了系统化的处理的？（2）柏拉图是如何处理"两个世界"的矛盾关系的？（3）柏拉图的"理念论"及其所确立的理论建制是如何为西方哲学奠定形而上学地基的？

对于第一个问题而言，结合上述我们对古希腊早期哲学发展的梳理，对比柏拉图自己的哲学思想，我们可以非常明确地获得这个问题的答案。一方面，柏拉图非常注重搜集整理古希腊早期哲学思想，不惜重金购买这些哲学家们的作品，对这些搜集到的哲学作品进行了深入的研究。通过研究，柏拉图实际上是将古希腊早期哲学家们的哲学思想的精华吸取并融入了自己的思想之中。在柏拉图的哲学对话录中，他实则是将先辈们的思想统摄到了自己的哲学思想中，将之化为自己哲学思想的一个个环节。[①] 另一方面，柏拉图在继承的基础上发展了这些哲学家的思想。概而言之，柏拉图彻底地发展了从泰勒斯到苏格拉底所确立的哲学原则，对之进行了系统性的丰富和完善。他将"两个世界"的矛盾关系，将如何破解这个矛盾作为自己哲学的根本主题和研究对象，由此构建了真正地展现西方哲学的鲜明特质的"理念论"，并凭借其思路和方法为后世整个西方哲学的发展奠定了形而上学的地基和最为基本的理论建制。

对于第二个问题，实际上是关涉到了这样一个重要的根本性问题：究竟如何基于古希腊哲学的本质而把握柏拉图哲学的本真内涵。"柏拉图哲学的特点，在于把哲学的方向指向理智的、超感性的世界，并且把意识提高到精神的领域里。"[②] 我们虽然可以将柏拉图的哲学归结为唯心论，但又不能过于简单地、仅仅以"唯心论"为名号对柏拉图哲学进行界定。我们要深入柏拉

[①] 〔德〕黑格尔：《哲学史讲演录》第 2 卷，贺麟、王太庆等译，商务印书馆 2017 年版，第 159 页。

[②] 〔德〕黑格尔：《哲学史讲演录》第 2 卷，贺麟、王太庆等译，商务印书馆 2017 年版，第 160—161 页。

图的哲学思想中,分析他是如何基于古希腊早期哲学家们的思想,对"两个世界"的关系进行形而上的求解的。

柏拉图对问题的解决延续了先辈们的传统,即确认理性对于感性、本质对于现象的超越。在柏拉图看来,人们通常视为真实的"感性事物"是与"理想的东西"相对立的存在。感性的事物、人们通常所看到的感性存在物都不真实,都是处于变动不居之中的假象,在这种假象之上存在着唯一真实的实在,亦即作为超越个别和特殊的共相。柏拉图将这种共相称作"理念"（εδoς, idea, eidos, 又译作理型、相)[1]。柏拉图的全部哲学思想、他的"理念论"奠定在这样一个前提之上,即坚持"可感世界"与"理念世界"的分离,将人们所生活于其中的现实世界称作变动不居的"感性世界",并认为唯有作为"感性世界"的本原的"超感性世界"才是哲学的领地,所谓"真理的领域","在他晚年还执持着这些观点"[2]。柏拉图的"理念论"无疑是古希腊早期哲学思想的结晶。由上述分析可知,到了苏格拉底那里,古希腊哲学带有明显"形而上"的致思理路已基本形成。柏拉图继承并发展了苏格拉底以"是什么"为追问对象的哲思逻辑。在苏格拉底那里,"本体"与"可感事物"二者是内在联系的统一体。柏拉图却明确地将他称为"理念"的本体与"可感事物"相分离,由此将世界二重化为"可感事物"和"理念",从而创制出"感性世界"与"理性世界"的分离和对立。

柏拉图在许多作品特别是《斐多篇》（又译《斐洞》)、《国家篇》中对自己的"理念论"作了阐述。"苏格拉底所开始的工作,是由柏拉图完成了……柏拉图打开了理智的世界。理念并不在现实世界的彼岸,在天上,在另一个地方,正相反,理念就是现实世界。"[3] 这正是柏拉图的"理念论"所持有的最为基本的哲学立场。柏拉图并不否认感性世界的实存性,而是否认其具有独立的实在性。在柏拉图看来,感性事物隶属于"理念",感性世界隶属于"理念世界"并由其所派生。在《斐多篇》中,柏拉图借着苏格拉底与格贝二人的对话,分析了这两类存在的不同特性。[4]

在柏拉图看来,"两个世界"截然分离、根本对立。而柏拉图为了更为

---

[1] 叶秀山、王树人总主编,姚介厚著:《西方哲学史·学术版》第 2 卷,凤凰出版社 2005 年版,第 577 页。

[2] 〔古希腊〕亚里士多德:《形而上学》,吴寿彭译,商务印书馆 1997 年版,第 16 页。

[3] 〔德〕黑格尔:《哲学史讲演录》第 2 卷,贺麟、王太庆等译,商务印书馆 2017 年版,第 188 页。

[4] 〔古希腊〕柏拉图:《柏拉图对话集》,王太庆译,商务印书馆 2004 年版,第 237—239 页。

深入地展现可感事物与理念、感性世界与理念世界的根本差异，给出一个充满神话色彩的比喻，即"洞穴之喻"①。在这个充满神话色彩和诗意风格的寓言故事中，柏拉图不仅形象地刻画了"两个世界"的分离，而且也指出了如何弥合二者的分离的路径。人们通常将柏拉图解决"两个世界"的分离和对立的路径归结为某种具体的方案，如认为他将问题的答案诉诸"分有说"、"回忆说"。然而，如果我们仔细地深入柏拉图的对话录中，特别是其集中阐述"理念论"思想的《斐多篇》《国家篇》《会饮篇》等作品中，就会发现，柏拉图解决"两个世界"的关系的真正途径是诉诸辩证法。所谓的"分有说"和"回忆说"都是柏拉图的辩证法思想的具体表现形式。

　　柏拉图是如何基于辩证法处理"两个世界"的关系的呢？他首要的是从本体论层面把握住了"感性世界"与"理念世界"的矛盾关系。单一与混合、可感与不可感、变动与不动，柏拉图关于两个世界的描述意味着他充分地把握住了世界的现象与其本质的对立关系。柏拉图将"理念世界"视为本体和本原，将"感性世界"视为对"理念世界"的模仿，这又意味着他深刻地把握到了世界的现象与本质二者之间的同一性。接着，柏拉图还进一步在认识论层面对如何把握这种矛盾关系作了探索。柏拉图以"真理与意见"的区别为目的对此作了分析。在《国家篇》第六卷的篇末，"他揭示出感性知识和理智知识的区别"②。感性知识归属于"意见"的行列，理智知识归属于"真理"的行列。但真理与意见并非绝对对立，而是对立统一的矛盾关系。人的认识开始的最初起点是感性认识，"感性认识是我们所熟习的，我们的认识从此开始"③。但是，感性认识本身不同于真理，由它并无法获知真理。只有在思想中、在理念世界中才能获取真理，作为真理的"理智知识"是对作为意见的"感性认识"的超越的结果。

　　上述两个问题的分析表明，正是以辩证法为根本方法论，通过在本体论层面揭示了"感性世界"与"理念世界"既对立又统一的关系，并从认识论层面通过区分感性认识与理性认识，柏拉图筹划了哲学的形而上学王国，将之绝对地设定为真理的领地，由此创建了为后世西方哲学家们奉为圭臬的基本理论建制。那么，柏拉图是如何做到的呢？他的"理念论"何以能够为

---

① 参见〔古希腊〕柏拉图《柏拉图对话集》，王太庆译，商务印书馆2004年版，第276—278页。
② 〔德〕黑格尔：《哲学史讲演录》第2卷，贺麟、王太庆等译，商务印书馆2017年版，第206页。
③ 〔德〕黑格尔：《哲学史讲演录》第2卷，贺麟、王太庆等译，商务印书馆2017年版，第205页。

西方哲学奠定形而上学的地基和理论建制呢？这是我们要进一步回答的第三个问题。

柏拉图的理念论继承了古希腊早期自然哲学家的本体论致思形式，并将之提升为一种独有的哲思理路：将作为"存在者大全"的"世界"划为"感性世界"与"超感性世界"两个领域，并且将后者视为前者的本原。柏拉图关于世界的二重化构造及其先验地将"超感性世界"设定为哲学的领地，他这样一种带有十分典型的观念论特质的世界观，对整个传统西方哲学产生了根本性的影响。对此，海德格尔在其论著《尼采》中给予了具体深入的阐释。他说："西方哲学的总体历史被解释为柏拉图主义。柏拉图的哲学既是我们理解全部后柏拉图哲学的主导尺度，也是我们理解前柏拉图哲学的主导尺度。只要这种哲学为存在者整体的可能性以及在这个整体中存在的人设定了某些特定的条件，而存在者就是按照这些特定条件而被烙印的，那么，这个主导尺度就还是决定性的。"① 依照海德格尔，将西方哲学称作"柏拉图主义"实际上是着眼于其"总体历史"即整体的历史发展过程。而柏拉图的哲学——他的"理念论"——之所以会在西方哲学整体历史发展过程中有如此重要的历史地位和重大时代意义，就在于他确立了主导"后柏拉图时代"西方哲学发展的"尺度"。这个根本性的"主导尺度"实则就是决定西方哲学的发展形态的理论建制。要言之，柏拉图可谓是以其"理念论"为后世所有哲学家提供了一个模板，教导他们究竟应该采取什么样的方式进行哲学思考。

也就是说，柏拉图将古希腊早期哲学家们的哲学思考上升到了本体论的层面，赋予哲学以"形而上学"的规定，即将哲学定义为一门以"形而上学"为其根本特质、以求索真理为根本目标的科学。"一般来讲，我们可以把那种以观念为目的的考察方式叫作'唯心主义的'。在这里，所谓'观念'（Idee）的意思就如同表象。而'表象'（Vorstellen）意味着：广义上的看见。"② 可以说，柏拉图的"理念论"就是构造了一套透过现象（感性事物）使得不可见的"观念"（理念）得以显现的唯心主义学说。③ 形而上学之所以能够成为关于存在者之存在的知识，正是源于它对"存在者的存

---

① 〔德〕海德格尔：《海德格尔文集·尼采》上卷，孙周兴译，商务印书馆 2015 年版，第 455 页。
② 〔德〕海德格尔：《海德格尔文集·尼采》上卷，孙周兴译，商务印书馆 2015 年版，第 61 页。
③ 需要注意的是，这里的"唯心主义"等同为"形而上学"，即亚里士多德意义上的关于西方哲学的普遍定义。

在"的先天性特质的领悟和把握。柏拉图首次揭示了内蕴于存在者之中而又超越于其上的这种先天性特质的属性,他将其定义为"理念",并进而将哲学定位为以"理念"为思考对象的真理。"所以,随着柏拉图把存在解释为 ἰδέα〔相〕(按理念),形而上学就开始了。在全部后继时代里,形而上学烙印了西方哲学的本质。"而在海德格尔看来,这是贯穿于西方哲学发展史的本质逻辑:"自柏拉图直到尼采,西方哲学的历史就是形而上学的历史。"[1] 随着柏拉图将"超感性世界"作为哲学研究领域和对象,随着他将哲学由此定义为关于"存在者的存在"即"理念"的科学,他就为整个西方哲学的发展奠定了基础、创建了基本理论建制。柏拉图将哲学的对象和领域绝对地定位为"理念世界",他实际上就不自觉地为整个西方哲学筹划谋定了一个绝对的"私有领域"和"秘密空间"。这样的做法本身对于整个西方哲学的发展产生了决定性的影响:以至于"自柏拉图以降的一切哲学都是'唯心主义'(Idealismus)——这是在一种清晰的词义上来讲的,意即:人们是在理念中、在观念性的和理想性的东西中寻找存在。因此,从形而上学的奠基者角度出发,我们也可以说:一切西方哲学都是柏拉图主义"[2]。由此导致了二重性的结果。其一,"柏拉图成了哲学家的典范"[3],全体西方哲学家都不同程度地成了柏拉图主义者;其二,柏拉图哲学——理念论——成了西方哲学的一个范本,全部西方哲学家都不约而同地将之作为构造世界的基本范式。

历史地看,柏拉图的理念论既是古希腊哲学家们关于世界的本原的形而上学求索的成果结晶,也深刻地影响了后世整个西方哲学发展的形态演变。柏拉图的理念论的基本构想——其所奠定的西方哲学的理论建制——成为后世哲学家们进行哲学研究的基本遵循,由此使得西方哲学的整体发展必然地带有了"形而上学"的鲜明特质,哲学家们普遍地坚持这样的共识,即"在把真实世界看成是本质世界的基础上把世界二重化,认为本质世界作为'本体'、'本原'的'真实'(实在)世界是一个永恒不变的世界,只有这个世界才有资格成为形而上学的对象,也只有这个世界才能提供形而上学的绝对真理。但是,这个世界却是一个不可见的世界,人们能够见到的可见世

---

[1] 〔德〕海德格尔:《海德格尔文集·尼采》下卷,孙周兴译,商务印书馆2015年版,第852页。
[2] 〔德〕海德格尔:《海德格尔文集·尼采》下卷,孙周兴译,商务印书馆2015年版,第910页。
[3] 〔德〕海德格尔:《海德格尔文集·尼采》下卷,孙周兴译,商务印书馆2015年版,第910页。

界则是这个隐藏在可见世界后面的本质世界所决定的现象世界"[1]。这样的源于柏拉图理念论的共识实际上成为后世西方哲学家们构建自己的理论体系的基本遵循和根本原则。我们要注意，这是囊括了后世所有的西方哲学家在内的，是意指由唯心论和旧唯物论所组成的整个西方传统哲学。当然，同样作为柏拉图主义者，旧唯物主义与唯心主义的具体表现形态还是存在着一定的差异的。唯心论者完全接受了柏拉图的信条，坚持将现实世界视为始终处于变动不居之中的"可感世界"，并且将之视为由"理念世界"所派生的"假象世界"。唯物主义者与唯心论者这种绝对忠诚的"柏拉图主义"格调有所不同，"唯物主义哲学家或经验论哲学家在接受了柏拉图的二重世界的基础上则与柏拉图有所不同，他们对现象世界采取更为宽容的态度，他们承认现象的实在意义，也承认现象对于认识真理的实在意义，但是，他们并不因此认为现象能够提供关于真理的认识，在他们看来，人们对于现象的认识只是通向真理性的认识的一个跳板"[2]。也就是说，旧唯物主义者在对待"感性世界"的实在性这个问题上表现出了自己的风格和特点，展现了其与唯心主义的差异。然而，唯心主义者和旧唯物主义者又不是决然对立的，他们共同默认"可感世界"与"理念世界"的分离并且都力图对二者的这种分离或对立关系进行形而上学的弥合。"柏拉图率先把我们的认知注意力从作为出场或缺席的游戏的大存在，转向了作为纯粹或本真的（onto on）出场的大存在，本真的出场也即相的出场，我们通过它识别物：型。从此以后，哲学都是按照柏拉图的标准定义的。"[3] 就此而论，自柏拉图以降，从柏拉图一直到黑格尔，所有时代的哲学家都是"柏拉图主义者"，他们既是柏拉图理念论的信徒，也是为其所奠定的形而上学的理论建制所束缚和禁锢的玄想家。

二　经验论和唯理论：西方哲学的近代化形态

柏拉图的"理念论"为西方哲学所筹划和奠定的理论建制的效应，在近代西方哲学这里得以充分展现。不仅如此，诸多西方哲学家还以"体系构

---

[1] 强以华、唐东哲：《西方形而上学思想史》，人民出版社2018年版，第68页。
[2] 强以华、唐东哲：《西方形而上学思想史》，人民出版社2018年版，第68—69页。
[3] 〔美〕斯坦利·罗森：《存在之问：颠转海德格尔》，李昀译，华东师范大学出版社2020年版，第7—8页。

建"的形式反过来对这一理论建制进行了丰富。经验论和唯理论的哲学家们①围绕着"知识何以可能"、"主体何以确立关于客体的知识"这一基本问题所进行的论争,推动着西方哲学的发展由古代走向近代。他们所构建的一个个哲学理论体系及其哲学思想对于西方哲学发展的根本影响,直接的是更新了西方哲学的研究范式,根本的则是丰富了柏拉图所确立的作为西方哲学基本遵循的理论建制。

(一) 经验论和唯理论对于柏拉图主义问题的转化

详细地梳理这两派的各个哲学家的具体思想和观点,并不是本书研究所要达到的目的。我们的兴趣和任务是弄清楚这样一个基本问题:这些哲学家是如何推动西方哲学从古代走向近代的,问题的实质是经验论和唯理论的哲学家们在何种意义上是"柏拉图主义者",他们赋予了作为"柏拉图主义"的"形而上学"什么样的新内容?

近代西方哲学家们是沿着古代哲学家们的足迹而行进的。"近代哲学的出发点,是古代哲学最后所达到的那个原则,即现实自我意识的立场。"② 如果说柏拉图的理念论是找寻到了哲学家们得以怡然栖居的"理念世界"亦即"精神王国",从而为西方哲学漂浮和超越于变动不居的"感性世界"而奠定了形而上学的根据,并初步确立了将世界先验地二重化的理论建制,那么,近代西方哲学家们的工作就是在柏拉图所奠定的形而上学地基上建构起一幢幢理论大厦,即在西方哲学形而上学的地基上进行体系建构。作为柏拉图主义的信徒,近代哲学家们纷纷追随柏拉图,以其理念论所确立的基本原则为出发点,无批判地将"感性世界"与"理念世界"的对立作为哲学研究的逻辑始基。他们"以消除这一对立作为自己的任务"③。他们认为,这一对立本身必须基于形而上学的维度才能得以理解和解释。他们真切地意识到了这个对立对于西方哲学的发展的重要性,认为必须完成先辈们的未竟之业。因此在他们看来,进一步基于新的时代条件破解困扰以往哲学家们的这

---

① 经验论和唯理论是对于近代西方哲学两大派别的称谓。经验论[empiricism]一词源于希腊语"empeiria",唯理论[rationalism]一词源于拉丁语"ratio"。国内学界关于这两派还有多个称谓,如"经验派"和"理性派"、"经验主义"和"理性主义"等。本书沿用经验论和唯理论的称谓。(参见周晓亮《西方哲学史·学术版》第4卷,凤凰出版社2005年版,第17页。)

② 〔德〕黑格尔:《哲学史讲演录》第4卷,贺麟、王太庆等译,商务印书馆2017年版,第6页。

③ 〔德〕黑格尔:《哲学史讲演录》第4卷,贺麟、王太庆等译,商务印书馆2017年版,第6页。

个难题、谜题，理应是他们这一代人当仁不让的责任和使命，理应是哲学从古代发展到近代所必须解决的时代课题。

经验论者和唯理论者一道对柏拉图主义的问题域进行了一个十分自然的转化。他们纷纷自觉地将柏拉图理念论的基本问题转化为思维和存在的关系问题。他们将"感性世界"视为客体的"自在的存在"；将"理念世界"与理性本身即所谓的"自为的思维"相同一。基于这样的转化，哲学家们的"全部兴趣仅仅在于和解这一对立"。① 他们把"两个世界"的对立归结为"最高的分裂"，等同为"思维与存在的对立"；他们将哲学的主题和任务把捉为对这一"最高的分裂"和"最抽象的对立"的研究，即要达到二者的和解。于是，这些哲学家就在近代重演了柏拉图主义的形而上学理想："它的领域一方面是自然界、有限世界，另一方面是内心世界。"② 然而，近代西方哲学家们又不是简单地停留于柏拉图的形而上学王国中，不是简单地对柏拉图的理念论进行复制和再现；毋宁说，他们是以柏拉图主义者的身份、基于由柏拉图所奠定的理论建制，推进了对问题的思考、拓展了西方哲学的理论向度和思想深度。在柏拉图那里，"两个世界"的对立关系更多的是沿着古希腊早期的本原学说所进行的设定，他只是孤立地对理念的本体或本原特性进行设定。不可否认的一个事实是，近代西方哲学有效地推进了柏拉图的理念论的理论空间，"也就是说，它意识到了思维与存在的对立"，同时还真切地意识到了"必须通过思维去克服这一对立，这就意味着把握住统一"③。这并不仅仅是哪一个近代哲学家的个人见解，而是全体近代西方哲学家的共同信条。究其实质，这是贯穿于西方哲学近代化并主导其发展过程的普遍原则。

因此，我们不能满足于通常的哲学史的抽象视角，过于简单地将近代西方哲学看作经验论与唯理论的对立。我们应该首先看到的一点是，这两个派别不过是西方哲学近代化的具体表现形态。二者的对立并非决然对立，他们不仅有共同的哲学信仰（对柏拉图主义的信奉和传承，即都是柏拉图主义者），而且还遵循着一个普遍的哲学原则（哲学成为真理的条件是破解思维与存在的关系问题）。经验论和唯理论两派的对立实则是他们破解思维和存

---

① 〔德〕黑格尔：《哲学史讲演录》第 4 卷，贺麟、王太庆等译，商务印书馆 2017 年版，第 6 页。

② 〔德〕黑格尔：《哲学史讲演录》第 4 卷，贺麟、王太庆等译，商务印书馆 2017 年版，第 7 页。

③ 〔德〕黑格尔：《哲学史讲演录》第 4 卷，贺麟、王太庆等译，商务印书馆 2017 年版，第 8 页。

在的对立关系的思路的不同，实则是他们对思维和存在的统一性的论证方式和方法的差异。经验派哲学家侧重于从认识论维度确证主体与客体的统一；理性派哲学家则侧重于从本体论维度消除主体与客体的对立，"他们要为人的理性和外部世界找到一个共同的实体性存在作为两者统一的根据"①。关于近代西方哲学的本质及其发展特质，马克思主义经典作家对此也比较关注。恩格斯明确地指出，"全部哲学，特别是近代哲学的重大的基本问题，是思维和存在的关系问题"②。这一判断深刻地界定了西方哲学近代化所有围绕着的轴心，将"思维和存在的关系问题"视为"全部哲学的最高问题"，并且认为它只是在历经中世纪到了近代后"才被十分清楚地提了出来，才获得了它的完全的意义"③。恩格斯的这一论断的深刻性在于它揭示了近代西方哲学围绕的中心主题，廓清了经验论和唯理论两派的对立所围绕的轴心。恩格斯关于"哲学基本问题"的这一重要思想，为我们深入把握西方哲学的近代化的本质及其局限性提供了根本理论支撑。

（二）西方哲学近代化的逻辑进程

西方哲学的近代化所带来的一个时代进步是对中世纪神学宇宙观的超越。哲学家们不再基于对上帝的信仰去从事哲学研究。上帝虽然在许多哲学家们的思想中出场，不过已然失去了神学光彩，而是作为"绝对理性"的化身。近代的哲学家们都自觉地从人与自然的关系视角去考察思维和存在的关系问题，并展现出两种截然不同的对于问题的认识和求解方式。这种对立在两派的创始人那里就已然表现出来了。培根在其著名的"四假相说"④ 中主张人们要抛弃头脑中的一切假象束缚而成为自然的"仆役"和"解释者"；与这种经验论的主张不同，笛卡尔则认为人的全部感觉经验都是不可靠的，必须通过彻底的怀疑而达到理性的澄明，以确立"我思"对于"存在"的逻辑始基地位。这样一来，一方面，"培根和笛卡尔都以自己的方式达到了思维和存在的某种同一"；但另一方面，二者的差异则是十分明显的，"培根是在否定思维主体以成全认识对象（自然界）的前提下，将思维统一于存在；笛卡尔则是在否定思维对象以确立认识主体本身的前提下，使存在统一

---

① 陈修斋：《欧洲哲学史上的经验主义和理性主义》，人民出版社2007年版，第111页。
② 恩格斯：《路德维希·费尔巴哈和德国古典哲学的终结》，《马克思恩格斯选集》第4卷，人民出版社2012年版，第229页。
③ 恩格斯：《路德维希·费尔巴哈和德国古典哲学的终结》，《马克思恩格斯选集》第4卷，人民出版社2012年版，第230页。
④ 〔英〕弗朗西斯·培根：《新工具》，许宝骙译，商务印书馆1986年版，第18—19页。

于思维"①。因此,他们处理思维和存在的对立的方式展现出两种不同的思路:培根是以存在为本原,将思维统摄到存在之内;笛卡尔则以思维为本原,将存在消融到思维之中。但二者又有各自的不彻底性。他们对于思维和存在的这种同一关系的诠释,共同地以作为"最高的实体"的上帝的存在作为悬设。也正是如此,对于"唯物主义的第一个创始人"培根来说,他所谓的"双重真理"必然地带有"神学的不彻底性"②;而对于唯理论创始人笛卡尔来说,作为其哲学的基本原理"我思故我在"的成立,则必须诉诸上帝存在的"本体论证明"③。

这种共同地存在于经验论和唯理论创始人那里的"神学的不彻底性",既表明近代西方哲学直接地受到中世纪基督教哲学的影响,还表明了它们与古代哲学存在着血脉联系。这表明它们都没有能够跳出"柏拉图主义"的窠臼。他们根本无法像马克思和恩格斯那样按照世界的本来面目去看待人与自然的关系,即立足于实践去看待思维和存在的关系问题。他们只是形而上学地对柏拉图主义的"元问题"进行了一个转化,即将感性世界与理性世界的关系转化为思维和存在的关系。这才是造成经验论者和唯理论者纷纷陷入困境之中的症结所在。"笛卡尔承接了古希腊的传统,认为哲学即爱智之学。"④然而,他也真切地体悟到了必须破除传统的束缚,力图调和思维和存在的对立。为了达到这个目的,笛卡尔甚至在自然观层面与唯物主义拥抱,宣称"如果你给我物质(广延物)和运动,我就给你建造世界"⑤。笛卡尔本人也因此成为近代机械唯物论的创始人之一。另外,笛卡尔还试图从自然科学的研究成果中找寻答案,将"松果腺"作为思维和存在同一的连接枢纽。由于笛卡尔本质上是以柏拉图主义的理论建制为逻辑始基进行哲学思考的,所以他最终无法真正解决身体与灵魂、思维和存在的对立关系。

培根和笛卡尔的后继者们同样也未能真正将问题彻底地解决。"霍布斯消灭了培根唯物主义中的有神论的偏见"⑥,作为经验论者的霍布斯力图清除

---

① 杨祖陶:《德国古典哲学逻辑进程》,武汉大学出版社2003年版,第13页。
② 马克思、恩格斯:《神圣家族》,《马克思恩格斯全集》第2卷,人民出版社1957年版,第163页。
③ 〔法〕笛卡尔:《第一哲学沉思集》,庞景仁译,商务印书馆1986年版,第52、53页。
④ 李超杰:《近代西方哲学的精神》,商务印书馆2017年版,第61页。
⑤ 〔德〕黑格尔:《哲学史讲演录》第4卷,贺麟、王太庆等译,商务印书馆2017年版,第98页。
⑥ 马克思、恩格斯:《神圣家族》,《马克思恩格斯全集》第2卷,人民出版社1957年版,第164页。

培根学说中的"神学的不彻底性"①,极力要将上帝从哲学领域中驱除出去,走向了彻底的无神论。但他的唯物主义却不可避免地戴上了"敌视人"的局限性。② 作为唯理论者的斯宾诺莎则力图克服笛卡尔身心二元论的困局,提出"平行论"来协调思维和广延、心灵和身体的对立关系,将二者归结为作为"唯一实体"(自然,神)的不同属性。"在这两种情况下,思维与存在的对立不是被调和了,而是以坚持某一个片面的方式(如霍布斯),或是以确定二者界线的方式(如斯宾诺莎)被肯定下来了,主体(我思)的能动性在这两位机械论者那里也就完全消失不见了。"③ 霍布斯和斯宾诺莎实则是以不同的形式将柏拉图主义的原则贯彻到底,以至于将思维和存在的对立以尖锐化的方式暴露出来。

洛克力图建构以"健全理智"为核心概念的唯物主义经验论体系,以解决霍布斯哲学的二元论困境。究其实质,洛克的做法仍然不过是要把主体同一于客体、把思维同一于存在,因而仍然是在形而上学的地基上进行经验论的体系构建。洛克坚持将自然界作为第一性的本体存在,将思维看作对这一客观实在的反映。为了走出霍布斯的二元论,洛克积极地吸取了唯理论者的基本主张。他将笛卡尔关于主体的特性的观点移入自己的学说中,将包括感觉在内的人的所有思维和意志活动归结为所谓"心灵实体"的属性。问题在于,心灵是如何产生观念的呢?这个问题实质上是要追问内在于思维的"感觉"究竟是如何与外部世界即自然界建立起联系的。洛克对此并不回避,也给出了解答。他对此说道:"对这些问题我用一个词来回答,经验:我们的一切知识都是建立在这个基础上,而且归根到底是从这里引出知识本身,我们的观察用于外界可感的对象上;或用于被我们自己知觉到和反省的我们心灵内在运作上,它们给理智提供一切思维的材料。这二者就是知识的源泉,从那里的确涌现我们具有的或能自然地具有的一切观念。"④ 由洛克的这段话我们可以看出,他实际上是拓展了经验论的基本哲学主张,这里可以明显地看出他将经验论和唯理论的基本观点进行综合的特点。在洛克看来,知识的

---

① 这一点在霍布斯的"感觉论"中可以充分得见。霍布斯力图用彻底的经验论解释人的认识活动,以此摒弃上帝和神学。在他看来,"感觉是一种心像,由感觉器官向外的反作用及努力所造成的,为继续存在或多或少一段时间的对象的一种向内的努力所引起"。他同时主张,"与对感觉的默思相应的是对物体的默思,而物体乃感觉的动力因或对象"。(〔英〕霍布斯:《论物体》,段德智译,商务印书馆2019年版,第403、422页。)
② 马克思、恩格斯:《神圣家族》,《马克思恩格斯全集》第2卷,人民出版社1957年版,第163页。
③ 杨祖陶:《德国古典哲学逻辑进程》,武汉大学出版社2003年版,第14页。
④ 〔英〕约翰·洛克:《论人类的认识》,胡景钊译,上海人民出版社2017年版,第75—76页。

源泉仍然是唯一的经验。但是经验本身可以从两个方面进行理解：一是感觉经验，即对外部自然界的感觉而形成的表象；二是知觉和反省，即心灵实体自发地对所感觉表象所进行的抽象、分析和综合。然而，洛克的认识论仍然深受柏拉图主义的束缚，他陷入了更为复杂和尖锐的矛盾之中："思维和存在的对立现在不光是简单的主客观的对立，而且是主观方面的'感觉的经验'和'反省的经验'、'简单观念'和'复杂观念'的对立，以及客观方面的'第一性的质'和'第二性的质'、'实在本质'和'名义本质'的对立。"① 可以说，洛克试图解决霍布斯的二元论问题、为柏拉图主义理论建制提供认识论支撑的主观意图，与其所秉持的经验论的基本哲学立场，二者之间陷入对立之中。

莱布尼茨则将辩证法引入对问题的解决。他反对洛克关于实体的看法，主张将实体看作一种"力"；他同时也拒绝了洛克的"白板说"，明确声称要回归到柏拉图那里去，声称自己"和柏拉图一样"坚持这样的主张，"灵魂原来就包含着多种概念和学说的原则，外界的对象是靠机缘把这些原则唤醒了"②。这不仅展现了和笛卡尔近乎同一的认识论立场，也表明了莱布尼茨是地道的柏拉图主义者的基本事实。这实则还表明了一个事实：包括莱布尼茨在内的唯理论者不仅牢牢地秉持柏拉图所奠定的西方哲学的基本理论建制，而且也在认识论维度与柏拉图的理念论保持高度一致。莱布尼茨作为德国哲学家还展现出了对于辩证法的重视。他的"单子论"超越了笛卡尔、霍布斯和洛克的机械论。然而，莱布尼茨的这种带有辩证色彩的单子学说也具有明显的局限性。他为了处理好"一"与"多"的关系而不得不设定一个"超级单子"即上帝的存在，以确保单子与自然界之间能够处于"前定的和谐"之中。莱布尼茨为了确保单子的纯粹性，明确宣称"单子没有可供事物出入的窗子"，"不论实体或偶性，都不能从外面进入一个单子"③。这实则暴露了莱布尼茨哲学的内在困境。被莱布尼茨十分看重的"充足理由律"不过是他用来应对自己的学说内部对立的一种手段，更多的是一种权宜之计而非根本原则。对此，列宁的看法深刻而又犀利："当然，这是唯心主义，但比起柏拉图的唯心主义来，它更客观，离得更远，更一般，因而在自然哲学中就往往更＝唯物主义。"④ 列宁这一论断深刻揭示了莱布尼茨学说的柏拉图

---

① 杨祖陶：《德国古典哲学逻辑进程》，武汉大学出版社2003年版，第15页。
② 〔德〕莱布尼茨：《人类理智新论》上册，陈修斋译，商务印书馆1982年版，第3页。
③ 〔德〕莱布尼茨：《人类理智新论》上册，陈修斋译，商务印书馆1982年版，第24页。
④ 列宁：《黑格尔〈哲学史讲演录〉一书摘要》，《列宁全集》第55卷，人民出版社2017年版，第242页。

主义特质，也客观上肯定了它相对于柏拉图理念论的比较优势。

（三）休谟怀疑论与西方哲学近代化的终局

解决矛盾、克服思维和存在的对立的任务最后落到了两位经验论者身上，分别为贝克莱（又译作巴克莱）和休谟。他们的做法是力图将经验论的原则贯彻到底，将认识论彻底改造为感觉论。

贝克莱实际上是以对上帝的直接信仰而将世界存在的本原问题束之高阁，完全转入对于知识的认识论根据和原则的分析和研究。贝克莱将经验论拖到了唯心主义之中，将"存在"直接地与"思维"相同一，将前者视为或者的附属物和关联项。在贝克莱看来，离开人的感官（感觉知觉），"存在"是根本无法存在的，"因为要说有不思想的事物，离开知觉而外，绝对存在着，那似乎是不可理解的。所谓它们的存在（esse）就是被感知（percepi），因而它们离开能感知它们的心灵或能思想的东西，便不能有任何存在"①。究其实质，贝克莱为了消解思维和存在的对立，采取了一种极端化的处理方式。这种处理方式具有难得的"反机械论"的优势，但又带有十分消极的特点。他不是像莱布尼茨那样从知性形而上学的二元论思维方式跃升到辩证思维方式，而是摒弃思维和其抽象的功能，即摒弃了笛卡尔等唯理论者关于主体的能动性的认识。至于休谟则把经验论的哲学立场极端化地运用于怀疑论，从而宣告了唯理论的基本哲学理念和主张的破产。休谟的怀疑论与其说是要解决思维和存在的对立，不如说是将这种对立本身推入怀疑论深渊之中。他质疑并否定经验本身的客观必然性，认为"经验固然是我们所认识的东西的基础，知觉本身包罗万象，可是在经验中却并不包含普遍性和必然性，经验并不向我们提供这两个规定"②。休谟以"因果关系"为例，对包括经验论和唯理论在内的整个近代哲学提出有力的质疑。他通过细致的考察，认为原因和结果及其二者之间所结成的"因果关系"并不是内蕴在经验之中的普遍原则，而是一种主观的联结。休谟由此向同时代哲学家们提出诘难："我们的因果互推的那种推论的本性如何，我们对这种推论所怀的信念（belief）的本性又是如何？"③ 休谟认为，如果真正将经验论的立场贯彻到底，就会发现在经验之中、经验本身并无因果关系及其概念的踪影。作为感觉知觉的经验之中并不包含必然性，并不能直接地找到"因果关系"这样的

---

① 〔英〕乔治·贝克莱：《人类知识原理》，关文运译，商务印书馆2010年版，第23页。
② 〔德〕黑格尔：《哲学史讲演录》第4卷，贺麟、王太庆等译，商务印书馆2017年版，第228页。
③ 〔英〕休谟：《人性论》上册，关文运译，商务印书馆1980年版，第94页。

必然性范畴。在所谓的经验论的"因果关系"范畴中，它所表征的不过是两个事件的先后顺序或次序罢了。休谟披着怀疑论外衣的彻底经验论主张，不仅延续并完成了霍布斯、洛克的经验论主张，而且和贝克莱一道消解了经验论和唯理论的基本哲学观。

由上述分析可知，和休谟同时代的其他每一位哲学家都是极力要弥合思维和存在的对立，以经验主义的或理性主义的哲学观为逻辑始基去破解这一对立。休谟却显得十分与众不同。他根本不关心如何将思维与存在"统一起来"、如何为二者的同一的形而上学根据进行认识论的确证和奠基。毋宁说，休谟的怀疑论反而是以确证思维和存在的"对立关系"的绝对性而暴露了西方哲学的近代化的内在困境。"休谟从经验论立场出发意图证明知识的'经验源泉'，得出的却是反经验论的结论。"① 休谟确证了"思维领域"和"存在领域"的根本差异，但也破灭了经验论和唯理论两派哲学家们的哲学理想。"休谟就以此方式瓦解了十七世纪形而上学运动围之而旋转的两大基本概念……这样一来，通常的形而上学的基石完全垮台了。"② 不过，休谟的这种怀疑论形式的经验论学说也不是全然否定的，也是有其一定的积极的意义和价值的。他对于经验之中的必然性原则和因果关系的实在性的怀疑论批判，恰恰从反面凸显了西方哲学近代化要解决的时代课题的紧迫性，促使同时代和后世的哲学家们必须继续对思维和存在的关系问题进行求解——除非人们愿意任由休谟的怀疑论破坏西方哲学的形而上学根基而致使西方哲学滞留于这样的难堪境域。"此外，休谟的大功劳还在于从根本上暴露了前此一切对思维和存在之关系的解决方案本身的不可能性，这就迫使从头来检讨和思考解决这个问题的途径，以致最后唤醒了康德的'独断论的迷梦'"③，引发康德去进行"纯粹理性批判"，从而推动西方哲学的近代化进入一个新的时代高度，即把西方近代哲学发展的中心从英国、法国转到了德国，将近代西方哲学的发展推至德国古典哲学阶段。

（四）法国唯物论对西方哲学近代化固有矛盾的暴露

休谟之后，一大批法国唯物论者将经验论的基本哲学主张运用到了对于自然界和人类社会发展的解释，构造起了一个个"战斗唯物主义体系"。

---

① 聂海杰：《康德"哥白尼式革命"的存在论意蕴》，《郑州轻工业学院学报》（社会科学版），2020年第2期。
② 〔德〕文德尔班：《哲学史教程》，罗达仁译，商务印书馆1993年版，第657页。
③ 杨祖陶：《德国古典哲学逻辑进程》，武汉大学出版社2003年版，第17页。

"这种唯物主义是在同欧洲十七世纪作为唯心主义体系的形而上学的斗争中产生的。它力图同思辨哲学划清界限,解放人们的思想。它引导人们,抛弃宗教迷信,信赖自己的理性和能力,直接面向自然和社会。它抨击贵族、僧侣和封建制度,企望建立资本主义社会。无论在自然观和认识论方面,它都坚持唯物主义观点,竭力排除神学和先验论的因素。在社会政治和伦理观点方面,它从维护资产阶级利益出发,赋予人以中心地位,要求人在法律上平等,从而使哲学有了新的面貌、新的内容,承担了新的任务。"① 狄德罗主编的《百科全书,或科学、艺术、手工业详解辞典》集中反映了法国唯物主义者的思想。他们强烈地拒斥唯理论者关于哲学的学科属性和功能作用的定位。笛卡尔认为,"哲学好像一棵树,树根是形而上学"②。然而在以狄德罗为代表的法国唯物主义者看来,笛卡尔的这个关于哲学的本质的定义是本末倒置的。哲学不应该停留在思辨的"理论真空"中,而应该积极地寻求与活生生的社会现实建立起联系;哲学不仅要走进生活世界之中,而且要积极地转化为合理解释自然界的本质、促进人类社会更加合理的工具。

于是,这些法国哲学家进行哲学研究、宣传唯物论,就带有鲜明的实践特征。他们的理论研究和宣传活动根本上带有反对封建专制、为资本主义自由和平等摇旗呐喊的特性。他们的唯物论学说客观上不自觉地充当了法国资产阶级"要求社会变革、用资本主义制度取代封建制度的理论武器"③。这些法国唯物主义者的作品全都带有强烈的反对宗教专制和反神学的特征。狄德罗主编的《百科全书,或科学、艺术、手工业详解辞典》招致了宗教界的强烈反对,认为其所宣传的唯物论思想是对上帝存在的极大亵渎。狄德罗在其另一部题名为《供明眼人参考的论盲人书简》的论著中,仍然是毫不畏惧地宣传无神论思想,以至于被警察逮捕投于牢狱之中。拉美特利的《心灵的自然史》遭受到了神学家们的强烈敌意,这些顽固的封建卫道士对之进行了猛烈的批评。而拉美特利的著作《人是机器》更是激起了加尔文派、天主教派和路德派的愤怒和攻击,以至于他最后不得不逃往国外。爱尔维修的《精神论》和霍尔巴赫的《自然的体系》也都因其大力宣传唯物论和无神论而遭到了封建专制统治者及其意识形态家们的批评和攻击。这些法国唯物论者的思想是构成马克思创立新唯物主义哲

---

① 葛力:《十八世纪唯物主义》,上海人民出版社1982年版,第1页。
② 〔法〕笛卡尔:《谈谈方法》,王太庆译,商务印书馆2000年版,第70页。
③ 葛力:《十八世纪唯物主义》,上海人民出版社1982年版,第3页。

学的重要思想资源。事实上,"马克思和恩格斯对法国唯物主义汇入社会主义和共产主义的社会理论思潮特别感兴趣。因为在它的关于经验世界、'环境'对于人具有决定作用的观念中和在由此派生的'改造环境使之合乎人性'的任务中,马克思和恩格斯再次发现了自己的唯物主义的和革命的基本观点,这一基本观点他们自然已作了重要的质的发展:他们已经知道,奴役人的经验环境是雇佣劳动与资本发生矛盾的结果,他们的'符合人性'的改造是同无产阶级革命联系在一起的"①。在此意义上,我们可以说法国唯物主义对于马克思哲学革命——马克思确立"新唯物主义"哲学观——具有一定的启示作用。

然而,在高度肯定法国唯物主义的历史贡献之际,我们也要正视它的局限性。法国唯物主义在强烈地反对"旧形而上学"的同时,却也并未对西方哲学近代化的进程产生根本性的变革意义。法国唯物论者们赋予西方哲学鲜明的"战斗唯物主义"特征,但并未真正跳出西方哲学的柏拉图主义理论建制。他们以十分鲜明的实践旨趣克服了经验论和唯理论的不可知论和观念论局限,颠覆性地将哲学从思辨的"理论王国"引向生活世界。"然而,他们的这种志在力行并没有成为他们理论本身的一个环节,相反,恰恰由于他们的理论一开始就具有的那种直观的独断性,他们对思维和存在、主体和客体关系的看法就不但没有超出洛克经验论和自然科学机械论的狭隘范围,而且还导致了社会历史领域中的唯心主义。"②他们的"理论"和"实践"并未像现代唯物主义者创始人马克思和恩格斯那样做到有机统一,二者实际上陷入了一种形而上学的对立之中,实践被偏狭地视为"理论"的对立面,"它只是一种偶然的现象、随意的意志行为,整个人类历史都是由意见和一时自发的欲望所决定的过程"③。于是法国唯物论者就在认识论层面陷入了形而上学的二元论,在历史观层面就陷入了唯心主义的谬误之中。这些充满反封建的革命意志的哲学家意图牺牲主体的能动性而赢获客体的实在性,意图实现哲学与现实生活世界的"联合";然而,由于其理论上无法认清历史发展的规律,实践中也找不到实现"美好理想"的人(无产者,人民群众),最终必然无法跳出"旧形而上学"的"柏拉图主义幻象"。不过,就其"反形而上学"的效果或效应而言,法国唯物论的突出历史贡献在于更加彻底地暴露

---

① [德] 彼得·海勒尔:《马克思和恩格斯在1846年以前向唯物主义过渡时对"物质"这一概念的反思》,冯章主编《马克思主义研究资料》第15卷,中央编译出版社2014年版,第15页。

② 杨祖陶:《德国古典哲学逻辑进程》,武汉大学出版社2003年版,第17页。

③ 杨祖陶:《德国古典哲学逻辑进程》,武汉大学出版社2003年版,第17—18页。

了蕴含在西方哲学近代化进程之中的客观矛盾。"近代哲学的基本矛盾即思维和存在的矛盾，经过休谟不可知论和法国唯物主义可知论的发展，变得越来越明确了。"① 法国唯物论者们的努力并不是没有价值的，而是进一步将思维与存在的对立关系在自然观和历史观（社会历史领域）中暴露了出来，将这一矛盾及其两个方面的"对立关系"拓展到了自然界和人类社会领域之中。这就为西方哲学的近代化进程的进一步地推进，从而为德国古典哲学对于矛盾和问题的进一步求索，奠定了一个重要的思想前提。

三 作为柏拉图主义完成形态的德国古典哲学

西方哲学的近代化并未停止于经验论和唯理论哲学家们的实践，而是由几位德国哲学家把这个事业承接了下来。在法国进行"政治革命"之际，在德国发生了"哲学革命"。康德以"纯粹理性批判"为鲜明特质的"哥白尼式革命"，推翻了欧洲思想界所盛行的"欧洲各大学所采用的陈旧的莱布尼茨的形而上学体系"；紧接着康德，"费希特和谢林开始了哲学的改造工作，黑格尔完成了新的体系"②。德国发生"哲学革命"的原因当然与其社会现实和历史传统有着内在的联系。"从当时的现实状况看，德国在政治上和经济上远远落后于英、法等国，资产阶级力量弱小，加之德国人向来服从权威的传统，他们不愿像法国雅各宾派那样用利刃清除权威，而宁愿从思想领域去寻找凝聚的中心。"③ 正是在这样的现实的推动下，康德、费希特、谢林和黑格尔，这几位德国哲学家在新的时代条件下对关涉西方哲学发展的基本问题展开了进一步的探索。他们有力地推进了西方哲学的近代化，在哲学史上开创了一个十分精彩的"德国古典哲学时代"。德国哲学家们所建构的德国"古典形而上学"，呈现出扬弃近代西方哲学局限性（二元论）的"优势"④。这些德国哲学家以此为基本理论建制和认识论依据，构建起了一个个恢宏的哲学体系，夯实了西方哲学的形而上学地基，缝合了西方哲学的基本理论建制，完成了自柏拉图以降所有哲学家们的共同梦想。

---

① 杨祖陶：《德国古典哲学逻辑进程》，武汉大学出版社2003年版，第18页。
② 恩格斯：《大陆上社会改革运动的进展》，《马克思恩格斯全集》第1卷，人民出版社1956年版，第588页。
③ 邢来顺、吴友法主编：《德国通史》第3卷，江苏人民出版社2019年版，第448页。
④ 〔德〕汉斯-格奥尔格·加达默尔：《哲学解释学》，夏镇平、宋建平译，上海译文出版社2004年版，第77页。

（一）应对"休谟问题"：康德"纯粹理性批判"的理论旨趣

对西方哲学近代化的进程而言，休谟的怀疑论的提出，可谓为其画上了一个句号。但可惜的是，这是对进程本身的中断或中止。由于"休谟第一次使思维和存在的质的区别成了一种不可通约的区别，以'唯我论'的方式使思维成了一种纯粹主观性的东西、绝对非存在性的东西"[①]，他实则以十分消极乃至悲观的结论宣告了经验论和唯理论两派哲学家们的努力的失败。"休谟问题是釜底抽薪，因此休谟问题也是先前许多哲学家的困惑。"[②] 但休谟在他那个时代并未产生很大的影响，人们未能立即就把捉到其思想之中所蕴含的破坏性力量，尚不能真切地意识到其对于近代西方哲学乃至整个西方哲学的形而上学地基和理论建制的攻击。然而，这一点稍后就被德国哲学家康德意识到了。康德明确地把休谟视为近代西方哲学乃至整个传统形而上学的"杀手"，认为形而上学这门"科学"自成立以来，从未遭受过如此严重的打击，"它所遭受到的没有什么能比休谟所给予的打击更为致命"[③]。显而易见，康德不仅看到了休谟的怀疑论阻断西方哲学近代化进程的危险，还深刻地洞悉到了这一怀疑论对传统西方哲学理论建制的巨大破坏力。

"康德甚至比经验主义者自己更能认识到到底经验之本性是什么。"[④] 对于休谟的怀疑论的基本主张，康德不但没有否定，反而是持十分赞赏和肯定的态度。在康德看来，休谟的怀疑论看似消极，实际上也有其可贵的品质。对于休谟关于因果关系概念的怀疑论解构，康德并未拘泥于常人的视角进行认识，而是透过休谟的这一怀疑论主张看到了内蕴于其中的疑难。康德敏锐地认识到：为休谟所触及但并未解决的课题的实质是"概念的根源问题，而不是它的必不可少的使用问题"[⑤]。因此在康德看来，休谟的怀疑论虽然破坏力很大，但并不可怕，更不应简单地加以摒弃。康德不甘心休谟将"哲学之舟"弄到怀疑论的浅滩上烂掉，而是决心让"哲学之舟"重新扬帆启航。

---

① 杨祖陶：《德国古典哲学逻辑进程》，武汉大学出版社2003年版，第18页。
② 赵汀阳：《没有答案：多种可能世界》，江苏凤凰文艺出版社2020年版，第5页。
③ 〔德〕康德：《任何一种能够作为科学出现的未来形而上学导论》，庞景仁译，商务印书馆1978年版，第5—6页。
④ 〔德〕立夏德·克朗纳：《论康德与黑格尔》，关子尹译，同济大学出版社2004年版，第116页。
⑤ 〔德〕康德：《任何一种能够作为科学出现的未来形而上学导论》，庞景仁译，商务印书馆1978年版，第8页。

"对我（指康德——笔者注）来说关键在于给它一个驾驶员。"① 因此，对于康德来说，他不仅没有陷入休谟的怀疑论，反而是在休谟的启示下摒弃了自己以往的"教条主义的迷梦"②，找到了自己哲学的主题和方向，积极地将破解"休谟问题"作为自己哲学的任务。这一工作对于西方哲学的近代化而言意义重大。康德的目的是要通过破解"休谟问题"消除休谟怀疑论对西方哲学近代化的破坏性的影响，意图达到拯救形而上学，为整个传统西方哲学奠基的目标。在康德看来，只要能够解决这个蕴含在休谟怀疑论之中的"休谟问题"，就能够破解"思维领域"和"存在领域"的对立问题，就能够夯实形而上学的地基、筑牢西方哲学理论建制。

到了康德这里，作为西方哲学近代化所遭遇到的根本疑难，同时也是肇始于柏拉图，由其所奠基的西方哲学理论建制的中心问题，十分明显地暴露了出来。这个问题的实质就是如何通过破解"思维与存在的关系问题"而弥合"两个世界"的对立。经由经验论和唯理论以及18世纪法国唯物论者们的探索和耕耘，这个问题的实质越发清楚地暴露了出来。矛盾的焦点、问题的关键是如何确证客观必然性与主观能动性的统一关系。康德本人对此的认识是十分清醒的。他在《纯粹理性批判》中将这一矛盾和根本疑难归结为一个哲学命题：先天综合判断何以可能？③ 他坚定地认为，只要能够对这个哲学命题作出形而上学的求解，即只要能够对这一命题成立的条件给出哲学的证明，就会使得西方哲学的发展摆脱"休谟问题"的困扰，踏上康庄大道。

康德将解决问题的方案或方法诉诸"纯粹理性批判"。康德所谓的"纯粹理性批判"并"不是对某些书或体系的批判，而是对一般理性能力的批判"④。康德不是要介入经验论和唯理论的论争，而是要通过对"纯粹理性"的"批判"终止或终结两派的论争，解除西方哲学近代化的困境，以此达到为整个西方哲学的形而上学地基奠基之目的。所以我们不能简单地从一般哲学史视角将康德的"纯粹理性批判"仅仅归结为一种先验的认识论或知识论体系的构建。在海德格尔看来，这种理解根本没有抓住问题的关键，即没有把握住康德所发动的这场带有鲜明问题意识的"纯粹理性批判"的根本要

---

① 〔德〕康德：《未来形而上学导论》（注释本），李秋零译注，中国人民大学出版社2013年版，第7页。
② 〔德〕康德：《任何一种能够作为科学出现的未来形而上学导论》，庞景仁译，商务印书馆1978年版，第9页。
③ 〔德〕康德：《任何一种能够作为科学出现的未来形而上学导论》，庞景仁译，商务印书馆1978年版，第35页。
④ 〔德〕康德：《康德三大批判合集》上卷，邓晓芒译、杨祖陶校，人民出版社2009年版，第3页。

旨。"《纯粹理性批判》与'知识理论'完全没有干系。如果要想能够在根本上容许这种作为知识论的阐释的话,那么最好说《纯粹理性批判》不是一种关于存在物层面上的认知(经验)的理论,而是一种存在论认知的理论。"①海德格尔的这一判断超出了一般哲学史的抽象视角,从其现象学(基始存在论)维度深刻切中了康德所从事的"纯粹理性批判"这一工作的本质,揭示了内蕴在其中的"形而上学批判"亦即为西方哲学进行奠基的本质规定。

然而,摆在康德面前的难题又不能完全归咎于休谟。"休谟问题"的背后是肇始于柏拉图的理念论所确立的西方哲学的理论建制问题。"休谟问题"的实质是如何通过求解思维和存在的矛盾而为世界的"二重化"提供形而上的根据(本体论、认识论支撑)。因此,康德无法逾越的同时也是全体西方哲学家必须面对的难题,是如何化解"柏拉图主义"关于世界的"二重化"构造,即如何在本体论层面合理化解"感性世界"与"理念世界"的关系。康德采取的是一种十分独特的处理方式,这种处理方式带有鲜明的"反柏拉图主义"的特征,他提出了与柏拉图的理念论相反的主张,"柏拉图和亚里士多德排除了一切感性认识的可靠性,他们把这种可靠性限制在非感性认识或者知性理念的领域,最新哲学把这种可靠性从这个领域驱逐出去,仅仅在感性世界才接受它"②。显而易见,康德这是在批评柏拉图的理念论的基本架构,是对其所设定的"感性世界"与"理念世界"的分离这一理论建制的反驳。他对柏拉图所奠定的理论建制作了一种颠倒性的处理。但康德这样做的本意并不是要做"柏拉图主义"的终结者。事实上,他并未颠覆"柏拉图主义"及其所确立的存在论建制,更没有摒弃这一以世界的"二重化"为其鲜明特质的西方哲学的基本理论建制。康德的这一颠倒本身仍然是围绕着如何为西方哲学进行奠基这一目标而展开的。也就是说,"康德对'柏拉图主义'的颠倒,实质上是为包括柏拉图理念论在内的全部西方哲学体系进行存在论的奠基"③。可以说,康德是基于形而上的高度,对自柏拉图以降哲学家们关于"感性世界"与"理念世界"的关系作出了一个先验的设定。康德不是直接地对"两个世界"的关系进行抽象的演绎,他摒弃了近代哲学家们对此进行的经验论的和唯理论的演绎手法。在他看来,这种做法必然得

---

① 〔德〕海德格尔:《海德格尔文集·康德与形而上学疑难》,王庆节译,商务印书馆2018年版,第25页。
② 〔德〕康德:《康德书信百封》,李秋零编译,上海人民出版社2006年版,第135页。
③ 聂海杰:《康德"哥白尼式革命"的存在论意蕴》,《郑州轻工业学院学报》(社会科学版),2020年第2期。

要陷入独断论的幻象之中,只能是导向两种结果:要么经验主义地将"感性世界"设定为本体,并将"理念世界"视为主观的观念或想象物;要么唯心主义地将"理念世界"设定为本体,从而将"感性世界"视为由其所派生的"假象世界"。这样一来就必然地要受到休谟的攻讦,因而导致整个西方哲学陷入怀疑论的泥沼之中。

基于此,康德主张,在破解思维和存在的矛盾关系、主体与客体的矛盾关系之前,必须首先对这一矛盾关系本身进行一个前提批判。于是康德就提出了著名的"哥白尼式革命"的计划。哥白尼最初按照传统的做法(地心说)一直无法成功,最后他反其道而行之,即让观测者自己旋转,让星体停留在静止之中,这样就走出了困境。康德认为,哲学也完全可以进行这样一个"哥白尼式革命"①。对于这种做法的实质,我们要注意,康德并不是要将数学和自然科学的具体做法搬移到哲学领域中,并非要进行一个简单的移植和直接的模仿;毋宁说,他是将贯穿其中的"思维方式的革命"亦即对"主体与客体的关系"进行颠倒的根本原则运用到了哲学领域中来,以此破解西方哲学近代化所面临的基本矛盾和根本疑难。因此,作为康德"纯粹理性批判"要达到的目标是在哲学领域发动一场"哥白尼式革命";而这场哲学革命的实质是对思维和存在的关系的一种前提性的批判和重构。

康德主张基于双重维度理解对象,即主张将世界视为现象界和物自体的综合体。他认为,我们或者可以将对象"设想为现象",或者可以将它"设想为自在之物本身"②。康德在《纯粹理性批判》中提出这一主张的语气与其要表达的思想存在着不协调性。他并不是在征询别人的意见,而是带有强制性地认为我们必须将"对象"理解为"现象"与"自在之物"的"综合体"。康德十分担心人们不理解自己的这个设定,他特别对"物体"这个概念的含义作了强调。康德展现出一种十分矛盾的心理。他明确地将"物体"视为对"我们所不知道的东西"即"物自体"的"现象"。他强调,主体虽然无法确立关于这个不可知的"物体"的知识,但也并不否认——事实上也无法否认——"它意味着实在的对象的存在"。基于此,康德对当时人们将他的学说视为"唯心主义"(贝克莱意义上的主观唯心论)十分不满而提出

---

① 〔德〕康德:《康德三大批判合集》上卷,邓晓芒译、杨祖陶校,人民出版社2009年版,第13页。
② 〔德〕康德:《康德三大批判合集》上卷,邓晓芒译、杨祖陶校,人民出版社2009年版,第18页。

抗议:"能够把这个叫做唯心主义吗?恰恰与此相反。"① 我们该当如何理解和评判康德对于"柏拉图主义"基本信条的这一修正呢?

我们必须看到,康德将对象划分为现象与自在之物的这一设定本身十分重要,是康德批判哲学的大厦的基石。康德这里并未改变"柏拉图主义"关于世界所进行的"二重化"的基本结构设定,而是对于结构本身的内容构成作了新的筹划。在康德看来,"感性世界"并非柏拉图和所有的唯心论者们所以为的"变动不居的假象世界",而是有其无法否定的且对于哲学的真理性十分重要的独特性。毋庸置疑,按照恩格斯关于"哲学基本问题"的思想,康德的这种关于对象的先验设定本质上是不可知论的。但是,康德的这种不可知论与休谟带有浓郁怀疑论色彩的不可知论还是有区别的。他的这种不可知论具有积极的一面。其目的有二:一是打破西方哲学近代化进程所遭受到的障碍,克服经验论和唯理论所共同面临的困境;二是对柏拉图所奠定的西方哲学的基本理论建制的漏洞或缺陷进行修补,为西方哲学能够应对破解"思维与存在的矛盾关系"提供本体论和认识论双重意义上的保障。对此,海德格尔认为,康德的"哥白尼式革命"并不是否弃柏拉图主义的传统,而是对形而上学的地基进行夯实和加固。康德所实施的这一"哥白尼式转向"并未否弃传统的真理观。传统的符合论的亦即"'旧有的'在认知与存在物之间'符合'(adaequatio)意义上的真理观所受到的冲击极小"②。细究之,康德对于问题的解决本身就是建立在旧有的真理观的基础之上的。毋宁说,康德是基于对世界所进行的现象和自在之物的新的划分,先验地重塑或重构了思维与存在的关系。这样一来,康德一方面走出了经验论和唯理论的困境,另一方面则为进一步推进西方哲学的近代化探寻到了一条新的路径。

康德认为自己不仅跳出了思维与存在的"符合关系"的传统认识论架构,而且也克服了"休谟问题"对于整个西方哲学的侵袭。总的说来,康德的应对方案呈现出十分明显的对经验论和唯理论进行调和的特点。康德一方面将"一切知识都从经验开始"作为毋庸置疑的事实;另一方面又强调从经验开始的"知识"并非"都是从经验中发源的"③。康德的这种主张合理的

---

① 〔德〕康德:《任何一种能够作为科学出现的未来形而上学导论》,庞景仁译,商务印书馆1978年版,第51页。
② 〔德〕海德格尔:《海德格尔文集·康德与形而上学疑难》,王庆节译,商务印书馆2018年版,第20页。
③ 〔德〕康德:《康德三大批判合集》上卷,邓晓芒译、杨祖陶校,人民出版社2009年版,第1页。

肯定了自然界和经验事实是知识的形成和确立的前提条件，带有一定的唯物论倾向。但他并不是要研究知识如何从经验事实中发源，而是要极力探究主体何以为客体（经验对象）的形成提供认识论前提和本体论根据。康德在反传统的同时又承袭了以往的知识论传统，也将知识的构成二分为形式和质料。作为内容的质料是"后天"（a posteriori）由经验事实提供给主体的；作为形式的直观和知性概念则具有"先天"（a priori）的性质，是在经验事实提供给主体之前就先行作为主体自身的禀赋或能力而独立地存在着的。被康德十分看重的"先天要素"有哪些呢？基本上可以分为两大类别。第一是"先天直观"或"纯直观"；第二是纯粹知性概念或"范畴"。所谓的"纯直观"即经验直观得以可能的先天要素，分别为时间和空间；所谓的"纯粹知性概念"是思维得以发生的先天要素，一共是由四组共计十二个范畴所组成的。康德对此给出了一个有别于亚里士多德的"范畴表"①，如下所示：

1. 量的范畴
单一性（Einheit）
多数性（Vielheit）
全体性（Allheit）

2. 质的范畴
实在性（Realit）
否定性（Negation）
限制性（Limitation）

3. 关系的范畴
依存性和自存性（Inhrenz u. Subsitenz）
（实体和偶性 Subtantia et Accidens）
原因性和从属性（Kausaltt und Dependenz）
（原因和结果〈Ursache und Wikung〉）
协同性（Germeinschaft）
（主动和受动之间的交互作用②）

4. 模态的范畴
可能性（Mglichkeit）——不可能性（Unmglichkeit）
存有（Dasein）——非有（Nichtsein）
必然性（Notwendigkeit）—偶然性（Zufligkeit）

康德的这个范畴表深刻地展现了人的思维的能动性特质，揭示了蕴含人的知性进行逻辑思维的这种能力的内在结构。这四组、十二个范畴并非任意

---

① 〔德〕康德：《康德三大批判合集》上卷，邓晓芒译、杨祖陶校，人民出版社2009年版，第64—65页。
② 为便于展示康德"范畴表"的整体结构，我们将"主动和受动之间的交互作用"对应的德文词语移到这里来："Wechselwirkung zwischen dem Handelnden und Leidenden"。

提出的，而是基于十分严谨的内在逻辑法则。每一组范畴中，第一个和第二个范畴之间是对立关系；而这种对立关系又在第三个范畴中被消解即得以综合。各组范畴之间也存在着内在的联系。由"量"到"质"："量"是"质"的要素，"质"是"量"之综合的结果；"量"与"质"的统一结成"关系的范畴"，演化出丰富的必然联结关系；"关系的范畴"成立与否及其存在的样态最后构成"模态的范畴"，由此使得"知性"能够对"感性直观"即"现象"作出合乎实情的判断。与此同时，两个部分即"先天感性直观"和"纯粹知性范畴"之间也存在着内在的联系。"思维无内容是空的，直观无概念是盲的。"① 对于知识的形成而言，"感性直观"和"知性思维"二者缺一不可，并且它们没有高低贵贱之分。离开感性直观，对象就无法被感知到；离开知性思维，被感知到的对象也无法被统摄到概念之下。简单地来说就是，感性直观捕捉到物自体所呈现出来的现象，作为"材料"提供给知性；知性在范畴的作用下对这些现象进行思维，将之综合为概念或将这些现象统摄为概念。这样一来，康德认为自己就达到了目的，即"从基础上"消除了休谟的怀疑论对于西方哲学的侵袭。休谟所质疑的"因果关系的可能性"确实不是直接发源于经验之中的，但这绝不意味着可以否认因果关系概念的必然性。康德的破解之道就是从前提上摒弃了休谟对于因果关系及其必然性内涵的认知，强调它们绝非虚构，绝不可以把它们"当做使从长期习惯得来的纯粹假象"②；于是在康德看来，休谟的"怀疑论"就站不住脚了；由此也就解除了其对于西方哲学的形而上学地基及其理论建制的破坏和侵袭。

如何评判康德的解决方案呢？康德对于西方哲学近代化无疑作出了自己的贡献，这是我们首先必须肯定的。康德有效克服了"柏拉图主义"滥觞所导致的弥漫于整个西方哲学史的唯心论意识形态。"康德再一次进行了意识形态的批判，并揭露了一种错误的意识。当传统的形而上学将理念从唯理论、经验论或实证论的角度加以物化的时候，《批判》（指康德《纯粹理性批判》——笔者注）则将它们液化为这样一种思想：即使是科学最新、最全面的现状本身依然还是未完成的。"③ 可以说，康德的"纯粹理性批判"破

---

① 〔德〕康德：《康德三大批判合集》上卷，邓晓芒译、杨祖陶校，人民出版社2009年版，第48页。
② 〔德〕康德：《任何一种能够作为科学出现的未来形而上学导论》，庞景仁译，商务印书馆1978年版，第80页。
③ 〔德〕奥特弗里德·郝费：《康德的〈纯粹理性批判〉——现代哲学的基石》，郭大为译，人民出版社2008年版，第253页。

灭了哲学家们无批判地（实则是独断地）沉浸于其中的、将"理念"绝对化的"柏拉图主义"意识形态。康德以求解"休谟问题"为出发点而重构了思维与存在的矛盾关系。在康德这里，二者并非决然对立的关系，而是呈现出客体刺激主体、主体构造客体；主客体之间以时间、空间、先验图型为中介而结成必然性的联系的相互纠缠的图景。不可否认，康德将对象二分为现象和自在之物、将自在之物划归信仰领域的做法的确是有问题的，也历来为后人所诟病。然而，我们不应绝对地否定康德看似消极的做法之中的积极性的意义和价值。康德这样做可以说是不得已而为之："我不得不悬置知识，以便给信仰腾出位置。"① 他虽然具有为道德和宗教信仰进行辩护的保守性的一面，但是也不应否认隐蔽地蕴含在其思想之中的合理成分：将哲学与宗教相区分开来以保证哲学的独立地位的积极性的一面。同时，康德又坚决反对将哲学绝对化的做法。也就是说，他对于以往那种将哲学视为"科学之科学"的传统做法表示反对。这一点在"先验辩证论"中可以充分得见。康德这里集中要表达的是这样一个思想：理性自以为可以绝对地超越于"感性世界"之上，自以为可以"单凭思辨的力量来超出于感官世界之上"②，但这种做法显然"是徒然的"，注定是徒劳无功的。事实上，一旦理性超出感官世界意图确立关于"理念"、"本体"的知识，就必然地导向"二律背反"。康德对此进行了十分详尽的分析。许多人只是停留于对康德所发现的这些"二律背反"的消极性的一面，而较难发现其积极性的一面。事实上，为康德所发现的这些"二律背反"有其积极性的价值所在。"康德在此将传统的宇宙论即一种有关'客体中的总体性'的实体性理论，转化成一种对于'最大可能延续和扩展经验的原理'进行研究的方法论。'按照这一原理，任何经验的界限都不得被视为绝对的界限'。作为经验总体的世界即宇宙并不是自在的现成存在，而是逐一出现在经验研究中的，但从来不是绝对完全地呈现出来的。"③ 这样一来，康德哲学就因此具有了现代性的意蕴。"在康德的《批判》的高温下，旧世界已经消融了。"④ 它不仅从形而上的高度对自然科学的无限扩展的现实状况给予了冷静的反思和批判，实际上也蕴含着

---

① 〔德〕康德：《康德三大批判合集》上卷，邓晓芒译、杨祖陶校，人民出版社2009年版，第19—20页。
② 〔德〕康德：《康德三大批判合集》上卷，邓晓芒译、杨祖陶校，人民出版社2009年版，第411页。
③ 〔德〕奥特弗里德·郝费：《康德的〈纯粹理性批判〉——现代哲学的基石》，郭大为译，人民出版社2008年版，第252页。
④ 〔美〕特里·平卡德：《德国哲学1760—1860：观念论的遗产》，韩隽译，中国人民大学出版社2019年版，第39页。

对现代资本主义意识形态进行批判的指向性：揭穿了"科学的假相"与"知识的幻觉"。①

然而，康德哲学的局限性也是十分明显的。康德意识到了必须破解经验论和唯理论所导致的思维和存在的矛盾，他自己为此从先验的批判哲学角度重新定位了主体与客体的内在联系。然而，康德只是采取了有限的形式对这对矛盾关系进行了求解。对于更高层次的问题即思维（知性及其范畴）所确立的现象界的知识与超出整个知识领域之外的自在之物（所谓的物自体领域）的关系问题，他暴露了自己并未真正解决思维与存在的关系问题的局限性，他不过是"将休谟的不可知论与法国唯物主义的独断论直接纳入同一个体系之中，使它们展开面对面的冲突"②。但我们绝不可否认康德所实施的"纯粹理性批判"的意义和价值。历史地看，康德的这一批判有效克服了近代哲学的独断论幻象。不仅如此，康德深刻地将思维与存在的矛盾关系及其冲突归结为"理论与实践的冲突"，并着力于通过另外"两大批判"（"实践理性批判"和"判断力批判"）解决冲突；这样一来，他事实上也就为后人指出了一条通过"实践的能动性"克服困境的道路。这可以说是康德对于西方哲学的近代化所作出的努力，也是其对巩固西方哲学理论建制所作出的历史贡献。

（二）费希特、谢林对于"康德形而上学疑难"的求解

康德的"哥白尼式革命"虽然有效地克服了经验论和唯理论的困境，但却陷入了新的困境之中，实际上是再度触发了始终存在于西方哲学内部的"形而上学疑难"："这是对在先的存在领悟之本质的疑问，亦即疑问最广泛意义上的存在论认知的本质。"③ 康德的做法的确是为求解思维和存在的矛盾关系提供了本体论和认识论维度的方案，"现在，存在论第一次从根本上成了疑难，随之而来的就是传统形而上学大厦的第一次，也是最内在的震荡"④。这一"形而上学疑难"在康德哲学中集中而又突出地展现为"自在之物"与"现象界"的分离关系，展现为绝对地超越于现象之外的"自在

---

① 〔德〕奥特弗里德·郝费：《康德的〈纯粹理性批判〉——现代哲学的基石》，郭大为译，人民出版社2008年版，第3页。
② 杨祖陶：《德国古典哲学逻辑进程》，武汉大学出版社2003年版，第23页。
③ 〔德〕海德格尔：《海德格尔文集·康德与形而上学疑难》，王庆节译，商务印书馆2018年版，第19页。
④ 〔德〕海德格尔：《海德格尔文集·康德与形而上学疑难》，王庆节译，商务印书馆2018年版，第19页。

之物"通过未知的方式作用于主体,激发主体构造客体、实现"人为自然立法"的这种能动性的源泉问题。对于这一问题,对于感性"纯直观"、知性范畴及其原理的源泉问题,康德采取的是悬搁判断的应对方式,坦诚自己对此并不清楚,"我们的知性只有借助于范畴,并恰好只通过这个种类和这个数目的范畴才能达到先天统觉的统一性,对它的这一特性很难说出进一步的理由,正如我们为什么恰好拥有这些而不是任何别的判断机能,或者为什么唯有时间和空间是我们的可能直观的形式,也不能说出进一步理由一样"[1]。无论是对于感性"纯直观"形式时间和空间的源泉,还是对于知性范畴及其"先天统觉的统一性"的本源动力,这些都是康德所无力回答的"形而上学疑难"。这一疑难充分表明了康德哲学本身的矛盾特性。他以其特有的方式重构了思维和存在的矛盾关系,但这种带有强烈的先验色彩和不可知论格调的"哥白尼式革命",又为后世哲学家们提出了新的问题和挑战,迫使他们必须应对和解决。

作为康德所开创和奠基的德国古典哲学事业的两位后继者,费希特和谢林不可推卸的重要任务就是应对"康德形而上学疑难",通过破解康德哲学所陷入的困境而推进西方哲学的近代化进程。总的说来,费希特和谢林都认识到了康德"哥白尼式革命"的"二元论"弊病,从而将克服这种"二元论"、重新达到思维和存在的同一性作为各自哲学的主题。但他们采取的方法又有很大的区别。费希特是回到了贝克莱的主观唯心论那里寻求突破,赋予主体能动性和辩证特性,发展出了主观唯心主义形式的"意识辩证法"。谢林则是回到了斯宾诺莎的客观唯心论那里寻求突破,以客观唯心主义形式的"自然辩证法"与费希特的主观唯心主义辩证法截然相对。

费希特立足于康德"纯粹理性批判"的成果,将自己哲学的目标定位为构建一门"知识的科学"或"知识学"。这门科学本质上是"关于一般科学的科学"[2]。就其研究范围而言,是以人类的全部认知体系为对象。费希特的目的并不是将哲学构建成像数学和物理学那样的具体科学形式,而是像康德所主张的那样将这些具体科学得以成立的原理系统化,由此将哲学构建成一门关于"最高原理"的基础科学。费希特明确地摒弃了唯物论的哲学立场,跳入了唯心论的怀抱。他将自己这门"知识学"出发点亦即逻辑始基设定为"自我"。费希特高度肯定康德所揭示的蕴藏在人类思维方式(主体)之中

---

[1] 〔德〕康德:《康德三大批判合集》上卷,邓晓芒译、杨祖陶校,人民出版社 2009 年版,第 86 页。

[2] 〔德〕费希特:《论知识学的概念》,《费希特著作六卷本选集》第 1 卷,莱比锡费利克斯·迈纳出版社 1912 年版,第 174 页。

的这种能动特性，但是又对其悬搁其源泉，从而堕入不可知论而十分不满。"你们的物自身是单纯的思想，但却作用于我。"①费希特对康德的保守表示不满，他批评康德没有看到：自在之物实则是整个现象界的本体根基，也是先天感性直观和先验知性范畴的源泉所在。

　　费希特进一步从认识论维度分析了康德陷入"形而上学疑难"的困境之症结。他认为，由于康德未能抓住"自我"即"知性"的本质，他就必然地陷入不可知论、二元论，同时还为唯物论留下了"最后的避难所"②。费希特反对康德关于知识的形式和质料的先验区分方法，摒弃了其将"形式"与"质料"的内在联系割裂开来、将它们视为决然对立的东西的错误看法。费希特认为，二者之间存在着内在的同一性，它们绝非"两块异质的东西"③。费希特这一主张有其合理性，在基于思维自身的能动性而破解思维与存在之间的矛盾关系这个问题上，可以说，"费希特前进了一步，这是他的大功绩"④。费希特基于主观唯心主义"知识论"立场，在形式上克服了思维（主体）与存在（客体）之间的二元对立。意识与其对象不再是二元对立的关系，而是不可分割地相同一：意识内在地包含着存在（对象，客体）；作为意识到的这个"存在"与主体对之进行思维的"意识"，二者实际上全都是"自我意识"的产物。于是，思维和存在就在费希特的"自我意识"中得以统一。费希特还对"自我意识"的本质作了分析。"自我意识"不是主体对客体的"静观"，而是充满着活动性和能动性的"行动"。费希特由此深刻地触及了意识活动本身固有的辩证特性。他发现，在感性、知性之间存在着为康德所触及然而并未真正揭晓出来的"规律"。⑤这样一来，费希特就对思维和存在的矛盾关系问题给出了自己的解决方案。在他看来，这一矛盾既然是意识活动（自我意识）自身固有的"内在规律"的表现，因而就可以基于这一规律而得到解决。一方面，自我意识内在地具有其对象，从中可以产生出关于世界的表象；另一方面，作为意识活动的主体的"我"在

---

① 〔德〕费希特：《知识学引论第二篇》，《费希特著作六卷本选集》第3卷，莱比锡费利克斯·迈纳出版社1912年版，第67—68页。
② 北京大学哲学系外国哲学史教研室编译：《十八世纪末—十九世纪初德国哲学》，商务印书馆1975年版，第202页。
③ 北京大学哲学系外国哲学史教研室编译：《十八世纪末—十九世纪初德国哲学》，商务印书馆1975年版，第202页。
④ 〔德〕黑格尔：《哲学史讲演录》第4卷，贺麟、王太庆等译，商务印书馆2017年版，第349页。
⑤ 〔德〕费希特：《知识学纲要》，《费希特著作选集》第5卷，梁志学主编，商务印书馆2006年版，第506—507页。

将世界建构成为客体的同时又能够能动地意识到自己的这种行为。于是,自我意识就成为思维和存在的矛盾关系得以统一的节点:"它既派生认识的客体,又派生认识的与实践的主体。"① 在其所构建的"知识学体系"中,费希特由此以一元论的唯心主义体系克服了康德的二元论的且带有不可知论色彩的"先验唯心论"体系。

于是,康德那里十分顽固的"外部世界"即不可知的"自在之物"就被"自我意识"消融了,由康德的"先验唯心论"所触发的"形而上学疑难"就被费希特的主观唯心主义的"知识学体系"克服了。我们要肯定费希特对于西方哲学近代化所作出的贡献。他以主观唯心主义的"知识学"立场力图克服康德的"先验唯心论"的二元主义局限,深刻地意识到了必须基于彻底一元论破解思维与存在、主体与客体的矛盾;他以"自我意识"为核心范畴对"我"与"非我"关系的辩证分析,在康德的基础上极大彰显并发挥了主体的能动性,以唯心主义的方式构建了理论与实践的辩证联系;他尤其从肯定性的方面发展了康德的"二律背反"思想,思维本身固有的"矛盾"不再是"背理",而是蕴含在意识活动本身、作为其本质规定的特性,因而它就根本不是康德所误以为的"理性的僭越"和"辩证幻象",恰恰是人类的理论和实践得以持续发展的源泉动力。费希特构建的"知识学体系"还蕴含着一个历史哲学的向度。他摒弃了将思维和存在的对立和统一关系的把握诉诸"单纯静观的反思"的做法,而是自觉地将之描述为"一个自由的历史行动过程","这应当说是摆脱康德的思维与存在二元对立的唯一可能的出路"②。然而,十分可惜的是,费希特终究还是无法跳出时代的束缚、无法跳出旧哲学的理论建制的制约。

费希特的这种主观唯心主义的"知识学体系"的局限性十分明显。他对"自我"所进行的主观唯心主义设定导致根本无法解决这个根本性的问题:"非我"如何才能返回到"绝对自我"那里?于是这条原理本身就陷入了无法克服的困境之中。费希特本人对此并非没有察觉,他对于自己"知识学体系"所面临的这个矛盾是十分清楚的。"尽管费希特力图解除这个矛盾,但是他仍然没有免除二元论的基本缺点。因此矛盾并没有得到解决,而那最后的东西只是一个应当、努力、展望。"③ 马克思和恩格斯在《神圣家族》中对此一针见血地指出:"费希特的自我意识……是形而上学地改了装的、同

---

① 杨祖陶:《德国古典哲学逻辑进程》,武汉大学出版社2003年版,第135页。
② 杨祖陶:《德国古典哲学逻辑进程》,武汉大学出版社2003年版,第147页。
③ 〔德〕黑格尔:《哲学史讲演录》第4卷,贺麟、王太庆等译,商务印书馆2017年版,第355—356页。

自然分离的精神。"① 在《资本论》中，马克思再次提及了费希特"知识学"及其"自我意识"概念的先验特质："人来到世间，既没有带着镜子，也不像费希特派的哲学家那样，说什么我就是我。"② 这些论断犀利地揭示了费希特"知识学"耽于唯心论的特质和局限性。

进一步发展德国古典哲学并力图推进西方哲学近代化进程的是谢林。总的说来，谢林的哲学思想是从费希特那里开始的，后来又实现了对费希特哲学的扬弃。对此，黑格尔指出，"那最有意义的，或者从哲学看来唯一有意义的超出费希特哲学的工作，最后由谢林完成了"③。谢林曾是一个费希特主义者，但最终又转向了对费希特"知识学体系"的批判而构建了自己的"同一哲学"。谢林将"一切知识都以客观东西和主观东西的一致为基础"④这一原则作为其哲学观的基本立场。谢林遵循了西方哲学知识论的传统，秉持了康德在《纯粹理性批判》中对于知识构成的先验界定。在谢林看来，作为内容的质料就是外部的自然界，作为统摄质料的形式就是康德、费希特意义上的所谓"自我"或"理智"。知识的本质就是质料和形式二者统一的结果。而哲学的任务就是从认识论和本体论的形而上维度分析和揭示质料和形式统一的根据和原则。具体而言，就是深入求解外部的自然界（客体，存在）与"自我"（主体，思维）这二者得以统一的根据、原则及其机制。基于这样的西方哲学传统，谢林认为，哲学的要务（亦即其"同一哲学"的主题）是研究"表象何以能绝对地同完全独立于它们而存在的对象一致"⑤。谢林的深刻之处在于，他揭示了思维和存在、主体和客体关系的矛盾特性。也就是说，谢林深刻地洞察到了矛盾在"理论领域"和"实践领域"中是以两种截然相反的形式而展现出来的。在理论领域中，思维必须与存在相符合；然而在实践领域中，情况就大不一样了。与理论领域中的"客观世界支配主观世界"的情况迥异，恰恰是主观世界在支配着客观世界，即主体对于客体（感性世界）的支配，自然界在主体作用下被自由地转化为某种表象。"谢林现在的问题就是：一方面自我展现为已经被实现了的东西，它被视为一种跟随在自然的发展之后已经变得客观了的东西；另一方面这个自我还必

---

① 马克思、恩格斯：《神圣家族》，《马克思恩格斯文集》第 1 卷，人民出版社 2009 年版，第 341—342 页。
② 马克思：《资本论》第 1 卷，《马克思恩格斯文集》第 5 卷，人民出版社 2009 年版，第 67 页。
③ 〔德〕黑格尔：《哲学史讲演录》第 4 卷，贺麟、王太庆等译，商务印书馆 2017 年版，第 267 页。
④ 〔德〕谢林：《先验唯心主义体系》，梁志学、石泉译，商务印书馆 1977 年版，第 6 页。
⑤ 〔德〕谢林：《先验唯心主义体系》，梁志学、石泉译，商务印书馆 1977 年版，第 13 页。

须超出整个自然。"① 然而谢林却认为，这种矛盾规定了哲学的最高任务②，只有基于哲学的高度回答了这个问题，思维与存在的关系在理论领域和实践领域的对立表现才能得到合理解释。

谢林肯定费希特"知识学"克服康德"先验唯心论"的症结所作出的贡献，但也看到了费希特哲学的局限性。他认为，费希特的"自我"只是局限于主观的范围之内，无法超出观念领域而通达外部自然界，实际上就无法破解康德的"形而上学疑难"。谢林立足于康德、费希特的哲学思想的成果，提出必须将存在和思维的"绝对同一"作为哲学的出发点和最高的原则。他指出，"这种更高的东西本身既不能是主体，也不能是客体，更不能同时是这两者，而只能是绝对的同一性"③。谢林这里指的是作为绝对主宰的、真正的最高本体或本原的"理性"亦即"绝对理性"。"绝对理性"不是联结思维和存在、主体和客体的中介，而是将它们统摄于其中、将它们的矛盾消融掉的理性的运动和力量的展现。在它这里，在"绝对理性"这个封闭于且独立于自然界的"理性王国"之中，主观的东西和客观的东西变得完全无差别，主体与客体的矛盾也得以彻底消解。由此就展现出一个和谐的世界图景：理性之外，无物存在。然而这也正暴露了谢林哲学的缺点。谢林并未对"绝对理性"统摄天地万物的崇高地位给予证明，而是直接地赋予"理性"以如此的绝对性，实际上是把"A = A"视为"最高规律"。立足于这一主观设定的"同一律"，谢林认为自己不仅走出了康德哲学的"形而上学疑难"，而且也走出了费希特哲学的误区。他认为，根据同一律，思维和存在、主体和客体之间虽有差异，但不过是量的区分。按照谢林的这个设定，一切事物都展现出二重性的存在样态，即都是"思维—存在"和"主体—客体"的存在形式。于是，"每一事物，从而不论是作为其总和的客观世界还是作为其总和的主观世界，都表现绝对同一并保持为绝对同一，所以每一世界都是一个'相对的全体'"。谢林由此得出的结论是，"因此，A（主观世界）= B（客观世界），两个世界是同一的"④。于是谢林就以这样的"主观唯心论"的形式克服了费希特的"客观唯心论"的困境，并且消解了康德那里自在之物与现象界的二元分离这一"形而上学疑难"。谢林的"同一哲学"因此成为继费希特的"知识学"之后德国古典哲学的第三个形态。

---

① 〔德〕瓦尔特·舒尔茨：《德国观念论的终结：谢林晚期哲学研究》，韩隽译，中国人民大学出版社2019年版，第163页。
② 〔德〕谢林：《先验唯心主义体系》，梁志学、石泉译，商务印书馆1977年版，第14页。
③ 〔德〕谢林：《先验唯心主义体系》，梁志学、石泉译，商务印书馆1977年版，第250页。
④ 杨祖陶：《德国古典哲学逻辑进程》，武汉大学出版社2003年版，第154页。

我们应该肯定谢林对于西方哲学发展的贡献。谢林敏锐地抓住了西方哲学近代化进程遭遇到的矛盾和德国古典哲学发展的内在矛盾。他继承了康德的"先验唯心论"和费希特"知识学"的合理思想，并力图在新的境域中推进对问题的解决。应该说，谢林的解决方案有其独到之处，谢林抓住了理性的本质，意识到了思维本身的能动本性和自由特质。与此同时，谢林并未像康德那样停留在一种消极的先验二元论之中，也规避了费希特的"知识学"所陷入其中的似康德的二元论倾向。谢林创建"主观唯心论"的意图，是要基于彻底的一元论确证：作为本原的"理性"是具体的而非抽象的，它不仅是能动的，而且是自由的。然而，谢林的这种带有十分强烈的主观唯心主义色彩的"同一哲学"的局限性也是十分明显的。上述我们已经指出，谢林是无批判地赋予理性绝对性的地位，并且直接将"同一律"设定为理性派生万物的绝对规律。这种做法本身实则就陷入了康德所批判和极力拒绝的传统形而上学的窠臼之中。于是就不可避免地导致了这样一个困境。于是"出现的后果就是：即使在同一体系时期，谢林也仍然没有在这种绝对者中完成对自我——在费希特的意义上所理解的自我——的克服"[①]。在认识论层面，谢林的"同一哲学"的确推进了康德、费希特哲学；然而在本体论层面，谢林却反而停步不前，并未真正超越康德和费希特。

以上可见，自康德开始，德国哲学家们接过了将西方哲学近代化的时代任务，进行了持续深入的探索。他们的工作是要解决经验论和唯理论所陷入其中的难题，即由休谟的怀疑论所引发的西方哲学固有的"形而上学疑难"。总体上看，德国哲学家们是以"反柏拉图主义"的形式而重新回归到了由柏拉图的理念论所奠定的哲学形而上学地基。康德、费希特和谢林全都是唯心论者。他们全都不满于柏拉图对"感性世界"和"超感性世界"（理念世界）的二元分割，并力图通过诉诸主体自身的能动性而弥合横亘在"两个世界"之间的沟壑，巩固并修补完善西方哲学的理论建制。这些德国唯心论者、观念论者执着地要凭借思维的能动本性从意识中创造出世界，纷纷诉诸主观辩证法的威力而重建思维与存在、主体和客体的辩证关系。综观他们解决问题的思想进路，大致呈现出一个从低到高的哲思发展逻辑。康德的"先验唯心论"在现象界范围内确保了主体的能动地位，有效克服了休谟的怀疑论对近代哲学和全部形而上学的侵袭，但是却在更高的维度上陷入了不可知论和二元论的泥沼；费希特以"主观唯心论"为哲学观基础所建构的"知

---

① 〔德〕瓦尔特·舒尔茨：《德国观念论的终结——谢林晚期哲学研究》，韩隽译，中国人民大学出版社2019年版，第157页。

识学体系",一方面在认识论维度克服了康德的不可知论,摆脱了"康德形而上学疑难",然而另一方面却没有跳出康德的"形而上学王国",仍然也是像康德那样将世界构造为呈现给主体的表象和"现象界";至于谢林,他实际上是费希特的翻版,他的"同一哲学"是费希特的主观唯心主义的"知识学"的客观唯心主义形式表达,只是神秘地直观到了主体、客体之间的"客观辩证法",却终究未能逻辑地将这一辩证规律揭示出来。这些当时在德国思想界和欧洲社会产生重大影响的思想巨人们的探索并非没有意义。他们持续深入地探索,他们对思维与存在的矛盾关系问题的孜孜不倦地求解,为其继任者的另一位德国古典哲学家的研究和探索奠定了重要的思想前提和理论基础,这个人就是黑格尔——德国古典哲学和整个传统西方哲学的完成者。

(三)黑格尔哲学:德国古典哲学和传统西方哲学的完成形态

在现代西方哲学研究领域,黑格尔和他的哲学备受攻讦,招致了许多研究者尤其是敌视传统西方哲学的人们的非议和批判,以至于黑格尔本人成了为传统西方哲学的"过错"背书的人,他的哲学则成了人们否定和批判以"柏拉图主义"为根本特质的旧哲学的"标本"。西方哲学的发展过程遵循人类精神生产的普遍规律,也大致从整体上和总体上呈现出一个从低到高的发展逻辑。有必然因素,亦有偶然因素,到了黑格尔这里,传统西方哲学的发展达到了顶峰:"黑格尔完成了实证唯心主义。"[①] 曾经有很多学者将康德哲学比作连接西方哲学前后发展的桥梁,将它比作西方哲学史上的一座"康德桥"。就此而言,黑格尔则是德国古典哲学和整个传统西方哲学发展史上的"最高峰"。如果要学习和了解西方哲学,黑格尔哲学就是最好的教科书;而西方哲学史如果撇开黑格尔哲学,是根本不可想象的,这样的"西方哲学史"也根本难以书写成功。

正如我们前面所指出的,我们的论述并不是要停留在一般哲学史的层面依次展现西方哲学的发展逻辑。这并不是本书研究的目的。我们要做的工作是立足于西方哲学的发展逻辑而探究其理论建制的确立和完善的过程,并展现这一基本理论建制的固有症结。因此,对于黑格尔哲学的回顾和反思,也仍然是要牢牢围绕着这个中心目标而进行。这里我们要搞清楚的根本问题就是:黑格尔哲学在何种意义上是德国古典哲学的"完成形态"?它又在何种

---

① 马克思、恩格斯:《德意志意识形态》,《马克思恩格斯文集》第 1 卷,人民出版社 2009 年版,第 510 页。

意义上是传统西方哲学的"完成形态"？问题的实质是，由柏拉图的理念论所奠定的西方哲学的基本理论建制，和前人们的努力完善修补相比较，黑格尔究竟为这一事业贡献了什么力量？

黑格尔得以破解康德"形而上学疑难"并克服费希特和谢林的唯心论的秘密所在，就是他汲取了蕴含在这些先辈们的思想体系之中的精髓——辩证法——而确立了一种唯心主义的辩证哲学观，为走出"柏拉图主义"的意识形态幻象、最终将西方哲学建构成为真理体系而奠定了方法论的基础。黑格尔的高明之处是从思维方式的本性中看到了西方哲学发展的奥秘之所在。西方哲学整体发展历程实质上是思维的本性、人们的思维方式从低到高的逐步发展。黑格尔这里指出了古代哲学家们的思维方式和近代哲学家们的思维方式的区别。古代哲学家们的思维方式呈现出一种素朴的辩证特性，即将整个世界看作一个统一的整体，并力图用某个作为"一"的本体或本原去统摄作为"多"的宇宙。而近代西方哲学家们则摒弃了这种虽则素朴但却辩证的思维方式，代之以一种被黑格尔概括为"知性思维方式"。康德的"纯粹理性批判"正确地指出了知性范畴本身的固有局限，并力图通过对理性的"辩证幻象"的批判而将主体的认知范围锚定在现象界。在黑格尔看来，康德深刻地触及了思维的辩证本性却又消极地取消了形而上学成为科学的可能性。黑格尔充满热情地认为，必须克服康德的这种"消极的辩证法"而绽放出理性自身的"积极的辩证法"力量，勇敢地揭开"那隐蔽着的宇宙本质"及其"秘密"。[1] 黑格尔认为，唯有以思辨的辩证法扬弃西方哲学近代以降而逐渐积淀而成的"知性思维方式"，才能为哲学的进一步发展赢得契机。

黑格尔这种思辨辩证法的根本要义可以概括为：在统一中把握对立，在对立中把握统一，在肯定中把握否定，在否定中把握肯定。"在黑格尔看来，精神的发展具有双重特性：逻辑性和历史性；历史具有重要地位，活动的思维同具体事实的统一是在历史中达到主体和客体的同一的。"[2] 黑格尔由此将自己的哲学奠定在更为完善的形而上学的根基之上，由此确立了一种虽则思辨但却辩证的哲学观，特别是黑格尔赋予辩证法深刻的变革意蕴，他的"辩证法完全改变了先前一般所谓'方法'的概念"[3]。据此，黑格尔将思维与存在、主体与客体的统一看作一个过程，认为必将经历三个阶段或内在地囊括了三个环节，分别为作为肯定环节的知性阶段，作为否定环节的理性或辩

---

[1] 〔德〕黑格尔：《小逻辑》，贺麟译，商务印书馆1980年版，第36页。
[2] 〔法〕奥古斯特·科尔纽：《马克思的思想起源》，王瑾译，中国人民大学出版社1987年版，第18页。
[3] 吴晓明：《黑格尔的哲学遗产》，商务印书馆2020年版，第83页。

证的阶段，作为否定之否定环节（再度肯定）的思辨的理性阶段。第一个阶段的特点正是在康德哲学那里所展现出来的二元论。第二个阶段是对这种"知性形而上学"的超越，或者说是暴露了知性范畴自身固有的否定性内涵。第三个阶段则是前两个阶段的统一，展现了辩证法的否定不是消极的拒斥（像康德那样），而是以否定为手段的积极的建构或重构，由此实则达到了"否定之否定的具体的统一"。在这个最高的阶段，作为肯定形态的理性即"思辨的理性"（理性固有的思辨辩证法）扬弃了"肯定的知性"和"否定的理性"，实现了思维和存在的真正统一。黑格尔这里已然不再是将辩证法简单地看作工具，而是视为一种与事物的真理性密切联系的"内涵逻辑"："方法不是外在的形式，而是内容的灵魂和概念。"① 立足于这种思辨的辩证法，黑格尔实现了对德国古典哲学和整个传统西方哲学的哲学观的双重变革，为其实现对二者的双重超越奠定了方法论基础和根本理论支撑。

基于这样的思辨的辩证的哲学观和真理观，黑格尔对康德的"形而上学疑难"作了回应和解决。如前所述，康德的"先验唯心论"是对"纯粹理性"的前提批判，意图为整个西方哲学奠定先验的思想根基。黑格尔肯定康德的这一做法的必要性，但却对其合理性展开了同样的"前提批判"。康德认为，人们在运用理性进行思维活动之前，必须对理性本身进行批判。黑格尔则强调，康德的这一"纯粹理性批判"本身也必须接受批判。"如果'批判'在逻辑上在先，那么这一'在先'能否看作'绝对地'在先？这就是说，'批判'确保了一切知识的合理性，那么，'批判'的合理性又是由什么来保证的？或者说，对'批判'是否也应该加以批判？这正是黑格尔的疑问，也是他回应康德挑战的入手之处。"② 既然一切源于理性而形成的知识都必须经受得住"批判"，那么，这种"批判"本身是否也是一种知识？康德因此就陷入了一种循环之中：要用批判的知识对知识本身进行批判。在黑格尔看来，这样一种做法，根本上并未超出经验论和唯理论的思维方式，仍然没有跳出抽象地将主体与客体对立起来的形而上学迷误。采取这样一种形而上学的认识论模式是无法破解思维与存在的矛盾关系的，也是必然要陷入"物自体不可知"这样的不可知论之中。那么如何才能够跳出这样的"坏的循环"呢？黑格尔认为，解决问题的方案就蕴含在问题之中。跳出这种循环的方式只有一条途径，那就是对"纯粹理性批判"本身进行再批判，从而要

---

① 〔德〕黑格尔：《小逻辑》，贺麟译，商务印书馆1980年版，第432页。
② 张志伟：《形而上学的历史演变》，中国人民大学出版社2010年版，第201—202页。

求将"批判"理解为理性自身的"自我批判",因而将批判与其对象的关系放置到辩证法的架构中去理解。

"存在"的确必须在"思维之中",客体的确必须进入主体的认知结构之中才能成为对象,就此而言,我们的确会像康德的"先验唯心论"所主张的那样,无法触及"物自体"(自在之物,所谓"自在的存在")。然而,在黑格尔看来,实体与主体之间并非康德等人所理解的那样,二者并非决然对立的关系,绝不能将二者的内在统一关系先验地予以割裂。"一切问题的关键在于:不仅把真实的东西或真理理解和表示为实体,而且同样理解和表述为主体。"[①] 存在与思维、客体与主体之间的"内在差别"并非"感性世界"与"理性世界"之间的屏障,恰恰是它们得以统一的中介或环节。基于这一全新视野,黑格尔基于"理性的自我批判"这一思辨的辩证的思维方式,认为思维与存在、主体与客体、知识与对象之间并非对立的和静态的关系,而是充满矛盾的辩证统一的关系。思维不是机械地去反映对象,而是能动地将客体构造为对象;在意识活动中,主体与客体之间不是静态的符合关系,而是呈现出双向互动的辩证联系。客体不断地被主体能动地建构为对象,对象又反过来给予主体以作用,促使主体关于对象的本质的认识得以深化,确立新的认知对象并形成新的知识。"实体作为主体是纯粹的简单的否定性,唯其如此,它是单一的东西分裂为二的过程或树立对立面的双重化过程。"[②] 于是,人们的认知活动就呈现出"自我批判"和"自我否定"的特质,知识与对象之间就不再是形而上学的符合关系,而是基于理性自身的辩证法则的对立统一关系。基于这样的视角,康德的"形而上学疑难"就被克服了。"在黑格尔看来,批判不是我们站在认识之外进行的,而是认识自身的辩证运动,它是一种根据对象考查知识,根据知识考查对象的自我批判的矛盾运动。"就此而言,认识的本质并不是思维和存在一下子就能实现了的"符合"或"统一",而是意识自身活动的过程。因此,这就是一个从"不知"到"知"的过程,是"新知"不断地扬弃"旧知"从而最终确立对事物的本质和规律的知识的过程。从哲学的认识论层面而言,这其实就是主体将"自在之物"不断地转化为客体和对象的过程。这样一来,就根本不存在什么不可知的"物自体"了。

"知识,为了在本质上是一种知识,而不是对主体的单纯复制,就不能仅仅是单纯主观的,它应该是柏拉图的客观理性那样的客观性,在黑格尔这

---

① 〔德〕黑格尔:《精神现象学》上卷,贺麟、王玖兴译,商务印书馆2017年版,第12页。
② 〔德〕黑格尔:《精神现象学》上卷,贺麟、王玖兴译,商务印书馆2017年版,第12—13页。

里，这种客观理性的遗产与主观的先验哲学以化学的方式相互渗透。"① 黑格尔的深刻之处在于，他将对问题的解决从认识论层面提升到了本体论的层面，力图从认识论和本体论之有机统一的双重维度彻底地破解康德的"形而上学疑难"。"当黑格尔把对主观精神的超越理解为客观精神时，他也就把主观精神的本质性导回到以客观精神为活动领域的社会现实中全局了。"② 因此，黑格尔哲学呈现出十分强烈的现实的存在论指向性以及丰富而又宏阔的历史感。黑格尔认为，包括康德在内以往哲学家们在求解思维与存在的矛盾关系、主体与客体的关系问题上，他们之所以会不断地以不同的形式陷入"柏拉图主义幻象"，原因就在于没有认识到思维与存在的对立的实质和结果究竟是什么。基于辩证法的视角，二者矛盾关系的差异性规定并不能衍生出"可感世界"与"理念世界"的二元分离的幻想。思维与存在的矛盾关系的实质并不能抽象地仅仅从认识论维度进行认识，而是要从更为根本的即存在论的维度进行探究。基于这一维度，黑格尔将人与世界的矛盾关系归结为人类精神认识"绝对"的过程，即作为最高本原的"绝对"通过人类精神而成为现实、成为"绝对精神"的过程。于是，依照黑格尔，整个人类的精神活动、思维和意识活动本质上都是"绝对精神"的自我运动，人类精神不过是"绝对精神"的外化的结果（Dasein，实际存在），它不过是"绝对精神"的自我展现形式。

于是，黑格尔就不仅解决了康德的"形而上学疑难"，也实现了对费希特、谢林哲学的超越。黑格尔由此为西方哲学史的发展作出了重大贡献。"黑格尔集大成，将古典形而上学的基本原则发挥得淋漓尽致，在把握形而上学的本性、展示体系的构成原则以及构建形而上学的统一体系等方面做出了杰出的贡献。"③ 质言之，黑格尔继承了由柏拉图所确立的理论建制，他对之进行了一个近乎完美的"缝合"，由此创建出一个恢宏的、无所不包的哲学体系。从《精神现象学》《逻辑学》到《哲学全书》，黑格尔以思辨的辩证法为方法论，以历史与逻辑的同一为原则，将整个人类社会的发展史纯粹化为"绝对精神"的外化过程，从中萃取到了"宇宙的逻辑结构"。黑格尔十分自信地认为，自己的哲学汇聚了以往全部哲学的精华，自己所创建的哲学体系不仅牢固地建基在柏拉图主义理论建制之上，也是全部形而上学体系的完美形态。所以他在《哲学全书》的最后，引用了亚里士多德在《形

---

① 〔德〕阿多诺：《阿多诺选集·黑格尔三论》，谢永康译，上海人民出版社2020年版，第5页。
② 吴晓明：《黑格尔的哲学遗产》，商务印书馆2020年版，第111页。
③ 张志伟：《形而上学的历史演变》，中国人民大学出版社2010年版，第214页。

而上学》中的话,向先贤致敬,尤其是要展现自己站在传统西方哲学顶峰的愉悦:"如若我们能一刻享到神所永久享到的至福,那就令人受宠若惊了。如若享得多些,那就是更大的惊奇。事情就是如此。"① 黑格尔显然不是简单地引用和重复亚里士多德的观点,而是借此来展现自己的哲学观,认为自己完成了古代先贤们孜孜不倦地追求的哲学理想,最终将西方哲学构建成了一门关于真理的学说体系。阿多诺深刻地指出:"黑格尔所强调的体系概念当然与实证科学的推论体系并不相符,黑格尔的概念应该被理解为有机的:所有部分因素都借助于一个整体相互生生不息,而这个整体本身已经内在于每一个部分因素之中了。这个体系概念蕴含着主体与客体之间那展开为无所不包的绝对者的同一性,并且这个体系的真理与那个同一性一毁俱毁。但是,这个同一性,即现实对抗性世界中通过精神的完全和解,只是单纯的主张。"② 正是如此,黑格尔在构建起一个完备的"形而上学体系"之际,实际上也将西方哲学的发展推到了一个新的关口。"黑格尔逝世以后,一些西方现当代哲学家如狄尔泰、尼采、海德格尔等人,都不满意传统的主—客式的概念哲学,而努力寻求一种超越主—客式、超越概念哲学的道路。"③ 到了黑格尔这里,他终于完成了传统西方哲学的"柏拉图主义"梦想,构造出了史上最为完备的形而上学体系;然而,传统西方哲学在黑格尔这里达到顶峰的同时,必然地也要走向没落,成为后世人们创立新哲学、进一步推动哲学发展的思想史养料和重要逻辑前提。

四 传统西方哲学理论建制的维度缺失

以上分析表明,传统西方哲学家们全都将古希腊时代由柏拉图所确立的理论建制奉为圭臬。在此意义上,确如海德格尔所深刻地指出的,一部西方哲学发展史就是"柏拉图主义"的形态演变史,而所有的西方哲学家全都是"柏拉图主义者"。"柏拉图哲学的理念和特征因此奠定了整个西方哲学乃至整个西方文化的基本格调和基本特征……对西方世界后来两千多年的哲学思想史发生了极其深远而重大的影响。"④ 特别是自近代以降,哲学家们都自觉

---

① 〔古希腊〕亚里士多德:《形而上学》,《亚里士多德全集》第7卷,苗力田编译,中国人民大学出版社1993年版,第279页。
② 〔德〕阿多诺:《阿多诺·黑格尔三论》,谢永康译,上海人民出版社2020年版,第20—21页。
③ 张世英:《中西哲学对话:不同而相通》,东方出版中心2020年版,第144页。
④ 刘敬东:《理性、自由与实践批判:两个世界的内在张力与历史理念的动力结构》,北京师范大学出版社2015年版,第17—18页。

地以完成"柏拉图主义者"的梦想为己任，意图通过破解思维与存在的关系问题，以此完善西方哲学的理论建制、夯实其形而上学地基。诚如赵汀阳先生所指出的，"完美存在（the perfect）只属于概念，不可能具有现实性，比如几何上的绝对圆在现实中并不存在。经验中的事物必定是不完美的，纯粹哲学不满足于不完美的经验，因此试图寻找高于经验的完美存在"[1]。然而，所有的西方哲学家都深陷于这种对"完美存在"进行沉思的"柏拉图主义"境域之中。继经验论、唯理论之后，康德、费希特、谢林和黑格尔这几位德国哲学家，将西方哲学发展的重心转移到了德国。这些哲学家将问题的求解提升到了新的高度，有力地从认识论和本体论的双重思想境域推进了西方哲学的近代化进程。特别是黑格尔，不仅将发端于康德的德国古典哲学完备化，而且构建了作为"柏拉图主义"完成形态的"思辨唯心主义体系"，由此为传统西方哲学的发展画上了一个句号。

以上我们对于西方哲学发展历史的梳理，并没有停留在一般哲学史和思想史的层面，而是自觉地立足于马克思主义的立场、观点和方法，剖析西方哲学的本性或本质，展现各个发展阶段上具有代表性的哲学家们，如何确立西方哲学的基本理论建制、完善这一建制并最终使之缝合的过程。在对这个过程进行了深入回顾和反思之后，我们发现，以"柏拉图主义"为其根本特质的传统西方哲学，以柏拉图的理念论为基本架构的西方哲学的存在论建制，具有它自身难以克服的问题和困境。无论是包括费尔巴哈在内的旧唯物主义还是全部唯心主义者，他们都有着自身的不彻底性。质言之，这些哲学家都滞留在了抽象的形而上学境域中。他们基于形式不同但却实质相同的思维逻辑——特定的世界观、历史观和价值观——去先验地解释世界，以充满玄幻色彩的存在论方式对之进行种种统摄。这种做法不仅割裂了理论与实践的辩证统一，而且导致哲学与社会历史发展相脱节。而这些思想家们也就不可避免地堕入了脱离现实、拒斥实践的意识形态幻想之中。

首先，所有西方哲学家们都将哲学视为"考察作为存在的存在，以及就自身而言依存于它们的东西"的"形而上学"[2]，纷纷致力于将某种"观念"设定为"本原"，以此为逻辑始基对世界进行各种形式的本体论［Ontology］建构。马克思认为，这样一种本体论形式的哲学观有其内在缺陷。旧唯物论者的"主要缺点"在于，"对对象、现实、感性，只是从客体的或者直观的

---

[1] 赵汀阳：《没有答案：多种可能世界》，江苏凤凰文艺出版社2020年版，第92页。
[2] 〔古希腊〕亚里士多德：《形而上学》，苗力田译，中国人民大学出版社2003年版，第58页。

形式去理解，而不是把它们当做人的感性活动，当做实践去理解，不是从主体方面去理解"；唯心论者把握住了为旧唯物论者所忽视的"能动的方面"，但他们"当然是不知道现实的、感性的活动本身的"①。究其实质，旧唯物论者是力图将"世界"建构成为"感性客体"，唯心论者则截然相反地意图将"世界"建构成为"思想客体"。这样一来，"一切存在物，一切生活在地上和水中的东西经过抽象都可以归结为逻辑范畴，因而整个现实世界都淹没在抽象世界之中，即淹没在逻辑范畴的世界之中"②。于是，一方面，哲学家们透过纷繁复杂的现象深入了世界的本质结构之中，由此赢获了关于世界整体图景的范畴统摄；然而，另一方面，他们头脑中的这种"世界图景"却并非世界的"本来面目"，而不过是哲学家们关于世界的颠倒映象。如此一来，"对哲学家们说来，从思想世界降到现实世界是最困难的任务之一"③。深受"柏拉图主义"的哲学观所禁锢的哲学家们都无法解决这一难题：头脑中的"超感性世界"与现实世界之间究竟是什么关系，如何才能走出"哲学王国"而走向现实世界？

上述可见，这种困境贯穿于整个传统西方哲学的发展史，一直延续到德国古典哲学那里。康德、费希特和谢林这些德国古典哲学家的哲学观充满柏拉图主义特质。他们追随柏拉图，将"理念的独立王国翱翔于现实之上"④，因而在哲学观上先验地［transcendental］将"应有之物"和"现有之物"相对立。⑤黑格尔基于思辨的辩证哲学观，不仅有效克服了康德、费希特的先验迷误，并且难能可贵地展现出对旧哲学的变革意蕴："黑格尔第一次——这是他的伟大功绩——把整个自然的、历史的和精神的世界描写为一个过程"，并十分自觉地力图把握住这个过程本身所固有的"内在联系。"⑥黑格尔哲学由此为人们认识自然界和人类社会的本质及其规律提供了重要指引。然而，黑格尔却陷入了新的困境之中。他将"绝对精神"设定为世界的"本原"，并将它视为"先于世界的存在"、所谓"在世界之前就有的'逻辑范畴的预先存在'"，这种做法实质上"不

---

① 马克思：《关于费尔巴哈的提纲》，《马克思恩格斯文集》第1卷，人民出版社2009年版，第503页。

② 马克思：《哲学的贫困》，《马克思恩格斯文集》第1卷，人民出版社2009年版，第600页。

③ 马克思、恩格斯：《德意志意识形态》，人民出版社2009年版，第127页。

④ 马克思：《关于伊壁鸠鲁哲学的笔记》，《马克思恩格斯全集》第40卷，人民出版社1982年版，第69页。

⑤ 马克思：《致亨利希·马克思》，《马克思恩格斯全集》第47卷，人民出版社2004年版，第7页。

⑥ 恩格斯：《反杜林论》，《马克思恩格斯文集》第9卷，人民出版社2009年版，第26页。

外是对世界之外的造物主的信仰的虚幻残余"①。而黑格尔这种带有神创论色彩的哲学观及其衍生的"辩证幻象",只是在形式上不同于康德、费希特的"先验幻象";这些德国形而上学家实则全都颠倒了"意识"与"存在"的关系,他们同样无法认清自己头脑中的"思想世界"与现实世界的真实关系,沉醉于将二者关系本末倒置的观念论幻象之中。

德国现代哲学有无克服传统西方哲学家们的"柏拉图主义幻象"?答案显然是否定的。黑格尔之后的德国现代哲学家们并未跳出旧哲学的基地,这些"德意志意识形态家"普遍意识到了黑格尔哲学观的保守性,力图将哲学作为批判不合理的现存现实的"思想武器"。但他们貌似十分激进的"纯粹理论批判"实际上却并未"离开过哲学的地基"②。究其实质,这些德意志意识形态家并未走出黑格尔的"思想世界",纷纷陷入了"思想、观念、想法一直是产生、规定和支配现实世界"的"黑格尔的幻想"③。问题的症结不仅在于,这些德国现代哲学家仍然虔诚地秉持着旧哲学的本体论形式的哲学观,仍然沉醉于追问"作为存在的存在"的形而上学玄思;问题的症结更在于,他们在抗拒黑格尔的哲学观的同时,又无批判地将黑格尔"绝对精神主宰世界"的"观念论"信条奉为圭臬,以此为逻辑始基对现实世界进行更为玄虚的思辨构造。这些德国哲学家忠实地延续了"德国形而上学"的信条,仍把"观念、思想、概念"主观地设定为"某种独立东西的意识的一切产物"④,并将由此萃取到的纯粹"观念本体"独断地设定为禁锢德国人民的"真正枷锁"。基于这样纯粹主观的且充满着独断论色彩的"逻辑",作为客观实在的现实世界就被虚无化为纯粹观念性的"存在"。对于置身于其中的人们而言,他们只要"同意识的这些幻想进行斗争就行了",他们只要将"观念"从头脑中清除出去就可以获得自由。然而,在马克思看来,这种让德国人民通过"改变意识"而"改变世界"的要求的实质,不过是"用另一种方式来解释存在的东西"⑤。这套纯粹理论玄想至多是让德国人民

---

① 恩格斯:《路德维希·费尔巴哈和德国古典哲学的终结》,《马克思恩格斯全集》第 28 卷,人民出版社 2018 年版,第 335 页。
② 马克思、恩格斯:《德意志意识形态》,《马克思恩格斯文集》第 1 卷,人民出版社 2009 年版,第 512 页。
③ 马克思、恩格斯:《德意志意识形态》,《马克思恩格斯文集》第 1 卷,人民出版社 2009 年版,第 511 页。
④ 马克思、恩格斯:《德意志意识形态》,《马克思恩格斯文集》第 1 卷,人民出版社 2009 年版,第 515 页。
⑤ 马克思、恩格斯:《德意志意识形态》,《马克思恩格斯文集》第 1 卷,人民出版社 2009 年版,第 515 页。

意识到"存在"的不合理性,却根本无法让他们明白造成这种不合理的"存在"的根源究竟"是什么"。于是这就彻底暴露了"德意志意识形态家们"的致命缺陷:"青年黑格尔派的意识形态家们尽管满口讲的都是所谓'震撼世界'的词句,却是最大的保守派。"① 于是这样一来,这些哲学家也就暴露了自己的"秘密"。他们"宣称只为反对'词句'而斗争",究其实质,这些人们真正反对的不过是"这个世界的词句",他们"绝对不是反对现实的现存世界"②。于是我们看到,作为"德国现代形而上学"的"德意志意识形态",以青年黑格尔派为主要代表的德国现代哲学家们,终究还是在旧哲学地基上打转,终究还是没有摆脱以往时代和德国古典哲学家们的哲学观的禁锢。

如笛卡尔所说,"哲学好像一棵树,树根是形而上学"③。可是,旧哲学却从未真正追问过"树根"之土壤问题。究其原因,它不但将现实的世俗世界形而上学地中介为一个现成的"假象世界",而且自视唯有以"观念"为逻辑始基,才能真正开显这个现成的"存在者大全"之存在根据及其运行机理。如此一来,它既不会也无法对自身运思的根据进行前提追溯,因而就堵塞了通往真理的道路。这构成了旧哲学难以走出自身困境的深层禁锢和根本症结。

旧哲学的形而上学运思形式发端于其理论建制。"一与多"、"本质与现象"、"有限与无限"这些看似纯粹理论的对立和困境,不过是对哲人们自身所处于其中的现实世界矛盾和困境的抽象映现。正是如此,康德等人的形而上学批判,虽触及了旧哲学的维度缺失,然而由于其先行地囿闭于存在论境域,就决定了其原则上乃是为了"拯救"形而上学,客观上乃是为了夯实旧哲学的存在论地基。根本而言,旧哲学的维度缺失集中体现在其所内包的形而上学品性及其运作方式上面。在面对任何的现实的人和事物时,旧哲学都是首要地甚至全部地基于纯粹的形而上学立场去对之进行理论建构的。由此导致了现实的人和事物被形而上学地撇除掉自身的现实内容及其历史意蕴,而被全然地无差别地纯化为形而上学范畴,现实的人及其历史发展先验地建构成为各种抽象"观念"。因此,对旧哲学矛盾与困境的克服和破除,必须诉诸一场根本性地超出其理论建制和其形而上学运思的思想革命。这项任务历史地落在了马克思的身上,是由他发动的新唯物主义哲学革命完成的。

---

① 马克思、恩格斯:《德意志意识形态》,《马克思恩格斯文集》第 1 卷,人民出版社 2009 年版,第 516 页。
② 马克思、恩格斯:《德意志意识形态》,《马克思恩格斯文集》第 1 卷,人民出版社 2009 年版,第 516 页。
③ 〔法〕笛卡尔:《谈谈方法》,王太庆译,商务印书馆 2000 年版,第 70 页。

第二章　马克思新唯物主义哲学论域的开启

人类思想史发展表明，新旧思想的更迭、新思想对旧思想的超越，从来都不是一蹴而就，从来也绝不可能骤然完成。马克思的哲学革命，这场旨在从根基处彻底变革整个传统西方哲学的重大思想革命，同样也不可能一蹴而就；作为这场重大思想革命的理论成果的马克思哲学，它以改变世界的"新唯物主义"对解释世界的"形而上学"的根本超越，同样也不可能骤然完成。历史地看，马克思的这场以创建新哲学为根本目的的哲学革命，其所发生的时空场域是19世纪的德国；逻辑地看，马克思必须首先解决的问题是如何应对和处理与旧哲学的关系问题。德国社会现实是马克思哲学思想发展的土壤；而德国社会现实的复杂性亦即其社会矛盾的越发尖锐化，赋予马克思哲学研究的形式和内容丰富的时代内涵。我们看到，一方面，马克思十分重视传统西方哲学的思想资源；然而，另一方面，马克思又不是以"继承人"的身份和角色自然地将这份遗产收入囊中。质言之，马克思并不是基于一般哲学史的视域去对待传统西方哲学的思想资源和历史遗产，因而他也不是以哲学史家、传统的形而上学家的既定身份延续以往时代哲学家们的事业。毋宁说，马克思是以批判者的身份和角色进入又走出旧哲学的"形而上学王国"，不断地在现实问题和时代课题的推动下，愈加自觉而又彻底地朝着旧哲学的形而上学地基掘进；在批判地超越旧哲学之际，马克思为自己的哲学开辟出一片广阔的天地，因而使得新唯物主义哲学论域的开启得以可能。马克思是如何偶然地而又必然地踏入哲学王国的？他又是如何偶然而又必然地触及旧哲学的根本症结，从而对之展开逐步深入而又越发彻底的批判的？我们唯有进入青年马克思的思想世界，才能把握住他在进行哲学研究的过程中，由此开启对旧哲学的柏拉图主义理论建制的颠覆和瓦解的理论逻辑。

一 "法的形而上学体系"的构建及其先验疑难

(一) 马克思触及西方哲学理论建制的弊病

在 1859 年为《政治经济学批判》所写的"序言"中,马克思回顾了自己早年开始进行哲学研究的情形:"我学的专业本来是法律,但我只是把它排在哲学和历史之次当做辅助学科来研究。"① 作为法律专业的大学生,却从法学领域走入"哲学王国",这本身就是一件耐人寻味的事情。马克思作出这样的选择,直接地是他个人的一种主观选择。细思之,马克思作出这个决定又并非纯粹偶然。推动着青年马克思作出这样的选择和决定,显然与他当时所处的社会现实环境有着密切联系。

当邻国英国和法国分别通过工业革命和政治革命而告别封建时代,当它们逐步地确立资本主义生产方式,并在此基础上确立资本和资产阶级对社会的统治地位的时候,德国却仍然深受封建制度的束缚、仍然处于容克地主和贵族的专制统治之下。不过,整个欧洲朝着资本时代发展的总趋势,德国自身资本主义工业虽则缓慢发展但也逐步地持续扩大规模的自身条件,这些因素也推动着德国社会结构开始出现变革。从 17 世纪末一直到 19 世纪初,"德国经历了从传统向现代转型的阵痛……在这一历史时期,德国与西欧各国一样,经历了专制主义的统治和启蒙运动的思想洗礼,并且受到法国大革命和拿破仑战争的涤荡"②。德国首先受到了法国大革命的深刻影响。这场在整个欧洲产生巨大效应的资产者反对封建统治者的社会革命,加剧了德国社会本质结构的变革。法国大革命所取得的"胜利和成就破坏了旧德意志帝国,动摇了它的封建体制,并且使革命思想进入了德国。这就使得政治、社会和精神生活部分都分成两个对立的派别:一个是自由民主派,这个派别也和在法国一样,代表着新兴资产阶级的意向和人民意识的觉醒;一个是维护封建专制制度的反动派"③。而拿破仑战争又从一个更为根本的层面对德国社会结构的变革给予影响。战败的德国不得不把莱茵河西岸地区割让给法国。

---

① 马克思:《〈政治经济学批判〉序言》,《马克思恩格斯文集》第 2 卷,人民出版社 2009 年版,第 588 页。
② 刘新利、邢来顺:《德国通史》第 3 卷,江苏人民出版社 2019 年版,第 7 页。
③ 〔法〕奥古斯特·科尔纽:《马克思恩格斯传》第 1 卷,王以铸、刘丕坤、杨静远译,生活·读书·新知三联书店 1963 年版,第 6 页。

"根据1801年《吕内维也和约》，德皇不仅确认将莱茵河西岸地区割让给法国（第六款），而且允诺那些因此丧失领地或丧失部分领地的受损帝国阶层在莱茵河东岸地区获得补偿。"① 从1794年到1814年间，德国在莱茵河西岸的2万多平方公里领土被法国占领，180万德意志人事实上成了法国公民。而法国对该地区长达20年的统治，必然地推动着"该地区的政治和社会状况也发生了根本性变化"②。到了1815年拿破仑倒台、将莱茵河西岸地区归还给法国时，其社会结构发生了进一步的变革。显而易见，法国和拿破仑侵占德国领土的主观目的绝不是要将其从封建制度的束缚中解除出来，但这一侵略行为却也客观上促进了德国社会的发展。③ 莱茵省由此成为整个德国最为先进的区域，其资本主义工业获得了很大的发展。"在莱茵省和威斯特伐里亚，由于法国的长期占领，由于工业以及随工业而来的资产阶级的迅速发展，自由主义有着较为巩固的基础"，莱茵省在这20年间推行了带有明显的资本主义色彩的经济、政治改革，这样一来，"莱茵省便从几乎是中世纪的状态过渡到新的社会经济形式"④。旧的封建制度在迅速地走向瓦解，经济、政治、文化都呈现出十分明显的资本主义的特质。特别是经济即工商业的发展，呈现出极其繁荣的景象。到了1810年前后，莱茵地区是公认的全欧洲工业化程度最高的地区。

经济的发展必然导致政治制度的变革。随着自身力量的增强，莱茵省的资产者们开始有意识地谋取政治权力，力图进一步摆脱封建专制制度的禁锢。"和法国的情形一样，资产阶级不仅在经济方面，而且在政治方面也开始要求领导地位"，这就必然引发并"导致了资产阶级同专制君主制度的冲突"。⑤ 然而，德国资产者的力量又不足以强大到可以取代容克地主和贵族的统治地位。于是，斗争的形式和内容就不可避免地受到了限制。

---

① 刘新利、邢来顺：《德国通史》第3卷，江苏人民出版社2019年版，第349页。
② 刘新利、邢来顺：《德国通史》第3卷，江苏人民出版社2019年版，第360页。
③ 这种情形和后来英国对印度的殖民具有很大的相似性。马克思对此作了十分深刻的评判："的确，英国在印度斯坦造成社会革命完全是受极卑鄙的利益所驱使，而且谋取这些利益的方式也很愚蠢。但是问题不在这里。问题在于，如果亚洲的社会状态没有一个根本的革命，人类能不能实现自己的使命？如果不能，那么，英国不管犯下多少罪行，它造成这个革命毕竟是充当了历史的不自觉的工具。"（马克思：《不列颠在印度的统治》，《马克思恩格斯文集》第2卷，人民出版社2009年版，第683页）。照此而论，侵占德国领土并推动德国社会发展的拿破仑，也正如马克思所说的，不过是"充当了历史的不自觉的工具"。
④ 〔法〕奥古斯特·科尔纽：《马克思恩格斯传》第1卷，王以铸、刘丕坤、杨静远译，生活·读书·新知三联书店1963年版，第16页。
⑤ 〔法〕奥古斯特·科尔纽：《马克思恩格斯传》第1卷，王以铸、刘丕坤、杨静远译，生活·读书·新知三联书店1963年版，第6页。

德国资产者对封建专制制度的不满只能在思想文化领域得以宣泄。一种"自由主义"的思潮开始越发流行开来，成为德国资产者表达自身利益诉求的意识形态。对此，卢卡奇的说法是较为准确和深刻的："由于法国革命的发展进入了这一阶段，就使资产阶级社会问题成了讨论的中心课题。而由于德国在经济、社会和政治方面都处于落后状况，对资产阶级社会问题的讨论就差不多是沿着一条纯粹意识形态的路线进行的。在德国，不是像在法国那样把资产阶级社会问题当作一个政治问题来讨论的，也不是像在英国那样把它从它的经济规律上来进行科学分析的，在德国，乃是根据人道主义的观点，研究了资产阶级社会里的人、人格和人格发展的情况。"① 这种自由主义意识形态虽然也包含着批判的指向性，但因为受到了现实和历史传统的双重束缚和禁锢，它更多地带有改良主义的色彩。"这种自由主义却根本没有18世纪法国资产阶级自由主义运动所具有的那种革命性。"② 德国资产者与封建统治者之间的斗争，只是在形式上与法国相似。就其内容而言，二者存在着很大的差异性。此时的德国资产者尚未强大到可以与旧制度和封建统治者一决高下，导致他们既不敢放手一搏，更不敢发动人民群众与封建统治者殊死搏斗。因此，这种自由主义意识形态本质上是越发尖锐的德国社会矛盾的观念形式，反映了德国资产者反对专制、争取民主的合理诉求；但也必然地呈现出理论与实践脱节、理想与现实对立的局限性。

置身于德国社会现实之中的青年马克思一度深受这种自由主义意识形态的影响。这首先表现为马克思的诗歌创作。从波恩大学转学到柏林大学后，马克思沉醉于诗歌创作。在现今保留下来的、创作于1837年上半年的诗歌中，马克思除了向燕妮表达和倾诉思念之情，还以浪漫主义的情怀倾诉了自己对于自由的向往和希冀。"我就向整个世界提出挑战/面对庞然大物发出嘲笑/……我就像造物主那样襟怀坦荡。"③ 遗留下来的好多首诗歌都是类似于这样的形式和内容的作品。马克思在给父亲的信中讲述了自己创作这些诗歌的情况。在信中，马克思向父亲详细地汇报了自己转学到柏林大学后的学习情况和思想世界的变化。在信中，马克思将这些抒情诗视为"纯理想主义"的作品。它们为何是"纯理想主义"的？马克思告诉父亲："其原因在于我的观念和我迄今为止

---

① 〔匈〕卢卡奇：《青年黑格尔》，王玖兴译，商务印书馆1963年版，第84页。
② 〔法〕奥古斯特·科尔纽：《马克思恩格斯传》第1卷，王以铸、刘丕坤、杨静远译，生活·读书·新知三联书店1963年版，第18页。
③ 马克思：《人的自豪：致燕妮》，《马克思恩格斯全集》第1卷，人民出版社1995年版，第486页。

的整个成长过程。"① 马克思这里所说的 "我的观念"和"整个成长过程"必须联系在一起进行分析。诸多关于马克思的传记和研究著述都共同地表明了这样一个事实：马克思早在中学时期，就深受盛行于特里尔中学校园中的 "自由主义的启蒙精神"的熏陶和影响。这一点，可以充分地从马克思的德语作文《青年在选择职业时的考虑》中得以窥探。"如果我们选择了最能为人类而工作的职业，那么，重担就不能把我们压倒，因为这是为大家作出的牺牲；那时我们所享受的就不是可怜的、有限的、自私的乐趣，我们的幸福将属于千百万人，我们的事业将悄然无声地存在下去，但是它会永远发挥作用。"② 贯穿于文字之中的带有明显悲天悯人的人道主义情怀，表明少年马克思深深地受到了当时颇为盛行的自由民主主义精神的影响。"这一点证明了启蒙人道主义对他（指中学生马克思——笔者注）的深刻影响，这种人道主义在当时的巨大斗争——发动和民主之间的斗争——中，帮助他站在民主的一面，尽管所采取的还是青年人的人道理想的形式。"③

马克思所持有的这种自由主义信念在大学时期获得了新的内容。从波恩大学转入柏林大学学习的第二学期即1837年春季学期，马克思创作了一系列诗歌。在这些带有明显浪漫主义格调的"以抽象的人道主义和理想主义为出发点的"④ 诗歌中，一方面展现了马克思对"自由"之更加热切的向往和希冀；然而另一方面也流露出对于如何才能获得真正的自由的困惑。如上所述，马克思向父亲坦诚，他称这些诗歌具有明显的"纯理想主义"的特点。在信中，马克思具体地剖析了这些诗歌的局限性："一切现实的东西都模糊了，而一切正在模糊的东西都失去了轮廓。对当代的抨击，漫无边际、异常奔放的感情，毫无自然的东西，纯粹的凭空想像，现有之物和应有之物的截然对立，以修辞上的刻意追求代替充满诗意的构思、不过或许也有某种热烈的感情和奋发向上的追求……无边无际的、广泛的渴求在这里以各种形式表现出来。"⑤ 马克思的这段话中蕴含着丰富的信息。其一，马克思表明了他的

---

① 马克思：《致亨利希·马克思》，《马克思恩格斯全集》第47卷，人民出版社2004年版，第6页。
② 马克思：《青年在选择职业时的考虑》，《马克思恩格斯全集》第1卷，人民出版社1995年版，第459页。
③ 〔法〕奥古斯特·科尔纽：《马克思恩格斯传》第1卷，王以铸、刘丕坤、杨静远译，生活·读书·新知三联书店1963年版，第64页。
④ 〔法〕奥古斯特·科尔纽：《马克思恩格斯传》第1卷，王以铸、刘丕坤、杨静远译，生活·读书·新知三联书店1963年版，第101页。
⑤ 马克思：《致亨利希·马克思》，《马克思恩格斯全集》第47卷，人民出版社2004年版，第7页。

这些诗歌并非纯文学的作品，而是蕴含着"对当代的抨击"这样的指向性。其二，贯穿于这些诗歌之中的根本主题、核心内容是"自由"，是借以表达自己对于一种抽象的"自由主义"理想或信仰的希冀。其三，承载这种自由主义的"观念"的形式也是十分抽象的，这些诗歌本身充满浪漫主义的甚至带有天马行空的特点。马克思因此就陷入了将"现有之物"和"应有之物"二者截然对立的虚无主义的幻想之中。

如何看待马克思的诗歌创作及其遭遇到的挫折和困境？这显然与马克思当时的学习和生活环境的转变有着直接的联系。从波恩大学转学到柏林大学，离开家乡，离开亲人，特别是离开了自己的恋人燕妮，这样的突变让青年马克思一时难以接受和适应，因而在思想上必然会有所反应。然而我们不应过多地夸大这种个体因素，而应该更为根本地着眼于从社会现实和时代发展的高度作进一步的深入分析。结合以上我们关于德国社会发展及其在18世纪开始发生变革的梳理，可以看出，马克思的诗歌创作及其陷入的困境，既直接地反映了他接受了"时代精神"的浸润即对德国资产者的自由主义意识形态的认同，进而也间接地折射出马克思内心深处对这种自由主义意识形态的怀疑甚或否定的情愫。与其说马克思是在自己的内心深处构建了一个"诗歌王国"以抒发对"自由"的追求，不如说这是他尝试着运用诗歌这种形式来获得一种对"自由"的体验。马克思采取了这样的方式建立自己与现实世界之间的关系，以一种诗意的方式展现了自己对时代发展的态度。实践的结果表明，这种"诗意的方式"根本无法合理解释自由主义的"理想"与现实世界之间的对立。马克思一旦意识到了这一点，就很快放弃了这样一种自我表达的方式。他在信中告诉父亲，他在全身心地从事着一件比诗歌创造要重要得多的事情：从法学领域转入哲学领域，将法学研究与哲学研究相结合，构建一个"法的形而上学体系"。

根据马克思给父亲的信的内容，我们可以看出，马克思是在进行法律学习的过程中萌发了对哲学的兴趣，从法学领域转向了哲学领域。马克思并不是直接地抛弃了法律学习，而是在法学系两位教授爱德华·甘斯（Eduard Gans）、弗里德里希·卡尔·冯·萨维尼（Friedrich Carl von Savigny）的影响下，力图将法学与哲学二者融合起来。用马克思自己的话来说，就是"试图使一种法哲学贯穿整个法的领域"[①]。随着学习的深入，马克思萌发了如何从总体上和根本性的维度上把握现实世界的意向性。在社会现实的根本推动

[①] 马克思：《致亨利希·马克思》，《马克思恩格斯全集》第47卷，人民出版社2004年版，第7页。

下、在柏林大学的环境条件的影响下,马克思自然而然地产生了这样一个念头:"在他开始对外部世界展开斗争时,他总得首先澄清自己的思想并且建立起符合他内心愿望的世界观。"① 这一信念推动着马克思踏入"哲学王国"、开启了自己的哲学研究。严格说来,马克思并不是抛弃法学而转向哲学,而是力图将二者融合起来。所以马克思在跟随甘斯和萨维尼学习的过程中,就拟订了要创建一个"法的形而上学体系"的计划。正如他在给父亲的信中所说的,马克思为此十分认真地作了大量的准备工作:"像小学生一般地读了海奈克齐乌斯和蒂博的著作以及各种文献。"他甚至还作了一些必要的翻译工作:"把《学说汇纂》头两卷译成德文。"② 在此基础上,马克思以一种十分独特的形式开启了自己的哲学研究。

实践证明,作为马克思进行哲学研究的"原点"、他最初的哲学思想活动,并不成功,可谓一次失败的"哲学实验"。而这个失败的"试验品"是一部十分冗长的、长达"300张纸"的法哲学著作。马克思在进行这项法哲学研究工作之前,曾经读过黑格尔的《哲学史讲演录》等论著;但他并没有被黑格尔打动,反而对之感到厌倦:"不喜欢它那种离奇古怪的调子。"③ 马克思的法哲学研究实则是以康德的《法的形而上学原理》和费希特的《以知识学为原则的自然法权基础》为参照的。马克思对此坦言:这个由"若干形而上学的原理作为导言"的"倒霉的作品"实质上是"脱离了任何实际的法和法的任何实际形式的原则、思维、定义"④。与康德法哲学的相似性集中体现在马克思拟定的"按照公法划分内在的纲目"。对于这个"纲目",马克思作了十分犀利的自我批评:它不仅是一个"接近于康德的纲目"⑤,而且在整体上充满着一种虚假性。问题并不在于能否以康德和费希特的法哲学体系作为摹本和参照,问题在于,作为"模仿者",马克思为何无法建构出一个令人满意的"法的形而上学体系"?这一紧要的问题的实质是,以康德和费希特哲学作为方法论进行法哲学研究,为何竟然会收获这样一个失败

---

① 〔法〕奥古斯特·科尔纽:《马克思恩格斯传》第1卷,王以铸、刘丕坤、杨静远译,生活·读书·新知三联书店1963年版,第90页。
② 马克思:《致亨利希·马克思》,《马克思恩格斯全集》第47卷,人民出版社2004年版,第7页。
③ 马克思:《致亨利希·马克思》,《马克思恩格斯全集》第47卷,人民出版社2004年版,第13页。
④ 马克思:《致亨利希·马克思》,《马克思恩格斯全集》第47卷,人民出版社2004年版,第7页。
⑤ 马克思:《致亨利希·马克思》,《马克思恩格斯全集》第47卷,人民出版社2004年版,第11页。

的"试验品"？对于这个十分重要的问题，马克思在给父亲的信中作了深入的自我剖析。

在给父亲的信中，马克思对问题的症结、导致其法哲学研究失败的根本原因作了深刻剖析：归结为源于康德、费希特哲学结构本身的先验性质："这里首先出现的严重障碍同样是现有之物和应有之物的对立。这种对立是理想主义所固有的，是随后产生的无可救药的错误的划分的根源。"① 马克思的这一判断，直接的是针对康德和费希特的法哲学体系。透过二人的法哲学体系，马克思敏锐地发现了他们哲学本身的先验特性。这一点，充分地在康德的法哲学体系的相关内容中呈现了出来。例如，针对人们提出的"什么是权利"这个问题，康德完全拒斥了从经验事实角度进行解答，强调"必须摒弃他那来自经验的原则，而在纯粹理性中……探索根源，以便为实际的实在立法奠定真正的基础"②。基于这样的先验的视角，康德将世俗的法律（法的"实在内容"）与纯粹的"法"（法的"纯粹形式"）割裂开来；他将"经验性的法律"称作"纯粹经验性的体系"，认为它就像"费德拉斯童话中那个木头的脑袋"那样，"尽管外形像头，但不幸的是缺少脑子"③。由此可见，康德的法哲学思想呈现出十分鲜明的先验性特质。康德从本体论维度割裂了法的本质和现象的关系。这一点，与他在《纯粹理性批判》中割裂"自在之物"和"现象界"一样，都共同地反映了康德颠倒意识与存在的关系、将所谓的"纯粹观念"与现实事物决然对立的二元论迷误。正如费希特哲学是建立在康德的先验哲学观的基础之上，费希特的法哲学体系实质上也是以康德的法哲学思想为基本遵循，他"在自己的法权哲学中贯彻了康德的先验哲学原则"④。虽然费希特主观上也意识到了康德法哲学体系的不彻底性，也力图克服康德将法的"内容"与"形式"先验割裂的症结，但终究还是未能跳出康德的哲学王国。因此，马克思的这一反思首先指涉的是康德、费希特二人法哲学体系的局限性。但是，这并非马克思这一反思的全部内容。马克思意识到：这种"对立"是理想主义所固有的症结。这表明，他将反思的对象深刻地指向了包括康德、费希特哲学在内的整个西方哲学。马

---

① 马克思：《致亨利希·马克思》，《马克思恩格斯全集》第47卷，人民出版社2004年版，第7页。
② 〔德〕康德：《法的形而上学原理——权利的科学》，沈叔平译，商务印书馆1991年版，第39页。
③ 〔德〕康德：《法的形而上学原理——权利的科学》，沈叔平译，商务印书馆1991年版，第39页。
④ 〔德〕费希特：《自然法权基础》，谢地坤、程志民译，梁志学校，商务印书馆2004年版，第4页。

克思这里所说的"理想主义"这个词,在《马克思恩格斯全集》中文第一版中的翻译是"唯心主义"①。基于第一章的梳理,马克思这里所说的"理想主义"或"唯心主义",实质上所对应的是作为"形而上学"（μεταφυσιk）的西方哲学本身;因此,马克思这里深刻地意指的是从柏拉图到德国古典哲学整个传统西方哲学的形而上学特质。把握住这一点,对于我们认识马克思以新哲学取代旧哲学、以新唯物主义彻底地变革和超越旧的以"形而上学"为基本形态的西方哲学而言,具有十分重要的意义。

马克思在信中对此进行了十分具体的分析。当然,这一分析并未直接将传统西方哲学作为批判对象;然而,在这一分析之中却蕴含着对作为形而上学的旧哲学的理论建制的弊病的洞察。究竟是什么原因导致马克思付出了极大心血的"法的形而上学体系"成了一个失败的"哲学实验品"呢? 从上文可见,马克思将问题的症结归结为对"应有之物"和"现有之物"的割裂。我们切不可十分轻易地将问题转化为所谓的"理论与实践的关系",因为马克思这里不是基于一般的认识论立场认识问题,而是从西方哲学的维度即从哲学作为形而上学的世界观的高度进行反思。接着,马克思更具体地阐明了造成这种先验迷误的认识论根源:"在这种形式下,主体围绕着事物转,议论来议论去,可是事物本身并没有形成一种多方面展开的生动的东西。"②对此,马克思特别以"三角形"为例子作了分析。"三角形"这一概念的确为数学家作图和论证提供了依据。然而,作为纯粹观念的"三角形"本身不过是空无一物的纯粹形式规定;赋予这一抽象的纯粹的"概念"以内容的方式,必须将这一概念与现实事物进行结合。"三角形"这一概念的内容的丰富源于事物之空间位置的变化,一旦从不同空间视角去观照同一个三角形,那么"就赋予三角形各种不同的关系和真理"③。马克思显然十分深刻地把握住了问题的症结。然而,他的这一阐述本身的抽象性,以及这一阐述本身所立足的思想前提——马克思对于德国古典哲学特别是康德、费希特哲学的本质的洞察——的隐匿性,导致我们并不能直接把捉住内蕴于马克思的话语之中的思想要义。

为了更为直观而又清晰地把握住马克思的真实思想,我们可以进行一个

---

① 马克思:《致亨利希·马克思》,《马克思恩格斯全集》第 40 卷,人民出版社 1982 年版,第 10 页。
② 马克思:《致亨利希·马克思》,《马克思恩格斯全集》第 47 卷,人民出版社 2004 年版,第 8 页。
③ 马克思:《致亨利希·马克思》,《马克思恩格斯全集》第 47 卷,人民出版社 2004 年版,第 8 页。

对比的分析和论证。非常巧合的是，有两位大思想家也对"三角形"这个例子做过阐释。一位是作为德国古典哲学奠基人的康德，另一位是马克思主义创始人、马克思的亲密战友恩格斯。

先说康德。康德在《纯粹理性批判》中也举了"三角形"这个例子："那第一个演证出等边三角形的人（不管他是泰勒斯还是任何其他人），在他心中升起了一道光明……他必须不把任何东西、只把从他自己按照自己的概念放进事物里去的东西中所必然得出的结果加给事物。"① 总的来说，康德是基于先验的世界观和认识论，将"概念"绝对地与"事物"分离开来，并极力凸显"概念"作为事物的"本质"的先天性，以及"事物"依存于乃至于隶属于"概念"的派生性。因此，作为康德分析问题的基本依据、作为其对"三角形"与事物（现实的三角形）关系的先验演绎的逻辑支撑的，显然正是柏拉图关于"两个世界"关系的区割。

在《反杜林论》中，恩格斯也举了"三角形"这个例子。恩格斯并不否认包括"三角形"概念在内所有数学概念的纯粹性。恩格斯承认这是一个经验事实，即"纯数学具有不依赖于任何个人的特殊经验的意义，这当然是正确的"②。但恩格斯立即就强调，这样的"不依赖于任何个人的特殊经验的意义"绝非康德和杜林以及所有形而上学家所以为的"先天性"。这样的经验事实所表明的不过是概念源于现实世界的"客观实在性"："纯数学是以现实世界的空间形式和数量关系，也就是说，以非常现实的材料为对象的。这种材料以极度抽象的形式出现，这只能在表面上掩盖它起源于外部世界。"恩格斯对问题本身进行了彻底的唯物主义还原。人们用于计数的"概念"，所有的"数"和"形"的概念绝不是头脑自行产生的，而是源于现实世界，"这种能力是长期的以经验为依据的历史发展的结果"③。所谓的"纯数学"、数学的概念、公式和原理，都是人们在长期实践的过程中对于现实世界中的客观的数量关系的抽象。"和其他各门科学一样，数学是从人的需要中产生的，如丈量土地和测量容积，计算时间和制造器械。"④ 恩格斯又特别举了"矩形围绕自己的一边旋转而得到圆柱形"这个例子。作为概念的"圆柱形"绝不是什么先天的概念、不是康德所谓的主体的"创造物"，而是人们基于长期的实践、对现实的矩形和圆柱形的关系进行反思的结果。

---

① 〔德〕康德：《康德三大批判合集》上卷，邓晓芒译、杨祖陶校，人民出版社2009年版，第556页。
② 恩格斯：《反杜林论》，《马克思恩格斯文集》第9卷，人民出版社2009年版，第41页。
③ 恩格斯：《反杜林论》，《马克思恩格斯文集》第9卷，人民出版社2009年版，第41页。
④ 恩格斯：《反杜林论》，《马克思恩格斯文集》第9卷，人民出版社2009年版，第42页。

如果我们进行一个比对，将康德、恩格斯的这些观点与马克思关于"三角形"的观点进行比较分析，那么就会更为深刻地把握住马克思的深意。我们不应夸大事实，不要以为马克思这里已经完全地、彻底地看清了康德、费希特哲学和旧哲学的症结。这种理解显然是错误的，抹杀了马克思这时还是一个唯心论者的基本事实。然而，我们也不能否认这一点，作为唯心论者的马克思已然深刻地洞察到了旧哲学理论建制的弊病。对比可见，马克思和康德关于"三角形"的认识存在着十分明显的差异性。康德是基于"柏拉图主义"的世界观和先验的认识论对问题进行分析的。马克思在两个方面与康德截然相对。其一，他坚持将"概念"与事物的关系视为一个整体，强调的是二者的统一关系而非分离关系；其二，他坚持将事物作为"概念"的本体，主张从事物的运动（空间位置变动）中去把握"概念"的内容与形式的统一性。如果再结合恩格斯的论述，那么，我们就会更加看到马克思与康德二人观点的对立是十分鲜明的。当然了，马克思这时也绝不可能像恩格斯那样对问题本身作出彻底的唯物主义认识。但马克思对问题的反思，使其走出了康德、费希特的"哲学迷宫"，深刻地把握住了旧哲学的理论建制的弊病。

质言之，马克思通过对构建"法的形而上学体系"失败的原因的反思而获得了一个重要的洞见。他"已经充分地认识到，用抽象方法，离开和周围世界的关系来考察一切生动现实（尽管这种现实只有从它导源于这些关系的发展中才能够得到理解）的绝对唯心主义，会导向把本质和事物归结为毫无内容的形式的形而上学世界观"[①]。马克思否弃了康德、费希特对于"概念"的先验化处理方案，坚持将"概念"视为作为"形式和内容之间"的中介的"环节"。他已然深刻地意识到了以概念为中介的"内容和形式"二者之间的"辩证关系"："形式必然从内容中产生出来；而且，形式只能是内容的进一步发展。"[②] 结合这些论述，我们可以充分地看出，马克思的初次"哲学实验"虽然失败了，对其哲学思想发展却有着重要的意义。马克思对失败原因的反思，直接地是深入了康德、费希特的"哲学迷宫"深处，把握住了他们滞留于对主体、客体关系进行先验演绎的主体形而上学幻象；当马克思达至这一思想境域时，他实际上也触及了康德、费希特哲学的"一般形而上学"特质，即触及了将"柏拉图主义"奉为圭臬的传统西方哲学的理

---

① 〔法〕奥古斯特·科尔纽：《马克思恩格斯传》第1卷，王以铸、刘丕坤、杨静远译，生活·读书·新知三联书店1963年版，第113页。
② 马克思：《致亨利希·马克思》，《马克思恩格斯全集》第47卷，人民出版社2004年版，第9页。

论建制的弊病。透过马克思的反思所传递出来的信息表明，他不仅意识到了形而上学家们全都割裂了"现有之物"与"应有之物"的关系，从而全都陷入了将事物与概念截然对立的"柏拉图主义幻象"；他也初步地认识到了导致这种为旧哲学所特有的"形而上学幻想"的症结：只要这些形而上学家们无法将事物与其本质（即概念）的关系建构成一个整体，并在世界观和认识论相统一的高度把握住二者统一的根据和机制，他们就无法确立哲学作为"形而上学"（第一科学）的真理性。

（二）马克思对黑格尔辩证法的接受和转化

遇到问题的马克思并未退缩，反而是激发了应对和解决问题的兴趣。对于此时的马克思来说，其所面对的难题是如何走出康德－费希特"哲学迷宫"；而这一难题的实质是如何克服这种先验主义的世界观幻象。为了破解难题，即为了摆脱这种先验的、将应有与现有割裂开来的二元论迷误，马克思不得不再度回到了黑格尔哲学那里。在此之前，马克思曾经受青年黑格尔派成员的影响，研读过黑格尔哲学著作。然而马克思很快就放弃了。他将自己放弃的理由归结为黑格尔哲学的"形式"即言说方式的问题，自己"不喜欢它那种离奇古怪的调子"[①]。但事实上，导致马克思无法继续阅读黑格尔应该也有"内容"（思辨性）的原因。在遭遇了"世界观危机"之后，马克思开始重新审视黑格尔哲学的遗产，作出了从黑格尔哲学中汲取思想力量以克服危机的决定，由此步入了黑格尔哲学王国。他的目的很明确，即要摆脱先验主义的世界观的禁锢，而采取的手段则是进行新的"哲学实验"。马克思写了一部题名为《克莱安泰斯，或论哲学的起点和必然的发展》的作品。很可惜的是，这个作品遗失了，未能留存于世。据马克思写给父亲的信的内容可知，这是一部充满黑格尔主义色彩的哲学作品。当再次深入研读黑格尔哲学时，马克思发现了它的"好的方面"，实则是初步把握住了黑格尔哲学的精华即作为其合理内核的思辨辩证法。于是，沉醉于黑格尔哲学王国之中的马克思，就像一个"不知疲倦的旅行者"，"转变成了一个黑格尔主义者"[②]，即成了黑格尔哲学的信奉者。

马克思将从黑格尔那里研习的结果——思辨的辩证法——立即用于自己的研究中，作为这次新的"哲学实验"的方法论支撑。马克思所要达到

[①] 马克思：《致亨利希·马克思》，《马克思恩格斯全集》第 47 卷，人民出版社 2004 年版，第 13 页。

[②] 〔美〕诺曼·莱文：《马克思与黑格尔的对话》，周阳、常佩瑶、吴剑锋、任广璐译，中国人民大学出版社 2016 年版，第 94 页。

的目的是将彼此完全分离的"艺术"和"科学"统一起来,即要通过这部新的哲学作品"从哲学上辩证地揭示这个表现为概念本身、宗教、自然、历史的神性"①。这表明了一个事实,马克思较为深刻地把握住了黑格尔辩证法的精髓:"马克思接受黑格尔主义的'现实即是理性的实体化'的原则。"② 马克思实则是认同了黑格尔的思辨的辩证的哲学观,接受了他在《法哲学原理》等论著中所阐发的"凡是合乎理性的东西都是现实的,凡是现实的东西都是合乎理性的"③观点。在这部未能保存下来的作品中,马克思力图在实践中运用黑格尔的辩证法去对世界进行理性化的"解释","在这里面他用黑格尔的方式说明,起初是纯粹概念、绝对观念的神怎样辩证地展开自己的本质,把自己表现为自然界和历史"④。但马克思有否达成目的呢?意料之中的结果是,他的这次新的"哲学实验"又遭遇了失败的结局。他十分苦恼地向父亲倾诉:"我最后的命题是黑格尔体系的开端。"⑤ 也就是说,马克思并未真正达到将"艺术"与"科学"有机统一的目的,他只是从形式上弥合了二者的分离;他也并未能够达到从哲学上揭示"宗教、自然、历史"的所谓"神性"亦即把握住其"本质逻辑"的目的。马克思对自己这个"月光下抚养长大的最可爱的孩子"、这部费尽心血创作的作品很是失望,称它为将自己"诱入敌人的怀抱"的"狡猾的海妖"⑥。

那么这是否意味着马克思一无所获呢?答案显然是否定的。马克思自觉告别康德、费希特而转向黑格尔,这一做法本身契合了西方哲学发展史的逻辑。基于上述我们对西方哲学发展的历史进程的梳理可知,黑格尔以其思辨的辩证的哲学观克服了康德和费希特二人哲学观的先验性。因此,马克思这一转向具有合理性。事实上,他也是大有收获的:深入黑格尔哲学王国而萃取到了其辩证法思想。我们当然绝不否认马克思根本未能跳出黑格尔的哲学

---

① 马克思:《致亨利希·马克思》,《马克思恩格斯全集》第47卷,人民出版社2004年版,第13页。
② 〔美〕诺曼·莱文:《马克思与黑格尔的对话》,周阳、常佩瑶、吴剑锋、任广璐译,中国人民大学出版社2016年版,第94页。
③ 〔德〕黑格尔:《法哲学原理:或自然法和国家学纲要》,范扬、张企泰译,商务印书馆2017年版,第12页。
④ 〔法〕奥古斯特·科尔纽:《马克思恩格斯传》第1卷,刘丕坤、王以铸、杨静远译,生活·读书·新知三联书店1963年版,第108页。
⑤ 马克思:《致亨利希·马克思》,《马克思恩格斯全集》第47卷,人民出版社2004年版,第13页。
⑥ 马克思:《致亨利希·马克思》,《马克思恩格斯全集》第47卷,人民出版社2004年版,第13页。

王国这个事实，但我们也不应忽略另一个更为关键的事实："马克思这一时期的确是在向黑格尔哲学转向，但是马克思从一开始就不是虔诚的黑格尔信徒。"① 马克思在接受黑格尔的辩证法思想之际，就对黑格尔哲学的局限性展开了反思与批判。其一，在存在论层面，马克思立足于黑格尔的辩证的哲学观更进一步意识到了旧哲学的弊病，对理性与世界、"理性世界"与"感性世界"二者的关系有了更深的见解。其二，在认识论层面，马克思初步把握住了黑格尔的辩证法思想的精髓。基于原则的高度，马克思认识到了"必须从对象的发展上细心研究对象本身"，不能先验地将之视为一个既定的客体，不可独断地将视为的现象与本质先验分割；唯其如此，才能把握住"作为一种自身矛盾的东西展开，并且在自身中求得自己的统一"的"事物本身的理性"②。马克思由此部分地解除了自己所遭遇到的"世界观危机"的困扰，破除了将事物的本质与现象二元区隔的先验迷误；然而，问题本身并未被真正破解，马克思陷入了新的困境之中。之前，他是苦恼于如何摆脱康德式的二元论幻象；现在，他陷入了新的困扰：如何走出黑格尔的哲学迷宫？

二 自我意识哲学批判及其效应

（一）马克思与青年黑格尔派：和而不同

恰如马克思本人所言，"一个人的发展取决于和他直接或间接地进行交往的其他一切人的发展"③，任何人的思想都不可能脱离他的时代、不可能不受到和他同时代的思想家们的影响。因此，青年黑格尔派运动对马克思的哲学革命无疑有着重要影响。对此，侯才教授的观点十分中肯，他指出："马克思在自己的思想形成的过程中，也从青年黑格尔派哲学那里接受了既得的思想成果和理论遗产，以此作为自己赖以出发的前提条件。"④ 而卜祥记教授

---

① 卜祥记：《青年黑格尔派与马克思》，商务印书馆2015年版，第192页。
② 马克思：《致亨利希·马克思》，《马克思恩格斯全集》第47卷，人民出版社2004年版，第8页。
③ 马克思：《致亨利希·马克思》，《马克思恩格斯全集》第47卷，人民出版社2004年版，第13页。
④ 侯才：《青年黑格尔派与马克思早期思想的发展》修订本，中国社会科学出版社2021年版，第15—16页。

则特别强调青年黑格尔派对于马克思哲学革命研究的重要意义，他认为，"'青年黑格尔派与马克思的哲学革命'的研究是历史地再现马克思哲学革命的历史"①。两位专家在各自论著中对马克思与青年黑格尔派关系的深入系统研究，为学界提供了重要借鉴。本书并非关于这一课题的专门研究，而是着重将问题放置到马克思的新唯物主义哲学革命这一根本主题之下。我们关注的焦点是：马克思如何克服青年黑格尔派运动的局限性，从而为破解旧哲学的形而上学疑难（其理论建制的根本弊病）的哲学革命奠定思想根基。我们并不将注意力放到青年黑格尔派对马克思思想的影响这个维度，而是将目光聚焦于：马克思究竟是如何克服青年黑格尔派耽于纯粹理论批判的"形而上学幻想"的？他是如何为自己的新唯物主义哲学的确立赢获不可或缺的哲学观基础和前提的？因此，我们并不将研究重点放在呈现马克思与青年黑格尔派成员之间的具体交往情况，而是主要研究马克思在与他们（在这里，主要是指鲍威尔）进行交往的过程中，对他们的局限性——哲学观的形而上学性质——的克服。

青年黑格尔派是黑格尔去世后黑格尔学派内部发生分裂的结果，这一结果又是德国社会发展在意识形态领域所必然导致的一个历史结果。"1830年的德意志工业发展还是取得了很大进步，尤其是煤矿业和冶金业。在鲁尔山谷出现了深矿井，某矿产量也取得了巨大增长。"② 于是德国在1830年前后就迎来了一个经济发展高涨的阶段。"这种经济高涨带来了资产阶级实力的增长，中等阶层的进一步贫困化，无产阶级的形成和由此而产生的社会主义运动的萌芽，以及自由主义的加强。"③ 于是在生产力——特别是资本主义工业生产——的推动下，德国社会矛盾变得越发尖锐化，德国资产者和封建统治者之间的冲突加剧。但这种冲突并未发展到直接地进行阶级斗争的地步，德国资产者反对封建专制的斗争仅仅局限于意识形态领域即宗教和哲学领域，斗争的形式则采取了"纯粹理性批判"即哲学批判的形式。现实社会的发展推动着黑格尔哲学学派走向分化。造成这种分化的还有直接的即黑格尔哲学本身的原因。造成黑格尔学派发生分裂的直接原因是黑格尔学说体系本身的矛盾特性，即黑格尔哲学体系的思辨性及其封闭性与其辩证法思想的批判性和变革性的对立。就黑格尔本人来讲，他更倾向于将"辩证方法"内蕴

---

① 卜祥记：《青年黑格尔派与马克思》，商务印书馆2015年版，第6页。
② 〔美〕查尔斯·布鲁尼格等：《现代欧洲史》第4卷，王浩、冯勇译，中信出版社2016年版，第340页。
③ 〔法〕奥古斯特·科尔纽：《马克思恩格斯传》第1卷，王以铸、刘丕坤、杨静远译，生活·读书·新知三联书店1963年版，第144页。

的革命性和批判性内蕴于封闭的"体系"之中。① 因此，由于黑格尔本人的左右摇摆、他的哲学思想的体系和方法之间的相互对立，在1830年德国时局变化的推动下，黑格尔学派就必然地走向了分裂。一派十分重视黑格尔的"体系"而比较轻视其"辩证法"，这是持保守的政治立场的右派，即所谓的"老年黑格尔派"。这些"老年黑格尔派企图在柏林神学教授和正统的路德派首领亨格斯坦堡的原教旨主义和施特劳斯及其追随者们否定一切的激进主义之间采取中道"②。他们认为，作为黑格尔的弟子就应该继承老师的遗志，进一步从理性的即形而上学的维度调和哲学和宗教的对立关系；他们基于黑格尔哲学就是整个西方哲学的顶峰、"最后的一个体系"这一信条，认为黑格尔主义者的任务就是"书写哲学史"；他们牢牢继承了黑格尔本人政治立场的保守的方面，将"现实的就是合理的"这一原则奉为圭臬。"老年黑格尔派"即以加布勒、辛里克斯、罗生克兰兹等为代表的"黑格尔右派"，他们的观点招致了黑格尔的另外一些弟子的反对。

布鲁诺·鲍威尔、埃德加·鲍威尔、切什考夫斯基、赫斯、卢格、费尔巴哈、斯蒂纳组成了黑格尔左派即"青年黑格尔派"。这些人开始自觉地站在德国资产者的政治立场上对封建专制展开斗争。特别是到了1842年，他们以《莱茵报》为阵地对封建专制展开了激烈斗争，"青年黑格尔学派已经直接作为努力向上的激进资产阶级的哲学出现，只是为了迷惑书报检查机关才用哲学伪装起来"③。恩格斯的分析深刻地揭示了青年黑格尔派运动的性质，界定了这场由哲学家们发起的思想运动的资产阶级性质。质言之，青年黑格尔派所代表的是德国资产者的利益诉求。"项庄舞剑，意在沛公。"他们在哲学领域发起的宗教批判、政治批判，不过是披着哲学外衣的、资产阶级反对封建专制的革命民主主义斗争。

费尔巴哈对黑格尔哲学的批判在一定程度上扭转了青年黑格尔派的运动方向。随着费尔巴哈本人在《哈雷年鉴》上开始从唯心主义向唯物主义转变，这一转变本身也深刻地影响了青年黑格尔派。费尔巴哈的这种转变本身也是通过批判黑格尔哲学、克服其思辨唯心主义性质而实现的。相对于其他十分狂热的黑格尔主义者对黑格尔的崇拜，费尔巴哈却显得十分清醒。他否

---

① 恩格斯：《路德维希·费尔巴哈和德国古典哲学的终结》，《马克思恩格斯全集》第28卷，人民出版社2018年版，第327页。
② 〔英〕戴维·麦克莱伦：《青年黑格尔派与马克思》，夏威仪、陈启伟、金海民译，商务印书馆1982年版，第7页。
③ 恩格斯：《路德维希·费尔巴哈和德国古典哲学的终结》，《马克思恩格斯全集》第28卷，人民出版社2018年版，第328页。

认黑格尔哲学穷尽了真理,罢黜了其作为"绝对真理"发明者的"身份",提出了与黑格尔的思辨的唯心主义哲学观截然相对的唯物主义哲学观原则:"哲学是关于真实的、整个的现实界的科学,而现实的总和就是自然(最普遍意义的自然)。"[①] 和其他青年黑格尔派成员相比,费尔巴哈已然挣脱了黑格尔哲学体系的束缚,从黑格尔的思辨唯心论转到了唯物论的哲学立场上。然而,费尔巴哈的局限性也是非常明显的。马克思后来在给卢格的信中的评判十分犀利、精确:"这就是:他强调自然过多而强调政治太少。"[②] 费尔巴哈的根本局限是仍然栖居于旧哲学的形而上学王国,其哲学观并未超出旧哲学的"柏拉图主义"理论建制。这导致他对黑格尔的批判只能局限于理论领域,而未能从理论批判上升到对德国社会现实的实践批判。这一点也直接限制了他的哲学革命——将哲学的地基从唯心论转移到唯物论——对于青年黑格尔派的影响力,这一哲学观的唯物主义转向虽然也产生了不小的影响,但在当时并未能够主导并引领整个运动的方向。

整个青年黑格尔派运动的主体形而上学批判的特点,在布鲁诺·鲍威尔那里被极致化了。鲍威尔可谓是将青年黑格尔派的整个批判事业推到了高潮。他与施特劳斯的争论,直接的是围绕着宗教的本质和基督教的性质而展开的论战。在这一论争中,鲍威尔吸收了其他同伴们对黑格尔辩证法进行改造的成果,并且将之运用到宗教批判之上。鲍威尔在1841年到1842年接连出版了《约翰福音史批判》和《对观福音和约翰福音史批判》。在这两部著作中,鲍威尔进一步反驳了黑格尔的宗教观。他否定了黑格尔将基督教看作所谓的"宇宙精神的最高表现"的观点,也否定了施特劳斯将基督教看作"人类历史发展进步的一个阶段"的看法。鲍威尔完全否弃了基督教的"神性"特质,即在他看来,基督教并无"属神的内容"。究其实质,鲍威尔是不自觉地吸收和借鉴了费尔巴哈的人本学唯物论思想,"他用在历史过程中不断发展的普遍的人类自我意识,来论证黑格尔的宇宙精神的绝对观念;因此,他得出了和费尔巴哈相类似的结论",即他也像费尔巴哈那样"把神看成是人的本质"[③]。鲍威尔去除了基督教和福音书的神学幻彩,立足于古代世界的精神活动去分析福音书的内容。这样,他就把福音书与伊壁鸠鲁主义、

---

① 〔德〕费尔巴哈:《费尔巴哈哲学著作选集》上卷,荣震华、李金山等译,商务印书馆1984年版,第84页。
② 马克思:《马克思致阿尔诺德·卢格》,《马克思恩格斯全集》第47卷,人民出版社2004年版,第53页。
③ 〔法〕奥古斯特·科尔纽:《马克思恩格斯传》第1卷,王以铸、刘丕坤、杨静远译,生活·读书·新知三联书店1963年版,第170页。

斯多葛主义、怀疑论相联系，这种做法的实质是把福音书与古希腊晚期出现的这些哲学体系共同地还原为人的"自我意识"的特定形态。这样，鲍威尔就"把基督教看成是普遍自我意识的一种受时间制约的、暂时的形式，并且要求人类现在摆脱基督教的束缚"，以达到"真正的自我意识"[①]。鲍威尔并不否认基督教赋予人"崇高价值"和"改造古代世界"的历史功绩，但在他看来，随着世界历史的发展，基督教的本质及其作用开始发生质变：它已经成为阻碍世界历史发展和进步的障碍了。"所以，鲍威尔解释说，现在，人类最伟大的任务就是：对基督教教义以及浸透了基督教信仰的国家进行彻底的批判，以此来摆脱基督教的压迫。"鲍威尔实际上是将基督教作为国家的构成要素，"基督教国家通过其基督教的要求使我们感到重压……教会并没有独立制定什么东西，因为它是基督教国家的本质的孤立的反映"[②]。这样一来，鲍威尔就将青年黑格尔派的哲学批判、宗教批判抬升到了政治批判的高度。于是，鲍威尔就以"自我意识"为本原而建构了一个新的"批判哲学"，而这种"给自己规定了揭露和根除现存事物中一切不合理东西的任务"的"批判哲学"，"给青年黑格尔派提供了一个武器，这个武器，至少在理论方面，使他们能够对反动势力进行激烈的斗争"[③]。事实上，青年黑格尔派也热烈地接受了鲍威尔的这种以主观唯心论为底色的"自我意识哲学"。

布·鲍威尔的做法一度引领着青年黑格尔派运动的方向。鲍威尔将"自我意识"确立为世界的本体，把"批判"视为推动历史发展的动力。这实际上是片面地抓住黑格尔哲学的一个方面，对之作了主体形而上学改造，因而将黑格尔哲学固有的矛盾悬搁起来，从客观唯心主义走向了主观唯心主义。"观念的这种颠倒现实的能力来源于这一事实，即它们代表着一个阶级的人的经济利益和他们对另一个阶级的人的统治。"[④] 因此，这一做法又有其合理性，是在德国社会现实推动下、对德国社会矛盾的颠倒映现。就其效应而言，这一做法某种程度上也对黑格尔封闭的哲学体系造成了冲击，即"破坏了黑格尔所主张的思维与存在的同一性。回到了费希特哲学上去，使精神

[①] 〔法〕奥古斯特·科尔纽：《马克思恩格斯传》第1卷，王以铸、刘丕坤、杨静远译，生活·读书·新知三联书店1963年版，第171页。

[②] 〔德〕布鲁诺·鲍威尔：《自由的正义事业和我自己的事业》，德文版，第218页。转引自〔波兰〕兹维·罗森《布鲁诺·鲍威尔和卡尔·马克思》，王谨等译，中国人民大学出版社1984年版，第112页。

[③] 〔法〕奥古斯特·科尔纽：《马克思恩格斯传》第1卷，王以铸、刘丕坤、杨静远译，生活·读书·新知三联书店1963年版，第173页。

[④] 〔美〕肯·莫里森：《马克思的意识形态理论》，《马克思恩格斯列宁斯大林研究》2001年第2期。

活动具有了独断的性质"①。青年马克思的确受到了鲍威尔的影响，但又并非无条件地认同了他的观点。毋宁说，马克思是基于黑格尔的哲学立场有所保留地肯定了鲍威尔对主体能动性的高扬。因此，一个非常微妙的、不易为人们察觉的细节是，马克思并非青年黑格尔派的"同路人"，他们至多是"顺路人"。他们面对着共同的社会现实，遭遇了共同的现实问题；他们都将问题的解决诉诸"哲学"。这是两者关系之同一性的方面。然而，同一之中有差异。这个差异就是处理和解决问题的方式的区别，即究竟采用什么样的方式将"哲学"成功用于求解社会现实问题，从而对问题给出合理的解答。

问题本身的难度决定了对问题的解决必然要经历一个艰难的过程。马克思要解决的问题是困扰从柏拉图到黑格尔所有传统形而上学家的基本疑难。问题本身的性质决定了马克思必须对之进行一个艰辛的探索。起初，马克思的的确确深受鲍威尔的影响。他好像一下子成了鲍威尔自我意识哲学的拥趸。科尔纽的考察表明，马克思和鲍威尔关系甚密，两人一度打算合作出版著作。马克思付诸了行动，完成了自己承担的部分，但最终却是鲍威尔独自出版了著作。二人的合作为什么没有成功？马克思后来给出的解释是自己很快就不满意这种书写方式。显然，这种"不满意"的背后已然蕴含着马克思与鲍威尔的某种分歧。二者的这种分歧——实则是马克思与青年黑格尔派哲学观的对立——在《博士论文》中得以集中展现。直接地是受鲍威尔的影响，根本上则是受自身问题意识的促逼，马克思选择了古希腊晚期原子论哲学作为研究主题。论文的研究任务是对德谟克利特和伊壁鸠鲁二人的原子论进行比较研究；贯穿论文的方法论支撑是黑格尔的辩证法。不过，与黑格尔将革命的方法封闭于思辨的体系之内不同，马克思却是力图发挥出辩证法的批判力量，将之用于破解思维与存在之二元对立。

这种鲜明的旨趣在《博士论文》的准备性材料《关于伊壁鸠鲁哲学的笔记》中已然体现出来。马克思这里展现出了一种鲜明的哲学立场，即强调"哲学"与"世界"之间的辩证统一关系。然而在马克思看来，这种同一性不是无差别的同一，而是蕴含着差异的对立统一。哲学并不是对世界的直观反映，即并非对事物现象的直接摹写，而是基于理性的原则对其本质的统摄；不仅如此，哲思本身就内蕴着批判的力量。"与本身是一个整体的哲学相对立的世界，是一个支离破碎的世界。因而这个哲学的能动性也表现得支

---

① 〔法〕奥古斯特·科尔纽：《马克思恩格斯传》第 1 卷，刘丕坤、王以铸、杨静远译，生活·读书·新知三联书店 1963 年版，第 204 页。

离破碎，自相矛盾；哲学的客观普遍性变成个别意识的主观形式，而哲学的生命就存在于这些主观形式之中。"① 撇开抽象的言说方式，马克思这里实际上所要传达的是思辨且充满批判旨趣的辩证法思想。哲学与世界之间并非二元对立，哲学本质上是世界的"理性"即本质的形式规定；二者之间也非思辨的同一，理性的"哲学"并非世界的分泌物，而是在把捉到其本质规定之际超越于世界之上。因此在马克思看来，哲学与世界之间是矛盾的即对立统一关系，哲学的"理念世界"并非现实的世俗生活世界的"画像"，而是深刻地对其矛盾进行逻辑的再现的"映像"。亦因此，对于哲人和哲学家来说，他们从事哲思的目的既非与生活世界无关，也不是亦步亦趋地跟随在世俗的现实事物后面，而是基于原则的高度对其本质进行理性探究，并对其不合理性进行理性的批判。对此，马克思以浪漫主义的情怀说道："不应对这场继伟大的世界哲学之后出现的风暴，感到惊慌失措。普通竖琴在任何人手中都会响；而风神琴只有当暴风雨敲打琴弦时才会响。"② 显而易见，在马克思的心中，哲学已然不再是一种理性的思维方式，而是被他赋予深意，宛如一个充满战斗激情的斗士。

马克思已然呈现出与青年黑格尔派分道扬镳的迹象。一方面，马克思并非全然否定，他自觉汲取了传统哲学的最高成果亦即黑格尔哲学的辩证法思想；另一方面，马克思并未服膺黑格尔哲学，而是和青年黑格尔派一样试图对之进行改造，力图解决黑格尔哲学体系和方法的对立。不可否认，马克思这时尚未真正解决问题，仍然还滞留于黑格尔的哲学世界之中。然而，马克思已然探索到了走出迷宫的道路。某种程度上我们可以说，马克思这里是在完成施特劳斯和鲍威尔等人未能完成的任务，即意图将黑格尔的辩证法思想贯彻到底。马克思尤其显然参照了鲍威尔的做法，将"自我意识"设定为辩证法的主体，将自我意识哲学批判作为冲破体系的路径。区别何在？亦即马克思与施特劳斯和鲍威尔等人有无区别？答案显然是肯定的。不过，在《博士论文》研究这一时期，这种区别尚且比较隐蔽，不易察觉。马克思与鲍威尔等青年黑格尔派成员的根本区别在于，马克思不像他们那样越过黑格尔而倒向了费希特的怀抱，从而堕入了更为玄虚的主观唯心论；马克思采取了辩证的方式对待黑格尔哲学：在肯定其理论成就的基础上力求扬弃和超越它。

---

① 马克思：《关于伊壁鸠鲁哲学的笔记》，《马克思恩格斯全集》第 40 卷，人民出版社 1982 年版，第 136 页。

② 马克思：《关于伊壁鸠鲁哲学的笔记》，《马克思恩格斯全集》第 40 卷，人民出版社 1982 年版，第 136 页。

(二) 勘察"自我意识哲学观"的限度

马克思与青年黑格尔派的分歧,在他写作《博士论文》的过程中就初露迹象。在《关于伊壁鸠鲁哲学的笔记》(以下简称《笔记》)的这个准备性材料中,马克思已然开始对问题进行深入的反思了。流传至今的一共有七本笔记,是对古希腊罗马哲学进行集中研究的资料性的文稿。其中,五本(笔记一、二、三、四和七)的封面上标有《伊壁鸠鲁哲学的》的标题;笔记二、三和四的封面上的字迹表明,这些笔记是马克思在 1839 年柏林大学的冬季学期写作的;笔记五和六的封面遗失了,笔记六残缺页数,笔记五的最后五页全是对黑格尔《哲学全书》的摘录,马克思将之标注为"自然哲学提纲"①。从笔记本的内容和结构看,毫无疑问,《关于伊壁鸠鲁哲学的笔记》是马克思青年时代系统研究西方哲学的重要成果。即使从如今保留下来的这些并不完整的笔记本看,其内容也是非常丰富的,甚至有着许多在其后不久成稿的《博士论文》中并未进一步展开和发挥的思想。从新唯物主义哲学革命这个维度看,笔记中不仅蕴含着马克思对青年黑格尔派运动局限性的审视,而且还蕴含着他对于柏拉图的理念论的局限性的洞察。因此,总体上看,这些笔记不仅为马克思写作《博士论文》提供了直接性的资料和文献支撑,也是对之前触及的旧哲学的"形而上学疑难"的持续深入求解。

马克思充分地吸收了黑格尔的思辨的辩证法思想,并将之作为剖析内蕴于伊壁鸠鲁哲学之中的"自我意识"要素的方法论。基于这一方法论,马克思在七个笔记中重点研究了以下这几个问题。第一,伊壁鸠鲁哲学与德谟克利特哲学的本质差异;第二,伊壁鸠鲁哲学蕴含着的"自我意识"要素;第三,伊壁鸠鲁哲学对旧的形而上学即柏拉图理念论的变革意蕴。对于第一个问题,马克思在笔记中的研究方式主要是对前人研究成果的摘录,为《博士论文》积淀文献资料。在摘录资料的过程中,马克思也作了一些评述,然而直到《博士论文》中才真正专题地对这一问题作了澄清。因此,我们这里主要呈现马克思对后面这两个问题的研究成果。

马克思在"笔记"中是如何揭示蕴含于伊壁鸠鲁哲学之中的"自我意识"要素的呢?马克思将问题聚焦于对伊壁鸠鲁原子论的形而上学本质的分析。首先,从本体论维度而言,伊壁鸠鲁坚持将世界的本原视为"一",坚持的是十分彻底的一元论的哲学立场。被伊壁鸠鲁视为本原的"原子",从内容和形式上都不同于古希腊早期的自然哲学的本原学说。"伊壁鸠鲁的原

---

① 参见《马克思恩格斯全集》第 40 卷,人民出版社 1982 年版,第 917 页。

子学说的原则仅仅表现为：观念的东西和必然的东西只存在于这种对于它们本身来说是外在的想象的形式，即原子形式中。伊壁鸠鲁的彻底性就达到这样的程度。"① 伊壁鸠鲁这里所直接针对的是德谟克利特的原子论的独断性。后者先行设定了"原子"与宇宙之间是直接的符合关系，由此推演出"原子世界"对"感性世界"的"最高主宰"。在写给美诺伊凯乌斯的信中，伊壁鸠鲁对此十分反对："至于被某些人作为最高主宰而引进来的那种必然性，他宣称它并不存在。但［在他看来］一些事物取决于偶然，另一些事物取决于我们自己。由于必然性是无责任的，而偶然看来是不固定的，但我们的意志是自由的，所以随之而来的是责备及其对立物。"② 因此，伊壁鸠鲁将"观念的东西和必然的东西"从原子概念中剔除出去，将之归结为原子之非本质性的东西，这不仅克服了德谟克利特原子论的独断性，也赋予了作为世界本原的"原子"以能动性。

　　这种"能动性"意蕴在第二个维度即认识论层面得以体现。在确认了"原子"是世界的本原之际，由此带来的是一个新的问题即原子与世界的统一性关系问题。这个问题实质是要求如何在认识论层面确证"原子世界"与"感性世界"的统一关系。伊壁鸠鲁反对经验主义地将后者看作前者的派生物，将"感觉"作为联通两个领域的中介。不同于一些古希腊哲学家（例如柏拉图）对于"感觉"的轻视，伊壁鸠鲁极力强调"任何感性知觉都不依赖于理性"的独立地位；同时，伊壁鸠鲁赋予"感性知觉"以认识论的含义："感觉所感知的东西确实存在这一状况，保证了感性知觉的真实性。我们能看得见和听得到，这是一个实实在在的事实，就象我们感觉到疼痛一样。"基于感觉与"存在"（感性世界）的同一性，伊壁鸠鲁认为，"'某物是真实的'和'某物存在着'这两种判断是没有差别的"③。伊壁鸠鲁由此以"感觉"为中介证了原子与世界的统一性。伊壁鸠鲁这里所说的"感觉"不是对外部世界的直观反映，而是对"原子世界"和"感性世界"统一性的筹划。伊壁鸠鲁并不否认感觉会出错这个事实。但在他看来，这一点丝毫不能否认感觉的实在性，这是两个层面的问题。原子与世界、"原子世界"与"感性世界"之间存在着对立性的一面。然而，原子运动的"绝对

---

① 马克思：《关于伊壁鸠鲁哲学的笔记》，《马克思恩格斯全集》第40卷，人民出版社1982年版，第38页。

② 马克思：《关于伊壁鸠鲁哲学的笔记》，《马克思恩格斯全集》第40卷，人民出版社1982年版，第170页。

③ 马克思：《关于伊壁鸠鲁哲学的笔记》，《马克思恩格斯全集》第40卷，人民出版社1982年版，第28页。

性"和具体事物的运动的相对性,恰恰是作为"本体论的规定"的"辩证法"的"内在实质"[①]。基于此,伊壁鸠鲁就建构出来这样一个世界图景即"这么一种世界概念",实际上是从认识论层面使其"本体论"即世界观得以丰富和完善:"世界的基础是一个没有前提的东西——无。"马克思十分赞赏伊壁鸠鲁的这个"世界概念"、这种以"感觉"为中介而建构起来的"世界观"。马克思认为,伊壁鸠鲁建基于这样的世界观和认识论的原子论无疑要比德谟克利特的原子论优越。他甚至认为,伊壁鸠鲁的"这种朴素性的结论"消除了"近代所固有的偏见"[②]。

由此就产生了第三个问题,即世界的创生问题。既然作为世界的"本原"并无德谟克利特所理解的那种绝对"必然性"的规定;作为"无"的"原子"又将如何成其所是,即何以成为世界的"本原"呢?"世界到底是怎样从一个本原自由地发展为众多的,这正需要作出解释。"[③] 伊壁鸠鲁解答这个问题的基本思路就是将"客体被推向进行虚构的抽象的渺茫的远方"。这样一来,伊壁鸠鲁就以主体("感觉")的能动性消解了外部世界(自然界)的客观性,也消解了宗教所设定的"神"对世界的主宰。马克思认为,这充分显示了伊壁鸠鲁哲学的历史功绩:"伊壁鸠鲁的不朽功绩和伟大,在于他并不把状态看得比观念更重要,也不努力维护它们";尤其难能可贵的是,这不是伊壁鸠鲁的偶然断言,而恰恰是"伊壁鸠鲁哲学的原则",究其实质,这个原则"就是证明世界和思想是某种可想象的,可能的东西……这可能性在自然界的表现是原子,它在精神上的表现则为偶然和任意"[④]。伊壁鸠鲁进一步将"偏斜"归入原子的本性中,"对原子来说直线就是这种异在和扬弃。只是由于偏斜才产生个体的运动"[⑤]。如此一来,作为原子的主观形式的"精神",其对于原子的偶然化和任意化的反映,就不能归结为纯粹偶然和任意的"主观幻想",而是作为主体之能动性特质的自由意志的尽致展现。

[①] 马克思:《关于伊壁鸠鲁哲学的笔记》,《马克思恩格斯全集》第 40 卷,人民出版社 1982 年版,第 38 页。

[②] 马克思:《关于伊壁鸠鲁哲学的笔记》,《马克思恩格斯全集》第 40 卷,人民出版社 1982 年版,第 39 页。

[③] 马克思:《关于伊壁鸠鲁哲学的笔记》,《马克思恩格斯全集》第 40 卷,人民出版社 1982 年版,第 40—41 页。

[④] 马克思:《关于伊壁鸠鲁哲学的笔记》,《马克思恩格斯全集》第 40 卷,人民出版社 1982 年版,第 41 页。

[⑤] 马克思:《关于伊壁鸠鲁哲学的笔记》,《马克思恩格斯全集》第 40 卷,人民出版社 1982 年版,第 43 页。

基于对伊壁鸠鲁原子论的本质规定的把握，马克思在《笔记》中将这一学说与古希腊哲学（主要是柏拉图的理念论）作了对比。马克思分析了古希腊哲学的形而上学本质："希腊哲学家是造物主，他的世界和在实体东西的天然阳光下繁荣昌盛的世界是不同的。"①马克思进一步具体地揭示了古希腊哲学家们所栖居的"形而上学王国"与世俗生活世界的关系。

初期阶段，作为"政治生活的积极创造者"和"立法者"，古希腊早期哲学家，"这些哲人和奥林帕斯山上的诸神的塑像一样极少人民性；他们的运动就是自我满足的平静，他们对待人民的态度如同他们对待实体一样地客观"②。从诡辩学派（即智者学派）和苏格拉底所开启的第二个阶段，这种情况发生了改变。"观念性本身通过自己的直接形式即主观精神而成了哲学的原则。"那么这是否意味着"哲学王国"和世俗世界的关系得以统一起来了呢？并非如此。在马克思看来，作为哲学原则的这一"纯粹观念"，即哲学家们所建构的"纯粹的、成为独立自在的抽象"，和世俗生活世界之间的对立性更加明显了。马克思认为，这种冒充为"哲学的原则"的主观性是在"和人民生活的实体力量相对立"的过程中转化为"主观精神"③。这样一来，哲学家与世界的关系、"哲学王国"与世俗生活世界的关系，就被逻辑地建构为应有与现有的对立关系。马克思肯定了这一建构本身在哲学史上的意义，实体的实存性被哲学家们（智者学派和苏格拉底）转化为"主观精神"，并赋予其超越于实体之上的实在性，这"是一个飞跃"。然而，这种"只和实体精神相联系"的形而上学设定本身也"反映了希腊哲学的内在限度"，这其实也是"希腊哲学特有的弊病"④。

构成古希腊哲学的形而上学特质亦即其"内在限度"和"特有的弊病"，在第三个阶段即柏拉图哲学那里彻底化了，即以最为纯粹的形态而展现出来。作为柏拉图哲学的核心范畴，作为被柏拉图设定为世界本原的"理念"，本质上是柏拉图关于"世界的原型"的"哲学抽象"。"柏拉图用下述观点表达他自己对现实的态度：理念的独立王国翱翔于现实之上（这个彼岸

---

① 马克思：《关于伊壁鸠鲁哲学的笔记》，《马克思恩格斯全集》第40卷，人民出版社1982年版，第63页。
② 马克思：《关于伊壁鸠鲁哲学的笔记》，《马克思恩格斯全集》第40卷，人民出版社1982年版，第65—66页。
③ 马克思：《关于伊壁鸠鲁哲学的笔记》，《马克思恩格斯全集》第40卷，人民出版社1982年版，第66页。
④ 马克思：《关于伊壁鸠鲁哲学的笔记》，《马克思恩格斯全集》第40卷，人民出版社1982年版，第68页。

的领域是哲学家自己的主观性）并模糊地反映于现实中"①，马克思深刻揭示了柏拉图基于"理念"对世界的这种本体论构造的结果："现实性的实体世界实际上现在是以观念化的形式进入柏拉图的意识，但这样一来这个观念世界本身就跟那个与其相对立的真实的实体世界一样简单地分解于自身之中。"② 马克思认为，亚里士多德在《形而上学》中对柏拉图的批驳深刻地切中了其理念论的局限性。③ 结合亚里士多德的观点，马克思得出了如下结论："柏拉图不仅力图把存在的东西列入观念性的领域，而且力图把存在的领域也归入其中：这个观念性是进行哲学思维的意识中的一个封闭的、特殊的王国，——因此其中没有运动。"④ 在其他几个笔记中，马克思分析了柏拉图理念论的本质及其限度。

在笔记三中的"（d）伊壁鸠鲁和柏拉图"中，马克思进一步分析了柏拉图的"理念论"的问题。马克思的分析直指柏拉图"理念论"的形而上学特质及其维度缺失。在他看来，柏拉图并没有取消"感性的东西"，他并没有否认"感性世界"的实存性；然而，柏拉图随即就否定了这个变动不居的"假象世界"的实在性，因而陷入了将世界二元分离的幻象之中。在笔记五中，马克思揭示了"柏拉图哲学的主观形式"即他的理念论的神秘性："没有一种古代世界的哲学体系象柏拉图哲学体系那样具有深刻的宗教性质。"⑤ 马克思认为，柏拉图基于"理念论"对于理念世界的"实证的解释"的内容，连同它的形式即"神话寓言外衣"，实则"是超验东西的哲学的源泉"。柏拉图将"理念世界"绝对地超越于"感性世界"之上的这种做法，暴露了它与一切"实证的宗教"——特别是作为"超验的东西的完美哲学"亦即"基督教"——之间的血缘关系。⑥ 也就是说，柏拉图将世界二分为"感性世界"和"理念世界"，并且将"理念世界"设定为"感性世界"的本原，这种做法构成基督教将神和神国设定为世俗世界的主宰的哲学基础。

---

① 马克思：《关于伊壁鸠鲁哲学的笔记》，《马克思恩格斯全集》第40卷，人民出版社1982年版，第69页。
② 马克思：《关于伊壁鸠鲁哲学的笔记》，《马克思恩格斯全集》第40卷，人民出版社1982年版，第69页。
③ 〔古希腊〕亚里士多德：《形而上学》，吴寿彭译，商务印书馆1997年版，第24页。
④ 马克思：《关于伊壁鸠鲁哲学的笔记》，《马克思恩格斯全集》第40卷，人民出版社1982年版，第70页。
⑤ 马克思：《关于伊壁鸠鲁哲学的笔记》，《马克思恩格斯全集》第40卷，人民出版社1982年版，第141页。
⑥ 马克思：《关于伊壁鸠鲁哲学的笔记》，《马克思恩格斯全集》第40卷，人民出版社1982年版，第144页。

反言之，这也意味着，柏拉图的理念论不仅带有形而上学的幻象特质，而且隐匿地蕴含着神创论的意向性。

总之，《笔记》的主题是对伊壁鸠鲁哲学的专题研究，马克思进行研究的直接目的是为创作博士论文做准备。马克思从本体论和认识论两个维度深入挖掘了内蕴于伊壁鸠鲁原子论之中的"自我意识"成分，力图确证伊壁鸠鲁哲学是"自我意识哲学"的原型。同时，马克思还基于一个更为宽阔的视域即从古希腊哲学发展史视角，分析了古希腊哲学尤其是柏拉图理念论的形而上学特质及其局限性。仔细梳理《笔记》内容可见，马克思对于伊壁鸠鲁原子论的分析，并非持绝对肯定的态度，而是已然对其局限性有所察觉了。"正如伊壁鸠鲁把他的世界的观念性——虚空移到世界的创造中一样，超自然主义者则把脱离前提的自由，即把世界的观念体现在天堂里。"[①] 伊壁鸠鲁的原子论对世界的解释，"这种解释的实质就是从意识中取得需要解释的观念"[②]。于是，这就暴露了为伊壁鸠鲁本人也承认的"他的哲学和整个古代哲学的缺点"："只知道观念存在于意识中，却不知道观念的界限，它们的原则和它们的必然性。"[③] 这些分析，直接地是呈现了伊壁鸠鲁原子论的基本逻辑架构：以"感觉"为中介，将"存在"构造为"意识"，以此建构原子与世界的统一关系。这既是伊壁鸠鲁原子论的优点——相比较柏拉图的理念论而言，但与此同时，这其实也是其软肋所在：只是为了赢获一种主体的慰藉即"心灵的宁静"，为了获取这种纯粹主观的自由，竟然是以否弃世界的客观实在性及其必然性为前提的。这样的境况岂不正是青年黑格尔派所孜孜以求的？这些耽于纯粹理论批判的哲学家们，进行"批判"的根本目的不是彻底地改变不合理现实世界，而只是为了实现主体即"自我意识"的自由。这种"自由"究竟是什么？仅仅诉诸纯粹的"批判"究竟能否真正实现这种"自由"？对此，包括鲍威尔在内的青年黑格尔派所有成员都没有进行必要的反思。

在《笔记》中，不同于青年黑格尔派对黑格尔辩证法的主体化阐释，马克思展现出与这种做法截然相反的态度。他不仅坚持保留黑格尔辩证法的客体向度，而且力图彻底地发挥黑格尔辩证法的根本要义，极力凸显其对现存事物进行批判的指向性。马克思自觉地站在黑格尔的肩膀上，抒发了对哲学的本质

---

① 马克思：《关于伊壁鸠鲁哲学的笔记》，《马克思恩格斯全集》第40卷，人民出版社1982年版，第130页。

② 马克思：《关于伊壁鸠鲁哲学的笔记》，《马克思恩格斯全集》第40卷，人民出版社1982年版，第54页。

③ 马克思：《关于伊壁鸠鲁哲学的笔记》，《马克思恩格斯全集》第40卷，人民出版社1982年版，第55页。

及其与世界的关系的深刻见解:"哲学把握了整个世界以后就起来反对现象世界","不应对这场继伟大的世界哲学之后出现的风暴,感到惊慌失措。普通竖琴在任何人手中都会响;而风神琴只有当暴风雨敲打琴弦时才会响"。[①] 这些观点表明,深入地研究伊壁鸠鲁哲学对于马克思哲学观的建构也产生了十分积极的作用。这些观点本身的辩证性及其批判性,意味着马克思开始自觉地建构自己的世界观。马克思敏锐而又深刻地把握住了精神自身的能动性本质与世界发展之间的逻辑关系。这种正在形成之中的世界观的基本性质显然是唯心主义的,带有黑格尔主义的鲜明特质;然而,马克思自己的哲学立场亦即其哲学观的独特意蕴,已然蕴含其中并有所展露。

这样的理念被马克思贯穿到了《博士论文》之中,"这是马克思一生中唯一一本严格意义上的哲学著作"[②]。在这里我们看到:通过对德谟克利特和伊壁鸠鲁的"原子论"思想的比较研究,马克思对布·鲍威尔的"自我意识哲学观"作了深入的反思和批判。不可否认,作为"马克思第一部完整的哲学著作"[③],这部论著带有较为浓郁的黑格尔主义色彩。或许正因如此,以至于有些学者将它简单地视为马克思"不成熟的作品",甚至将之作为马克思服膺于布·鲍威尔的"自我意识哲学观"的"证据"。然而,这种一度较为流行的意见并不完全符合实情。《博士论文》无疑是马克思在青年时代刻苦钻研哲学的思想结晶,马克思本人对此也是念念不忘,直到1858年给裴迪南·拉萨尔的信中,马克思还十分详细地向他提及自己青年时代的这部哲学作品:"18年前我曾对容易理解得多的哲学家——伊壁鸠鲁进行过类似的研究工作,也就是说,根据一些残篇阐述了整个体系。此外,我确信这个体系——赫拉克利特的体系也是这样——在伊壁鸠鲁的著作中只是自在地存在,而不是作为自觉的体系存在。"[④] 确如马克思所言,在《博士论文》中,他对伊壁鸠鲁哲学体系进行了深入系统的研究。对于研究者而言,详细地梳理马克思的研究观点——例如对德谟克利特和伊壁鸠鲁二人原子论的比较研究的观点——并不困难;困难在于把握住浸透在研究过程之中的马克思本人的哲学思想,特别是马克思对《笔记》中已然有所展现的他自己的哲学观的

---

① 马克思:《关于伊壁鸠鲁哲学的笔记》,《马克思恩格斯全集》第40卷,人民出版社1982年版,第136页。
② 〔意〕马塞罗·默斯托:《另一个马克思:从早期手稿到国际工人协会》,孙亮译,中国人民大学出版社2022年版,第28页。
③ 吴晓明、陈立新:《马克思主义本体论研究》,北京师范大学出版社2012年版,第88、105页。
④ 马克思:《马克思致裴迪南·拉萨尔》,《马克思恩格斯全集》第50卷,人民出版社2021年版,第382页。

内容的丰富。如果仅仅从马克思言说思想的方式来看的话，他无疑是一个黑格尔主义者，甚至尤其较为明显地受到布·鲍威尔的影响。然而，如果我们深入马克思的思想世界之中，仔细地品味马克思对问题的思考，就会把捉住隐含在似黑格尔主义的词句之中的马克思的真实思想，就会体会到他与黑格尔、青年黑格尔派在哲学观层面已然呈现出来的本质差异。

如前所述，《博士论文》的写作受到了布·鲍威尔的影响。"博士论文选择这一研究对象，是出于以布鲁诺·鲍威尔为核心的青年黑格尔派的政治理论需要，即为了创立这个派别的自我意识哲学、无神论观点和资产阶级民主主义观点。"① 然而，这是否意味着马克思完全无批判地接受了鲍威尔的"自我意识哲学观"了呢？仔细研读品味《博士论文》可知，这里还存在着不应忽略的"事情的另一方面"即"《博士论文》中隐藏的同鲍威尔思想的差异和分歧"②。实际上，马克思将自己的怀疑和批判的态度灌入对问题的研究之中，即把一种确定性的哲学立场贯彻到了对伊壁鸠鲁与德谟克利特二人原子论之差异关系的辨析。

马克思颠覆了传统人们将伊壁鸠鲁视为德谟克利特的"剽窃者"的论断。二人虽然都是原子论者，在哲学观上却呈现出本质差异。德谟克利特只是在本体论维度将物质本体"原子"设定为世界的本原，却未能解决原子与世界的关系问题。在这一问题上，他陷入了"形而上学幻象"之中："原子世界"（或"原子王国"）是唯一真实的存在，"感性世界"则是充斥着"主观的假象"的假象世界。③ 与之截然不同，"当德谟克利特把感性世界变成主观假象时，伊壁鸠鲁却把它变成客观现象"④。相比较而言，伊壁鸠鲁的思想呈现出十分明显的"反形而上学"的特质：他不仅将目光从"超感性世界"那里移到了"感性世界"这里，而且还极力强调"感性世界"的实在性。他的这种做法本身无疑也受到了苏格拉底的影响。不同于德谟克利特将"自然界"（物理世界）作为哲思的主题，伊壁鸠鲁则像苏格拉底那样将"生活世界"作为哲思的主题。这就很好地揭示了两位原子论者在处理哲学与外部世界的关系问题上所采取的截然相反的态度。

---

① 《走向唯物主义和共产主义之路——马克思早期思想研究》，姚颖主编《马克思主义研究资料》第 11 卷，中央编译出版社 2015 年版，第 28 页。
② 侯才：《青年黑格尔派与马克思早期思想的发展》修订本，中国社会科学出版社 2021 年版，第 26 页。
③ 马克思：《德谟克利特的自然哲学和伊壁鸠鲁的自然哲学的差别》，《马克思恩格斯全集》第 1 卷，人民出版社 1995 年版，第 21 页。
④ 马克思：《德谟克利特的自然哲学和伊壁鸠鲁的自然哲学的差别》，《马克思恩格斯全集》第 1 卷，人民出版社 1995 年版，第 22 页。

德谟克利特唯一感兴趣的是"存在者"的本质以及作为"存在者集合"的物理世界的必然性——事物自身以及事物之间的"因果关系";而伊壁鸠鲁对此完全不感兴趣,他唯一感兴趣的是"存在者"与人的关系问题。以太阳为例,德谟克利特完全将太阳看作客体,将之纯粹看作一个天体;伊壁鸠鲁对于作为天体的太阳则根本不感兴趣,而是完全从人的主体性[1]和自我意识角度将太阳仅仅视为"约莫有两英尺大"[2]的东西。这实则就暴露了两位原子论者的世界观的对立:德谟克利特是一个将现象界和本质界对立起来的二元论者,而伊壁鸠鲁则是一个坚持将世界视为本质界与现象界相统一的一元论者。

在写于1841年底和1842年初的一个"新序言"中,马克思重述了黑格尔的观点:"伊壁鸠鲁派……他们是自我意识哲学家。"[3] 在《博士论文》中,以澄清这两位原子论的哲学观的根本差异为切入口,马克思重点挖掘了伊壁鸠鲁原子论及其哲学观中的"自我意识"元素。可以说,在开始写作的时候,不排除马克思的确是遵循鲍威尔的托付,意图通过解剖伊壁鸠鲁哲学体系,为青年黑格尔派反对封建专制提供哲学论证。然而,如果我们具体而微地深入马克思的思维逻辑中,就会发现:随着马克思越发深入伊壁鸠鲁的思想世界,他的确达到了将伊壁鸠鲁塑造为"自我意识哲学家"的目标;然而,马克思随即就发现了将"自我意识"奉为圭臬的哲学观的局限性。这样一来,事情就发生了逆转:不是对鲍威尔所期许的"自我意识哲学观"的捍卫,反而是对其从黑格尔倒退到费希特的主观主义观念论的前提批判。

马克思深刻地剖析了伊壁鸠鲁在其学说中对人的主体性亦即"自我意识"的高扬。事实上,上述伊壁鸠鲁截然相反地"把感性世界看作客观现象"[4],这种做法本身就已然凸显了人的主体性:世界之为世界,不是与人无关的客体,而是人与存在者(物理事物)密切联系的有机统一体。对人在世界之中的主体地位的这般重视,并不是偶然地体现在伊壁鸠鲁的观点中,而是作为根本性的原则贯彻到了其整个哲学体系之中。在处理必然性与偶然性

---

[1] 需要说明的是,此处及下文中对"主体"、"主体性"以及"客体"等范畴的使用,并不是像黑格尔所批评的那样用近代哲学的范畴去构造古代哲学,而是从思想本身的客观本质维度分析其理论特质。

[2] 马克思:《德谟克利特的自然哲学和伊壁鸠鲁的自然哲学的差别》,《马克思恩格斯全集》第1卷,人民出版社1995年版,第23页。

[3] 马克思:《〈德谟克利特的自然哲学和伊壁鸠鲁的自然哲学的差别〉一文新序言草稿》,《马克思恩格斯全集》第40卷,人民出版社1982年版,第286页。

[4] 马克思:《德谟克利特的自然哲学和伊壁鸠鲁的自然哲学的差别》,《马克思恩格斯全集》第1卷,人民出版社1995年版,第29页。

的关系问题上,伊壁鸠鲁犀利地指出了德谟克利特只承认必然性而否认偶然性的症结:如果世界完全由必然规律决定,如果任何事情的发生都是绝对必然而无任何偶然性可言,那么生活在这样一个"必然王国"之中的人们,无疑永世都要遭受"必然性"的奴役,断然没有任何自由可言。伊壁鸠鲁对此是绝不能接受的。他不否认存在着必然性,但是坚决反对存在着被德谟克利特"当作万物的主宰的必然性"[1]。伊壁鸠鲁毫不掩饰自己如此主张的理由:唯有否弃这一独断论的命题,才能避免使人沦为"物理学家所说的命运的奴隶"[2]。伊壁鸠鲁高扬主体能动性的这一特质,更为具体而又鲜明地表现在其所提出的"原子脱离直线而偏斜"的主张。这一论断直接地是要解决原子如何派生世界的问题。伊壁鸠鲁坚持将原子视为质料和形式的统一体,在肯定原子作为"物质实体"这一前提下,极力强调其形式的规定性:单个原子和原子之间,通过"排斥"而偏离直线从而否定自身的"定在"样态,因而真正展现出其作为本原的形式规定:"纯粹的自为存在、不依赖于直接定在的独立性、一切相对性的扬弃。"[3] 这样一来,伊壁鸠鲁就悬置了原子的物质性而把握住了其非物质性(形式规定)特质。他由此就解答了原子创生世界的根据及其机理问题。伊壁鸠鲁明确地将"排斥"视为"自我意识的最初形式"[4]。伊壁鸠鲁格外看重原子的非物质性,极力凸显主体的能动性:把原子"看成把自己同世界对立起来的人类意识的象征"[5]。这在伊壁鸠鲁的伦理学中得以充分彰显,所谓"善"就是对"恶"的逃避;所谓"快乐"就是对"痛苦"的脱离。

马克思认为,在对"时间"问题的分析上面,充分展现了伊壁鸠鲁作为"自我意识哲学家"的风采。不同于德谟克利特轻视"时间"、像亚里士多德那样将从原子中摒弃掉"一切时间性的东西"的做法,伊壁鸠鲁明确地将"时间"作为原子的本质要素。他认为,被德谟克利特从原子王国中排除出去的"时间",恰恰是"现象的绝对形式":"现象世界(即感性世界——笔

---

[1] 马克思:《德谟克利特的自然哲学和伊壁鸠鲁的自然哲学的差别》,《马克思恩格斯全集》第1卷,人民出版社1995年版,第25—26页。

[2] 马克思:《德谟克利特的自然哲学和伊壁鸠鲁的自然哲学的差别》,《马克思恩格斯全集》第1卷,人民出版社1995年版,第26页。

[3] 马克思:《德谟克利特的自然哲学和伊壁鸠鲁的自然哲学的差别》,《马克思恩格斯全集》第1卷,人民出版社1995年版,第35页。

[4] 马克思:《德谟克利特的自然哲学和伊壁鸠鲁的自然哲学的差别》,《马克思恩格斯全集》第1卷,人民出版社1995年版,第37页。

[5] 〔法〕奥古斯特·科尔纽:《马克思恩格斯传》第1卷,刘丕坤、王以铸、杨静远译,生活·读书·新知三联书店1963年版,第204页。

者注）的这种纯粹形式就是时间。"① 伊壁鸠鲁对时间做这样的本质界定，直接目的仍然是出自理论的兴趣，即为了确保他的原子论体系的自洽。只有借助于"时间"这个中介，原子与世界之间的统一关系才能建立起来，超感的"原子王国"与感性世界二者才具有内在的统一性。根本而言，伊壁鸠鲁仍然是为了凸显人的主体地位。时间不属于任何别物，而只属于人，"时间是感性知觉的抽象形式"②亦即是人应对变动不居的感性世界的纯粹直观形式。正是基于"时间"这一主体意识，人才能把作为原子的映像的自然界视为"客观世界"，人们的这种"感性知觉"才能"正当地被当作具体自然的实在标准"③。伊壁鸠鲁因此就深刻地揭示了时间与人的主体性二者的内在联系。马克思进一步地发挥了伊壁鸠鲁的观点："人的感性就是形体化的时间，就是感性世界的存在着的自身反映。"④ 这就彻底地摒弃了德谟克利特将"原子"设定为超验的实体的独断论幻象，基于存在论和认识论相统一的维度确证了"感性世界"之独立于超感的"原子王国"的实在性；不仅如此，马克思根据伊壁鸠鲁的观点还极力凸显了人的主体能动性。面对生灭变化的感性世界，人不是被动的，而是主动的：他以"时间"作为感觉知觉的纯形式，"通过这个媒介"对"自然的种种过程"进行能动的反映，使得"事物的时间性和事物对感官的显现"二者内在同一。⑤

通过越发深入地进入伊壁鸠鲁的思想世界，马克思越发具体地使得潜存于伊壁鸠鲁哲学体系之中的"自我意识"要素显现了出来。但与此同时，随着马克思越发深刻地把握住伊壁鸠鲁原子论思想的精髓要义，他就发现了伊壁鸠鲁本人的局限性。在《博士论文》中，马克思没有直接地指出这一局限性，而是对之作了比较含蓄的分析。伊壁鸠鲁高扬主体能动性无疑是深受马克思的欣赏和赞同的。然而，马克思也发现了这种做法本身的固有限度。科尔纽对此的看法是十分有道理的："马克思也批判了伊壁鸠鲁的哲学，因为它对人同周围环境的关系问题也作出不正确的解决。如果说德谟克利特哲学

---

① 马克思：《德谟克利特的自然哲学和伊壁鸠鲁的自然哲学的差别》，《马克思恩格斯全集》第1卷，人民出版社1995年版，第52页。
② 马克思：《德谟克利特的自然哲学和伊壁鸠鲁的自然哲学的差别》，《马克思恩格斯全集》第1卷，人民出版社1995年版，第53页。
③ 马克思：《德谟克利特的自然哲学和伊壁鸠鲁的自然哲学的差别》，《马克思恩格斯全集》第1卷，人民出版社1995年版，第53页。
④ 马克思：《德谟克利特的自然哲学和伊壁鸠鲁的自然哲学的差别》，《马克思恩格斯全集》第1卷，人民出版社1995年版，第53页。
⑤ 马克思：《德谟克利特的自然哲学和伊壁鸠鲁的自然哲学的差别》，《马克思恩格斯全集》第1卷，人民出版社1995年版，第54页。

导致了决定论,即导致了对人的自由的否定,那末,伊壁鸠鲁哲学则导致了对自由的错误理解;因为它把自由绝对化了,而且它不理解自由同必然(即人同周围环境的必然联系)的辩证关系。"① 科尔纽深刻地抓住了问题的症结所在,可谓道出了马克思在《博士论文》中有所表露但又并未直接说出的看法。如前所示,马克思在《笔记》中已对此做过分析。而这在《博士论文》中也是可以窥探到的。在肯定伊壁鸠鲁关于偶然性的认识时,马克思指出了这一认识的限度:"抽象的可能性却像幻想那样是没有限制的。"② 马克思深刻地意识到了伊壁鸠鲁原则性地忽略"客体的实在根据"的目的,不过是使得"作出说明的主体得到安慰"即不过是要为主体赢获"自我意识的心灵的宁静"③。伊壁鸠鲁原子论的固有限度因此就暴露了出来。为了追寻人的自由,必须将独立于人之外的世界(自然界)的实在性予以悬置;为了确证人对于世界的主体性,必须诉诸偶然性乃至于充满主观任意的幻想。因此,这样一种哲学观虽然确证了人与世界的统一关系,虽然也深刻凸显了人的"自我意识"对于"感性世界"的生成的能动性作用,但归根结底,这种建构人与世界的统一关系的方式,消极意蕴大于积极意蕴,甚至内在地包含着虚无主义的倾向性。

因此,马克思在对伊壁鸠鲁的原子论及其哲学观予以肯定的同时,实则也在"肯定"之中灌注了"否定"的意向性。如果我们考虑到布·鲍威尔和其他一些青年黑格尔派成员,不同程度地、以不同的方式将伊壁鸠鲁引为同道,意图借古讽今、将他们抨击现实的政治理想寄托在这位古代哲学家身上,那么,马克思对于古代哲学家伊壁鸠鲁的评判本身,无疑也隐含着对德国现代哲学、这些青年黑格尔派哲学家们的评判。因此,侯才教授不无道理地指出:"在《博士论文》中所表现出的马克思同鲍威尔在对待现实世界和对待黑格尔哲学问题上隐蔽的分歧,是马克思同包括鲍威尔在内的青年黑格尔派的斗争始终贯穿的东西,它内含了马克思对自我意识哲学批判的最本质的要素,同时,也是马克思超越黑格尔、超越鲍威尔以及超越自我意识哲学影响之下的自我的起始和杠杆。"④ 我们须将《笔记》和《博士论文》作为

---

① 〔法〕奥古斯特·科尔纽:《马克思恩格斯传》第 1 卷,刘丕坤、王以铸、杨静远译,生活·读书·新知三联书店 1963 年版,第 204 页。
② 马克思:《德谟克利特的自然哲学和伊壁鸠鲁的自然哲学的差别》,《马克思恩格斯全集》第 1 卷,人民出版社 1995 年版,第 27 页。
③ 马克思:《德谟克利特的自然哲学和伊壁鸠鲁的自然哲学的差别》,《马克思恩格斯全集》第 1 卷,人民出版社 1995 年版,第 28 页。
④ 侯才:《青年黑格尔派与马克思早期思想的发展》(修订本),中国社会科学出版社 2021 年版,第 28 页。

一个整体，基于整体性的视域来全面看待马克思这一时期的思想发展。在马克思发动的针对整个旧哲学的新唯物主义革命中，《博士论文》和作为资料积淀的《笔记》无疑具有不可忽略的重要性。马克思在这两个文本中所进行的哲学研究工作，构成其新唯物主义哲学革命的重要环节。要言之，在这两个文本中，原本是要为布·鲍威尔的"自我意识哲学观"进行奠基的马克思，却在研究的进程中敏锐地发现了这种将"自我意识"作为始基、对世界进行主观主义的观念论构造的做法的弊病。这种做法虽然弥合了超感的"理念世界"和"感性世界"的沟壑，虽然克服了将"应有之物"与"现有之物"二元区隔的误区，但随即就陷入了主体形而上学幻象之中。

然而，从《笔记》到《博士论文》，马克思的整个研究工作并非仅仅停留在了否定性的层面，还具有肯定性的即积极的意义和价值。当马克思深入伊壁鸠鲁哲学王国之中时，当他洞悉到布·鲍威尔"自我意识哲学观"的固有局限时，他自身的哲学观的内涵也随之获得了丰富和发展。

（三）"世界的哲学化"就是"哲学的世界化"

确如列宁所言，"马克思就其当时的观点来说，还是一个黑格尔唯心主义者"[①]。就哲学观的基本性质而言，马克思的哲学观当然并未能够超出旧哲学的理论建制，更多地具有黑格尔主义的色彩，因而其基本性质当然是唯心主义的而非唯物主义的。对于这一基本事实，我们断然不能否认。然而，我们也绝不能仅仅停留于这一点，绝不能十分简单地乃至于轻率地将马克思仅仅判定为服膺于黑格尔的唯心主义者。如果否认列宁所指出的客观事实，我们显然就背离了实事求是的基本立场；然而如果我们将这一事实绝对化，因而采取一种简单化的、轻率的态度去对待此时马克思的思想发展，那么我们显然就没有能够进一步做到辩证地去分析问题。在充分肯定马克思还是一个唯心论者这一事实之际，我们必须重视这样一个事实，作为马克思研究工作之积极的和肯定性的方面，作为《博士论文》中的重要思想成果，他的哲学观发生了本质性的变化。

马克思哲学观所发生的本质性的变化，充分地体现在了《博士论文》的"附注"中。在这里，马克思不再掩饰自己的真实态度，批评了黑格尔的弟子们。马克思犀利地抓住了黑格尔遭受其弟子们的批判这个事实，他表达了自己对这些黑格尔主义者的做法的不满："他们对于黑格尔也只是表现了自

[①] 列宁：《卡尔·马克思》，《列宁全集》第26卷，人民出版社2017年版，第48页。

己的无知。"① 马克思十分愤慨地指出，这些人们对黑格尔的批判存在着动机不纯的问题，他们事实上并没有真正做到像他们自己所声称的"献身于这种科学（指黑格尔哲学——笔者注）"；如果他们做到这一点了，就不会如此轻率地昧着良心"斥责他们的老师"②。显而易见，马克思并不是针对老年黑格尔派的，而是直指青年黑格尔派。因为在黑格尔的弟子中，只有青年黑格尔派十分激进地提出了"改造黑格尔哲学"的主张。对于这一点，我们在前文中也作了一定的分析。那么这是否意味着马克思只是主观地反对青年黑格尔派的做法呢？也就是说，这是否意味着马克思无批判地完全臣服于黑格尔哲学了呢？答案显然是否定的。毋宁说，马克思这里是主张必须采取全面的亦即辩证的态度去对待黑格尔哲学的遗产：该否定的必须否定，但这个"否定"不是全然拒斥其合理成分，而是要秉持黑格尔本人所主张的"辩证的否定"。

马克思正是这样做的。他在"附注"中充分展现了整个大学时期研习黑格尔哲学的心得，即他已然充分把握住了黑格尔辩证法的精髓要义。他明确地将青年黑格尔派对黑格尔的"反叛"归结为"非哲学的转变"③，并集中阐述了自己汲取黑格尔辩证法思想所确立的哲学观的基本要点。柏拉图将世界二重化为"感性世界"与"超感性世界"，这种做法至多是触及了现象界（感性世界）和本质界（超感性世界）关系的对立性这一面，而没有把握住事情的另一面，即未能基于世界观维度把握住这两个领域的统一关系。上述第一章可见，如何合理解决柏拉图哲学问题，如何破解这个"柏拉图主义疑难"，困扰着包括唯物论者和唯心论者在内全体西方哲学家们。黑格尔的解决方案堪称是旧哲学体制内的"完美答案"。黑格尔并未摒弃柏拉图主义的基本信条：他明确地将作为"逻辑科学"的哲学界定为关于"超感性世界"的"真理"："逻辑科学的内容一般讲来，乃是超感官的世界。"④ 在关于"两个世界"的关系问题上，黑格尔深刻地基于思辨辩证法将二者视为有机统一体。以作为本原的"绝对精神"为根本统摄，现象界和本质界二者之间不是线性的直接符合关系，而是在发展的过程之中不断地统一起来。马克思

---

① 马克思：《德谟克利特的自然哲学和伊壁鸠鲁的自然哲学的差别》，《马克思恩格斯全集》第1卷，人民出版社1995年版，第74页。
② 马克思：《德谟克利特的自然哲学和伊壁鸠鲁的自然哲学的差别》，《马克思恩格斯全集》第1卷，人民出版社1995年版，第74页。
③ 马克思：《德谟克利特的自然哲学和伊壁鸠鲁的自然哲学的差别》，《马克思恩格斯全集》第1卷，人民出版社1995年版，第75页。
④ 〔德〕黑格尔：《哲学史讲演录》第1卷，贺麟、王太庆等译，商务印书馆2017年版，第67页。

特别重视吸收黑格尔这一虽则思辨但却辩证的哲学观的合理成分。不同于布·鲍威尔投入费希特哲学的怀抱将"自我意识"绝对化为世界的本原,马克思则格外重视发挥黑格尔哲学观的辩证特性:"马克思遵循着黑格尔关于精神和具体世界之间具有不可分离的内在联系的原则。"[1] 当然,马克思这时尚未跳出黑格尔的哲学地基,他并未能够摆脱黑格尔之"绝对精神主宰世界"这一唯心论信条;然而,我们要看到的是,马克思没有堕入黑格尔的思辨的且带有神秘色彩的"创世论"幻象之中。也即是说,他自觉地扬弃了黑格尔思辨地将世界的发展归结为"以客观精神发展为形式的逻辑的东西",即摒弃了黑格尔将"观念"思辨地归结为"抽象的范畴"的做法,明确地将"观念""看成是具体的历史关系在思想上的表现形式"[2]。这就深刻地基于存在论(世界观)的高度把握住了观念与现实的本质联系。一方面,马克思十分认同黑格尔从辩证的哲学观视角所强调的精神对于世界发展的能动性作用,认识到精神对于世界的发展的作用绝不是诉诸简单任意的方式,而是必须将"理性之思"具体地切入现实世界。另一方面,马克思也部分地肯定了流行于青年黑格尔派阵营中的普遍看法,即绝不能主观地为历史的发展设定一个限度,而是要从永恒发展即开放的视角把握"精神同周围环境的辩证关系"[3]。

在马克思看来,对于哲学与现实的关系问题,必须基于"哲学的内在规定性"进行求解。所谓"哲学的内在规定性"是指哲学的本质规定,即它作为一种思维活动和思维方式的特质。第一章分析表明:从柏拉图到黑格尔,全体西方哲学家们都将哲学视为"形而上学",将哲学的领地规定为"观念领域"——柏拉图称之为"理念世界";而黑格尔则称之为"超感性世界"。马克思肯定了西方哲学家们将哲学视为关于"本质领域"的学问的观点,但又摒弃了哲学家们所主观地赋予哲学的"超验的"和"先验的"属性。对于黑格尔的观点,马克思没有全盘接受,而是对之进行了批判的吸收和改造。受黑格尔启发,马克思将"观念领域"视为现象界和本质界的统一体。但马克思并不承认黑格尔对作为"超感性世界"的本质界的思辨构造,即并不认为这个"超感性世界"是绝对地超越于现象界(即所谓的

---

[1] 〔法〕奥古斯特·科尔纽:《马克思恩格斯传》第1卷,刘丕坤、王以铸、杨静远译,生活·读书·新知三联书店1963年版,第193页。

[2] 〔法〕奥古斯特·科尔纽:《马克思恩格斯传》第1卷,刘丕坤、王以铸、杨静远译,生活·读书·新知三联书店1963年版,第213—214页。

[3] 〔法〕奥古斯特·科尔纽:《马克思恩格斯传》第1卷,刘丕坤、王以铸、杨静远译,生活·读书·新知三联书店1963年版,第202页。

"感性世界")之上的存在。他只是基于运思方式的特点——"哲学的内在规定性"——而认为"哲学的实践本身是理论的"①。这一论断深刻地从认识论维度凸显了哲学是以"本质"统摄"现象",即"根据本质来衡量个别的存在,根据观念来衡量特殊的现实"的鲜明特质。马克思不仅将之视为哲学赢获"真理"的形式,而且强调"哲学的这种直接的实现"方式"按其内在本质来说是充满矛盾的"②。矛盾的直接表现形式,也即矛盾之首要的内容规定是本质与现象之间的对立统一关系:"本质在现象中取得具体形式,并且给现象打上自己的烙印。"③一方面,本质与现象充满对立性:前者是普遍和一般,后者是特殊和个别;然而另一方面,二者之间又具有内在的统一性:普遍和一般是内蕴在特殊和个别之中的"形式",特殊和个别则是普遍和一般成其所是的"内容",它们须臾不可分离。

马克思发现,哲学的"内在的规定性"亦即其"矛盾本质"还体现在过程之中。也就是说,哲学确立真理的方式是矛盾的,其确立真理的过程也充满矛盾。哲学确立真理的方式是以本质去统摄现象;而本质与现象的统一是在二者相对立的过程之中实现的。哲学进入本质领域的前提条件是作为"意志"而去"面向现象世界"④(柏拉图的做法却是摒弃这个"假象世界");当哲学从整体上把握住这个"现象世界"(感性世界)之际,哲学家们就实现了在头脑中构造出一个"体系"的目的(即"意志")。于是,当哲学作为"意志"去"面向现象世界"时,"体系便被降低为一个抽象的总体"⑤即成为"世界的一个方面";作为结果的这个"哲学体系",作为世界的质的观念形态,它必然地与世界的"另一方面"即"现象界"(感性世界)相对立。哲学"体系同世界的关系是一种反思的关系"⑥。这种对立绝非柏拉图所理解的"两个世界"的分离;这两个领域的对立实则是基于统一性之上的差异性。以本质去统摄现象、将纷繁复杂的现象界归于"一",这

---

① 马克思:《德谟克利特的自然哲学和伊壁鸠鲁的自然哲学的差别》,《马克思恩格斯全集》第1卷,人民出版社1995年版,第75页。
② 马克思:《德谟克利特的自然哲学和伊壁鸠鲁的自然哲学的差别》,《马克思恩格斯全集》第1卷,人民出版社1995年版,第75页。
③ 马克思:《德谟克利特的自然哲学和伊壁鸠鲁的自然哲学的差别》,《马克思恩格斯全集》第1卷,人民出版社1995年版,第75页。
④ 马克思:《德谟克利特的自然哲学和伊壁鸠鲁的自然哲学的差别》,《马克思恩格斯全集》第1卷,人民出版社1995年版,第75页。
⑤ 马克思:《德谟克利特的自然哲学和伊壁鸠鲁的自然哲学的差别》,《马克思恩格斯全集》第1卷,人民出版社1995年版,第75页。
⑥ 马克思:《德谟克利特的自然哲学和伊壁鸠鲁的自然哲学的差别》,《马克思恩格斯全集》第1卷,人民出版社1995年版,第75页。

既是哲学与世界发生联系的方式，也是哲学家们无法遏制的对世界的本质进行"体系构造"的欲望。然而，哲学满足自己的这一欲望须"同他物发生紧张的关系"，即需要不断地实施"批判"，不断地对世界进行否定性的构造：以本质去扬弃现象。于是，哲学家们所精心构筑的"真理的王国"（超感性世界）就不得不一再地（永不停歇地）与外部世界发生联系；这样一来，"它的内在的自我满足和完整性被打破了"①。因此在马克思看来，哲学貌似消极的否定性的"批判"所导向的却是一个积极的肯定性的结果："本来是内在之光的东西，变成转向外部的吞噬一切的火焰。"② 所谓"内在之光"是指一度被哲学家们幽闭于"体系"之中的"理性之思"；所谓"吞噬一切的火焰"是指这种"理性之思"的现实化或具体化，即它在把握住作为现象和本质统一体的世界之矛盾本质之际，由此建构了"思维"与"存在"的统一关系。

正是基于上述对"哲学的内在规定性"亦即其"矛盾本质"的深刻剖析，马克思不仅把握住了哲学确立真理的方式的特点，还把握住了哲学在确立真理的过程中与外部世界相统一的机理。马克思由此就基于原则的高度把握住了哲学的本质规定、哲学与世界的关系的实质："于是，得出这样的结论：世界的哲学化同时也就是哲学的世界化。"③ 我们知道，对于哲学与世界的关系问题，马克思先行地在《笔记》的"笔记五"中作了分析。在那里，马克思深刻分析了哲学与世界的内在辩证关系。一方面，哲学内嵌于世界之中，"哲学的能动性"就是世界自身的本质结构的"主观形式"，即主体关于世界的普遍本质的"自我意识"："哲学的生命就存在于这些主观形式之中。"④ 另一方面，世界的发展赋予哲学以"世界历史性"的内涵。当世界的本质与其现象之间相统一时，世界就是一个有机整体，世界在本质结构上的这种"整体性"就会反映为"体系"即孕育出独属于这个时代的哲学体系；当世界的本质与其现象之间的关系由统一走向对立时，世界就丧失了其"整体性"（自我否定），于是就必然地会导致这样一个新的结果：作为"体系"的哲学与变得"支离破碎的世界"相对

---

① 马克思：《德谟克利特的自然哲学和伊壁鸠鲁的自然哲学的差别》，《马克思恩格斯全集》第1卷，人民出版社1995年版，第75页。
② 马克思：《德谟克利特的自然哲学和伊壁鸠鲁的自然哲学的差别》，《马克思恩格斯全集》第1卷，人民出版社1995年版，第75—76页。
③ 马克思：《德谟克利特的自然哲学和伊壁鸠鲁的自然哲学的差别》，《马克思恩格斯全集》第1卷，人民出版社1995年版，第76页。
④ 马克思：《关于伊壁鸠鲁哲学的笔记》，《马克思恩格斯全集》第40卷，人民出版社1982年版，第136页。

立。马克思认为，这是不以任何个人的意志为转移的"历史必然性"①。究其实质，这是哲学与世界之间充满辩证特性的内在联系："在历史发展的进程中，世界和哲学的这种统一被破坏了，现实的事物和合理的事物之间发生了分裂，这就在成为抽象整体的哲学和变得不合理的具体世界之间引起了矛盾。"② 而世界与哲学之间的矛盾是双重的，它在导致现有的"哲学体系"与不合理的"现存现实"相对立的同时，也促使二者在一个更高的阶段上相统一。也就是说，当"世界和哲学之间发生了分裂"之际，"分裂"本身作为动力推动着二者走向"重新调解"："使具体的历史发展同精神的、理性的发展相适应。"③ 问题的关键是如何实现哲学与世界关系的新的统一。在这个问题上，马克思既不同于黑格尔，也不同于青年黑格尔派。

马克思不认同黑格尔的做法，"在这方面，马克思批判了黑格尔的调和的做法"④。黑格尔的做法本质上不是"调解"而是"调和"。他并不否认矛盾的实存性，也主张在矛盾的作用下，世界的不合理性（这个不合理的"现实"）将扬弃自身而变得"合乎理性"。然而，黑格尔却将"不合理"与"合理"二者的转变诉诸绝对精神，因而就陷入了思辨唯心主义幻象之中；不仅如此，黑格尔并不主张将这二者的矛盾尖锐化，而是主张以哲学的"理性之思"去消解矛盾：哲学之"理性的洞察，会使我们跟现实调和"⑤，这也可以反过来说，黑格尔是将现实自身固有的矛盾消解在哲学的"理性之思"中。至于青年黑格尔派，在马克思写作《博士论文》这段时间，他们中的许多人都追随布·鲍威尔，奉行一种以"自我意识"为始基的主体形而上学。如前所述，这种做法与其说是对黑格尔哲学的"反叛"，不如说是从黑格尔倒退到了费希特那里。他们的问题不仅仅是将哲学与世界的矛盾关系主观化，还更为突出地表现为意图通过一种纯粹主观的形式即"理性批判"去否定矛盾。

---

① 马克思：《关于伊壁鸠鲁哲学的笔记》，《马克思恩格斯全集》第 40 卷，人民出版社 1982 年版，第 136 页。
② 〔法〕奥古斯特·科尔纽：《马克思恩格斯传》第 1 卷，刘丕坤、王以铸、杨静远译，生活·读书·新知三联书店 1963 年版，第 197 页。
③ 〔法〕奥古斯特·科尔纽：《马克思恩格斯传》第 1 卷，刘丕坤、王以铸、杨静远译，生活·读书·新知三联书店 1963 年版，第 197 页。
④ 〔法〕奥古斯特·科尔纽：《马克思恩格斯传》第 1 卷，刘丕坤、王以铸、杨静远译，生活·读书·新知三联书店 1963 年版，第 196 页。
⑤ 〔德〕黑格尔：《法哲学原理：或自然法和国家学纲要》，范扬、张企泰译，商务印书馆 2017 年版，第 15 页。

因此，马克思所确立的"世界的哲学化"就是"哲学的世界化"这一命题，其理论效应诚如科尔纽所言："同时反驳了黑格尔哲学和青年黑格尔派哲学。"① 这一命题内蕴着对黑格尔和青年黑格尔派的双重批判，并意味着马克思开始在哲学观上呈现出对旧哲学的双重变革意蕴。其一，哲学的"世界化"。既然哲学的本源是现实世界，既然哲学与时代发展存在着不可割裂的内在联系，亦即"哲学是依靠它同社会现实的那种有各种中介作用的同时又充满着斗争的关系生存下去的；它不是从某种'逻辑'本身，而是从本来就不只是构成过程的形式的历史斗争中获得自己的内容"；那么，哲学就必须走出封闭的"形而上学王国"而走向活生生的现实世界，"所以，哲学按照它的对象，应被拉回到地上来"②。其二，世界的"哲学化"。哲学的"世界化"必然导致的结果是世界的"哲学化"。哲学走出封闭的体系而走入现实世界，绝非为了获得伊壁鸠鲁所欲求的那种"宁静的自由"，也非像黑格尔那样为了确立"绝对真理"，而是将现象界与本质界的矛盾关系作为研究主题，实则是基于本质维度对现实的既定的"感性世界"的暂时性及其变动性进行反思。如此一来，"马克思就同当时早已存在于青年黑格尔派历史观中的主观唯心主义划清了界限，并且开始按照自己的哲学思想来开拓自己的道路。独立地解释哲学与现实间的辩证的相互作用，这成了后来马克思世界观发展的重要出发点"③。马克思由此就在哲学观层面跳离旧哲学的形而上学地基：克服了耽于对世界进行理性构造的柏拉图主义世界观的先验性，扬弃了像青年黑格尔派那样基于"纯粹观念"对社会现实进行"批判"的抽象性。

三 新唯物主义哲学的崭新论域

从大学时期构建"法的形而上学体系"到创作《博士论文》，青年马克思踏入哲学王国，开始走上一条探索创建自己哲学的道路。马克思在1865年给恩格斯的信中指出，"不论我的著作有什么缺点，它们却有一个长处，

---

① 〔法〕奥古斯特·科尔纽：《马克思恩格斯传》第1卷，刘丕坤、王以铸、杨静远译，生活·读书·新知三联书店1963年版，第196页。
② 〔德〕玛蒂娜·汤姆：《论马克思的博士论文》，姚颖主编《马克思主义研究资料》第11卷，中央编译出版社2015年版，第238页。
③ 《走向唯物主义和共产主义之路——马克思早期思想研究》，姚颖主编《马克思主义研究资料》第11卷，中央编译出版社2015年版，第32页。

即它们是一个艺术的整体"①。马克思关于自己的著作是一个"艺术的整体"这一论断,实则也深刻地揭示了作为"新唯物主义"的马克思哲学的整体性特质。这场从根基处颠覆旧哲学的形而上学理论建制的重大思想革命,也是一个蕴含着多个阶段、由多个环节所构成的有机整体。从历史和逻辑相统一的维度看,从大学时期的"哲学实验"到《博士论文》的创作,这段时期在马克思的新唯物主义哲学革命整体进程中具有重要地位。

这一时期,青年马克思触及了旧哲学的理论建制的形而上学特质,并遭遇了一时难以克服的"世界观危机";克服危机的需求推动着马克思告别康德、费希特的先验观念论而转向黑格尔哲学。这一思想转向产生了积极的作用,青年马克思摆脱了将"应有之物"与"现有之物"先验对立起来的世界观幻象;然而他却随即为黑格尔的思辨哲学观所束缚,坠入了思辨的和颠倒的"黑格尔哲学王国"。此时,德国社会矛盾变得愈加尖锐,普鲁士封建统治者和德国资产者之间的利益冲突愈加明显,这样独特的社会现实投射到了意识形态领域,引发了青年黑格尔派运动。布鲁诺·鲍威尔意图以"自我意识"为逻辑始基对世界进行"批判"的主张,得到了许多青年黑格尔派成员的认同。鲍威尔意图通过高扬主体能动性以打破黑格尔哲学体系的封闭性,释放出为体系所窒息的辩证法的"威力",他的这种主张吸引了正为黑格尔哲学所困扰的马克思。直接地是受鲍威尔的影响,根本上则是为了克服自己所遭遇的"世界观危机",马克思选取了德谟克利特和伊壁鸠鲁二人的自然哲学的差异作为《博士论文》的主题。马克思进行该项研究的初衷,是意图从哲学史中探寻"自我意识哲学"的依据,从而为青年黑格尔派反封建的政治斗争奠定哲学基础。然而在研究的过程中,研究的性质和目的发生了逆转。随着马克思愈加深刻地把握住德谟克利特和伊壁鸠鲁原子论的本质差异,随着他愈加深入地走进伊壁鸠鲁的思想世界,马克思一方面重塑了伊壁鸠鲁这位古代的"自我意识哲学家"的形象,凸显了其追求自由、反对迷信的"伟大启蒙思想家"的气质;然而另一方面,又敏锐地洞察到了伊壁鸠鲁的"自我意识哲学观"本身固有的限度。马克思深刻地意识到,为了赢获主体的"宁静的自由"而悬搁外部世界的物质性;为了解决"原子"与世界的关系问题,即为了确保"原子王国"和感性世界的统一性,不得不将"抽象的、个别的自我意识"设定为"绝对的原则";这样一来,伊壁鸠鲁虽克服了德谟克利特原子论的独断性,但也同时陷入了主体形而上学的陷阱之中:将抽象的"人"(或人的抽象的"主体性")作为判断、衡量世界的

---

① 马克思:《致恩格斯》,《马克思恩格斯文集》第 10 卷,人民出版社 2009 年版,第 231 页。

存在的根据。这样一种世界观必然将在认识论层面倒向以"思维"去构造"存在"的观念论幻象。这种做法无疑就戳中了布鲁诺·鲍威尔及其追随者们的软肋。这些对现存现实不满的人，将表达抗争的方式诉诸纯粹主观的"批判"，这种做法的实质正是以抽象的"观念"（"自我意识"）为逻辑始基去构造世界，意图消解现存现实的"不合理性"。

在马克思对这种充满虚无主义色彩的"自我意识哲学观"所实施的前提批判之中，包含着他积极地建构自己的哲学观的意蕴。我们绝不否认《博士论文》中马克思还是一个唯心论者的事实，但也不能绝对地夸大这个事实。如果我们这样做，无疑将陷入著名的"阿尔都塞困境"之中，即以1845年为界，将马克思的思想决然二分为"意识形态"和"科学"两种形态。对于绝大多数人而言，大家都不会认同阿尔都塞的这种错误的观点；然而，如果我们只是满足于辨认马克思在某部著作，例如《博士论文》中是一个唯心论者，从而满足于马克思的思想在某个时期还尚未成熟的"信条"，那么，我们该当如何作为一个真正的马克思主义者去合理有力地克服阿尔都塞的错误"幻想"呢？因此，我们要深刻地重视这一事实：在作为唯心论者的青年马克思的思想之中，已然蕴含着与唯心论相对立的即唯物论的因子。就《博士论文》而言，在马克思对伊壁鸠鲁原子论的系统深入研究之中，在他对作为青年黑格尔派化身的"伊壁鸠鲁"的"自我意识哲学观"的反思之中，在他对黑格尔和青年黑格尔派的哲学观的批判之中，已然内含着马克思的哲学观对作为"形而上学"的传统西方哲学的变革意蕴。

其一，基于存在论维度对旧哲学的变革意蕴。第一章的分析表明，将世界二分为"感性世界"与"超感性世界"，这不仅是一个源于柏拉图而流行于整个西方哲学发展史的"千年信条"，也是传统西方哲学之为"形而上学"的理论建制所赖以确立的存在论前提。在《笔记》中，马克思批评并否定了柏拉图将"理念世界"凌驾于现实世界之上的观点；在《博士论文》中，马克思反对德谟克利特将"感性世界"视为"假象世界"的观点，截然相反地肯定伊壁鸠鲁承认"感性世界"的实在性的观点。可以说，从《笔记》到《博士论文》，马克思对古希腊哲学进行的系统研究，初步颠覆了传统西方哲学的"柏拉图主义信条"，初步解构了旧哲学的基本理论建制。

其二，基于认识论维度对旧哲学的变革意蕴。马克思并不只是从形式上颠倒了旧哲学关于两个"世界"的关系的认识，他还结合伊壁鸠鲁的原子论，具体而微地分析了两个"世界"的统一关系及二者得以统一的根据和机制。马克思罢黜了被柏拉图和全体唯心论者所尊崇为"真理王国"的"超感性世界"的崇高地位，将"感性世界"和"超感性世界"分别视为"世界"的有机构成部分即现象领域和本质领域,并论证了二者得以统一的根据及其机制。这就进一步将对旧哲学的批判从存在论维度跃升到了认识论维度,展现出对旧哲学的"符合论"的认识论架构的变革意蕴。一是破除了直到现代还困扰着西方哲学家们的认识论幻象:"认识如何能够超越自身,它如何能够切中在意识框架内无法找到的存在?"[①] 当马克思基于世界是现象与本质的"统一体",着力于揭示这两个领域的对立统一关系,他显然就克服了近代西方哲学家们和一些现代西方哲学家深陷其中的认识论幻想。二是初步克服了黑格尔的思辨唯心论幻象。马克思高度肯定黑格尔关于思维的能动性、世界历史发展的辩证性及其二者内在联系的认识成果,但又力图否定黑格尔这种辩证的哲学观的思辨性。或者说,马克思对黑格尔的哲学观给予了一个辩证的批判:否定其将"绝对精神"设定为世界本原的思辨幻象,肯定他对于人的主体地位及人的思维的能动性本质的认识,并尤其肯定他对于人和世界历史发展的辩证关系的认识。三是初步克服了青年黑格尔派耽于纯粹理论批判的局限性。青年黑格尔派是从黑格尔倒退到了费希特,坠入了更加玄虚的主体形而上学幻想;而马克思则坚定地站在黑格尔的肩膀上,力图将其辩证法思想推至极致。马克思由此就在认识论层面超出了青年黑格尔派的偏狭视域,初步克服了其将"理论"与"实践"割裂开来,即把纯粹理论批判等同为对现实世界的斗争的局限性。

其三,基于价值论维度对旧哲学的变革意蕴。《博士论文》虽然总的说来是一部理论性的哲学作品,但又内蕴着对德国社会现实的批判。我们在"序言"中就可以十分直观地感受到一种十分强烈的批判现实的指向性。在这里,马克思引用大卫·休谟的话,重申了"享有最高权威的哲学"在地位上对宗教、艺术和科学的超越;同时,他还认为,哲学只要"还有一滴血在自己那颗要征服世界的、绝对自由的心脏里跳动着",就会把"痛恨所有的神"作为"自己的自白"即"自己的格言"[②]。不可否认,这些话语不仅抽象,还具有过度高扬主体力量的浪漫主义色彩。然而,透过抽象的和浪漫主义话语,我们显然可以体悟到马克思倾注于其中的"批判现实"的价值立场。马克思这一批判的价值立场与青年黑格尔派具有较大的差异性。基于上述存在论和认识论双重变革的思想成果,马克思认为,世界不仅是由现象界和本质界所组成的矛盾机体,而且将在自身矛盾——现象与本质的对立统一

---

① 〔德〕胡塞尔:《现象学的观念》,倪梁康译,上海译文出版社 1986 年版,第 9 页。
② 马克思:《德谟克利特的自然哲学和伊壁鸠鲁的自然哲学的差别》,《马克思恩格斯全集》第 1 卷,人民出版社 1995 年版,第 76 页。

关系——的作用下，呈现出涌动不息的、不可遏止的变易性。因此，一方面，世界必然要"哲学化"：世界将不断地由于现象界与本质界的对立而扬弃自身，其既定的存在形态将不断地被否定和打破；另一方面，哲学也必然地要"世界化"：哲学不是纯粹主观的玄思，而是栖居于世界之中、"世界精神"的观念化形态；其主题和任务不是仅仅理解和解释世界的既定存在样态，而是在把握住世界的矛盾本质之际对其变易性的根据和机制予以反思和批判。马克思坚持将这两个方面统一起来，就在价值论维度克服了黑格尔和青年黑格尔派的局限性：克服了黑格尔力图对哲学与世界的关系予以"调和"的保守的价值立场；克服了青年黑格尔派为批判而批判的虚无主义价值立场。

因此，从大学时开始进行哲学研究到创作《博士论文》，是马克思哲学革命进程中不可忽略的一个时期，是其创立新唯物主义哲学不可或缺的一个环节。我们在肯定马克思作为一个黑格尔主义者的事实的同时，切不可忽略马克思自身思想的特质即他与黑格尔哲学和整个传统西方哲学的不同之处。恩格斯在多年以后同一位俄国活动家的交流中指出，此时的"马克思已经精通黑格尔的辩证法，不过在自己的研究过程中还没有迫切感到要以唯物主义辩证法来代替它，但就在那时，他在运用黑格尔辩证法方面，而且就是在毫无疑问是黑格尔学说中最强有力的方面，即思维的历史方面，已经脱离黑格尔而完全独立自主了"[1]。这一时期马克思进行艰辛哲学研究所形成的最终成果，即是在《博士论文》中所确立的"世界的哲学化"就是"哲学的世界化"命题。这一命题实则反映了马克思这一时期正在刚刚形成之中的哲学观的鲜明特质。科尔纽对此指出："这种对哲学同世界之间的联系的辩证的、但仍然是唯心主义的理解，是马克思关于人同周围环境的相互作用的观念的第一步，这个观念引导他走向辩证唯物主义和历史唯物主义。"[2] 这对于马克思哲学革命的意义在于：初步颠覆了旧哲学的形而上学理论建制，开启了新唯物主义哲学的论域。

---

[1]〔法〕拉法格等：《回忆马克思恩格斯》，胡尧之等译，人民出版社1957年版，第387页。
[2]〔法〕奥古斯特·科尔纽：《马克思恩格斯传》第1卷，王以铸、刘丕坤、杨静远译，生活·读书·新知三联书店1963年版，第211页。

第三章　马克思新唯物主义哲学主题的确立

从马克思新唯物主义哲学革命整体逻辑进程看，《博士论文》是前一个阶段的"最终成果"。它是青年马克思整个大学时期遨游于哲学王国而艰辛劳作的结晶，也是马克思一生中唯一一部以古希腊哲学思想为研究主题、系统而完备的哲学著作。上述第二章分析表明，这部论著不仅蕴含着对黑格尔哲学、青年黑格尔派的双重批判，而且产生了初步颠覆旧哲学理论建制的理论效应。正是如此，《博士论文》也就同时构成了马克思哲学思想进一步发展的"新的起点"。以《博士论文》的创作完成为开端，在实践的推动下，马克思的哲学思想得以进一步发展，朝着一个更高的阶段跃升。我们会看到这样的景象：马克思进行哲学思考和研究的时空场域发生了质的变化，他从相对封闭的大学象牙塔中走了出来，旋即就投身到了火热的革命实践中去；"世界的哲学化"和"哲学的世界化"不再仅仅是一个观念，而是在实践中被赋予了更为具体和丰富的内容；基于哲学观的高度，马克思将对现实世界的"理性批判"转化并提升为对不合理的"现存现实"的革命性变革。于是，承接着新唯物主义哲学论域的开启，马克思进一步确立了新唯物主义哲学的主题。

一　探求哲学与政治的联盟

《博士论文》创作完成后，马克思的哲学思考与现实和时代的内在联系越发密切。马克思接受布鲁诺·鲍威尔等人的建议，将自己的《博士论文》提交给了耶拿大学。这篇高质量的论文赢得了答辩委员会的肯定，"马克思即刻在1841年4月5日缺席的情况下被授予了学位"[1]。在被耶拿大学授予

---

[1] 〔英〕戴维·麦克莱伦:《马克思传》第4版，王珍译，中国人民大学出版社2008年版，第31页。

博士学位后，马克思原计划是在大学谋取教职，成为像布鲁诺·鲍威尔那样的哲学讲师。但受德国时局的影响，因推荐人鲍威尔本人被剥夺了教职，"马克思谋取大学教职的希望因此就破灭了"①。马克思与鲍威尔虽然还在密切地交往着，但他们之间的分歧却表现得越发明显。而鲍威尔本人并未意识到这一点，他极力邀请马克思共同协作《黑格尔对宗教和基督教艺术的憎恨以及他对国家法律的破坏》。马克思虽然答应了鲍威尔的请求，然而在准备材料的过程中，对于鲍威尔这种仍然以"自我意识"为轴心进行纯粹理论批判的做法表示抗拒，最终并未参与这部著作的写作。马克思并不反对鲍威尔所主张的要对现存现实进行"批判"的要求，但在他看来，像鲍威尔那样割裂"应有"与"现有"而将"自我意识"绝对化为现实世界主宰，像他那样诉诸费希特式的主观主义观念论批判，显然是根本无法达到变革不合理的现存现实的目的。与之截然不同，马克思极力避免陷入主体形而上学的陷阱和迷误，积极"尝试寻求与政治的联盟"，自觉地计划"把哲学与政治结合起来"②。

（一）普鲁士书报检查令的二律背反

卢格所创办的政治性杂志为马克思实施计划提供了契机。相比于柏林的青年黑格尔派成员，卢格的政治立场更加激进，已经不再满足于宗教批判，而是主张对普鲁士封建专制制度进行批判。这一点无疑让"兴趣离开宗教和美学越来越远"而"对直接参加政治斗争的愿望越来越强烈"③ 的马克思十分欣赏。于是在1842年2月马克思就将自己的新作寄给了卢格。这篇名为《评普鲁士最近的书报检查令》，因其鲜明的主题和思想的犀利未能在《德意志年鉴》上发表。它被本就疯狂地反对《德意志年鉴》的普鲁士检查机关禁止发表。但卢格却决定将马克思这篇战斗檄文收入《哲学界轶文集》中在瑞士出版。这篇战斗檄文"标志着马克思直接跨入政治生活"④，也意味着马克思开始牢牢立足于革命实践，自觉将自身哲思扎根于社会现实和时代发展的沃土之中。

---

① 〔英〕戴维·麦克莱伦：《马克思传》第4版，王珍译，中国人民大学出版社2008年版，第33页。
② 《走向唯物主义和共产主义之路——马克思早期思想研究》，姚颖主编《马克思主义研究资料》第11卷，中央编译出版社2015年版，第34页。
③ 〔法〕奥古斯特·科尔纽：《马克思恩格斯传》第1卷，刘丕坤、王以铸、杨静远译，生活·读书·新知三联书店1963年版，第302页。
④ 〔法〕奥古斯特·科尔纽：《马克思恩格斯传》第1卷，刘丕坤、王以铸、杨静远译，生活·读书·新知三联书店1963年版，第306页。

这篇文章的题目本身已然充分地展现了其主题即批判对象是什么。马克思写这篇文章就是要解剖新国王弗里德里希·威廉四世颁发的"新书报检查令"，揭露其虚假的和虚伪的本来面目。马克思批判的对象是普鲁士政府于1841年12月颁布的"新书报检查令"。事实上，普鲁士政府早在1819年就颁布了一个关于书报检查的法令，并在1830年七月革命后对之作了补充。1840年以后，随着资本生产力的发展，代表资产者利益的自由主义反对派越发强烈地提出了争夺新闻出版自由权的要求。迫于压力，新任国王弗里德里希·威廉四世也为了给人民展示一个开明的君主的形象，于是就颁布了新的书报检查令。国王的"英明大度"欺骗了渴盼自由的知识界特别是青年黑格尔派成员们。他们对此无比兴奋甚至感恩戴德。马克思对此则表现得十分冷静，透过新法令的虚假外衣而深入到了其本质之中。

马克思没有被书报检查令的虚假表象迷惑，而是透过其现象直指其本来面目。马克思认为，就"检查令本身"即它的本质规定而言，"书报检查就是官方的批评"，"书报检查的标准就是批评的标准"①。这一判断从前提上界定了新法令的反动本质。它根本不是关于自由和民主的法令，而恰恰是禁锢自由和民主的专制制度。自相矛盾的"序言"暴露了普鲁士当局颁布新法令的不良意图。它声称是要解除新闻出版遭受到的"未经许可的、违背陛下旨意的限制"②，但又责成书报检查官切实遵守并执行1819年的旧法令，因而实际上是给新闻出版套上了新的枷锁。这使得整个检查令呈现出"虚伪自由主义"的典型特征。它只是口头上要给人民自由，而实际上则并未真正赋予人民以自由权利。这意味着当局根本没有废除书报检查这个专制制度，不过是意图通过一套新的说辞去欺骗人民。

贯穿于检查令之中的这种欺骗性质具体地通过其内容而展现出来。它宣称"不得阻挠对真理的探讨"，这好像是赋予了人们在报刊上发表看法的自由权利，但实际情况却并非如此。因为它同时要求人们必须采取"严肃"和"谦逊"的方式去探讨真理。这无疑是要让德国人民"戴着镣铐跳舞"。马克思对此十分愤慨。他认为，这两个规定不仅背离了真理的本质，而且也是对追求真理的人们的思想钳制。所谓的"谦逊"根本不是要求人们平和地探讨真理，而是害怕并阻挠人们去追求真理、是让这些追求真理的人们"寸步

---

① 马克思：《评普鲁士最近的书报检查令》，《马克思恩格斯全集》第1卷，人民出版社1995年版，第107页。

② 马克思：《评普鲁士最近的书报检查令》，《马克思恩格斯全集》第1卷，人民出版社1995年版，第107页。

难行的绊脚石",实则是"一种对付真理的预防剂"①。至于"严肃"这个标准,在马克思看来,同样也是既背离了真理的本质,又极大阻碍了人们对真理的追求。这里的问题并不是说绝对地不能采取严肃的方式去探讨真理,而是说不能将"严肃"绝对化为唯一的方式。如果一个作家本身就是一个严肃的人,他当然可以采取严肃的方式去创作;但如果一个作家是一个幽默的人,那么就不能强制性地让他采取严肃的方式去言说。因此,问题的实质和关键是要做到理性地即"按照事物的本质特征去对待各种事物的那种普遍的思想自由"②。这是书报检查令断然无法做到的事情,因为就普鲁士当局设立这项制度的初衷而言,根本就不是为了让人们自由地去追求真理,恰恰"是以对真理本身的完全歪曲的和抽象的观点为出发点的"③。在书报检查令的语境中,"真理"不过是一个抽象的概念即一个没有实质性内涵的"一般观念"。这个抽象的实则空洞的"真理"概念也是普鲁士当局所坚持的"真理观"。马克思深刻而又犀利地指出,代表官方利益的这种"真理观"抹杀了客体与主体的辩证联系,既不关注"主观的东西"即作为主体的作家本人的个体性,更不关注"对象的性质"即事物本身的客观属性,这样一来,它就必然导致十分恶劣的结果:"既损害了主体的权利,也损害了客体的权利";由于如此"抽象地理解真理",因此就"把精神变成了枯燥记录真理的裁判官"④。如果撇开这些在普鲁士政府看来是多余的"形而上学的奥妙东西"⑤,那么就可以直截了当地得出"凡是政府的命令都是真理"这个结论,这才是普鲁士当局秘而不宣的真实主张,因而是它独断地将"谦逊"和"严肃"作为禁锢真理的工具的原因所在。

内容与形式的对立、目的与手段的错位,必然导致书报检查令倒向二律背反。关于这一点,检查令中所谓的"书报检查官也可以允许人们坦率地讨论国内事务"这个规定就是一个充分的证明。这条规定暴露了"检查令是如

---

① 马克思:《评普鲁士最近的书报检查令》,《马克思恩格斯全集》第 1 卷,人民出版社 1995 年版,第 110 页。
② 马克思:《评普鲁士最近的书报检查令》,《马克思恩格斯全集》第 1 卷,人民出版社 1995 年版,第 112 页。
③ 马克思:《评普鲁士最近的书报检查令》,《马克思恩格斯全集》第 1 卷,人民出版社 1995 年版,第 112 页。
④ 马克思:《评普鲁士最近的书报检查令》,《马克思恩格斯全集》第 1 卷,人民出版社 1995 年版,第 112—113 页。
⑤ 马克思:《评普鲁士最近的书报检查令》,《马克思恩格斯全集》第 1 卷,人民出版社 1956 年版,第 9 页。在中文第 2 版中,这句话被翻译成了"玄妙的玩意儿"。——参看《马克思恩格斯全集》第 1 卷,人民出版社 1995 年版,第 113 页。

何陷入自相矛盾的"：它一方面不允许书报检查官的工作超出法令界限的"意旨"，即要严格限制作者在报刊上议论普鲁士的事务；但另一方面，它又同时赋予了书报检查官允许作者"坦率地讨论国内事务"的"权利"。这样一来，检查令就成了"自由主义"和"非自由主义"的"混合物"。"自由主义"倾向必然会让书报检查令超出其"第 2 条的精神"；而"非自由主义"倾向则必然也会使其"同样超出了书报检查令的范围"①。这样的自相矛盾其实是内蕴于书报检查制度本身的本质规定。这在对于宗教问题的规定中表现得更加突出。在旧法令的基础上，这个新检查令对于宗教问题作了补充，规定任何人不能在报刊上"以轻佻的、敌对的方式反对一般的基督教或某一教理"。这种模棱两可的言说方式会让人产生错觉：好像普鲁士当局只是反对人们以轻佻的、敌对的方式去反对宗教。但实际上，它的真实主张是"既不能一般地反对宗教，也不能特殊地反对宗教"②，这样的话，它其实根本不是赋予新闻出版以自由，而是为其套上了"新的枷锁"。

马克思基于"书报检查令陷入了多么令人惊奇的矛盾"③ 的事实，进一步推进了对问题进行哲学批判的思考空间。也就是说，马克思将对问题本身的分析提升到了一个新的高度：从特殊上升到一般、从抽象上升到具体，将对普鲁士书报检查令这个特殊的法令的批判，进一步提升到了对普鲁士当局制定的法律的批判。马克思巧妙而又犀利地抓住了这样一个事实："对于检查令来说，倾向才是它的主要标准，而且是它的贯穿始终的思想。"④ 将"倾向"作为法律的标准，这就必然地使得法律制度背离了法的精神（客观、公正）。这样一种将"追究倾向"设定为标准的法律，实则就是没有任何客观标准的"恐怖主义的法律"。就其根本宗旨而言，制定这样的法律的出发点就根本不是维护公民的权利，它根本就"不是国家为它的公民颁布的法律，而是一个党派用来对付另一个党派的法律"⑤。我们当然不能说马克思因此抓住了普鲁士法律制度的阶级性质，但我们显然也不能否定这一点：马

---

① 马克思：《评普鲁士最近的书报检查令》，《马克思恩格斯全集》第 1 卷，人民出版社 1995 年版，第 115 页。

② 马克思：《评普鲁士最近的书报检查令》，《马克思恩格斯全集》第 1 卷，人民出版社 1995 年版，第 116 页。

③ 马克思：《评普鲁士最近的书报检查令》，《马克思恩格斯全集》第 1 卷，人民出版社 1995 年版，第 117 页。

④ 马克思：《评普鲁士最近的书报检查令》，《马克思恩格斯全集》第 1 卷，人民出版社 1995 年版，第 117 页。

⑤ 马克思：《评普鲁士最近的书报检查令》，《马克思恩格斯全集》第 1 卷，人民出版社 1995 年版，第 121 页。

克思深刻地抓住了普鲁士法律制度浸透在骨子里的十分反动的鲜明特性。它既然以"思想倾向"标准去评判公民的行为，这样实际上就取消了公民享受到的在法律面前人人平等的权利；它既然十分主观任意地仅仅将"倾向"作为刑罚的尺度，它的目的及效果就不可能是"促进统一"而只能是"制造分裂"；而它根本不是为了增进人民福祉而是要通过"惩罚思想"而报复人民的宗旨，不仅意味着"它不过是政府官员的思想"，更意味着它"是以无思想和不道德而追求实利的国家观为基础"的"龌龊的良心的不自觉叫喊"①。普鲁士"追究倾向"的法律制度自身固有的本质规定暴露了它的内容与形式的颠倒关系："立法的形式是同内容相矛盾的。"② 这才是一切问题的症结所在。正是因为立法的"形式"与其内容之间是根本对立的关系，必然导致颁布法律的机构即普鲁士当局才会普遍地疯狂反对一切损害到它自身利益的"思想"和"观念"，才会颁布这样一个自相矛盾的"新的书报检查令"。马克思进一步分析了这一问题的实质和弊病："同样，在每一种特殊的场合下，政府对自己的法律来说就好像一个颠倒过来的世界。"③ 这个"法的世界"即由一整套法律体系构成的法律制度的颠倒性在于：政府采用的双重标准即"双重的尺度"去衡量一切事物：面对同一个问题，对于一方来说可能是合法的，但是对于另一方来说却又十分轻率地变成了非法的。于是，"政府所颁布的法律本身就是被这些法律奉为准则的那种东西的直接对立面"④，于是，颁布法律的主体即普鲁士当局和客体即遵守法律的人民，他们之间就构成了根本对立的关系。

马克思由此得出的结论是，这个让很多人——特别是青年黑格尔派——十分希冀的"国王的礼物"根本不是什么自由的福音。这个"所有的客观标准都已消失了"的新的书报检查令和书报检查制度，实际上是普鲁士当局对于人民所极度渴盼的新闻出版自由的钳制和扼杀。因此，正确的态度不应是欢欣鼓舞，恰恰应该是对此进行反思和批判，即应该是揭开其"美丽的外表"而暴露出其邪恶的"本来面目"。马克思更是将批判提升到了消灭这种反动的专制制度的境地："整治书报检查制度的真正而根本的办法，就是废

---

① 马克思：《评普鲁士最近的书报检查令》，《马克思恩格斯全集》第1卷，人民出版社1995年版，第122页。
② 马克思：《评普鲁士最近的书报检查令》，《马克思恩格斯全集》第1卷，人民出版社1995年版，第122页。
③ 马克思：《评普鲁士最近的书报检查令》，《马克思恩格斯全集》第1卷，人民出版社1995年版，第122页。
④ 马克思：《评普鲁士最近的书报检查令》，《马克思恩格斯全集》第1卷，人民出版社1995年版，第122页。

除书报检查制度。"① 马克思这一带有强烈的变革现存制度的指向性,因而就从根本上不同于诸多一度对普鲁士政府及其法令抱有不切实际幻想的那些资产阶级知识分子的视域,已然体现出超越他们纯粹地耽于政治批判的意蕴。对此,科尔纽深刻地指出:"这篇文章也清楚地表现出他的革命立场同青年黑格尔派的立场的区别;他的立场是要根本消除反动制度,而青年黑格尔派却倾向于妥协,害怕从理论上的批判转向公开的政治斗争。"②

在和《评普鲁士最近的书报检查令》几乎同期写作的发表在《莱茵报》上的《第六届莱茵省议会的辩论》系列文章中,马克思进一步对普鲁士出版自由权问题展开了更为深入和具体的批判。"这些文章展示了马克思作为一个政治上的人民代言人,一个革命民主主义者和一个对现存社会制度和政治制度的坚决的批判者的成长。正是在积极从事报刊工作和对整个保守陈腐的制度进行政治斗争当中,青年马克思找到了把进步哲学与生活结合起来的途径。"③ 其中在"第一篇论文"中,马克思将对具体法令的批判提升为对普鲁士反动的检查制度的批判。他基于彻底理性主义的哲学立场,揭露了普鲁士官方附庸《科隆日报》等"莱茵官方思想机关报"的反动丑态,明确地将出版自由权益界定为不独属资产阶级、乃是为全体人民所共享的合法权益,"报刊是历史的人民精神的英勇喉舌和它的公开形式"④。这一论断不但将资产阶级自身权益的争取与全体人民的权益统一起来,而且还深层地将出版权益的争取与对现存不合理状态的变革内在关联。马克思尤其间接地批驳了德国资产阶级自由主义派别耽于纯粹政治批判的做法,深刻切中了他们耽于纯粹理想主义的局限性,"这些自由派以为,把自由从现实的坚实土地上移到幻想的太空就是尊重自由。这些流于幻想的空谈家、这些伤感的狂热者把他们的理想同日常的现实的任何接触都看成是亵渎神明"⑤。这就充分展现了马克思基于"政治理性"和"人民理性"的激进的革命民主主义立场,不仅如此,这一评判还蕴含着极为强烈的变革现存不合理状态的现实

---

① 马克思:《评普鲁士最近的书报检查令》,《马克思恩格斯全集》第 1 卷,人民出版社 1995 年版,第 134 页。
② 〔法〕奥古斯特·科尔纽:《马克思恩格斯传》第 1 卷,刘丕坤、王以铸、杨静远译,生活·读书·新知三联书店 1963 年版,第 306 页。
③ 《关于马克思 1835—1843 年的著作和书信》,姚颖主编《马克思主义研究资料》第 11 卷,中央编译出版社 2015 年版,第 54—55 页。
④ 马克思:《第六届莱茵省议会的辩论(第一篇论文)》,《马克思恩格斯全集》第 1 卷,人民出版社 1995 年版,第 155 页。
⑤ 马克思:《第六届莱茵省议会的辩论(第一篇论文)》,《马克思恩格斯全集》第 1 卷,人民出版社 1995 年版,第 188—189 页。

主义诉求。

马克思对普鲁士书报检查令的抨击，直接而言，所从事的乃是一项归属德国资产阶级的任务，即他契合了当时德国资产阶级知识分子对自身合法权益即出版自由的争取和博弈。"正是在积极从事报刊工作和对整个保守陈腐的制度进行政治斗争当中，青年马克思找到了把进步哲学与生活结合起来的途径。他在揭露普鲁士书报立法的第一篇文章《评普鲁士最近的书报检查令》中，发动了不啻是反对德国封建的君主主义反动派的一场战斗。这里，他首次从讨论一般哲学问题转到分析具体的政治现象。他把批判书报检查的现状和揭露普鲁士政治制度结合起来，这样他就不仅从进步哲学的观点说明了这个制度的不合理性，而且也近乎认清了普鲁士国家本质上是敌视人民的。"① 就当时德国思想界而言，不乏激进的资产阶级知识分子，例如，卢格等对当局的激烈拒斥和反对，但他们根本没有真正专题地深入检查令本身的矛盾之中去揭穿其虚伪性乃至于反动性，因而实则根本没有将对检查令本身的批判提升到政治批判的高度。整个青年黑格尔派运动虽然也对他们的导师黑格尔的思辨唯心主义国家观进行了质疑和批判，尤其是共同地反对黑格尔将现存普鲁士王权绝对化的这一极端保守的做法，然而，他们不是因此对整个黑格尔哲学的合法性进行质疑，反而恰恰得出了相反的结论。这一运动一个最为明显的局限性就在于，"思想和行动相结合，一方面还没有被充分地意识到，另一方面还没有深入到国民之中"②。这就导致了它必然地局限于纯粹理性批判的抽象的方式。它实则内在地蕴含着双重的非批判性。其一，就理论层面而言，这一非批判性集中体现在他们对于黑格尔哲学和哲学本身的态度上面，他们不但将哲学及其理性批判视为至高无上的力量，从而纯化为绝对的尺度和原则，而且更是从未真正在批判活动之中自觉地实现哲学的自我批判；其二，就实践层面而言，其非批判性集中体现在他们根本没有将理性批判着力于现实化为实践批判的根本意向驱动。他们虽然对普鲁士现存现实进行了激烈的批判，但更多的是对当下威廉四世王权统治的不满，既不能上升到对王权本身的批判，更无法进一步上升到对国家制度本身的彻底批判。一言以蔽之，他们的政治哲学批判悬搁了"变革现存现实"的这一根本性的目的诉求。与之相反，马克思在这一时期的思想发展，就其形式而言，更多地呈现出与这一时期主流思想发展基本同一的表现，即着力于对现存现

---

① 《关于马克思1835—1843年的著作和书信》，姚颖主编《马克思主义研究资料》第11卷，中央编译出版社2015年版，第55页。
② 恩格斯：《恩斯特·莫里茨·阿恩特》，《马克思恩格斯全集》第2卷，人民出版社2005年版，第273—274页。

实的政治问题展开激烈的哲学批判；然而，就其内容而言，它悄然呈现出不同于纯粹的理性批判与政治哲学批判的思想因子。就批判的力度而言，马克思更多的是将哲学批判的彻底性奠立在对现存现实矛盾的剖析之中，从而根本不是决然外在地预设一个抽象的理性本质对现存现实的"反观"。

总之，《博士论文》中确立的"哲学的世界化"这一命题的真理性认识，支撑着马克思基于彻底理性主义诉求对当下的现实问题进行政治批判，从而将哲学力量和哲学精神挥发和贯彻到了社会现实之中，这就更进一步去除掉了披在哲学身上的形而上学外衣。马克思所进行的政治批判归根结底乃是哲学批判，而且是尚未根本超出形而上学境域的纯粹理性批判，这在《第六届莱茵省议会的辩论（第一篇论文）》中的如下思想可以充分地看出，"正是由于头脑的解放，手脚的解放对人才具有重大的意义，因为大家知道，手脚只是由于它们所服务的对象——头脑——才成为人的手脚"①。这一点充分体现在马克思对问题本身的把握和破解。就对问题本身的判定而言，马克思实则是立足于哲学立场，将之原则性地把握成为一个"政治问题"，并且将之看作一个有着自身矛盾规定的客体或者范畴；就对问题的破解来说，马克思贯穿其间的基本的方法论是初步克服了黑格尔的局限的辩证法，即着重通过对事物本身矛盾的分析，洞彻其质点和限度，由此思辨地引出破解矛盾的方法。不仅如此，它甚至残余着旧哲学的基本特质，即着力于寻求理论理性与实践理性的内在同一。只不过不同于青年黑格尔派的自我意识哲学家们，马克思恰恰是力图将这个统一的落脚点和目的诉求归诸实践理性。在以下进一步的研究中，我们将看到马克思实现自身哲学变革和发展的极为突出的一个方面：在不断地对问题中心和现实内核掘进，从而在现实的批判过程中实现自身的扬弃和发展。

（二）马克思哲学理论建制的初步阐发

1842 年 7 月后，马克思与《莱茵报》的联系越来越密切。"马克思对该报进行几个月卓有成效的管理之后，10 月中旬被任命为主编。"② 在马克思的领导下，《莱茵报》的影响力得以极大提升。同时，在担任《莱茵报》主编期间，马克思以《莱茵报》为战场，积极投身于反抗普鲁士封建专制制度的革命实践活动，又促进了其哲学思想的发展。在进行斗争的过程中，马克

---

① 马克思：《第六届莱茵省议会的辩论（第一篇论文）》，《马克思恩格斯全集》第 1 卷，人民出版社 1995 年版，第 188 页。
② 〔英〕戴维·麦克莱伦：《马克思传》第 4 版，王珍译，中国人民大学出版社 2008 年版，第 41 页。

思"已经是一个坚定的激进的民主主义者了。马克思越是积极地直接参加到政治斗争里去,他也就越有信心克服思辨哲学"①。对于这一点,在马克思担任主编后发表的第一篇文章《〈科隆日报〉第179号的社论》中充分地展现了出来。在这篇社论中,马克思有力地回击了反动报纸《科隆日报》政治编辑海尔梅斯对《莱茵报》的攻击,并阐释了《莱茵报》的基本哲学立场,实则也是对自己创建之中的新唯物主义哲学理论建制的初步阐发。

针对海尔梅斯将宗教的权威设定为"最高的真理",由此将哲学视为宗教的附庸的做法,马克思十分愤慨。他认为,这种做法十分荒谬,背离了哲学的本质。不是宗教,反而是哲学才有资格作为"真理的化身"。作为哲学求索的对象的"真理"具有普遍性和绝对性。"哲学是问:什么是真实的?而不是问:什么是有效的?它所关心的是一切人的真理,而不是个别人的真理。"② 在马克思看来,哲学在探究真理的过程中,又必须区分两个维度即"形而上学真理"和"政治真理":"哲学的形而上学真理不知道政治地理的界限;至于'界限'从哪里开始,哲学的政治真理知道得非常清楚,而不会把特殊的世界观和民族观的虚幻视野和人的精神的真实视野混淆起来。"③ 这一论断是直接地对海尔梅斯抹杀哲学的真理性的错误观点的驳斥,但也阐明了哲学与宗教的根本差异。宗教的基本特点是对神的崇拜和信仰,而哲学的基本特点则是真理和理性。马克思将哲学所关心的"一切人的真理"区分为"形而上学真理"和"政治真理",这一做法既充分肯定了传统西方哲学家们视哲学为"真理的化身"的合理性,又赋予哲学以不同于传统的新的内涵。对于这一点,马克思随即在分析"哲学是否应该在报刊上讨论宗教事务"这一问题时作了具体阐释。如果仅仅从哲学作为"形而上学真理"这个维度而言,答案是否定的。以德国哲学为例,对于"爱好宁静孤寂,追求体系的完满,喜欢冷静的自我审视"的"德国哲学"而言,显然并不适合在具有"反应敏捷、纵论时事、仅仅热衷于新闻报道的性质"的报纸上高谈阔论。事实上,读者也接受不了这样的报道方式。哲学因其抽象的玄思形式导致其无法做到通俗易懂,普通人由此对之望而生畏,根本无法理解"它在自身内部进行的隐秘活动",以至于将哲学家视为"煞有介事地念着咒语"

---

① 〔法〕奥古斯特·科尔纽:《马克思恩格斯传》第1卷,刘丕坤、王以铸、杨静远译,生活·读书·新知三联书店1963年版,第330页。
② 马克思:《〈科隆日报〉第179号的社论》,《马克思恩格斯全集》第1卷,人民出版社1995年版,第215页。
③ 马克思:《〈科隆日报〉第179号的社论》,《马克思恩格斯全集》第1卷,人民出版社1995年版,第215页。

的"巫师"。① 马克思由此批驳了两种思维方式。他批驳了日常常识的思维方式，这种思维方式惯于采取感性直观的形式去认识事物，因此就十分抗拒形而上学的理性的思维方式；还批驳了旧哲学的思维方式，这种满足于探究"存在者之为存在者"的形而上学的思维方式，的确存在着将现实世界淹没在纯粹的理论玄思之中的弊病。

从哲学作为"形而上学真理"和"政治真理"的双重维度看，它就不但可以在报刊上谈论宗教事务，而且可以充分展现其透过现象深入本质、理性地揭示事物本来面目的魅力。马克思进一步从一个更为宏阔的视野对问题进行了思考，转而揭示了哲学与现实世界和时代发展的内在联系。我们知道，上一章节的分析表明，马克思先行在《关于伊壁鸠鲁哲学的笔记》和《博士论文》中，已经对这一问题进行了深入的分析，并在哲学观的维度赢获了"世界的哲学化"就是"哲学的世界化"的洞见。在这里，马克思深化了对问题的思考而获得了新的认识。"马克思同《科伦日报》的论战使他想到要去阐明他关于哲学的历史任务的想法，并说明哲学进入报刊是时代的必然要求。这样，他就从政治角度进一步阐述了自己早在博士论文中就已表述过的思想。"② 马克思要表达的思想基本上可以归结为这样几点内容。

其一，马克思明确将哲学家及其哲学思想体系视为时代的产物。哲学家并不是偶然的"像蘑菇那样是从地里冒出来"的，"他们是自己的时代、自己的人民的产物"③。同样地，"人民的最美好、最珍贵、最隐蔽的精髓都汇集在哲学思想里"④，作为时代的和人民的产物的哲学家，他们的思想亦即一个个哲学体系并非纯粹主观的、脱离现实世界的玄思遐想，而是社会现实和时代发展的观念形态。因此，"哲学不是在世界之外，就如同人脑虽然不在胃里，但也不在人体之外一样"⑤。一方面，世界是哲学的"本原"，社会现实和时代发展对于哲学家及其哲学思想的产生提供了不可或

---

① 马克思：《〈科隆日报〉第179号的社论》，《马克思恩格斯全集》第1卷，人民出版社1995年版，第219页。
② 《走向唯物主义和共产主义之路——马克思早期思想发展研究》，姚颖主编《马克思主义研究资料》第11卷，中央编译出版社2015年版，第39页。
③ 马克思：《〈科隆日报〉第179号的社论》，《马克思恩格斯全集》第1卷，人民出版社1995年版，第219页。
④ 马克思：《〈科隆日报〉第179号的社论》，《马克思恩格斯全集》第1卷，人民出版社1995年版，第219—220页。
⑤ 马克思：《〈科隆日报〉第179号的社论》，《马克思恩格斯全集》第1卷，人民出版社1995年版，第219页。

缺的土壤条件,"正是那种用工人的双手建筑铁路的精神,在哲学家的头脑中建立哲学体系"①。哲学家们正是在现实世界之中去建构哲学体系的。另一方面,哲学是世界的"精神",哲学家们在自己的头脑中对社会现实和时代发展进行理性的认识,哲学不过是世界的"观念化"或观念化的"世界"。

其二,马克思进一步强调了哲学与世界的内在统一关系。基于哲学与世界的内在本质联系,必然会得出这样的结论,即"任何真正的哲学都是自己时代的精神上的精华"②。那么,作为"时代的精神上的精华"的哲学,必然地会对时代的发展发挥自己的作用,"哲学不仅在内部通过自己的内容,而且在外部通过自己的表现,同自己时代的现实世界接触并相互作用"③。哲学将基于内容和形式两个方面对现实世界产生作用。就内容方面而言,哲学将从现实世界之中汲取养分,将现实世界"哲学化";就形式方面而言,哲学是以概念和范畴去统摄现实世界的发展,以体系化的形式去映现世界的本质结构及其必然性。内容与形式的统一使得"哲学不再是同其他各特定体系相对的特定体系,而变成面对世界的一般哲学,变成当代世界的哲学"④,于是,禁锢传统西方哲学家们头脑的"柏拉图主义幻象"就被打破了:哲学根本不是所谓的"超感性世界",它与所谓的"感性世界"之间也绝不存在无法弥合的鸿沟,二者之间是辩证统一的关系。

其三,马克思进一步揭示了哲学对于世界的能动的反作用。马克思实则以自己所从事的哲学实践活动作为证明,强调"哲学正变成文化的活的灵魂,哲学正在世界化,世界正在哲学化"⑤。马克思指出,在德国,哲学已经不再是书斋里的学问了,而是积极地参与到了社会生活中去,哲学不仅进入沙龙、教士的书房、报纸的编辑室和朝廷的候见厅,而且还进入"同时代人的爱与憎"即日常生活世界;哲学进入现实世界的方式不是对既定的社会现实进行冷静的反思,而是针砭时政即直指现实社会的弊病。"批判"不仅是

---

① 马克思:《〈科隆日报〉第179号的社论》,《马克思恩格斯全集》第1卷,人民出版社1995年版,第219页。
② 马克思:《〈科隆日报〉第179号的社论》,《马克思恩格斯全集》第1卷,人民出版社1995年版,第220页。
③ 马克思:《〈科隆日报〉第179号的社论》,《马克思恩格斯全集》第1卷,人民出版社1995年版,第220页。
④ 马克思:《〈科隆日报〉第179号的社论》,《马克思恩格斯全集》第1卷,人民出版社1995年版,第220页。
⑤ 马克思:《〈科隆日报〉第179号的社论》,《马克思恩格斯全集》第1卷,人民出版社1995年版,第220页。

哲学的言说方式，更是哲学与世界建立联系的中介。那么哲学由此就必然地会与其敌人（即普鲁士政府）相对立，"哲学是被它的敌人的叫喊声引进世界的"①，遭受批判的敌人感受到了哲学的力量，由此发出了要扑灭哲学"思想烈火"的狂叫，在马克思看来，敌人的这个反应恰恰"是哲学思想的第一声喊叫"，意味着"哲学思想冲破了令人费解的、正规的体系外壳，以世界公民的姿态出现在世界上"②。

我们看到，立足于之前《博士论文》的研究成果，马克思有力地驳斥了海尔梅斯的错误观点，并对哲学与世界的关系问题进行了深刻的阐释。这实则也是马克思对自己正在创立之中的新唯物主义哲学理论建制的初步阐发。从以上三点已然可以窥探到马克思致力于创建的新哲学与旧哲学在哲学观上的本质差异。对于马克思而言，他明确地将哲学视作"人世的智慧"，认为"人世的智慧即哲学从一开始就比来世的智慧即宗教更有权关心现世的王国——国家"，并且强调，"问题不在于应该不应该对国家进行哲学研究，而在于应该怎样进行这种研究"。③ 对于传统西方哲学家们而言，他们则将哲学视为超越于世俗生活世界之上的"形而上学"，因而十分轻易地将现实的生活世界构造为"感性世界"，还将这个变动不居的"假象世界"作为"超感性世界"的附属物。不可否认，就其基本性质而言，马克思这时的哲学观还是唯心主义的。但是，马克思在哲学观上与旧哲学的本质差异已然表现得较为明显了。马克思自觉摒弃了基于某种抽象的"观念"将现实世界构造为"客体"的先验哲思方式，而是立足于社会现实并深入其本质维度，不是为了赢获对现实世界的"合理性"的认识，恰恰是要暴露这个既定的现实存在的暂时性及其"不合理性"。如此一来，马克思就将自己的哲思牢牢奠定在了社会现实之中，由此有效地克服了"传统哲学以思辨的方式实现思维把握和解释世界的全体自由性的'幻想'"④。他不仅摒弃了哲学家们深受禁锢的"柏拉图主义幻象"，而且展现出将"解释世界"与"改变世界"相统一的强烈意图。

---

① 马克思：《〈科隆日报〉第179号的社论》，《马克思恩格斯全集》第1卷，人民出版社1995年版，第220页。

② 马克思：《〈科隆日报〉第179号的社论》，《马克思恩格斯全集》第1卷，人民出版社1995年版，第220页。

③ 马克思：《〈科隆日报〉第179号的社论》，《马克思恩格斯全集》第1卷，人民出版社1995年版，第223页。

④ 孙正聿：《哲学：思想的前提批判》，中国社会科学出版社2016年版，第249页。

（三）物质利益疑难对马克思哲思逻辑的丰富

担任《莱茵报》主编期间，马克思以报刊为阵地、以文章为刀枪，对不合理的社会现实即普鲁士封建专制展开了激烈的批判。在批判的过程中，马克思深化了《博士论文》中的哲学思想，并且也初步形成了与旧哲学大相径庭的运思形式和理论建制。然而，随着越发深入现实的本质逻辑之中，随着马克思的批判越发深入地触及德国社会的矛盾及其本质结构，他遭遇到了一个新的困境，其哲学研究工作遭遇到了一个难以克服的"物质利益疑难"。十余年之后，马克思对此作了一个历史性的回顾，他说："1842—1843 年间，我作为《莱茵报》的编辑，第一次遇到要对所谓物质利益发表意见的难事。莱茵省议会关于林木盗窃和地产析分的讨论，当时的莱茵省总督冯·沙培尔先生就摩泽尔农民状况同《莱茵报》展开的官方论战，最后，关于自由贸易和保护关税的辩论，是促使我去研究经济问题的最初动因。"[①] 恩格斯也对这一问题作了分析，他说："对莱茵省议会辩论的批评，迫使马克思着手研究有关物质利益的问题，在这方面他获得了一些无论法学或哲学都不曾提供的新观点。"[②] 恩格斯特别强调马克思对"林木盗窃法"和"摩泽尔沿岸地区农民状况"进行研究的重要性，"我曾不止一次地听马克思说过，正是他对林木盗窃法和摩泽尔河沿岸地区农民状况的研究，推动他由纯政治转向经济关系，并从而走向社会主义"[③]。从马克思本人和恩格斯的描述看，关于"物质利益"问题的研究成了困扰马克思的"难事"。问题在于，马克思所提及的这一个个现实问题，究竟"难"在哪里？这一"物质利益疑难"对于马克思的新唯物主义哲学革命究竟产生了什么样的影响？

困扰马克思的"物质利益难事"本质上是德国社会矛盾的集中反映。例如，在莱茵省议会对"林木盗窃法"进行辩论时，各个代表都是从他们自身阶级利益出发，都是极力要维护本阶级的利益。无论是城市代表对标题的质疑，还是骑士代表关于内容的意见，他们争论的焦点只是该如何完善这条法律，以真正维护林木所有者的权益。因此，他们的分歧是相对的，他们的基

[①] 马克思：《〈政治经济学批判〉序言》，《马克思恩格斯文集》第 2 卷，人民出版社 2009 年版，第 588 页。

[②] 恩格斯：《卡尔·马克思》，《马克思恩格斯全集》第 16 卷，人民出版社 1964 年版，第 409 页。

[③] 《恩格斯致理查·费舍》，《马克思恩格斯文集》第 10 卷，人民出版社 2009 年版，第 701 页。

本立场却是一致的:"林木所有者堵住立法者的嘴。"① 也正是如此,究竟该不该把偷拿枯树或者捡拾枯枝视为盗窃的问题,竟然成了一个为代表们所关注的重要议题。虽然也有代表对此提出反对意见,但大部分代表特别是一些城市代表则坚持认为应该将这种行为视为盗窃。马克思深刻地发现,省议会代表们的发言及其最终形成的"决策并不取决于普遍的人权即国家全体公民的平等,而是贵族等级让他们的特权、私人利益和特殊利益来决定一切"②。隐藏在事件背后的显然是越发尖锐化的德国社会矛盾。

总的来说,马克思是从前提上对问题本身的合法性和合理性实施了否定性的批判。就"林木盗窃法"这个问题而言,马克思透过议会代表们的意见深入其思维逻辑中去,暴露了他们全都是站在私有阶级立场上、维护私有者利益的真相。"马克思通过分析关于林木盗窃法的辩论认识到,身为地产所有者的议员们的私人物质利益,直接影响他们在立法方面的政治决策;他认识到这种决策扩大了所有者的权益,损害了无产者群众的权益。他认识到,土地私有者使国家和国家司法屈从于自己的物质需要。"③ 同样,在对"摩泽尔沿岸地区农民的贫困问题"进行研究时,马克思批驳了政府官员将贫困归结为农民自身的过错、视为一种"自然现象"的"官僚逻辑",犀利地指出了这种做法的症结是"只会在管理机构之外寻找原因"④。马克思极力反对经验主义地将贫困原因归结为"不以人们的意志为转移的自然现象",更反对主观主义地将贫困原因归结为"同管理机构毫无关系的私人生活"或"偶然现象"⑤,而是极力主张透过贫困现象深入其社会根源中去考察。马克思深刻地获得了这样的洞见:"人们在研究国家状况时很容易走入歧途,即忽视各种关系的客观本性,而用当事人的意志来解释一切。但是存在着这样一些关系,这些关系既决定私人的行动,也决定个别行政当局的行动,而且就像呼吸的方式一样不以他们为转移。"⑥ 透过这一论断,我们可以十分清楚

---

① 马克思:《第六届莱茵省议会的辩论(第三篇论文)》,《马克思恩格斯全集》第 1 卷,人民出版社 1995 年版,第 248 页。
② 《走向唯物主义和共产主义之路——马克思早期思想发展研究》,姚颖主编《马克思主义研究资料》第 11 卷,中央编译出版社 2015 年版,第 39 页。
③ 《走向唯物主义和共产主义之路——马克思早期思想发展研究》,姚颖主编《马克思主义研究资料》第 11 卷,中央编译出版社 2015 年版,第 44 页。
④ 马克思:《摩泽尔记者的辩护》,《马克思恩格斯全集》第 1 卷,人民出版社 1995 年版,第 373 页。
⑤ 马克思:《摩泽尔记者的辩护》,《马克思恩格斯全集》第 1 卷,人民出版社 1995 年版,第 373 页。
⑥ 马克思:《摩泽尔记者的辩护》,《马克思恩格斯全集》第 1 卷,人民出版社 1995 年版,第 363—364 页。

地看到马克思所坚持的这种客观主义的立场，与摩泽尔地区政府官员的主观主义的"官僚逻辑"的本质差异；不仅如此，我们可以由此观察感悟到马克思的思想亦即其哲学观所进一步发生的质的变化。这一论断彰显了在《莱茵报》时期革命民主主义实践推动下，马克思的哲学思想及其哲学观对旧哲学的形而上学运思模式持续地产生了变革效应。在此之前发表的所有政论文中，马克思对书报检查令、新闻出版自由等现实问题进行了深入的哲学分析。马克思的分析虽则十分深刻，但更多的是将批判的矛头对准了普鲁士国家制度如法律制度，而并未深入制度的基础或根基之中。对摩泽尔农民贫困问题的分析表明，马克思"他又前进了一步……指出国家的结构和组织的基础应当到现存的关系和具体的条件中去寻找"[①]。当马克思从国家制度层面而转向对制度的物质基础的追溯时，就必然推动着他的哲学观发生革命性的变革，"普鲁士国家的性质与摩塞尔河谷发生的种种经济过程密切相关，这种客观上的联系第一次进入了马克思的视野，成了马克思转向唯物主义的重要出发点"[②]。因此，对于物质利益疑难的哲学求解，丰富并深化了马克思的哲学逻辑，推动着其进一步破除旧哲学运思方式的束缚。

二　马克思哲学观的双重转变

总的来说，《莱茵报》时期是马克思新唯物主义哲学革命进程中的一个重要阶段，马克思在报刊上发表的一系列文章，不仅是针砭时政的政论文，更是马克思自觉地将对现实问题和时代课题进行哲学求解的成果和结晶，因而可谓马克思费尽心血而创作的"哲学作品"。"马克思政论文章的一个基本特色就在于同居统治地位的意识形态展开争论。特别有意义的是各种报刊争论，其中有的是由马克思首先发难的，有的则是由对他的文章的攻击引起的。马克思的独到之处在于，他一方面捍卫人民利益，另一方面驳斥旨在维护封建制度以及维护普鲁士国家政策的反动观点，两者并行不悖。这已经初步显示了无产阶级世界观的产生和发展的一个基本特点，即这种世界观只有在反封建、反资本主义和反小资产阶级理论的斗争中才

[①] 〔法〕奥古斯特·科尔纽：《马克思恩格斯传》第 1 卷，刘丕坤、王以铸、杨静远译，生活·读书·新知三联书店 1963 年版，第 420 页。

[②] 《走向唯物主义和共产主义之路——马克思早期思想发展研究》，姚颖主编《马克思主义研究资料》第 11 卷，中央编译出版社 2015 年版，第 47 页。

能形成。"① 正是在积极投身于反抗普鲁士封建专制的革命民主主义实践活动中，正是在对反映德国社会矛盾的现实问题和时代课题进行深入哲学求解的过程中，马克思的哲学观开始发生了根本性的质的变革。列宁对此作了分析，他指出："1842年，马克思在《莱茵报》（科隆）上发表了一些文章，其中特别应当提到的是对第六届莱茵省议会关于出版自由的辩论，关于林木盗窃法的辩论的评论，以及维护政教分离的文章等等。"列宁认为，"从这些文章可以看出马克思开始从唯心主义转向唯物主义，从革命民主主义转向共产主义。1844年在巴黎出版了马克思和阿尔诺德·卢格主编的《德法年鉴》，上述的转变在这里彻底完成"②。列宁的这一论断牢牢立足于马克思哲学革命的实践发展进程，基于整体性和过程性相统一的维度，深刻揭示了自《莱茵报》时期开始马克思在哲学观层面对旧哲学的超越意蕴。以列宁的这一经典论述为方法论指导，结合上述分析，我们认为，从《博士论文》创作完成后到《莱茵报》时期，马克思的新唯物主义哲学革命逻辑得以发展和丰富，其哲学观初步实现了从唯心主义到唯物主义、从革命民主主义到共产主义的"双重转变"。

（一）哲学批判与政治批判的统一

马克思哲学观的"双重转变"具体地展现为"哲学批判"与"政治批判"的有机统一。不可否认，实现这两个方面的统一，在一定程度上与马克思参与青年黑格尔派运动有一定的联系，特别是受到了卢格等人的影响；然而，就其根本原因而言，这其实是马克思在革命实践推动下其哲学革命逻辑所必然发生的变革。

事实上，马克思在完成《博士论文》之后，就已经在哲学观上超出了青年黑格尔派的偏狭视野。马克思并不反对青年黑格尔派要求对现存现实进行批判的主张，却不认同他们那种为批判而批判以至于倒向了"纯粹理论批判"的做法。在《莱茵报》工作期间，随着马克思越发深入地将哲思奠定于革命民主主义实践之上，他与青年黑格尔派的分歧就越发明显了。和青年黑格尔派的哲学家们仍然停留于"那种纯理论的，因而也是不起作用的批判"不同，马克思则"已经下定决心不仅要批判现存制度，而且要从根本上

---

① 《走向唯物主义和共产主义之路——马克思早期思想发展研究》，姚颖主编《马克思主义研究资料》第11卷，中央编译出版社2015年版，第49页。
② 列宁：《卡尔·马克思（传略和马克思主义概述）》，《列宁专题文集 论马克思主义》，人民出版社2009年版，第39页。

改变现存制度"①。马克思与青年黑格尔派哲学家们的根本分歧,集中而又突出地通过他对"自由人"②的批判而展现出来。

马克思于1842年11月30日在给卢格的信中,论及了他与"自由人"在原则问题上的根本分歧。马克思非常烦恼地告诉卢格,书报检查机关每天都在"无情地抨击"《莱茵报》,但"自由人"团伙却对此并不在意,他们寄过来的全都是"一大堆思想贫乏却自命能扭转乾坤"的"拙劣作品"。这些"先生们"从未真正研究过共产主义,却又习惯于在自己写得极其草率的作品中"点缀上一点无神论和共产主义"的话语。马克思决定不再容忍这群习惯于将《莱茵报》视为"他们的唯命是从的机关报"的人们的荒诞行为了,他一针见血地指出了这些自命不凡的哲学家所追求的"自由"的实质:"这种自由主要是力图'摆脱一切思想'的自由。"③ 实际上是将抽象的"思想"凌驾于现实世界之上,因而将现存现实淹没在了不切实际的纯粹理论幻想之中。他们所希冀的"自由"、倾注在作品之中的"自由观"的根本局限在于:"不是从自由的、也就是独立的和深刻的内容上看待自由,而是从无拘无束的、长裤汉式的、且又随意的形式上看待自由。"④ 因此,这些人们就陷入了将"自由"形式主义地曲解为随心所欲的主观主义幻想之中。马克思所坚持的则是与"自由人"根本不同的立场和观点:"少发些不着边际的空论,少唱些高调,少来些自我欣赏,多说些明确的意见,多注意一些具体的事实,多提供一些实际的知识";就写作的内容而言,马克思反对他们将"新世界观"即共产主义和社会主义的"信条"硬塞到文章中,而是要专题地即"更切实地"对共产主义问题"加以讨论"⑤。在对待宗教这个问题上,在究竟如何理解宗教的本质这一点上,更加凸显了马克思的哲学观和哲学立场与"自由人"的根本差异。"自由人"采取的是"在宗教当中来批判政治

---

① 〔法〕奥古斯特·科尔纽:《马克思恩格斯传》第1卷,刘丕坤、王以铸、杨静远译,生活·读书·新知三联书店1963年版,第375页。
② "自由人"是19世纪40年代上半期由柏林著作家组成的青年黑格尔派小组的名称,其核心成员是布·鲍威尔、埃·鲍威尔、爱·梅因、麦·施蒂纳等。这些人的共同特征是脱离现实生活、醉心于抽象的哲学批判,并逐渐抛弃了激进民主主义而陷入了无政府主义和主观主义。马克思在1842年担任《莱茵报》主编时对"自由人"进行了批判,并拒绝再发表他们空洞浮夸的论文。
③ 马克思:《致阿尔诺德·卢格》,《马克思恩格斯全集》第47卷,人民出版社1995年版,第41页。
④ 马克思:《致阿尔诺德·卢格》,《马克思恩格斯全集》第47卷,人民出版社1995年版,第42页。
⑤ 马克思:《致阿尔诺德·卢格》,《马克思恩格斯全集》第47卷,人民出版社1995年版,第42页。

状况"实际上是将政治问题转化成了宗教问题;马克思则截然相反地主张必须"在批判政治状况中来批判宗教",他强调这样做的原因不仅符合报刊的本质和读者的教育水平,而且也契合宗教本身的本质及其特性。马克思借此阐述了他关于宗教的根本观点:"它的根源不是在天上,而是在人间,随着以宗教为理论的被歪曲了的现实的消失,宗教也将自行消灭。"①

透过马克思对"自由人"的批判,我们不仅可以看出他与青年黑格尔派必将分道扬镳的迹象,而且可以体悟到马克思自身哲学观所发生的深刻变化,即在哲学观的原则高度极力实现"哲学批判"与"政治批判"有机统一的诉求。其一,马克思已然十分清醒地意识到了所谓纯粹"哲学批判"的弊病所在。这种做法的症结正是以"应有"去解构"现有",即以某种抽象的"观念"作为逻辑始基将对现实世界进行先验的构造。其二,马克思也十分清醒地意识到了所谓纯粹"政治批判"的弊病所在。青年黑格尔派貌似十分激进的做法,像"自由人"那样简单而又任意地将"共产主义"挂在嘴边而拒斥切实的实践行动的做法,其症结不仅仅是在认识论维度割裂了理论与实践的关系,更是首要地在存在论即世界观维度抹杀了思想、观念与世界的统一关系。其三,马克思十分自觉地意识到,必须基于原则的高度将"哲学批判"与"政治批判"有机统一。一方面,必须坚持立足于哲学与世界的辩证统一关系,即基于"世界的哲学化"就是"哲学的世界化"这一原则高度,充分发挥哲学对现存不合理社会现实进行"批判"的功能;另一方面,必须切实地将"哲学批判"奠定在社会现实的土壤之中,而不能游离于、漂浮在社会现实之上。要达到这一点,就需从整体上把握住社会现实的本质,因而就要对作为"时代的格言"的"现实问题"和"时代课题"进行哲学求解。这一工作的实质其实就是对"旧制度"进行彻底的批判,因而就必然要求将"哲学批判"提升到"政治批判"的高度。同时,对现存不合理的政治制度(在德国就是指普鲁士封建专制制度)的"批判",如果要真正落到实处的话,也必须提升到"哲学批判"的高度。而马克思正是这样做的。"马克思要求把哲学和政治结合起来,并付诸实践;他在分析具体政治制度的范围内去解释和阐述哲学。这就加速了认识的过程,巩固了马克思哲学观点的革命的和现实的特点。"② 从第一篇政论文《评普鲁士最近的书报检查令》一直到最后发表的对摩泽尔沿岸地区农民贫困问题的分析,马克

---

① 参见马克思《致阿尔诺德·卢格》,《马克思恩格斯全集》第47卷,人民出版社1995年版,第42—43页。
② 《走向唯物主义和共产主义之路——马克思早期思想发展研究》,姚颖主编《马克思主义研究资料》第11卷,中央编译出版社2015年版,第51页。

思始终都将这二者的统一作为根本的原则。因此我们看到，一方面，马克思正视问题本身的实在性，坚决拒斥像"自由人"那样将现实问题思辨化为纯粹的"理论课题"，而是牢牢地将现实问题的根源追溯至国家制度和社会结构；另一方面，在解决问题这一维度上，马克思不是诉诸主体形而上学批判，而是诉诸对现实世界的矛盾本质的解剖：在充分暴露现存现实的"不合理性"的同时，寻求对之进行彻底变革的路径和方法。

（二）马克思哲学观双重转变的实质

该当如何认识马克思哲学观所初步实现的"双重转变"呢？为此，我们首先必须在质的层面把握住马克思的哲学观所呈现出来的对旧哲学的变革意蕴。我们必须承认这一事实：在《莱茵报》时期，马克思的哲学观同时包含唯心主义和唯物主义两个方面；在最初的时候，特别是在马克思最先发表的政论文中，"唯心主义"这一"方面"是占据主导地位的，马克思分析和解决问题的思路呈现出十分浓郁的黑格尔主义色彩。马克思最初发表的文章充分地证明了这一点。例如，在争取新闻出版自由上，马克思将问题的解决归结为"自由报刊"，不仅将它视为洞察一切的人民精神的"慧眼"，更是将之视为"不断从现实世界中涌出，又作为越来越丰富的精神唤起新的生机，流回现实世界"的"观念世界"。[①] 马克思的这种做法说到底不过是一种"理性形而上学"的运思方式，意味着他并未超出自古以来将"理性"奉为圭臬的旧哲学的致思理路。然而，随着实践的深入，马克思对于问题的认识水平也随之提升，其哲学观内蕴的另一方面即唯物主义向度就随之凸显了出来。或者更为确切地说，这是马克思的哲学观在实践的推动下对自身的"否定"。对于这一点，马克思后来发表的文章可以作为证明。特别是对摩泽尔沿岸地区农民问题的分析，马克思基本上已经跳出了"理性形而上学"的窠臼，展现出十分明显的唯物主义的倾向。我们看到，马克思已然摒弃了从"观念"出发去构造世界的旧哲学的形而上学运思方式，而是牢牢地将哲思奠立在了社会现实之上。

海德格尔深刻地指认了贯穿于西方哲学史发展之中的这样一个基本事实："自柏拉图以来，更确切地说，自晚期希腊和基督教对柏拉图哲学的解释以来。"所有的西方哲学家都追随柏拉图把"超感性领域"视为"真实的和真正现实的世界"，把"感性世界"界定为"尘世的、易变的、因而是完

[①] 马克思：《第六届莱茵省议会的辩论（第一篇论文）》，《马克思恩格斯全集》第1卷，人民出版社1995年版，第179页。

全表面的、非现实的世界";基于这样的"柏拉图主义信条","超感性世界"被尊崇为"形而上学的世界"①。当马克思不仅在存在论和认识论相统一的双重维度确认"感性世界"的实在性,而且更进一步地将作为客观实在的"感性世界"即现实生活世界作为研究主题,那么这样一来,我们就要承认并重视这样一个事实,即"马克思……颠覆了整个西方哲学的传统,把哲学的阿基米德点从抽象的概念范畴之中拉回到了现实的'人的感性活动'"②。《莱茵报》的政论文表明,马克思摒弃了旧哲学从观念出发构造世界的柏拉图主义世界观,截然相反地将客观世界作为思想和观念的"原本";对于马克思来说,哲学根本不是"彼岸的沉思",而是"人世的智慧"。马克思因此立足于哲学观的高度将哲学之思奠定在了新的地基之上(现实世界,人类社会)。

基于全体西方哲学家都是"在理念中、在观念性的和理想性的东西中寻找存在"这一特点,海德格尔得出了"自柏拉图以降的一切哲学都是'唯心主义'(Idealismus)……一切西方哲学都是柏拉图主义"③ 这一深刻结论。我们认为,从哲学观维度看,海德格尔这一结论深刻地戳中了传统西方哲学之为"形而上学"的固有限度。鉴于马克思从前提处对旧哲学理论建制的颠覆和瓦解,基于他在《莱茵报》时期将活生生的"感性世界"即现实生活世界作为哲学的研究主题,我们应肯定马克思哲学对整个旧哲学——研究"诸存在者(to on)作为诸存在者"的"形而上学"($μεταφυσικ$)④ 的整体批判向度。也就是说,《莱茵报》时期马克思哲学观的"双重转向"内蕴着对唯心论者和旧唯物论者的双重超越。这里尤其需要注意的是马克思对旧唯物论的哲学观的变革意蕴。旧唯物论的哲学观严格来说是一种唯物主义自然观。就连作为旧唯物论者的杰出代表费尔巴哈也是如此。马克思在高度认同"费尔巴哈的警句"即《关于哲学改革的临时纲要》的思想价值的同时,也敏锐地发现了费尔巴哈唯物论的弊病所在:"这就是:他强调自然过多而强调政治太少"⑤。如上所述,马克思极力建构哲学与政治的统一关系,并且将二者的有机统一视为"现代哲学能够借以成为真理的惟

---

① 〔德〕海德格尔:《海德格尔文集·林中路》,孙周兴译,商务印书馆2015年版,第248页。
② 崔唯航:《马克思哲学革命的存在论阐释》,中国社会科学出版社2005年版,第193页。
③ 〔德〕海德格尔:《海德格尔文集·尼采》下卷,孙周兴译,商务印书馆2015年版,第910页。
④ 〔古希腊〕亚里士多德:《形而上学》,吴寿彭译,商务印书馆1997年版,第56页。
⑤ 马克思:《致阿尔诺德·卢格》,《马克思恩格斯全集》第47卷,人民出版社1995年版,第53页。

一联盟"①。马克思这一主张不仅从原则高度（存在论）抓住了旧唯物论的根本局限，也同时找寻到了解决问题的路径。他将"哲学批判"与"政治批判"有机统一，犀利地解剖了"旧制度"的矛盾本质，"通过回击《总汇报》的诘难，他初步阐发了自身哲学变革的立场"②，摸索到了消灭旧制度的"共产主义道路"。正是由于越发清醒地认识到了旧制度的腐朽性，正是越发深刻地把握住了建立在私有制基础之上的旧的社会制度的固有矛盾，马克思的政治立场在其对现存不合理现实进行"哲学批判"的过程中发生了根本性的变化，即从一个革命民主主义者开始转变成为一个共产主义者。

因此，马克思在《莱茵报》时期其哲学观所初步实现的"双重转变"，绝不是纯粹理论研究所导致的结果。正是在现实的革命实践的推动下、在对现实问题和时代课题进行深刻哲学求解的过程中，马克思得以在哲学观层面开始突破旧哲学的束缚。他虽然尚未彻底摆脱旧哲学的束缚，但在哲学观层面进一步更为深刻地展现出对旧哲学的变革意蕴。一方面，马克思克服了西方哲学家们以"观念"为逻辑始基构造世界的"柏拉图主义幻象"，牢牢地将哲学之思扎根于现实世界之中；另一方面，马克思尤其克服了旧唯物论者割裂哲学与政治的内在统一关系的局限性，坚持将探寻消灭旧制度的"共产主义道路"作为哲学研究的根本主题。

三 马克思新唯物主义哲学的主题

问题在于，究竟应该如何理解马克思哲学的这一根本主题，这一问题的实质是我们应该如何全面认识正在创立之中的马克思"新唯物主义哲学"的主题。关于这一问题的答案，我们可以从马克思在卸任《莱茵报》主编之后到创办《德法年鉴》期间与友人（主要是卢格）的通信中窥其端倪。

1843年3月17日，马克思在报刊上发布了退出《莱茵报》的公开声明："本人因现行书报检查制度的关系，自即日起，退出《莱茵报》编辑部，特此声明。"③马克思这个简短的声明，毫不避讳地将自己卸任的原因归结为"现行书报检查制度"的影响，既鲜明展现了其嫉恶如仇的个性，也展示了他与旧制度作斗争的哲学和政治立场。1843年1月到10月，马克思与卢格

---

① 马克思：《致阿尔诺德·卢格》，《马克思恩格斯全集》第47卷，人民出版社1995年版，第53页。
② 聂海杰：《马克思哲学变革的思想进路》，《中国社会科学报》2014年8月27日B4版。
③ 马克思：《声明》，《马克思恩格斯全集》第1卷，人民出版社1995年版，第445页。

等人通过书信的形式进行了密切的交往。在这些书信中,马克思牢牢立足于《莱茵报》时期的革命实践经验,以十分鲜明而又直观的方式,展露了自己所坚持的政治和哲学立场,实质上亦是对正在创立之中的新唯物主义哲学的主题的揭晓。

在同卢格的通信中,马克思丝毫不掩饰对"旧制度"的厌恶之情:"自由主义的华丽外衣掉下来了,可恶至极的专制制度已赤裸裸地呈现在全世界面前。"[①] 在马克思看来,一些人(或暗指青年黑格尔派)希冀能够通过改良的方式推动普鲁士封建专制制度变得"合乎理性",不过是不切实际的幻想,因为这一腐朽的旧制度"它在向着命运驶去⋯⋯这命运就是我们所面临的革命"[②]。从马克思对卢格的回信的描述看,他好像并不十分认同马克思的主张。马克思批评卢格的来信是一支"出色的哀曲"、一首"令人心碎的挽歌",但是"它毫无政治内容"[③]。在给卢格的回信中,马克思犀利地剖析了旧制度的根本局限性:"专制制度的惟一思想就是轻视人,使人非人化,专制君主总把人看得很低贱","只要这个颠倒了的世界是现实的世界,普鲁士国王总还是当代的一个人物"。[④] 在马克思看来,在作为"颠倒了的世界"的旧世界即私有制社会内部,存在着其根本无法克服的矛盾,这种"占有人和剥削人的制度正在比人口的繁殖不知快多少倍地引起现今社会内部的分裂",对于矛盾及其所必然导致的分裂,旧制度自身是根本无法医治的,作为统治阶级的私有者也根本不会去医治。因为这样做的结果必然是要以消灭自身即革除这种奴役和剥削人民的专制制度作为代价。基于对旧制度的剥削和专制本性的洞察,马克思向卢格阐明了自己的基本主张:"我们必须彻底揭露旧世界,并积极建立新世界。"[⑤] 这一论断不仅深刻地展现了马克思更加坚定的唯物主义的哲学立场和共产主义的政治立场,而且还深刻地展露了马克思在革命实践推动下正在创建之中的新唯物主义哲学的根本主题。我们看到,这一主题蕴含着两个内在统一的旨趣和向度。其一,批判旧世界。马克

---

① 马克思:《致阿尔诺德·卢格》,《马克思恩格斯全集》第47卷,人民出版社1995年版,第55页。

② 马克思:《致阿尔诺德·卢格》,《马克思恩格斯全集》第47卷,人民出版社1995年版,第55页。

③ 马克思:《致阿尔诺德·卢格》,《马克思恩格斯全集》第47卷,人民出版社1995年版,第56页。

④ 马克思:《致阿尔诺德·卢格》,《马克思恩格斯全集》第47卷,人民出版社1995年版,第58、59页。

⑤ 马克思:《致阿尔诺德·卢格》,《马克思恩格斯全集》第47卷,人民出版社1995年版,第63页。

思主张，要从彻底的亦即哲学的高度揭示旧世界的矛盾本质，让人民清醒地意识到这种建立在私有制基础之上的、剥削和奴役他们的旧制度，必将在其矛盾的推动下走向消灭。其二，建立新世界。马克思同时主张，对旧世界的"批判"不能倒向纯粹消极的境地，即绝不能陷入像"自由人"那样的无政府主义，而是要做到破立结合，"破"中有"立"。这就必须做到将"批判"和建构相统一。"批判旧世界"不是目的，而是"建立新世界的"的途径；"新世界"的建立是对旧世界的"批判"所必然导致的结果。

在1843年9月写给卢格的信中，马克思进一步更为具体地阐释了新哲学的主题及其根本旨趣："新思潮的优点又恰恰在于我们不想教条地预期未来，而只是想通过批判旧世界发现新世界。"① 马克思这里提及的"教条地预期未来"是对传统西方哲学家们的批评，这些"哲学家们把一切谜底都放在自己的书桌里"，认为"愚昧的世俗世界只需张开嘴等着绝对科学这只烤乳鸽掉就来就得了"②。第一章的分析表明，传统西方哲学家们的这种"形而上学幻想"，究其实质是以抽象的观念作为逻辑始基去构造世界。他们在头脑中将活生生的现实世界转化为变动不居的"感性世界"；进而基于各种范畴进行纯粹的逻辑演绎而进一步构造出一个"超感性世界"；最后则是"成功地"将"超感性世界"确立为哲学的"真理王国"，而"感性世界"即现实的生活世界则被移除到了哲学的视野之外。这不是哪一个哲学家的做法，也不只是唯心论者的信条，而是为全体传统西方哲学家所共同奉为圭臬的"柏拉图主义信条"。在前文的分析中，我们特别指出了唯物论者如费尔巴哈也陷入这种迷误的原因。对此，马克思和恩格斯数年以后创作的《德意志意识形态》作了深刻诠释。在他们看来，对于遵循着哲学是"形而上学"这一信条的西方哲学家们而言，对这些"哲学家们说来，从思想世界降到现实世界是最困难的任务之一"③。特别是对于始终没有摆脱黑格尔哲学的禁锢的德国哲学家们而言，他们竟然十分困扰于究竟应该"如何能够'从神的王国进入人的王国'"这样一个"重要问题"④（在马克思和恩格斯看来，这实则是一个主体形而上学幻想），就连

---

① 马克思：《致阿尔诺德·卢格》，《马克思恩格斯全集》第47卷，人民出版社1995年版，第64页。
② 马克思：《致阿尔诺德·卢格》，《马克思恩格斯全集》第47卷，人民出版社1995年版，第64页。
③ 马克思、恩格斯：《德意志意识形态》马克思诞辰200周年纪念特辑，人民出版社2018年版，第127页。
④ 马克思、恩格斯：《德意志意识形态》马克思诞辰200周年纪念特辑，人民出版社2018年版，第40页。

费尔巴哈也在其《因〈唯一者及其所有物〉而论〈基督教的本质〉》中对这个问题进行了严肃认真的研究。但在马克思和恩格斯看来，这些哲学家的做法实在是荒诞不已："似乎这个'神的王国'不是存在于想象之中，而是存在于其他什么地方；似乎那些学识渊博的先生们不是一直生活在——他们自己并不知道——他们目前正在寻找途径以求到达的那个'人的王国'之中。"① 因此，正是由于在哲学观上深受柏拉图主义世界观的禁锢，正是由于在哲学运思形式上深受柏拉图主义信条的束缚，传统西方哲学家们陷入了这样一个幻想之中：他们置身于特定的社会现实之中，他们都是生活在世俗世界的人，却不把这个现实世界作为哲思的主题，而是采取了迂回的方式即先验地将现实世界构造为"超感性世界"。

马克思则截然相反地主张将哲学"世俗化"。在他看来，"哲学已经世俗化了"，"哲学意识本身，不但从外部，而且从内部来说都卷入了斗争的漩涡"②——这显然是马克思自己以哲学为武器对不合理现存现实进行斗争，向腐朽的普鲁士封建专制制度开火的鲜明写照。坚持将哲学"世俗化"即把哲学运思嵌入现实世界的存在及其发展之中，坚持将哲学的"理论批判"与政治的"实践批判"二者有机统一，这不仅是马克思的斗争经验，更是其哲思方式与旧哲学的形而上学运思方式的本质差异。哲学对于马克思来说绝非仅仅"头脑的思辨"，而是"斗争的武器"；与之相应，马克思进行哲学运思的目的也绝不是要在头脑中构造出什么"绝对科学"，而是将哲学的理性之思转化为变革和推动现实世界发展的力量。因此马克思告诫卢格，"我们的任务不是构想未来并使它适合于任何时候"，恰恰是"要对现存的一切进行无情的批判"③。所谓"无情的批判"意指批判的彻底性。它不仅指理论上的彻底性即从前提上摒弃旧哲学的"柏拉图主义信条"，更意指实践上的彻底性，即在对现存不合理现实所进行的哲学批判之际，必须"不怕同现有各种势力发生冲突"实则就是要彻底地消灭建基在私有制基础之上的"旧世界"。马克思丝毫不隐瞒自己消灭"旧世界"而重建"新世界"的共产主义立场。虽然在这一时期他对问题的研究还并不特别深入，虽然他还尚未突破空想社会主义的束缚，但马克思已然展现了自己的"共产主义观"与德国社

---

① 马克思、恩格斯：《德意志意识形态》马克思诞辰200周年纪念特辑，人民出版社2018年版，第40页。
② 马克思：《致阿尔诺德·卢格》，《马克思恩格斯全集》第47卷，人民出版社2004年版，第64页。
③ 马克思：《致阿尔诺德·卢格》，《马克思恩格斯全集》第47卷，人民出版社1995年版，第64页。

会主义者和法国社会主义者的根本区别。马克思已然深刻地认识到，在卡贝、德萨米和魏特林等人那里，"共产主义"不过是"一种教条的抽象概念"，"这种共产主义本身只不过是受自己的对立面即私有制度影响的人道主义原则的特殊表现"，对于这些社会主义者而言，"私有制的消灭和共产主义绝不是一回事"①。马克思这里实际上是隐晦地批评了这些社会主义者的"共产主义观"的抽象性及其不彻底性。他们只是在口头上提出要消灭私有制，但实际上并不能真正将对问题的认识提升到科学的境地，并进一步转化为革命的实践行动。

立足于《莱茵报》时期的实践探索，马克思已然探寻到了一条真正能够将社会主义变为科学、真正能够将共产主义付诸实践的光明道路。他告诉卢格："什么也阻碍不了我们把政治的批判，把明确的政治立场，因而把实际斗争作为我们的批判的出发点，并把批判和实际斗争看作同一件事情"；马克思特别强调："批判"不是目的，不能陷入旧哲学特别是青年黑格尔派那种"为批判而批判"的误区，而是必须在批判的进程中牢牢地将哲学批判与政治批判有机结合。那么，批判的目的究竟是什么？其目的并不是"教条地以新原理面向世界"，不是像德国哲学家们那样十分傲慢地创造真理并陷入"真理在这里，下跪吧"的狂妄幻觉；新哲学的原则及其对现存不合理现实的批判，根本上"是从世界的原理中为世界阐发新原理"②。"从世界的原理中为世界阐发新原理"，这可谓马克思对自己的新唯物主义哲学的主题及其哲学观要义的深刻表达。这句话表明，就对问题的思考向度而言，马克思扬弃了旧哲学一味地追溯"存在者之为存在者"的根据的形而上学致思方式，将之提升到了对现实世界（人世间，人类社会）的本质的考察；同时还扬弃了旧哲学特别是德国哲学耽于思辨、满足于理性与世界的"和解"的局限性，着力于从主观世界与客观世界辩证统一的维度，积极探索世界新旧形态转化的规律；另外，这一论断还扬弃了空想社会主义者以"应有"代替"现有"的迷误，强调必须唯物主义地将世界视为一个矛盾机体，辩证地将"旧世界"（私有制社会）灭亡诉诸"新世界"（共产主义社会）的实现。但由此就引发了一个新的问题，谁去完成"消灭旧世界"而"建立新世界"这项重大时代课题，谁来担负这一重大历史使命？这一重要问题并非与马克思哲学革命主题无关，而是有着密切的联系。关于这一问题的答案，其实已

---

① 马克思：《致阿尔诺德·卢格》，《马克思恩格斯全集》第47卷，人民出版社1995年版，第64页。
② 马克思：《致阿尔诺德·卢格》，《马克思恩格斯全集》第47卷，人民出版社1995年版，第66页。

经蕴含在《莱茵报》时期发表的一系列政论文之中。马克思一方面牢牢站立在人民的立场上，为他们争取权利：新闻出版自由、婚姻自由、城乡平等权等；另一方面，他也越发深刻地意识到了这样一个事实：除非从根本上变革现存社会，除非真正从根基处破除"私有制"的统治，否则的话，"贫苦阶级"遭受私有者奴役的命运根本难以改变。当然，这一"人民立场"在这一时期，更多的还是一种基于同情和怜悯的人道主义情怀，还尚未真正提升到彻底唯物主义亦即科学社会主义的高度。不过，它作为内蕴于马克思新唯物主义哲学观之中的重要"元素"，作为马克思哲学所牢牢秉持的价值观，必将随着马克思所参与的革命实践活动的深入而愈加丰富起来。

总的来说，马克思在《莱茵报》时期所从事的哲学批判工作，他对一系列现实问题的哲学求解，无疑是深受旧哲学特别是黑格尔哲学的影响。但随着对问题的思考的深入，马克思遭遇到了新的困境。特别是"物质利益疑难"，这些直接反映社会矛盾的现实问题对马克思的思想产生了很大的冲击。马克思发现，维护自身利益的私有者仅仅考虑的是"物"而根本不顾及"人"，他们丝毫不遵循国家理性，丝毫不按照真正的"法理精神"去考虑问题。马克思痛斥这种"违反各族人民和人类的神圣精神的罪恶"的做法为"下流的唯物主义"①。但是，究竟如何协调理性的"国家"和"法"与不合理的现实之间的对立？马克思敏锐地意识到了：这是作为形而上学的旧哲学根本无法解决的问题，这是超出了黑格尔法哲学和国家哲学范围的难题。这一时期，马克思在《轶文集》和《莱茵报》上发表的一系列政论文，他在对现实问题和时代课题进行哲学求解的过程中，自觉地将哲学批判与政治批判相统一，其哲学观不仅在形式上呈现出"反思辨"的特质，在内容上也部分地突破了黑格尔将国家和法视为市民社会决定因素的唯心史观迷误。但是，总体而言，马克思的哲学观"仍然受到黑格尔唯心主义的极大约束"②。

因此，一方面，我们看到，立足于《莱茵报》时期的革命实践活动，马克思的哲学观在理论和实践双重向度发生了根本性的变革，初步突破了旧哲学的形而上学的哲学观的束缚，初步确立了共产主义性质的价值观立场；一方面，我们也要看到，马克思的哲学观的转变并不彻底，马克思虽然在世界观维度开始挣脱了旧哲学的束缚，但他尚无法将唯物主义世界观贯彻到底；

---

① 马克思：《第六届莱茵省议会的辩论（第三篇论文）》，《马克思恩格斯全集》第1卷，人民出版社1995年版，第289页。
② 〔苏联〕H. C. 鲁缅采娃：《关于克罗茨纳赫笔记》，姚颖主编《马克思主义研究资料》第11卷，中央编译出版社2015年版，第384页。

更关乎紧要的还有另一方面，马克思的历史观仍然深受旧哲学即黑格尔唯心史观的束缚。内蕴于马克思新唯物主义哲学革命及其哲学观建构之中的这一矛盾，既是马克思此时哲学思想发展的一个限度，同时又是动力，即是推动马克思的新唯物主义哲学革命逻辑深化的杠杆。

第四章　马克思新唯物主义哲学革命逻辑的深化

在马克思的领导下,《莱茵报》与当局作斗争的政治立场不仅变得越发激进,而且越发显露出铲除封建专制制度的共产主义倾向;建基在唯物主义哲学观基础之上的这一共产主义信念,必然要进一步提出将革命的理论上升为革命的实践的诉求。在这种情况下,作为革命的《莱茵报》的对立面的普鲁士政府,不仅感受到了威胁,而且必然地要采取强制性的制裁措施。于是,《莱茵报》就必然难逃"被宣告有罪而判处死刑"即"被查封"①的命运。辞去了主编的马克思对此虽十分愤慨,但并未就此消沉,而是保持着十分积极乐观的革命精神,他告诉卢格说,"政府把自由还给我了"②。历史地看,《莱茵报》时期的革命斗争实践的结束,并不意味着马克思革命实践行动的终止;马克思基于这一时期反封建、求民主的革命实践经验,确立了自己新唯物主义哲学通过"消灭旧世界"而"建立新世界"的理论主题和实践旨趣,为其哲学思想的进一步发展、新唯物主义哲学革命逻辑的进一步深化,奠定了一个重要的思想前提。在退出《莱茵报》的编辑工作之后,马克思从"社会舞台"退回"书房"③,其哲学思想发展迎来了一个新的阶段。从时间维度看,这一阶段又可以划分为两个时期。一是1843年3—9月的克罗茨纳赫时期,马克思对黑格尔法哲学进行了深入系统的批判;二是1843年10月移居巴黎期间,与卢格创办《德法年鉴》并在杂志上发表了两篇作品《〈黑格尔法哲学批判〉导言》和

---

① 马克思:《致阿尔诺德·卢格》,《马克思恩格斯全集》第47卷,人民出版社2004年版,第45页。
② 马克思:《致阿尔诺德·卢格》,《马克思恩格斯全集》第47卷,人民出版社2004年版,第49页。
③ 马克思:《〈政治经济学批判〉序言》,《马克思恩格斯文集》第2卷,人民出版社2009年版,第591页。

《论犹太人问题》。在这一时期所开展的新的革命实践中，在作为实践经验结晶的这些作品中，马克思的新唯物主义哲学革命逻辑得以深化，其哲学思想得到了进一步的发展和丰富。

一 对黑格尔法哲学的批判和超越

1843年5月到10月间，退出了《莱茵报》编辑工作的马克思和燕妮旅居小城克罗茨纳赫，从社会舞台退回到了书房。国内外许多研究者都将这段时间称作"克罗伊茨纳赫时期"。在旅居克罗茨纳赫期间，马克思并未停止哲学研究工作。就工作的形式而言，它与《莱茵报》时期的实践斗争方式不同，主要地采取了理论研究的形式。这一新的哲学研究工作，直接地是由《莱茵报》时期的实践斗争经验触发的。物质利益疑难的"困扰"使得马克思深刻地意识到了这样一个事实：对于不合理的现存现实的批判，不能将对象仅仅视为国家制度，"他认为国家在社会关系的发展中不起决定作用，相反地，它的本质特征是决定于社会的"①。另外，这一新的哲学研究工作，根本上也是马克思在确立了新唯物主义哲学主题之后，他必然要解决的新的课题：如何促使"旧世界"发生革命性变革而推动其朝着"新世界"转变？因此，基于这两个方面的原因，马克思锚定了必须批判黑格尔哲学这一新的目标。具体而言，马克思深刻地意识到，唯有通过"对黑格尔法哲学的批判"，才能澄清"国家和社会之间的真正关系"②，才能为通过"批判旧世界"而"建立新世界"赢获科学的理论根据和实践原则。

（一）《克罗茨纳赫笔记》的研究主题

为了确保这项新的哲学研究工作——批判黑格尔法哲学——的顺利开展，马克思作了十分充分的准备。"为了进行这种批判，马克思广泛地研究了历史——主要是现代文明国家及其国家制度和社会制度的形式的历史。"③ 1843年夏季，马克思在克罗茨纳赫阅读摘录了大量的历史学方面的著述，由

---

① 〔法〕奥古斯特·科尔纽：《马克思恩格斯传》第1卷，刘丕坤、王以铸、杨静远译，生活·读书·新知三联书店1963年版，第505页。
② 〔法〕奥古斯特·科尔纽：《马克思恩格斯传》第1卷，刘丕坤、王以铸、杨静远译，生活·读书·新知三联书店1963年版，第506页。
③ 〔法〕奥古斯特·科尔纽：《马克思恩格斯传》第1卷，刘丕坤、王以铸、杨静远译，生活·读书·新知三联书店1963年版，第506页。

"35个笔记本，从24种著作所做的共计255页的摘记"的《克罗茨纳赫笔记》[1]。贯穿于克罗茨纳赫笔记的主题是研究欧洲社会发展的历史，马克思对法国史尤其是对法国大革命作了详细的摘要，还对英国、德国、瑞典、波兰、威尼斯共和国以及美国史作了详细的摘要。国内外学者共同认为，《克罗茨纳赫笔记》对于马克思新唯物主义哲学革命具有十分重要的意义。国内有学者指出："《克罗茨纳赫笔记》代表的是马克思思想发展历程中一个重要的阶段，在马克思主义发展史上具有不可替代的重要地位。"[2] H. C. 鲁缅采娃则认为，这部笔记"它照亮了马克思走向唯物主义历史观的一段行程"[3]。这项研究与《莱茵报》时期的革命斗争实践有着内在的密切联系，实则是"根据他在《莱茵报》工作的理论和实践经验……着手对黑格尔关于国家和法的学说，实质上就是对黑格尔的整个唯心主义的社会发展观点进行批判性的检验，并揭示历史过程的真正动力"[4]。为了完成这一课题，马克思在蜜月期间也没有放弃研究工作，在问题的推动下对欧洲历史发展进行了深入的专题性研究。

《克罗茨纳赫笔记》虽然在题材上看十分庞杂，但从马克思所摘录的著作的内容看，它并非杂乱无章，而是有一个贯穿于其中的问题意识。这"就是为了解决他（指马克思——笔者注）向自己提出的那个主要的理论课题，即：阐明国家和市民社会的相互关系"[5]。为弄清这一问题，马克思研读了诸多思想家如马基雅维利、孟德斯鸠、卢梭等人的作品，熟悉并吸收了他们关于国家的起源及其发展历史的观点。另外，马克思还摘录了19世纪欧洲历史学家们的著作，并形成了详细的札记。从年代上看，马克思的视野十分开阔，在笔记中记录了长达二十多个世纪发生的世界历史事件——从公元前600年起到19世纪30年代为止。尤其难能可贵的是，马克思的研究并未停留在对历史事件的描述上，而是自觉地力图透过历史现象深入历史本质逻辑中去，"马克思并非简单地把经验的事实堆积在一起，而是以一种完全确定

---

[1] 〔德〕赫尔穆特·艾斯纳：《卡尔·马克思在克罗茨纳赫》，姚颖主编《马克思主义研究资料》第11卷，中央编译出版社2015年版，第428页。
[2] 王旭东、姜海波：《马克思〈克罗茨纳赫笔记〉研究读本》，中央编译出版社2016年版，第3页。
[3] 〔苏联〕H. C. 鲁缅采娃：《关于克罗茨纳赫笔记》，姚颖主编《马克思主义研究资料》第11卷，中央编译出版社2015年版，第384页。
[4] 〔苏联〕H. C. 鲁缅采娃：《关于克罗茨纳赫笔记》，姚颖主编《马克思主义研究资料》第11卷，中央编译出版社2015年版，第384页。
[5] 〔苏联〕H. C. 鲁缅采娃：《关于克罗茨纳赫笔记》，姚颖主编《马克思主义研究资料》第11卷，中央编译出版社2015年版，第385页。

的观点对不同国家和不同时期的历史进行了研究和对比。这使他有可能从每个单独的国家的发展特点中认识历史过程的总趋势和规律性"①。事实上，在《莱茵报》工作期间，特别是在对"物质利益疑难"进行求解时，马克思已然对黑格尔关于国家和市民社会的关系问题的观点有所怀疑。"马克思在《莱茵报》编辑部的种种经历让他意识到：黑格尔国家观如果仅仅在纯粹思辨的领域去进行讨论的话，是不能找到其问题的根源的，现实与理论一旦脱节就会置理论于不利的境地，所以应该从历史现实中发现国家的本质，在此基础上才能对黑格尔进行彻底的批判。"② 为了驳倒并推翻黑格尔的思辨唯心主义国家观，马克思在笔记中搜集整理了一系列历史资料，对这些历史资料进行了深入的研究；而在研究的过程中，马克思明确了自己研究的指向性："黑格尔关于市民社会和国家的观点"成为"马克思批判的一个重点"③。关键在于，究竟如何才能克服黑格尔法哲学的局限性从而挣脱其国家观的束缚呢？对于这一根本性疑难，马克思并未采取纯粹理论的研究方式，而是诉诸对历史事实和以往历史发展的过程的考察。

对欧洲各个国家发展史特别是它们所经历的封建社会形态的研究，在笔记中占据了较大的篇幅。马克思十分关注法国、德国、英国、波兰和威尼斯共和国所经历的封建社会形态，作了大量的摘录。马克思特别关注封建社会的形成过程、封建所有制、封建国家制度设施，"他仔细地探讨和记下了那些谈到公有制转变为私有制、谈到封建占有和封建所有制结构的各种形式以及封建社会中孕育着的新的资本主义关系的萌芽形式的形成的地方"④。在笔记中，马克思十分重视对法国大革命的历史的研究。马克思并非仅仅从历史学视角对问题进行思考，而是将对问题的思考提升到了历史哲学的维度。确切地说，马克思是立足于《莱茵报》时期所实现的哲学变革的理论成果，亦即立足于初步实现了"双重转向"的哲学观，对给予欧洲社会发展以深远影响的这场社会革命进行了深邃的哲学思考。马克思力图透过具体的历史事件而深入其本质逻辑中，他在笔记中十分强烈地"试图搞清楚所有制关系同政

---

① 〔苏联〕H. C. 鲁缅采娃：《关于克罗茨纳赫笔记》，姚颖主编《马克思主义研究资料》第11卷，中央编译出版社2015年版，第385页。
② 王旭东、姜海波编著：《马克思〈克罗茨纳赫笔记〉研究读本》，中央编译出版社2016年版，第4页。
③ 〔苏联〕H. C. 鲁缅采娃：《关于克罗茨纳赫笔记》，姚颖主编《马克思主义研究资料》第11卷，中央编译出版社2015年版，第384页。
④ 〔苏联〕H. C. 鲁缅采娃：《关于克罗茨纳赫笔记》，姚颖主编《马克思主义研究资料》第11卷，中央编译出版社2015年版，第385页。

治机关之间的关系"①。第二本笔记的《主题索引》展现了马克思对问题思考的深度。马克思在笔记中列了一系列标题：封建制度的结构、革命前三个阶级的关系、所有制及其后果、僧侣财产的没收和国家债权人的满足等。仅就这些标题的名称可以看出，马克思在努力探索"阶级利益和财产之间的联系……他首先关心的是，经济事实在革命之前和革命时期发生的社会冲突中的作用"②。马克思虽然高度肯定了法国大革命的历史进步性，但也十分冷静地对其局限性进行了反思。他在笔记中仔细地研究了雅各宾派特别是其领袖罗伯斯庇尔所持有的政治立场问题。马克思十分认同其对资产者和贵族自私自利的批评，但也清醒地意识到了这个资产阶级派别的局限性。他们只是要求实现本阶级的平等权益，绝不愿意将这种"平等权"与全体国民分享。这样一来，对欧洲历史特别是法国大革命的研究就赋予了马克思的哲学观以历史性的维度，使其自觉地从人类社会发展和世界文明演进的宏阔视野去思考问题。"对世界史，特别是法国大革命史的研究对马克思来说具有重大意义，使他能够采取唯物主义立场，并从这个立场出发弄清历史发展的动力……对世界史的分析对马克思的共产主义观点的形成具有重要的意义。马克思研究了近几个世纪人类社会的发展，深信资产阶级不能实现它通过法国大革命所宣告的人人自由平等的原则；他揭露了资产阶级国家的阶级性质，并得出结论说，必须为建立一个克服现存社会的根本矛盾和消灭人压迫人现象的新的社会制度而斗争。"③马克思尤其深刻地认识到了资产阶级革命的局限性，这场打着自由、平等旗号的革命实则是资产者与封建统治者之间的斗争，它无法建立一个确保人人自由平等的"新世界"："它不能保障真正的普遍平等，不能建立一个符合人的尊严的社会。"④

这样一来，马克思不仅在世界观维度克服了黑格尔哲学的思辨性，而且在历史观层面展现出对黑格尔哲学和整个旧哲学的变革意蕴。通过深入欧洲社会历史发展的本质逻辑中，"马克思的方法本身有了改变。对现实历史过程的阐述代替了主要是逻辑上的反证。理论上的必然性让位于事实

---

① 〔苏联〕H.C.鲁缅采娃：《关于克罗茨纳赫笔记》，姚颖主编《马克思主义研究资料》第11卷，中央编译出版社2015年版，第394页。
② 〔苏联〕H.C.鲁缅采娃：《关于克罗茨纳赫笔记》，姚颖主编《马克思主义研究资料》第11卷，中央编译出版社2015年版，第395页。
③ 〔苏联〕H.C.鲁缅采娃：《关于克罗茨纳赫笔记》，姚颖主编《马克思主义研究资料》第11卷，中央编译出版社2015年版，第399页。
④ 〔苏联〕H.C.鲁缅采娃：《关于克罗茨纳赫笔记》，姚颖主编《马克思主义研究资料》第11卷，中央编译出版社2015年版，第396—397页。

上的可靠性"①。马克思扬弃了黑格尔那样对社会发展之纯哲学的亦即思辨的运思方式,不再是从"观念"(绝对精神)出发去构造历史,而是力图弄清历史发展的本来面目和真实情况。如此一来,马克思就以客观事实即社会历史发展的真实为根本依据,深刻地把握住了黑格尔的法哲学及其历史观的根本局限性:"当黑格尔把国家观念的因素变成主语,而把国家存在的〔旧〕形式变成谓语时——可是,在历史真实中,情况恰恰相反:国家观念总是国家存在的形式的谓语——他实际上只是道出了时代的共同精神,道出了时代的政治神学。"②马克思还进一步地指出了黑格尔的这种浸透着泛神论色彩的国家观及其历史观的根本症结,"这里被当成决定性因素的在宗教方面是理性,在国家方面则是国家观念。这种形而上学是反动势力的形而上学的反映,对于反动势力来说,旧世界就是新世界观的真理"③。马克思这两段话蕴含着十分丰富的思想内涵,不仅是他在克罗茨纳赫的历史研究所形成的深刻洞见,而且也集中展现了马克思在世界观和历史观维度与黑格尔的根本不同。马克思发现,将"国家存在"与"国家观念"的关系本末倒置,这样的"颠倒"实则是黑格尔哲学观在社会领域中的投射。当黑格尔在哲学观的维度颠倒"感性世界"与"超感性世界"的关系,他就必然地将这种颠倒的运思方式投射到社会历史领域,由此衍生出思辨的唯心主义历史观。马克思把握住了黑格尔法哲学及其历史观的颠倒性质,还极力追溯造成这种颠倒的原因。原因包括两个方面,直接原因是黑格尔无法跳出旧哲学的形而上学哲学观的制约;根本原因则是他深受落后的社会存在和社会现实的制约:日渐衰落的封建制度与正在兴盛发展的资本生产方式的对立越发尖锐;半封建半资本主义的德国与英国和法国在世界市场上的利益博弈造成的矛盾也开始显露。

  总之,《克罗茨纳赫笔记》对于马克思新唯物主义哲学革命而言,具有不可忽略的重要意义和价值。这是马克思从"社会舞台"退回"书房"后,对欧洲社会历史发展进行专题研究的理论成果。这项研究拓展了《莱茵报》时期马克思的哲思空间,使得马克思的哲思进入了社会历史领域之中;不仅

---

① 〔苏联〕尼·拉宾:《马克思的青年时代》,南京大学外语系俄罗斯语言文学教研室翻译组译,生活·读书·新知三联书店1959年版,第176—177页。
② 马克思:《关于黑格尔对国家的具体历史形式和国家的抽象观念之间的相互关系的观点》(摘自1843年《克罗茨纳赫笔记》),《马克思恩格斯全集》第40卷,人民出版社1982年版,第368页。
③ 马克思:《关于黑格尔对国家的具体历史形式和国家的抽象观念之间的相互关系的观点》(摘自1843年《克罗茨纳赫笔记》),《马克思恩格斯全集》第40卷,人民出版社1982年版,第369页。

如此，马克思还深刻地认识到了黑格尔哲学和全部旧哲学的历史观的颠倒性，为系统地批判黑格尔法哲学体系、颠覆旧哲学的唯心史观奠定了思想基础。

（二）马克思批判黑格尔法哲学的三个维度

马克思对黑格尔法哲学的批判与其对欧洲历史的研究几乎是同期的。从现有国内外研究结论看，《克罗茨纳赫笔记》和《黑格尔法哲学批判》二者同为马克思在"克罗茨纳赫时期"的作品。在 MEGA1 第一部分第一卷下册的导言部分，梁赞诺夫指出，"《黑格尔法哲学批判》手稿的最后部分在写作时间上，同《克罗茨纳赫笔记》是一致的"[1]。和《克罗茨纳赫笔记》一样，对黑格尔法哲学体系的系统批判及其所形成的这部作品，对马克思新唯物主义哲学革命的发展有着不可忽略的推动作用。"马克思是以《黑格尔法哲学批判》一书向唯物主义迈出决定性的一步的。"[2] 在《黑格尔法哲学批判》中，马克思从三个维度对黑格尔法哲学展开了更为深入和系统的批判。

第一，马克思对黑格尔法哲学体系的哲学基础作了前提性的批判。黑格尔在其《法哲学原理》（原书名为《法哲学原理：或自然法和国家学纲要》）中所坚持的是其一贯持有的思辨的辩证的哲学观。马克思深刻地将其概括为：黑格尔的"整个法哲学只不过是逻辑学的补充"[3]。对此，黑格尔本人毫不回避，明确地承认了这一点。他将逻辑学视为"纯粹思维规定的体系"，将自然哲学和精神哲学等部门哲学归结为"应用的逻辑学"，强调前者是后者之"富有生气的灵魂"[4]。在黑格尔的哲学体系中，法哲学被其纳入了"客观精神"的环节，也就必然地居于"应用逻辑学"的"地位"，即被归结为"逻辑学"在法的领域的贯彻和运用的结果。黑格尔的"逻辑学"实质上是其哲学观的逻辑化，是其思辨唯心主义存在论和认识论的系统表达。因此，作为"应用逻辑学"的《法哲学原理》，这部著作牢牢建基在黑格尔的思辨唯心主义哲学观之上；黑格尔关于国家、法、市民社会等问题的认

---

[1] 转引自王旭东、姜海波《马克思〈克罗茨纳赫笔记〉研究读本》，中央编译出版社 2016 年版，第 49 页。

[2] 〔德〕彼得·海勒尔：《马克思和恩格斯在 1846 年以前向唯物主义过渡时对"物质"这一概念的反思》，冯章主编《马克思主义研究资料》第 15 卷，中央编译出版社 2014 年版，第 2 页。

[3] 马克思：《黑格尔法哲学批判》，《马克思恩格斯全集》第 3 卷，人民出版社 2002 年版，第 23 页。

[4] 〔德〕黑格尔：《小逻辑》，贺麟译，商务印书馆 2017 年版，第 84 页。

识，浸透着其思辨唯心主义的基本哲学立场。关于法的本质，黑格尔认为，"法的基地一般说来是精神的东西：它的确定的地位和出发点是意志。意志是自由的，所以自由就构成法的实体和规定性"①；关于国家的本质，黑格尔认为，"国家应是一种合理性的表现、国家是精神为自己所创造的世界……人们必须崇敬国家，把它看做地上神物"②。黑格尔的这些观点表明，"黑格尔的国家是伦理共同体。它不是为了伦理的实现而设立的制度，而是伦理实现本身"③。他完全是站在旧哲学的形而上学地基上去界定法和国家的本质的，实际上是将它们思辨化为纯粹的观念或范畴。黑格尔对法和国家的本质的思辨唯心主义化构造直接催生了另一幻想，即对国家和市民社会关系的本末倒置。当然，黑格尔不是独断地将国家设定为市民社会的"本原"，而是采取了思辨的唯心主义的处理方法。一方面，黑格尔将家庭和市民社会归结为作为"现实的理念"即"精神"自我分化而成的"两个理想性的领域"；另一方面，他又将作为本原的精神具体化为"国家"，设定"作为精神的国家"必然地在其本质逻辑的推动下而自我实现。基于这两个方面的设定，黑格尔得出了这样的结论："国家是自为的神经系统，它自身是有组织的；但它只有在两个环节，即家庭和市民社会，都在它内部获得发展时，才是有生气的。"④ 显而易见，黑格尔的这一结论完全颠倒了人类社会的本质结构，从而抹杀了社会历史发展的客观必然性。

针对黑格尔法哲学体系本身的思辨唯心主义特质及其谬误，马克思在《黑格尔法哲学批判》中展开了犀利的剖析，对之实施了十分深刻的前提性批判。"虽然马克思受到费尔巴哈唯物主义的强烈影响，但他却不是像费尔巴哈那样通过对宗教的分析，而是通过对各种社会关系的考察来批判黑格尔。"⑤ 马克思认为，黑格尔关于国家与家庭、市民社会关系的颠倒构造，充满着"逻辑的、泛神论的神秘主义"⑥ 色彩。马克思并不否认黑格尔关注到

---

① 〔德〕黑格尔：《法哲学原理：或自然法和国家学纲要》，范扬、张企泰译，商务印书馆2017年版，第12页。
② 〔德〕黑格尔：《法哲学原理：或自然法和国家学纲要》，范扬、张企泰译，商务印书馆2017年版，第324—325页。
③ 〔德〕卡尔·乔基姆·弗里德里希：《历史视域下的法哲学》，张超译，商务印书馆2017年版，第147页。
④ 〔德〕黑格尔：《法哲学原理：或自然法和国家学纲要》，范扬、张企泰译，商务印书馆2021年版，第301页。
⑤ 《马克思和恩格斯世界观形成中的一个重要阶段》，姚颖主编《马克思主义研究资料》第11卷，中央编译出版社2015年版，第126页。
⑥ 马克思：《黑格尔法哲学批判》，《马克思恩格斯全集》第3卷，人民出版社2002年版，第10页。

了"现实的关系",他也注意到了这样一个客观事实:对于单个人而言,国家的主宰作用是通过现实化为"材料"这一形式展现的,而国家对"材料"是怎么分配的?它是通过"把所有的个人当做群体来分配,这样,对于单个人来说,这种分配就是以情势、任性和本身使命的亲自选择为中介的"①。换言之,国家采取了一种"月映万川"的形式,将自身的"理性"投射到了家庭、市民社会领域;对于置身于这两个领域之中的单个的人而言,他们必然地会为国家的"理性"(也可谓理性的"国家")光辉所照耀,但这种必然性的呈现形式则是完全偶然的。黑格尔对这一客观的经验事实、这一"现实的关系"作了思辨化的处理,将之归结为纯粹主观的"现象"。这样一来,经验事实本身的客观性就被抹杀了,贯穿其中的本质规定亦即其"现实性"就被扭曲为"某种其他的现实性"②,实际上是把决然独立于事物之外的"异己的精神"设定为其"本源"。于是,基于这种思辨的哲学观,黑格尔就将国家和市民社会思辨地建构成为依从于"绝对精神"的哲学范畴,并且将国家绝对化为"地上的神物",将市民社会降格为附属于国家政权的意向性关联物。这种思辨的哲学观本质上是黑格尔历史观的唯心主义特质的展现。"观念变成了主体,而家庭和市民社会对国家的现实的关系被理解为观念的内在想像活动。"③ 依照马克思的观点,这种颠倒,其本质就是以抽象的哲学思辨消解真实的历史,从而将人类社会的历史发展扭曲为精神或意志的神秘运动。

第二,马克思对黑格尔的政治立场的保守性作了深刻的剖析。黑格尔《法哲学原理》出版后,他更加地赢得了普鲁士政府的好感,俨然成了"官方哲学家"了。事实上,黑格尔本人也毫不掩饰自己的政治立场。他明确反对希腊人将哲学作为"私人艺术"的做法,强调"哲学具有公众的即与公众有关的存在,它主要是或者纯粹是为国家服务的"④。黑格尔同时还认为,就"精神生活构成国家存在的一个基本环节"而言,必须诉诸"人民与贵族阶级的联合"⑤。黑格尔的这一说法无疑暴露了其政治立场的保守性。对

---

① 〔德〕黑格尔:《法哲学原理:或自然法和国家学纲要》,范扬、张企泰译,商务印书馆2017年版,第300页。
② 马克思:《黑格尔法哲学批判》,《马克思恩格斯全集》第3卷,人民出版社2002年版,第10页。
③ 马克思:《黑格尔法哲学批判》,《马克思恩格斯全集》第3卷,人民出版社2002年版,第10页。
④ 〔德〕黑格尔:《法哲学原理:或自然法和国家学纲要》,范扬、张企泰译,商务印书馆2017年版,第300页。
⑤ 〔德〕黑格尔:《小逻辑》,贺麟译,商务印书馆2017年版,第31页。

此，贺麟先生深刻地指出，黑格尔"把哲学应用来替反动的普鲁士政府服务，这就使得他的'法哲学'成为表现他的政治观点和立场最保守的著作"①。黑格尔的这一保守的即对普鲁士政府十分暧昧的态度，最为集中地体现在其所提出的这一著名的论断中："凡是合乎理性的东西都是现实的，凡是现实的东西都是合乎理性的。"②黑格尔不仅在《法哲学原理》的"序言"中提出了这一论断，还在《小逻辑》的"导言"的第六节中再次提及，并进行了更进一步的发挥："在我的《法哲学》的序言里，我曾经说过这样一句话：凡是合乎理性的东西都是现实的，凡是现实的东西都是合乎理性的。这两句简单的话，曾经引起许多人的诧异和反对……在日常生活中，任何幻想、错误、罪恶以及一切坏东西、一切腐败幻灭的存在，尽管人们都随便把它们叫做现实。但是，甚至在平常的感觉里，也会觉得一个偶然的存在不配享受现实的美名。因为所谓偶然的存在，只是一个没有什么价值的、可能的存在，亦即可有可无的东西。但是当我提到'现实'时，我希望读者能够注意我用这个名词的意义，因为我曾经在一部系统的《逻辑学》里，详细讨论过现实的性质，我不仅把现实与偶然的事物加以区别，而且进而对于'现实'与'定在'，'实存'以及其他范畴，也加以准确的区别。"③确如黑格尔本人在其著作中所言，他的确没有庸俗地将"现实"直接判定为"合乎理性"的存在，而是深刻地赋予"现实"以特定的内涵，基于偶然和必然相统一的辩证法的高度对其合理与否进行评判。可以说，这无疑是黑格尔的高明之处。事实上，黑格尔的法哲学体系之中也的确蕴含着对不合理的现存现实的不满，其著作中也频繁地发出"革命的怒火"④。然而，我们无法否定的事实是，拥护普鲁士政府——这一保守的政治立场——在黑格尔哲学思想之中起着主导性的作用。"当黑格尔在他的《法哲学》一书中宣称立宪君主制是最终的、最完善的政体时，德国哲学这个表明德国思想发展的最复杂同时也是最准确的温度计，就表示支持资产阶级。换句话说，黑格尔宣布了德国资产阶级取得政权的时刻即将到来。"⑤黑格尔政治立场及其哲学的保守

---

① 贺麟：《黑格尔著〈法哲学原理〉一书评述》，〔德〕黑格尔：《法哲学原理：或自然法和国家学纲要》，范扬、张企泰译，商务印书馆2017年版，第4页。
② 〔德〕黑格尔：《法哲学原理：或自然法和国家学纲要》，范扬、张企泰译，商务印书馆2017年版，第12页。
③ 〔德〕黑格尔：《小逻辑》，贺麟译，商务印书馆2017年版，第42—43页。
④ 恩格斯：《路德维希·费尔巴哈和德国古典哲学的终结》，《马克思恩格斯全集》第28卷，人民出版社2012年版，第327页。
⑤ 恩格斯：《德国革命与反革命》，《马克思恩格斯文集》第2卷，人民出版社2009年版，第361页。

性,并非绝对地站在封建贵族的立场上,无批判地为封建统治辩护;而是指他虽不满于封建专制但并未将不满上升到对其进行革命性改造的境地,反而是试图通过改良的方式扬弃它。黑格尔将希望诉诸"绝对精神",认为在"理性"的主宰和推动下,这一制度必然地将朝着"民主制"即君主和贵族联合执政的君主立宪制过渡。

对于黑格尔的政治立场的保守性及其贯彻到法哲学思想之中的局限性,马克思在《黑格尔法哲学批判》中进行了严肃的批判。马克思认为,黑格尔的政治立场是建基在其颠倒的国家观之上的,他的政治立场与其国家观存在着内在联系。"黑格尔所做的无非是把'政治制度'消融在'机体'这个一般的抽象观念中。"① 究其实质,黑格尔是对现实的国家制度(是普鲁士封建专制制度和法国的君主立宪制度的混合物)的本质作了思辨化的构造,其目的是构建"政治制度"同"抽象观念"的"关系",即"把政治制度列为它的(观念的)发展史上的一个环节"②。黑格尔这样做,实际上就颠倒了现实事物与其观念映象的关系;黑格尔以"逻辑"为始基去构造"国家"、将现实的国家制度消融在思辨"逻辑"之中,他的这一颠倒的国家观因此就呈现出十分露骨的"神学幻彩"③。马克思并未停留在对黑格尔的这一思辨的颠倒的国家观的具体描述中,而是透过其颠倒性深入其政治立场的保守性这一维度,深刻揭示了黑格尔的学说与私有制及其政治统治之间的"隐秘联系"。

马克思并不否认黑格尔法哲学思想的深刻性:"黑格尔的深刻之处,正是在于他处处都从各种规定……的对立开始,并且强调这种对立。"④ 然而,在马克思看来,黑格尔的国家观及其政治立场的固有局限,在关于王权、行政权和立法权等问题的认识上展现得淋漓尽致。黑格尔完全抹杀了"王权"是封建贵族统治人民的权力的客观本质,为之蒙上了一层抽象的观念论外衣:"黑格尔力图在这里把君主说成是真正的神人,说成是观念的真正化身。"⑤ 黑

---

① 马克思:《黑格尔法哲学批判》,《马克思恩格斯全集》第 3 卷,人民出版社 2002 年版,第 18 页。
② 马克思:《黑格尔法哲学批判》,《马克思恩格斯全集》第 3 卷,人民出版社 2002 年版,第 19 页。
③ 马克思对此的评价为"这是露骨的神秘主义",马克思:《黑格尔法哲学批判》,《马克思恩格斯全集》第 3 卷,人民出版社 2002 年版,第 19 页。
④ 马克思:《黑格尔法哲学批判》,《马克思恩格斯全集》第 3 卷,人民出版社 2002 年版,第 69—70 页。
⑤ 马克思:《黑格尔法哲学批判》,《马克思恩格斯全集》第 3 卷,人民出版社 2002 年版,第 33 页。

格尔这一"把经验的事实歪曲为形而上学的公理"①的思辨幻想并非纯粹主观的幻想，而是与当时德国特定社会现实有着本质联系。"面对英国工业革命、法国革命引发的一系列巨大的经济、政治和社会变革，德国资产阶级一方面渴望在德国也能确立起资产阶级的政治和经济统治，另一方面却害怕由此引发社会的动荡，缺乏用社会革命去推翻旧的封建统治的勇气。"②不能说黑格尔直接地就是德国资产者的意识形态家，然而，黑格尔的学说深刻地反映了德国资产者的利益及其阶级意识："他们希望通过思想文化领域的革命性思考和呼吁，展示自己的利益诉求和愿望。"③这样一来，德国现实（资产者与封建统治者的矛盾）和德国资产者的软弱性就必然地"感染"了黑格尔，传递到了其法哲学思想之中。这一点，更为突出地体现在他关于"行政权"的认识上。针对黑格尔《法哲学原理》第297节的内容，对于黑格尔关于政府官员、中间等级和人民大众的关系的思辨构造，马克思十分愤慨地认为："黑格尔关于'行政权'所讲的一切，不配称为哲学的阐述。"④至于在"立法权"问题上，黑格尔仍然耽于思辨。不仅如此，"黑格尔在这点上几乎到了奴颜婢膝的地步……黑格尔彻头彻尾地感染上了普鲁士官员们那种讨厌的妄自尊大"⑤。透过这些话语，我们看到，马克思不仅揭示了黑格尔政治立场和国家观的固有局限，而且也深刻地追溯到了黑格尔法哲学体系"颠倒之谜"的现实根源。

第三，作为积极性的成果，马克思初步实现了对黑格尔哲学乃至整个旧哲学的历史观的一个"再颠倒"，即把它扭转到了唯物主义的地平线上来。马克思既根据历史发展的事实，又借助于费尔巴哈的主宾颠倒原则，摆正了国家与市民社会的关系，基本确立了一种与黑格尔和旧哲学截然相反的唯物主义历史观架构。"家庭和市民社会都是国家的前提，它们才是真正活动着的"；"家庭和市民社会使自身成为国家。它们是动力"。⑥这样一来，马克思就从前提上颠倒了黑格尔的历史观，明确地将市民社会看作国家的"本

---

① 马克思：《黑格尔法哲学批判》，《马克思恩格斯全集》第3卷，人民出版社2002年版，第34页。
② 刘新利、邢来顺：《德国通史》第3卷，江苏人民出版社2019年版，第448页。
③ 刘新利、邢来顺：《德国通史》第3卷，江苏人民出版社2019年版，第448—449页。
④ 马克思：《黑格尔法哲学批判》，《马克思恩格斯全集》第3卷，人民出版社2002年版，第57页。
⑤ 马克思：《黑格尔法哲学批判》，《马克思恩格斯全集》第3卷，人民出版社2002年版，第155页。
⑥ 马克思：《黑格尔法哲学批判》，《马克思恩格斯全集》第3卷，人民出版社2002年版，第11页。

体"即决定国家的本原力量。这无疑是一种与黑格尔的唯心史观截然相反的唯物主义的哲学—历史观。考虑到其他哲学家要么根本没有确切的历史哲学,全然停留于对历史的虚无主义理解,要么则仅仅停留于历史的现象层面,就此而言,马克思这里对黑格尔历史观的变革和超越就具有更为普遍的意义和指向性。"《黑格尔法哲学批判》这部手稿证明,马克思的革命民主主义到1842年和1843年初已经日益顺乎事理,它准备并决定了马克思向哲学唯物主义立场的转变。"[1] 特别需要注意的一点是,马克思在历史观上由此与整个旧哲学产生了分歧,站立在了与之截然相对的唯物主义历史观的地基之上。

二 犹太人问题的深层破解及其共产主义解答

以上分析表明,马克思的哲学革命从一开始就展现出与旧哲学根本不同的差异性特质。马克思的哲思一开始的确是采取了旧哲学的即"构建体系"的方式,但当他开始进行这样的建构体系的哲学运思方式时,就一下子触及了旧哲学理论建制的固有弊病,因而不断地在实践的推动下跳出旧哲学的形而上学地基。内蕴于马克思哲学革命之中的这一本质属性,在《莱茵报》时期已经表现得较为明显了;在"克罗茨纳赫时期",马克思哲学区别于传统作为形而上学的旧哲学的"新唯物主义"特质,表现得更加充分了。我们看到,"克罗茨纳赫时期"虽然只是短暂的数月,但对于马克思的新唯物主义哲学革命而言,它却是一个不可或缺的重要阶段和环节。马克思为自己正在创立之中的新唯物主义哲学赢获了一个历史观的根基,不仅从前提上颠覆了旧哲学的唯心史观的理论建制,而且初步确立了"市民社会决定国家"这样的唯物主义的历史观原理和根本原则。这一思想成果为马克思新唯物主义革命逻辑的丰富提供了重要的理论指导,为其在《德法年鉴》时期进一步筹划和创建新哲学提供了重要的方法论依据。所谓"《德法年鉴》时期"实际上是指马克思别离克罗茨纳赫赴巴黎的这段时光,即马克思在1843年10月到巴黎后和卢格创办《德法年鉴》的这一时期。在这一时期,马克思产出了两篇重要论著,即发表在《德法年鉴》之上的《论犹太人问题》和《〈黑格尔法哲学批判〉导言》。十分精确地确定这两篇文章的写作地点以及写作的先

---

[1] 《马克思向唯物主义和共产主义世界观的最终转变》,姚颖主编《马克思主义研究资料》第11卷,中央编译出版社2015年版,第79—80页。

后顺序，一度是国外马克思学研究者们所关注的课题，他们也进行了深入的研究。我们关注的重点则是马克思熔铸在其著作之中的思想，即把这两篇文章作为马克思哲学革命的文本载体，借此深入探讨思考马克思新唯物主义哲学革命的发展逻辑。整体而言，这两部作品可谓马克思新唯物主义哲学革命逻辑得以深化的路标："《德法年鉴》上的两篇文章《论犹太人问题》和《〈黑格尔法哲学批判〉导言》标志着马克思的政治发展和世界观发展中一个新的特质。"[①] 列宁对此则强调指出：马克思的哲学观于《莱茵报》时期"开始从唯心主义转向唯物主义，从革命民主主义转向共产主义"，"上述的转变"在《德法年鉴》上"彻底完成"[②]。本节将结合马克思这两篇文章的思想内容，进一步深入分析其新唯物主义哲学革命逻辑的深化。

（一）"犹太人问题"凸显的解放限度及其困境

早在创办《德法年鉴》之前，马克思就对犹太人问题有所关注了。马克思在给卢格的信中讲述了这件事情。他告诉卢格，本地的犹太教公会会长请自己"替犹太人写一份给省议会的请愿书"，自己答应了这个请求。而马克思这样做的原因绝非出于对犹太人的同情，因为他是非常"讨厌犹太人的信仰"的。促使马克思去做这件事情的契机是布鲁诺·鲍威尔的错误观点，"鲍威尔的观点在我（指马克思——笔者注）看来还是太抽象。应当在基督教国家上面打开尽可能多的缺口，并且尽我们所能塞进合理的东西"[③]。可以说，马克思是怀着批判的目的关注犹太人问题的。在发表于《德法年鉴》上的《论犹太人问题》中，马克思通过深入驳斥布鲁诺·鲍威尔的观点，揭示了"犹太人问题"的实质，并且对如何解决这一问题进行了深入的哲学思考。

历史地看，"犹太人问题"是一个由来已久的且普遍地存在于欧洲各国的现实问题。例如，就法国而言，犹太人遭受到了长达数个世纪的迫害，遭受到了政府所采取的"隔都"即强制性的种族隔离措施。全体犹太人的生活不仅被限制在了固定的条件十分恶劣的区域，并且在税赋、婚育、就业、教育等多方面都遭受到了一系列的政策歧视。对于犹太人的悲惨遭遇，莎士比亚在《威尼斯商人》中的描述鲜活生动且入木三分："他曾经羞辱过我，夺

---

① 《马克思向唯物主义和共产主义世界观的最终转变》，姚颖主编《马克思主义研究资料》第11卷，中央编译出版社2015年版，第92页。
② 列宁：《卡尔·马克思（传略和马克思主义概述）》，《列宁全集》第26卷，人民出版社2017年版，第83页。
③ 《马克思致阿尔道诺·卢格》，《马克思恩格斯全集》第47卷，人民出版社2004年版，第54页。

去我几十万块钱的生意,讥笑我亏了本,挖苦我赚了钱,侮蔑我的民族,破坏我的买卖,离间我的朋友,煽动我的仇敌;他的理由是什么?只因为我是一个犹太人……要是一个基督徒欺侮了一个犹太人,那么照着基督徒的榜样,那犹太人应该怎样?报仇呀。你们已经把残虐的手段教给我,我一定会照着你们的教训实行,而且还要加倍奉敬哩。"[1] 犹太人在德国也遭受到了类似于法国这样的严苛管制。围绕着犹太人的生存问题,德国思想界在1830—1843年间进行了热烈的争论。"躬逢其盛者不仅有连续发表了《犹太人问题》《现代犹太人和基督徒获得自由的能力》《被发现的基督教》《目前什么是批判的对象?》等著作的鲍威尔和以《论犹太人问题》一文与其展开争论的马克思"[2],还有撰写了《犹太人在基督教国家不可能获得解放》的W. B. 法兰克尔以及发表了《被揭露的基督教》的布朗格等人。马克思对于"犹太人问题"的关注和研究,以及他在这篇著作中对布鲁诺·鲍威尔的观点的批判,正是在这样的时代背景下进行的。

我们关注的重点是,研究"犹太人问题",对于马克思新唯物主义哲学革命逻辑的深化而言,具有什么样的建构性的意义和价值?这就要求我们必须基于整体性的视野领会和把握马克思哲学运思方式的新变化及其特质。"从自己以前的理论经验和政治经验的立场出发,从越出了革命民主主义范围的立场出发来领会历史材料,不可避免地使得马克思要按新的方式来考虑和解决社会生活的许多问题,而这一点不可能不在马克思在离开克罗茨纳赫以后在巴黎发表的那些著作中得到反映。"[3] 而马克思"按新的方式"对现实问题所进行的哲学研究,在《论犹太人问题》这部论著中得以充分体现。"在评论鲍威尔对解放问题的批判时,马克思表述了他自己的与政治解放不同的有关人类解放的思想。"[4] 透过求解"犹太人问题"的基本思路,可以领会和把握马克思的哲学逻辑及其哲学观在实践中的丰富和发展。

需要注意的是,马克思并不是简单地反对鲍威尔的具体观点,而是首先对其根本观点进行了一个前提性的批判,对鲍威尔在他的著作中研究"犹太

---

[1] 〔英〕威廉·莎士比亚:《莎士比亚全集》第1卷,朱生豪译,译林出版社1998年版,第431—432页。

[2] 聂锦芳、李彬彬编:《马克思思想发展历程中的"犹太人问题"》,中国人民大学出版社2017年版,第2页。

[3] 〔苏联〕В. Г. 莫洛索夫:《1843—1844年马克思对世界史的研究是唯物史观形成的来源之一》,姚颖主编《马克思主义研究资料》第11卷,中央编译出版社2015年版,第616页。

[4] 〔波兰〕莱泽克·科拉科夫斯基:《马克思主义的主要流派》第1卷,唐少杰等译,苏国勋等校,黑龙江大学出版社2016年版,第128页。

人问题"的理论建制给予了批判性的考察。鲍威尔对于"犹太人问题"的实质的理解，的确存在着马克思在写给卢格的信中所批评的"太抽象"的缺陷。马克思根据鲍威尔的著作《犹太人问题》，分析了其关于"犹太人问题"的实质的观点。鲍威尔将"犹太人问题"归结为生活在德国的、信仰犹太教的公民的"解放问题"，即这些作为犹太人能否获得"公民的解放，政治解放"[1]。鲍威尔基于"犹太人的解放与我们（指德国——笔者注）总体处境的发展之间"的联系[2]，给出了否定的答案。犹太人不可能获得"政治解放"。这是因为全体德国人都还没有获得政治解放，人们都深受封建专制奴役而尚未实现自由，在这种情况下，犹太人竟然还要求"一种特殊的解放"，这不仅不可能，而且还带有利己主义的狭隘性。犹太人也不可能获得"公民的解放"，他们这一愿望在一个将基督教奉为国教的国家显得十分荒诞。要求享有"公民权利"就等于承认了"基督教"作为国教的地位，因而就承认了这个"基督教国家"及其"普遍奴役制度"。于是就会陷入一个二律背反之中："基督教国家，按其本质来看，是不会解放犹太人的"；因为犹太人信奉的犹太教是基督教的死敌；"犹太人按其本质来看，也不会得到解放"[3]，因为犹太人绝不会放弃自己的"宗教偏见"，更不可能改宗基督教。鲍威尔据此进一步认为，破解难题的关键是要对"应当得到解放的犹太人"和"应该解放犹太人的基督教国家"二者的"特性"进行考察。

马克思接着分析了鲍威尔关于犹太人"解放难题"的解决思路。第一步，鲍威尔首先将"犹太人问题"还原为"宗教问题"，即将它归结为犹太教和基督教的"对立问题"。那么如何才能消除犹太人和基督徒之间一直存在的"最顽固的"这一"宗教对立"呢？鲍威尔的答案是"废除宗教"。那么如何才能废除宗教呢？需要对立的双方即犹太人和基督徒树立一种理性的"宗教观"，需要他们明白，宗教不过是人类的"自我意识"[4]，而犹太教和基督教这两种"相互对立的宗教"不过是"人的精神的不同发展阶段"的表现形式。接下来的第二步，鲍威尔将特殊问题普遍化。他坚持认为，这并非仅仅在特殊的层面思考问题，即并非在探讨"德国的犹太人问题"；恰恰相反，这就是"犹太人问题"的"普遍本质"。在他看来，这是"一个不以德国的特殊状况为转移的、具有普遍意义"的"问题"，其实质是"宗教对

---

[1] 马克思：《论犹太人问题》，《马克思恩格斯全集》第3卷，人民出版社2002年版，第163页。
[2] Bruno Bauer, *Die Judenfrage*, Braunschweig, 1843, S. 1.
[3] 马克思：《论犹太人问题》，《马克思恩格斯全集》第3卷，人民出版社2002年版，第164页。
[4] 马克思：《论犹太人问题》，《马克思恩格斯全集》第3卷，人民出版社2002年版，第165页。

国家的关系问题、宗教约束和政治解放的矛盾问题"①。于是第三步,鲍威尔就给出了一个貌似十分完满的解决方案。既然问题的实质是宗教与国家的对立,那么解决问题的方案就是把人和国家都"从宗教中解放出来"②。具体而言,只要犹太人放弃犹太教、基督徒放弃基督教,那么人就"作为公民得到解放"③;只要国家在政治上废除宗教、不再将任何一种宗教例如基督教奉为国教,那么国家就实现了"政治解放"。

　　针对鲍威尔的观点,马克思对之展开了犀利批判。他认为,鲍威尔纯粹是基于"应然"层面思考问题的方式充满先验性。鲍威尔只是在探讨谁"应当"是解放者、谁应当得到解放;他没有对一个前提问题进行思考:"这里指的是哪一类解放?"④也就是说,鲍威尔没有真正立足于社会现实、联系时代发展去思考问题,而是从自己的主观观念出发,将问题湮没了貌似合理的"主观逻辑"之中。他既然没有对"究竟何为解放"这一问题进行思考,就不可能进一步追问"如何实现解放"即"人们所要求的解放的本质"所需要的"现实条件"。鲍威尔将"政治解放"奉为圭臬并作为问题的终极破解之道,蕴含着以资产阶级制度替代封建专制制度的合理化诉求;然而德国现实和鲍威尔本人唯心论哲学立场的双重制约,导致他的这一所谓的"破解方案"不过是不切实际的幻想。受主客观条件双重制约,鲍威尔根本不可能意识到这一点:"只有对政治解放本身的批判,才是对犹太人问题的最终批判"⑤,也才能使这个问题成为鲍威尔所谓的"当代的普遍问题"⑥。因此在马克思看来,鲍威尔实则陷入了地域的局限性,他将"德国的犹太人问题"绝对化即夸大为存在于欧洲各国的共性问题,混淆并割裂了普遍与特殊的辩证关系。这种"形而上学迷误"必然地会传递到对问题的解决思路上,导致鲍威尔必然会进一步陷入这样一个错误:仅仅将批判的对象设定为"基督教国家"即德国当时的封建专制制度,绝不可能将批判的矛头对准"国家本身"即消除国家制度的"专制属性"。正是这样的不彻底性,正是这样地摇摆于"民主制"和"封建专制"之间,正是这样地将解决问题的方法诉诸纯粹"宗教批判",致使鲍威尔在求解"犹太人问题"上必然会陷入困境:不仅无法探讨"政治解放对

---

① 马克思:《论犹太人问题》,《马克思恩格斯全集》第3卷,人民出版社2002年版,第165页。
② 马克思:《论犹太人问题》,《马克思恩格斯全集》第3卷,人民出版社2002年版,第165页。
③ 马克思:《论犹太人问题》,《马克思恩格斯全集》第3卷,人民出版社2002年版,第167页。
④ 马克思:《论犹太人问题》,《马克思恩格斯全集》第3卷,人民出版社2002年版,第167页。
⑤ 马克思:《论犹太人问题》,《马克思恩格斯全集》第3卷,人民出版社2002年版,第167页。
⑥ Bruno Bauer, Die Judenfrage, Braunschweig, 1843, S. 3.

人的解放的关系",而且"毫无批判地把政治解放和普遍的人的解放混为一谈"①。但马克思对问题的思考没有停留在纯粹的理论层面,而是将这一现实问题转化并提升为时代课题,即把德国犹太人的"解放难题"置于现代社会发展的维度进行观照。马克思将问题本身转化成了：在现代社会中,犹太人究竟能否获得真正的解放？这一问题的实质是：包括犹太人在内的一切人能否打破私有制的统治,从而真正获得自由。

马克思之所以能够克服鲍威尔的不彻底性,显然是奠基于其前期新唯物主义哲学革命的思想成果,这里牢牢秉持了通过"消灭旧世界"而"建立新世界"的哲学观原则；但是,遭遇这一问题并对问题所进行的思考,也反过来深化了马克思哲学革命逻辑。我们看到,马克思自觉地以克罗茨纳赫时期确立的"市民社会决定国家"这一原理为根本遵循："相当长的时期以来,人们一直用迷信来说明历史,而我们现在是用历史来说明迷信。"② 这里所展现的不仅仅是新旧世界观的根本差异,更是新旧历史观的根本差异,因而鲜明地展现了马克思新唯物主义哲学革命逻辑,正在从世界观变革朝着历史观变革的向度发展。"用迷信来说明历史"是旧哲学的做法,暴露了其世界观的形而上学性质和历史观的唯心主义观念论特质；"用历史来说明迷信"是马克思的新唯物主义哲学观的根本原则,不仅深化了其初步实现了"双重转向"的哲学世界观,而且赋予这一哲学世界观以历史性的意蕴,因而实则是将问题从世界观跃升到了历史观的维度进行思考。基于这样的"用历史来说明迷信"的唯物主义世界观、历史观原则,马克思也对问题作了一个"还原"的处理。马克思这一做法和鲍威尔有着本质区别。鲍威尔是将现实问题思辨化为纯粹理论问题,马克思与之截然不同：他不仅将理论问题还原为现实问题,更将这一现实问题的本质及其解决诉诸对现实世界的本质结构的考察。这样一来,马克思对问题的处理就在两个层面超越了鲍威尔。一是在世界观的维度克服了鲍威尔的观念论幻想；二是进一步地在历史观层面克服了鲍威尔像黑格尔那样沉醉于"国家决定市民社会"的思辨幻想。

一旦立足于这样的原则重思"犹太人问题",马克思就揭示了为鲍威尔思辨的头脑所无法企及的问题的实质、事情的本来面目。马克思发现,所谓的"犹太人问题"不是抽象的理论课题,而是一个具体鲜活的现实问题："犹太人问题依据犹太人所居住的国家而有不同的表述。"③ 列宁深刻地将

---

① 马克思：《论犹太人问题》,《马克思恩格斯全集》第3卷,人民出版社2002年版,第168页。
② 马克思：《论犹太人问题》,《马克思恩格斯全集》第3卷,人民出版社2002年版,第169页。
③ 马克思：《论犹太人问题》,《马克思恩格斯全集》第3卷,人民出版社2002年版,第168页。

"马克思主义的精髓"亦即"马克思主义的活的灵魂"归结为"对具体情况作具体分析"①。我们看到,在《德法年鉴》这个时期,马克思已然在世界观和历史观的双重维度达至了这个思想境界。他既唯物而又辩证地将犹太人问题与各个国家的"具体情况"相联系,深刻地抓住了"犹太人问题"的现实本质。在"不存在政治国家"即还处于封建时代的德国,犹太人问题是"纯粹的神学问题";在作为"立宪国家"即实行君主立宪制的法国,这一问题是"政治解放不彻底的问题";在"完成了政治解放"即通过资产阶级革命建立了资本主义制度的美国,"犹太人问题才失去其神学的意义而成为真正世俗的问题",因而展现为"犹太教徒和一般宗教信徒对政治国家的关系"问题。②"犹太人问题"在德国、法国和美国的丰富内容规定,直接地瓦解了鲍威尔自居为"批判派"的对问题本身的"神学批判"的逻辑:"在问题不再是神学问题的地方,鲍威尔的批判就不再是批判的批判了。"③ 不仅如此,马克思还进一步密切结合美国的现实情况,对变成了"世俗问题"的"犹太人问题"展开了更为深入的思考。

鲍威尔认为,只要实现了"政治解放",就一定会实现"宗教解放"。但马克思发现,现实世界即美国的事实却否定了鲍威尔的这一臆断。谁也无法否定的客观事实是,在完成了"政治解放"即建立了资本主义制度的美国,"宗教不仅仅存在,而且是生气勃勃的、富有生命力的存在"。这一客观事实意味着在美国这个资产阶级国家中,"宗教的定在和国家的完成是不矛盾的"④,那么这就颠覆了鲍威尔关于宗教与国家是"对立关系"的论断。马克思进而指出,由于"宗教的定在是一种缺陷的定在",又由于美国仍然允许宗教存在,"那么这种缺陷的根源就只能到国家自身的本质中去寻找"⑤。这样一来,"犹太人问题"的的确确是一个很重要的即"当代的普遍的问题",但它并非鲍威尔所理解的宗教与国家的关系问题,而是"政治解放对人的解放的关系问题"⑥。马克思认为,宗教在资产阶级国家中仍然存在这个客观事实,反过来也暴露了资产阶级革命及其"政治解放的限度"亦即历史局限。资产阶级革命只是从政治层面将国家从宗教中解放了出来,即罢黜了基督

---

① 列宁:《共产主义》,《列宁全集》第39卷,人民出版社2017年版,第128页。
② 马克思:《论犹太人问题》,《马克思恩格斯全集》第3卷,人民出版社2002年版,第168页。
③ 马克思:《论犹太人问题》,《马克思恩格斯全集》第3卷,人民出版社2002年版,第169页。
④ 马克思:《论犹太人问题》,《马克思恩格斯全集》第3卷,人民出版社2002年版,第169页。
⑤ 马克思:《论犹太人问题》,《马克思恩格斯全集》第3卷,人民出版社2002年版,第169页。
⑥ 马克思:《论犹太人问题》,《马克思恩格斯全集》第3卷,人民出版社2002年版,第169—170页。

教作为国教的政治属性和统治地位；但是，这一革命所实现的"政治解放"并未将人从宗教中解放出来，并未改变人民仍然在精神上深受宗教奴役的事实。

（二）消灭私有制与犹太人问题的彻底破解

因此，我们看到，透过"犹太人问题"，马克思发现了资产阶级政治解放的固有限度。马克思发现，正如宗教徒是通过信奉神而确证自己的存在一样，在资产阶级社会中，人的"政治解放"即摆脱等级制的奴役并不是直接就实现了的，而是通过国家这个不可或缺的"中介"。人对宗教的关系与人对国家的关系，这两对关系具有完全同一的本质结构："正像基督是中介者，人把自己的全部神性、自己的全部宗教约束性都加在他身上一样，国家也是中介者，人把自己的全部非神性、自己的全部人的无约束性寄托在它身上。"[①] 马克思这里所描述的并非类比的关系而是因果关系，即宗教的存在根源于资产阶级社会自身的本质规定，是其固有矛盾在人们的精神世界投射的结果。那么，问题在于，国家在政治层面废除了宗教之后，为何还允许它在日常生活世界即市民社会中存在呢？国家甚至直接地将"宗教信仰"作为一项政治权利赋予公民。这仅仅是偶然的现象吗？答案是否定的。宗教的存在实则暴露了资产阶级社会的固有矛盾，即国家与市民社会在资本私有制条件下的尖锐对立。在国家层面，资产阶级"从政治上废除了私有财产"即"宣布出身、等级、文化程度、职业为非政治的差别"[②]，也就是说，国家不再以私有财产作为评判人的政治地位的尺度，而是无差别地赋予一切人同等的公民身份，从而赋予了全体公民的平等的政治地位和政治权利。然而在市民社会层面，被国家判定为"非政治的差别"的"私有财产"及其各种表现形式，却不仅没有被废除，甚至是原封不动地保留着。资产阶级对此熟视无睹：为他们所掌控的"国家根本没有废除这些实际差别，相反，只有以这些差别为前提，它才存在"[③]。

资产阶级国家对待私有制的不彻底性，导致人的本质及其存在必然呈现出颠倒的特质。"在政治国家真正形成的地方，人不仅在思想中，在意识中，而且在现实中，在生活中，都过着双重的生活——天国的生活和尘世的生活。"[④] 所谓"天国的生活"是指人在"政治共同体中的生活"，在这里，人

---

① 马克思：《论犹太人问题》，《马克思恩格斯全集》第3卷，人民出版社2002年版，第171页。
② 马克思：《论犹太人问题》，《马克思恩格斯全集》第3卷，人民出版社2002年版，第172页。
③ 马克思：《论犹太人问题》，《马克思恩格斯全集》第3卷，人民出版社2002年版，第172页。
④ 马克思：《论犹太人问题》，《马克思恩格斯全集》第3卷，人民出版社2002年版，第172页。

们把自己和他人都视为"社会存在物";所谓"尘世的生活"是指人在市民社会中的存在,在这个领域中,"人作为私人进行活动……并成为异己力量的玩物"①。如此一来,国家与市民社会二者的关系就表现为极端矛盾的形态:"政治国家对市民社会的关系,正像天国对尘世的关系一样,也是唯灵论的。"②"政治国家"即作为"政治共同体"的资产阶级国家,成了超越于市民社会之上的存在领域;而市民社会作为人们栖居的日常生活领域,则成了国家的附属物。资产阶级国家与市民社会二者之间如此充满唯灵论幻彩的矛盾关系,决定了人必然被二重化,决定了人的本质与其现实的存在二者必然分裂并决然对立。一方面,人在其"最直接的现实中"即作为市民社会成员是"尘世存在物",但在这个"人把自己并把别人看作现实的个人的地方","人是一种不真实的现象",其存在呈现出极大的虚无性;与之相对立的另一方面,人作为"政治共同体"中的成员即作为国家公民,"人是想象的主权中虚构的成员;在这里,他被剥夺了自己现实的个人生活,却充满了非现实的普遍性"③。因此在马克思看来,在资本私有制条件下,国家与市民社会的矛盾十分突出和尖锐,直接地呈现出"国家决定市民社会"的颠倒特性。作为政治共同体的国家不仅凌驾于市民社会之上,而且还将人的存在二重化为公民与私人的双重身份。

马克思由此对"犹太人问题"的实质作出了不同于鲍威尔的新的界定。概括而言,他将这一问题本身现实而又历史地置于国家与市民社会的矛盾关系维度,揭示了这一问题的症结及其根源:"人作为特殊宗教的信徒,同自己的公民身份,同作为共同体成员的他人所发生的冲突,归结为政治国家和市民社会之间的世俗分裂。"④这一"世俗分裂"即"犹太人问题最终归结成的这种世俗冲突",实际上就是"政治国家对自己的前提——无论这些前提是像私有财产等等这样的物质要素,还是像教育、宗教这样的精神要素——的关系,普遍利益和私人利益之间的冲突"⑤。简言之,马克思明确地将"犹太人问题"的实质归结为政治国家与市民社会之间的分裂的"世俗对立在宗教上的表现",由此将犹太人遭受到的各种不公平和非正义的待遇的根源诉诸资产阶级社会的本质结构的内在缺陷。而这一内在缺陷又可谓资产阶级社会的"先天残缺",是由资产阶级革命及其政治解放的不彻底性造

---

① 马克思:《论犹太人问题》,《马克思恩格斯全集》第3卷,人民出版社2002年版,第173页。
② 马克思:《论犹太人问题》,《马克思恩格斯全集》第3卷,人民出版社2002年版,第173页。
③ 马克思:《论犹太人问题》,《马克思恩格斯全集》第3卷,人民出版社2002年版,第173页。
④ 马克思:《论犹太人问题》,《马克思恩格斯全集》第3卷,人民出版社2002年版,第173页。
⑤ 马克思:《论犹太人问题》,《马克思恩格斯全集》第3卷,人民出版社2002年版,第174页。

成的。马克思高度肯定资产阶级革命及其所实现的政治解放的历史进步性："在迄今为止的世界制度内，它是人的解放的最后形式"；同时又深刻地指出了这场革命的根本限度："它不是一般人的解放的最后形式。"① 究其实质，这场资产阶级主导的革命首要目标是解放资产者，即打破封建专制制度对资本主义发展的禁锢，消除地主和贵族对资产者的社会特权；正是如此，这场资产者与封建统治者之间的斗争绝不是为了实现"人的解放"即解放一切人。它不是要消灭私有制本身，而是要消灭作为私有制特殊形式的封建所有制，并以一种新的私有制——资本私有制——取而代之。在资产阶级革命进行的过程中，"在人的自我解放力求以政治自我解放的形式进行的时期，国家是能够而且必定会做到废除宗教、根除宗教的"，但是达到这一目的之途径或手段只能是消灭私有制，即"这只有通过废除私有财产、限定财产最高额、没收财产、实行累进税，通过断头台，才能做到"②。但这显然就超出了资产阶级革命及其政治解放的范围了，因为资产者发动革命的根本目的只是要重建私有制而非消灭私有制。

因此，破解"犹太人问题"的根本之道绝不能诉诸纯粹的宗教批判，而是必须诉诸革命实践。既然问题的症结是资产阶级革命及其政治解放的不彻底性，那么就自然地引出了解决问题的方法。马克思由此将分析的重点转向了如何克服资产阶级革命的局限性这一课题，即如何将"政治解放"提升到"人的解放"的高度。透过马克思对这一问题的分析，我们可以进一步更为具体地感受到马克思的哲学世界观之彻底唯物主义化的鲜明特质。马克思以"市民社会决定国家"为原理支撑，唯物主义地揭示了"政治解放"对于封建社会的变革作用："政治解放同时也就是同人民相异化的国家制度即统治者的权力所依据的旧社会的解体。"因此，"政治革命是市民社会的革命"③。在马克思看来，"旧的市民社会"即封建社会本身直接地具有"政治性质"，这是因为，在封建所有制条件下，市民社会的要素如财产、家庭、劳动力，分别以领主权、等级和同业公会的形式"上升为国家生活的要素"④。但是这样一来，就必然会导致由市民社会所派生的国家转而成为前者的主宰，"国家统一体，作为这种组织的结果……必然表现为一个同人民相脱离的统治者及其仆从的特殊事物"⑤。资产阶级的"政治革命"打倒了即推翻了旧

---

① 马克思：《论犹太人问题》，《马克思恩格斯全集》第3卷，人民出版社2002年版，第174页。
② 马克思：《论犹太人问题》，《马克思恩格斯全集》第3卷，人民出版社2002年版，第175页。
③ 马克思：《论犹太人问题》，《马克思恩格斯全集》第3卷，人民出版社2002年版，第186页。
④ 马克思：《论犹太人问题》，《马克思恩格斯全集》第3卷，人民出版社2002年版，第186页。
⑤ 马克思：《论犹太人问题》，《马克思恩格斯全集》第3卷，人民出版社2002年版，第186页。

的封建统治者的权力,它"消灭了市民社会的政治性质"。但是,"国家的唯心主义的完成同时就是市民社会的唯物主义的完成"①,资产阶级革命及其所实现的"政治解放"只是去除了市民社会的"政治性",但并未改变反而是强化了在旧的市民社会废墟上建立起来的新的国家政权的统治地位,于是这就彻底地暴露了资产阶级政治解放的历史限度:"一方面把人归结为市民社会的成员,归结为利己的、独立的个体,另一方面把人归结为公民,归结为法人。"②那么,如何才能克服资产阶级革命及其建立的国家制度的历史限度呢?对此,马克思的结论是必须将资产阶级的政治解放提升到"人的解放"的高度,并对如何实现这一彻底的社会革命作了分析:"只有当现实的个人把抽象的公民复归于自身,并且作为个人,在自己的经验生活、自己的个体劳动、自己的个体关系中间,成为类存在物的时候,只有当人认识到自身'固有的力量'是社会力量,并把这种力量组织起来因而不再把社会力量以政治力量的形式同自身分离的时候,只有到了那个时候,人的解放才能完成。"③马克思由此深刻揭示了资产阶级革命与共产主义革命的本质差异。资产阶级革命的终极目标是"政治解放",即消灭封建专制制度,它并未真正实现"人的解放",它即并未解除私有制对人民的奴役;共产主义革命的首要目标则是"人的解放",既要在政治领域革除私有制对国家、社会的禁锢,又要打破国家对市民社会的政治统治,使得人民享受到真正的自由。

不可否认,马克思的这一论断还比较抽象,甚至尚未彻底在历史观高度与空想社会主义者们区分开来,"仍残留着空想色彩(从以后马克思运用空想这个词的意义上来说),因为它们仅仅是用实际的人的分离状态对立于以非常抽象的形式描述所设想的统一。怎样并且依靠什么力量才能获得这种统一,仍然是悬而未决的问题"④。不过,对于这一"悬而未决的问题",马克思随即就在同期发表于《德法年鉴》上的另一篇文章即《〈黑格尔法哲学批判〉导言》中进行了思考,由此也进一步丰富了自己的新唯物主义哲学观,赋予其将彻底的"理论批判"与彻底的"现实批判"有机统一的鲜明特性。

---

① 马克思:《论犹太人问题》,《马克思恩格斯全集》第 3 卷,人民出版社 2002 年版,第 187 页。
② 马克思:《论犹太人问题》,《马克思恩格斯全集》第 3 卷,人民出版社 2002 年版,第 189 页。
③ 马克思:《论犹太人问题》,《马克思恩格斯全集》第 3 卷,人民出版社 2002 年版,第 189 页。
④ 〔波兰〕莱泽克·科拉科夫斯基:《马克思主义的主要流派》第 1 卷,唐少杰等译,苏国勋等校,黑龙江大学出版社 2016 年版,第 130 页。

三　"批判的武器"与"武器的批判"的统一

同期发表于《德法年鉴》上的另一篇文章即《〈黑格尔法哲学批判〉导言》，可谓《论犹太人问题》的姊妹篇。马克思的哲思逻辑在这篇文章中得以进一步深化。奠基于求解"犹太人问题"的思想成果，马克思将哲思不仅深入了德国社会矛盾之中，而且将对于现实的"哲学批判"提升为对资本时代的变革，基于哲学观的高度实现了"批判的武器"和"武器的批判"的有机统一。

（一）哲学作为"此岸世界"的真理

就内在逻辑关系而言，《〈黑格尔法哲学批判〉导言》显然是基于《论犹太人问题》的研究成果，进一步对该论著中求解"犹太人问题"而暴露的重大时代课题进行了思考。这一重大时代课题的实质蕴含着双重规定：一是"政治解放"与"人类解放"的关系问题；二是实现"人的解放"的现实路径问题。马克思对这两个问题进行了深刻的哲学思考；而作为思考的结果则反过来使得马克思哲学思想的内容和形式得以丰富，更为具体而又鲜明地展现出了新旧哲学的本质差异，展示了作为"此岸世界"的真理的新哲学对作为形而上学的旧哲学的超越意蕴。

《论犹太人问题》中深刻地对宗教的现实根源给予了唯物主义的揭示：马克思将包括犹太教在内的所有宗教的根源归结为国家与市民社会的矛盾及其分裂的结果。在《〈黑格尔法哲学批判〉导言》中，马克思深化了对问题的认识，将对宗教本质的揭示提升到了彻底的唯物主义"宗教批判"的向度。马克思对问题的分析，展现了他在哲学观层面已超出了费尔巴哈人本学唯物论视域的事实。马克思吸收了费尔巴哈对宗教的人本学唯物主义批判的成果。他认为，就当时的德国而言，从理论上即从纯粹哲学层面"对宗教的批判基本上已经结束"[1]，这是费尔巴哈的巨大功绩。在《论基督教的本质》中，费尔巴哈深刻地对包括基督教在内的全部宗教实施了唯物主义还原："人的精神、灵魂、心，其实就是他的上帝：上帝是人之公开的内心，是人之坦白的自我；宗教是人的隐秘的宝藏的庄严揭幕，是人

---

[1] 马克思：《〈黑格尔法哲学批判〉导言》，《马克思恩格斯全集》第3卷，人民出版社2002年版，第199页。

最内在的思想的自白。"① 在马克思看来，费尔巴哈基于人本学维度对宗教的唯物论还原，从世界观和认识论相统一的双重视角揭示了宗教的本质。它既是一种颠倒的世界观，也是一种唯心主义的认识论幻象，实际上是人对自身的主体性绝对化的结果。但马克思并未满足于对问题的这种抽象的哲学分析，而是将问题提升到了一个新的高度。马克思高度认可费尔巴哈"人创造了宗教，而不是宗教创造人"的思想，他也认同费尔巴哈由此将"宗教"归结为"还没有获得自身或已经再度丧失自身的人的自我意识"②的结论；但马克思所关注的不是人与宗教的理论上的一般联系，而是二者之间在现实上的内在联系。在马克思看来，费尔巴哈遗漏了对这样一个十分重要的基本事实的考察："人不是抽象的蛰居于世界之外的存在物。人就是人的世界，就是国家，社会。"③ 不同于费尔巴哈将人视为不同于自然物的"存在者"，脱离社会现实和时代发展而形而上学地追问宗教的本质，不同于费尔巴哈根本上仍然是基于柏拉图主义的架构去对宗教的本质进行纯理论的构造，马克思坚定地站在现实社会发展的地基上，立足于国家与市民社会的矛盾关系，极力追溯宗教的现实根源及其与现实世界的辩证联系。

在马克思看来，"人创造了宗教"这一命题必须放到国家与市民社会的矛盾关系维度进行认识。"这个国家、这个社会产生了宗教，一种颠倒的世界意识，因为它们就是颠倒的世界。"④ 马克思并不否认人创造宗教的主体作用，但他只是将人的作用视为宗教产生的"主观条件"（认识论意义上的思想根源）。在此意义上，"宗教"的确是费尔巴哈所深刻界定的"颠倒的世界意识"。马克思对问题的看法进一步延伸到了费尔巴哈未曾抵达的境域：是什么推动着人的头脑产生这样一种颠倒幻象？这一至关重要的问题，不仅直接关涉到宗教的真正的本质，而且还是揭开宗教的"秘密"的要害所在。追问这一问题对于马克思的新唯物主义哲学革命意义重大。马克思对此在《德意志意识形态》中给予了一个十分深刻的说明："由于费尔巴哈揭露了宗教世界是世俗世界的幻想（世俗世界在费尔巴哈那里仍然不过是些词句），

---

① 〔德〕费尔巴哈：《基督教的本质》，荣震华译，商务印书馆2017年版，第18页。

② 马克思：《〈黑格尔法哲学批判〉导言》，《马克思恩格斯全集》第3卷，人民出版社2002年版，第199页。

③ 马克思：《〈黑格尔法哲学批判〉导言》，《马克思恩格斯全集》第3卷，人民出版社2002年版，第199页。

④ 马克思：《〈黑格尔法哲学批判〉导言》，《马克思恩格斯全集》第3卷，人民出版社2002年版，第199页。

在德国理论面前就自然而然产生了一个费尔巴哈所没有回答的问题：人们是怎样把这些幻想'塞进自己头脑'的？这个问题甚至为德国理论家开辟了通向唯物主义世界观的道路，这种世界观没有前提是绝对不行的，它根据经验去研究现实的物质前提，因而最先是真正批判的世界观。这一道路已在'德法年鉴'中，即在'黑格尔法哲学批判导言'和'论犹太人问题'这两篇文章中指出了。"① 这无疑是马克思关于他所发动的新唯物主义哲学革命的实质及其逻辑的自我阐释。这一阐释再次强调指出了费尔巴哈哲学理论建制的柏拉图主义性质，并揭示了新旧唯物主义在问题域及其哲思深度上的本质差异。马克思致力于创建的新唯物主义摒弃了旧唯物论的形而上学运思方式，解答了为其所触及但并未进行深入思考的问题。正是对这一问题即人们为何会产生像宗教这样的颠倒的世界观幻象的深度追问，为马克思克服旧唯物论的根本局限、旧哲学的固有弊病提供了契机，因而推动着马克思开辟"通往唯物主义世界观"即创建新唯物主义哲学的道路。

在这个阐释中，马克思特别强调，这条新唯物主义哲学道路已然在《德法年鉴》上开启了，即通过发表于《德法年鉴》上的两篇文章而体现了出来。那么具体是如何体现的呢？我们可以看到，以求解宗教问题为契机，马克思摒弃了旧哲学对宗教的本质的形而上学追问方式，将之提升到了彻底的唯物主义的"宗教批判"的高度。一方面，马克思追随费尔巴哈将宗教的物质根源归结为现实世界，由此坚守了唯物主义的基本哲学立场；另一方面，马克思则更为具体地对现实世界究竟如何派生出宗教这个问题进行了深入哲学求解。《论犹太人问题》将问题的答案追溯到了国家与市民社会的矛盾这里，《〈黑格尔法哲学批判〉导言》的思考更为具体化。马克思明确地将宗教视为现实世界的"总理论"，并深刻揭示了宗教对于现实世界的遮蔽作用：它是现实世界的"包罗万象的纲要""具有通俗形式的逻辑""唯灵论的荣誉问题［Point-d'honneur］"，归根结底，宗教是现实世界"借以求得慰藉和辩护的总根据"②。正是如此，马克思认为，宗教并非纯粹主观的观念，而是观念化的现实，"宗教是人民的鸦片"③，它实则是统治者（这里主要指德国封建统治者）麻痹人民的工具；所谓的"宗教批判"要批判的真正对象，

---

① 马克思、恩格斯：《德意志意识形态》，《马克思恩格斯全集》第3卷，人民出版社1960年版，第261页。
② 马克思：《〈黑格尔法哲学批判〉导言》，《马克思恩格斯全集》第3卷，人民出版社2002年版，第199页。
③ 马克思：《〈黑格尔法哲学批判〉导言》，《马克思恩格斯全集》第3卷，人民出版社2002年版，第200页。

这一批判的矛头要对准的目标并非作为教义的宗教，而是滋生宗教的现实世界，对宗教的"批判"实则就是要与被宗教的"神圣光环"遮蔽的"苦难尘世"作斗争。就批判的目的或目标而言，马克思摒弃了费尔巴哈"重建宗教"即建立一个以"爱"为轴心的"新宗教"的形而上学幻象，而是以"宗教批判"为中介转向对滋生宗教的现实世界的批判，即解除宗教对人民的精神奴役，使得他们正视不合理的现存现实并积极地"来建立自己的现实"①。

基于此，马克思再次对哲学与世界的关系问题给予了解答。"因此，真理的彼岸世界消逝以后，历史的任务就是确立此岸世界的真理。人的自我异化的神圣形象被揭穿以后，揭露具有非神圣形象的自我异化，就成了为历史服务的哲学的迫切任务。于是，对天国的批判变成对尘世的批判，对宗教的批判变成对法的批判，对神学的批判变成对政治的批判。"② 以彻底的唯物主义的"宗教批判"为契机，马克思再次深刻阐发了哲学与世界的关系，并由此展示了新旧哲学在哲学观上的本质差异。我们知道，在此之前，在《博士论文》中，在《莱茵报》上，马克思都对此做过相应的分析。马克思此处对问题的分析不是重述以往的观点，而是展现了其哲学观在进一步地发生质变，即呈现出彻底的"从唯心主义转向唯物主义"的变革意蕴。马克思已然深刻地意识到，宗教和旧时代的哲学体系本质上都是"颠倒的世界意识"，都是意图确立关于"彼岸世界"（"神的王国"、理念世界）的"真理"；既然已经确证了这种充满先验色彩的形而上学幻象的颠倒特质——将人与世界的真实关系本末倒置——，那么就不应再沉醉于这种幻梦之中，而是应该彻底摒弃这种形而上学幻象的构造。那么这是否意味着要绝对地"弃绝哲学"呢？马克思并未陷入海德格尔所谓的虚无主义之中。对旧哲学的彻底批判必然导致一个积极的结果，亦即必然推动着新哲学的诞生。旧哲学本质上是关于"彼岸世界"的"真理"，那么作为旧哲学的对立面的新哲学则是要确立"此岸世界"的"真理"。所谓的"彼岸世界"不过是神学家和哲学家在头脑中将现实世界构造为"观念世界"；而所谓的"此岸世界"并非孤立于人之外的自然界，而是人们生活于其中的并且由他们所创造出来的现实世界。马克思将哲学之思从"彼岸世界"移入"此岸世界"，实质上是要将哲学确立为关于现实世界的真理。何以确立？马克思诉诸批判。但这一"批判"并

---

① 马克思：《〈黑格尔法哲学批判〉导言》，《马克思恩格斯全集》第3卷，人民出版社2002年版，第200页。

② 马克思：《〈黑格尔法哲学批判〉导言》，《马克思恩格斯全集》第3卷，人民出版社2002年版，第200页。

未像旧哲学那样耽于"纯粹理性批判",毋宁说,马克思将"批判"提升到了"实践批判"即变革不合理的"尘世"现实世界的高度,"他把社会现实的批判、法和政治的批判提到日程上来"①。马克思由此不仅赋予新哲学崭新的"批判"特质,还锚定了其不同于旧哲学的根本要务亦即批判对象:不仅要批判国家制度,还要对市民社会本身展开批判。在马克思看来,唯其如此,哲学才不再是沉醉于"观念世界"之中的先验玄思,哲学才能够成其所是亦即确立关于"此岸世界"即现实世界的真理。

(二)哲学作为无产阶级解放的思想武器

问题在于,新哲学将如何通过"批判"而确立关于现实世界的真理呢?这一由"宗教批判"所触发的问题,事实上也是《论犹太人问题》提出但并未解答的疑难。马克思深刻意识到了必须以共产主义革命扬弃资产阶级革命,由此才能克服后者耽于"政治解放"的限度,从而真正将革命提升到"人的解放"的境地。但对于革命主体这一问题,即究竟由谁来担负起这场重大社会革命的问题,马克思并未给予深入分析。在《〈黑格尔法哲学批判〉导言》中,马克思对这一重要问题进行了深入分析,深刻揭示了哲学与无产阶级之间的本质联系,将哲学建构为无产阶级解放的"思想武器"。

马克思深刻揭示了旧哲学与旧制度的内在联系,即剖析了德国哲学与德国的社会现实之间的本质联系。德国哲学根源于德国现实,"德国的法哲学和国家哲学是唯一与正式的当代现实保持在同等水平上[al pari]的德国历史"②。马克思强调,德国人民必须将德国哲学视为自己民族的"梦想的历史",并且必须将其"归入自己的现存制度"③。因此,德国哲学实则是观念化的"德国现实",是德国哲学家们在自己的头脑中将德国社会发展构造为一种思辨的"观念体系"。就当时而言,德国社会发展已然落后于时代的发展,当邻国即英国和法国已通过工业革命进入资本时代之际,德国仍然停留在封建时代。在这种情况下,德国人民若想变革德国现实,就必须在理论上和实践中对落后的德国现实进行彻底的批判:不仅要批判"这种现存制度"即德国的封建专制制度,同时还要批判作为"这种制度的抽象继续"的德国

---

① 《马克思向唯物主义和共产主义世界观的最终转变》,姚颖主编《马克思主义研究资料》第11卷,中央编译出版社2015年版,第97页。
② 马克思:《〈黑格尔法哲学批判〉导言》,《马克思恩格斯全集》第3卷,人民出版社2002年版,第205页。
③ 马克思:《〈黑格尔法哲学批判〉导言》,《马克思恩格斯全集》第3卷,人民出版社2002年版,第205页。

哲学。就批判的落脚点亦即根本目的而言，必须克服如下这双重的局限性：一是局限于对德国现存封建制度的"直接否定"；二是局限于意图将"观念上的国家和法的制度"直接在德国实现。这两种做法都割裂了"理论"与实践、哲学与现实的辩证联系。前者遗漏了"思想革命"即彻底的"哲学批判"是社会革命的有机构成的事实；后者则将"哲学批判"绝对化为社会革命的决定力量。就当时的德国而言，这两种错误倾向分别体现为两个政治派别即"实践政治派"和"理论政治派"的政治立场。前者虽然合理地提出了"否定哲学"的要求，但却仅仅停留在口头上，即停留于主观的拒斥。该派天真地认为，"只要背对着哲学，并且扭过头去对哲学嘟囔几句陈腐的气话"①，那么，这就好像实现了"对哲学的否定"；后者则偏狭地将革命斗争仅仅理解为"纯粹哲学批判"即"哲学同德国世界的批判性斗争"，该派遗漏了这样一个事实："迄今为止的哲学本身就属于这个世界"，它是这个现实世界的"观念的补充"②。马克思认为，这两派共同的问题是没有真正从哲学与现实世界的辩证统一关系维度去思考问题，导致他们无法真正将"批判"推至彻底，即提升到"变革现实"和"消灭哲学"的高度。正是立足于必须对现实世界进行彻底的唯物主义批判的思想高度，马克思分别揭示了这两派所犯的错误的根本症结。马克思将实践政治派的症结归结为："不使哲学成为现实，就不能够消灭哲学"；同时，他将理论政治派的"根本缺陷"归结为："不消灭哲学，就能够使哲学成为现实。"③ 归根结底，这两派都未能将"革命的理论"同"革命的实践"有机统一。

正是基于哲学与现实世界之间的辩证联系，马克思进一步地揭示了"德国形而上学"与德国社会现实和时代发展之间的同一性关系。基于前期即自克罗茨纳赫到《德法年鉴》时期对黑格尔哲学的系统研究，马克思深刻揭示了黑格尔哲学与德国社会现实之间的内在联系："德国的国家哲学和法哲学在黑格尔的著作中得到了最系统、最丰富和最终的表述。"④ 这一论断不仅肯定了黑格尔是德国古典哲学的完成者的身份，而且也肯定了黑格尔哲学是传统形而上学的完成者的身份。进一步地，马克思站在与黑格尔截然相反的哲

---

① 马克思：《〈黑格尔法哲学批判〉导言》，《马克思恩格斯全集》第3卷，人民出版社2002年版，第206页。
② 马克思：《〈黑格尔法哲学批判〉导言》，《马克思恩格斯全集》第3卷，人民出版社2002年版，第206页。
③ 马克思：《〈黑格尔法哲学批判〉导言》，《马克思恩格斯全集》第3卷，人民出版社2002年版，第206页。
④ 马克思：《〈黑格尔法哲学批判〉导言》，《马克思恩格斯全集》第3卷，人民出版社2002年版，第206页。

学立场即唯物主义的哲学地基上，揭示了黑格尔的"思辨的法哲学"与黑格尔所处的时代之间的内在联系：这种关于现代国家的"抽象而不切实际的思维"，"它的现实仍然是彼岸世界，虽然这个彼岸世界也只在莱茵河彼岸"①。马克思并不关心黑格尔是如何构造出这样一个思辨的"法哲学体系"的，他关心的问题是究竟是什么力量推动着黑格尔在自己的头脑中去进行这样的思辨构造。马克思据此认为，通过对黑格尔法哲学的唯物主义批判，通过对黑格尔颠倒的哲学体系的"再颠倒"，可以显露出这样一个"隐秘的事实"："如果德国国家制度的现状表现了旧制度的完成，即表现了现代国家机体中这个肉中刺的完成，那么德国的国家学说的现状就表现了现代国家的未完成，表现了现代国家的机体本身的缺陷。"② 透过德国的封建专制制度，可以充分看出"旧制度"即建基在私有制基础之上的国家制度的腐朽性；而透过作为"旧制度"的观念形式的"德国形而上学"，则可以看到其所憧憬和希冀建立的所谓的"现代国家"的局限性。当马克思的基本哲学立场（世界观）完成了"双重转向"之际，他对于德国现实和德国形而上学的历史局限的认识就越发得清醒。

　　问题在于，如何才能破解难题呢？亦即如何才能真正达到对德国社会现实的彻底唯物主义批判呢？对此，马克思给出了十分明确的答复："对思辨的法哲学的批判既然是对德国迄今为止政治意识形式的坚决反抗，它就不会面对自己本身，而会面向只有用一个办法即实践才能解决的那些课题。"③ 从马克思的这些表述中，我们可以看出这里内蕴着双重批判的向度。一是批判德国社会现实即彻底从根基处铲除私有制对德国的统治；二是批判德国形而上学即彻底地基于原则高度消灭这种作为"形而上学"的"旧哲学"。这二者共同地聚焦到一个点上，即德国究竟能否超出"旧制度"的限度政治而实现"人的解放"，问题的实质是"德国能不能实现有原则高度的［à la hauteur des principes］实践"④。马克思所说的这一"原则高度的实践"是指彻底改变德国落后于时代发展的社会现实，即彻底变革德国的封建专制的"社会革命"；这是一场不但可以将德国提高到现代各国的"正式水准"，"而且

---

① 马克思：《〈黑格尔法哲学批判〉导言》，《马克思恩格斯全集》第3卷，人民出版社2002年版，第207页。
② 马克思：《〈黑格尔法哲学批判〉导言》，《马克思恩格斯全集》第3卷，人民出版社2002年版，第207页。
③ 马克思：《〈黑格尔法哲学批判〉导言》，《马克思恩格斯全集》第3卷，人民出版社2002年版，第207页。
④ 马克思：《〈黑格尔法哲学批判〉导言》，《马克思恩格斯全集》第3卷，人民出版社2002年版，第207页。

提高到这些国家最近的将来要达到的人的高度"的"革命"①。

围绕着德国究竟能否发生这样一场实现"人的解放"的"共产主义革命"这一重大时代课题，基于"德国现实"与"德国形而上学"的相互缠绕的本质联系，马克思提出了将"批判的武器"与"武器的批判"有机统一的思想。马克思以警句形式提出了这一深刻而又重要的思想："批判的武器当然不能代替武器的批判，物质力量只能用物质力量来摧毁；但是理论一经掌握群众，也会变成物质力量。理论只要说服人［ad hominem］，就能掌握群众。"②所谓"批判的武器"是指"哲学"，但它又不是作为"形而上学"的"旧哲学"，而是指牢牢以共产主义革命为实践根基、将"消灭旧世界"和"建立新世界"作为根本主题的"新哲学"，实则就是指马克思一直致力于创建的新唯物主义；所谓"武器的批判"是指共产主义革命实践，即以消灭私有制为根本出发点、以"人的解放"——解除私有制对人类社会的统治和奴役——为根本落脚点的无产阶级革命。这二者之间不是对立关系，而是有机统一的关系。"批判的武器"即新哲学是这场伟大的社会革命的精神要素，为无产阶级从原则高度认识到旧世界必然灭亡、新世界必然扬弃旧世界提供思想武器；"武器的批判"则是指这场伟大的社会革命的实践要素，实际上就是这场由无产阶级领导、无产者作为主体力量的共产主义革命实践本身。虽然"武器的批判"是第一位的，但是"批判的武器"也是不可或缺的。特别是对于深受基督教禁锢的德国来说，对宗教和德国形而上学的批判，不仅会在整个德国思想界起到"理论的解放"③即思想启蒙的作用，而且这一理论领域的思想解放运动本身就是革命的前奏。

马克思以共产主义的社会理想作为根本理念支撑，对究竟如何推动德国走向共产主义这一课题展开唯物主义求解。我们应看到，马克思并非要为当时的德国社会设计出一套现成的或既定的"共产主义方案"；毋宁说，他实则是以德国为标本，基于原则的高度亦即立足于新唯物主义的哲学观，对这一课题进行深刻哲学求解：究竟如何才能推动"旧世界"朝着"新世界"转化？因此，马克思所真正关注的问题是这场伟大社会革命的必然性及其实现路径。基于"彻底的革命只能是彻底需要的革命"这一原则，马克思十分

---

① 马克思：《〈黑格尔法哲学批判〉导言》，《马克思恩格斯全集》第3卷，人民出版社2002年版，第207页。
② 马克思：《〈黑格尔法哲学批判〉导言》，《马克思恩格斯全集》第3卷，人民出版社2002年版，第207页。
③ 马克思：《〈黑格尔法哲学批判〉导言》，《马克思恩格斯全集》第3卷，人民出版社2002年版，第208页。

清醒地意识到"这些（指共产主义革命——笔者注）彻底需要所应有的前提和基础"，在当时的德国"看来恰好都不具备"①。这实则意味着，德国尚不具备共产主义革命的"物质基础"。但是，这是否意味着德国永远也不可能发生一场彻底消灭私有制的社会革命？马克思对此持否定的态度，他坚定地认为："光是思想力求成为现实是不够的，现实本身应当力求趋向思想。"②在马克思看来，共产主义革命的"物质基础"绝不是一下子就具备了，绝不可能突然就从天上掉下来。马克思极力强调的是，革命的必然性及其可能性奠立于革命的实践进程，革命的性质及其所要达到的斗争目标，作为革命过程的必然结果，是在进行革命的过程中逐步地实现和达成的。因此，问题不在于德国究竟何时爆发革命，问题在于德国彻底消灭私有制的必然性、可能性及其实现路径是什么。坚持以"市民社会决定国家"为原理支撑，立足于对资产阶级革命及其"政治解放"的局限性的认知，马克思对这一重大时代进行了深入的唯物主义解析。

马克思认为，鉴于英国、法国乃至于美国的基本事实，德国根本不能寄希望于通过一场资产阶级革命消除私有制对人的奴役，对于德国人民来说，像这样的"部分的纯政治的革命，毫不触犯大厦支柱的革命"是"乌托邦式的梦想"，他们遭受私有制奴役的命运无法通过这样的资产阶级性质的"政治解放"而得以改变，而只能诉诸"彻底的革命、全人类的解放"亦即共产主义革命。在马克思看来，这不仅仅是适合于德国的"特殊方案"，而是包括德国在内任何一个被私有制统治的国家的一般发展道路。因此，问题就超出了德国的地域狭隘性而上升到了时代的高度，即被提升为一个重大的时代课题：唯有"摧毁当代政治的普遍障碍"，才能"摧毁德国特有的障碍"③。马克思由此深度阐发了无产阶级革命的发生逻辑与新哲学的建构原则的内在联系。

其一，由无产阶级主导的共产主义革命的爆发具有必然性，实则是国家与市民社会矛盾关系在私有制条件下不可调和的必然结果。德国人民以及全人类获得"共产主义解放"的"实际可能性"潜藏在现代国家的本质结构之中。在私有制条件下，国家与市民社会的二元分离，国家作为独属

---

① 马克思：《〈黑格尔法哲学批判〉导言》，《马克思恩格斯全集》第3卷，人民出版社2002年版，第209页。
② 马克思：《〈黑格尔法哲学批判〉导言》，《马克思恩格斯全集》第3卷，人民出版社2002年版，第209页。
③ 马克思：《〈黑格尔法哲学批判〉导言》，《马克思恩格斯全集》第3卷，人民出版社2002年版，第210页。

于私有阶级的政治机构对市民社会的政治统治，由此必然会孕育出"一个被戴上彻底的锁链的阶级"即"一个并非市民社会阶级的市民社会阶级"。这个阶级即无产阶级的出现使得内蕴于现代国家本质结构之中的矛盾彻底暴露："社会解体的这个结果，就是无产阶级这个特殊等级。"① 无产阶级的出现不是自然形成的结果，"而是人工制造的贫民"，这是社会从封建时代朝着资本时代发展的必然结果，就德国而言，"德国无产阶级只是通过兴起的工业运动才开始形成"②的。因此，私有制社会自身不可调节的矛盾必将孕育出无产阶级，必将导致市民社会沦为"这样一个领域，它表明人的完全丧失，并因而只有通过人的完全回复才能回复自己本身"，这构成彻底解除私有制对市民社会的政治统治的根据，也是共产主义革命发生的历史必然性。

其二，无产阶级唯有彻底消灭私有制才能改变自己的悲惨命运，唯有解放全人类才能解放自身。"无产阶级宣告迄今为止的世界制度的解体，只不过是揭示自己本身的存在的秘密，因为它就是这个世界制度的实际解体。"③这实则意味着，无产阶级的出现及其存在与资本私有制的解体二者构成必然的内在联系。马克思强调，无产阶级"否定私有财产"制度即消灭私有制的革命诉求，不是纯粹主观的设想，"不过是把社会已经提升为无产阶级的原则的东西……提升为社会的原则"④。因此，马克思这里虽则抽象但却正确地道明了这样一个事实：无产阶级革命的必然性与人类社会发展的规律性内在契合。唯有从社会历史发展的规律性的维度，唯有从根基处彻底变革现代社会的私有性质，才能真正消灭"旧世界"而创建"新世界"。无产阶级才能由此获得真正而又彻底的解放。

其三，哲学与无产阶级解放全人类并解放自身的共产主义革命是辩证统一的关系。"马克思要求的不再是对有思想的人和受苦难的人的理解，而是哲学和无产阶级的结合。"⑤ 马克思哲学"消灭旧世界"并"建立新世界"

---

① 马克思：《〈黑格尔法哲学批判〉导言》，《马克思恩格斯全集》第3卷，人民出版社2002年版，第213页。
② 马克思：《〈黑格尔法哲学批判〉导言》，《马克思恩格斯全集》第3卷，人民出版社2002年版，第213页。
③ 马克思：《〈黑格尔法哲学批判〉导言》，《马克思恩格斯全集》第3卷，人民出版社2002年版，第213页。
④ 马克思：《〈黑格尔法哲学批判〉导言》，《马克思恩格斯全集》第3卷，人民出版社2002年版，第213页。
⑤ 《马克思向唯物主义和共产主义世界观的最终转变》，姚颖主编《马克思主义研究资料》第11卷，中央编译出版社2015年版，第101页。

的哲学观原则，这一彻底唯物主义的哲学立场，必然地要诉诸彻底的革命实践，"哲学把无产阶级当作自己的物质武器"；这一"彻底的革命实践"不是盲目的行动，而是以科学的哲学理论为理论指导和智慧指引的共产主义运动，"同样，无产阶级也把哲学当作自己的精神武器"。这样一来，哲学与无产阶级就在历史朝着共产主义行进的革命实践进程中结成了辩证统一的关系。哲学是这场彻底社会革命的"头脑"，无产阶级则是其"心脏"；"哲学不消灭无产阶级，就不能成为现实"，哲学唯有对现代社会和人类社会的"必然规律"进行彻底唯物主义的探索，才能真正替代旧的"形而上学哲学"而成其为新哲学；"无产阶级不把哲学变成现实，就不可能消灭自身"，无产阶级唯有在新哲学所揭示的社会历史发展规律的指引下，唯有切实地在"消灭旧世界"的过程中"建立新世界"，才能彻底解除私有制的奴役和禁锢而获得自由和解放。"马克思在《德法年鉴》里阐述了关于工人阶级历史作用学说的一些要素，只是随着《资本论》的撰写，这一学说才达到了科学上必需的成熟程度。但是，揭示无产阶级的历史作用是科学地论证共产主义学说的最重要的出发点……对工人阶级的支持，使他能够冲破由资产阶级的阶级立场决定的社会认识的局限性，这是制定唯物史观的决定性前提之一。"①

总之，从旅居克罗茨纳赫到创办《德法年鉴》这一时期，马克思的世界观在越发丰富的革命实践中得到淬炼，彻底地从唯心主义转向了唯物主义、从革命民主主义了转向共产主义。如何理解马克思世界观所实现的"双重转向"？其一，马克思完全摒弃了旧哲学从观念出发构造世界的柏拉图主义世界观，截然相反地将客观世界作为思想和观念的"原本"（所谓"本体"），这就成功地将哲学奠定在了唯物主义哲学基础之上；其二，马克思同时又克服了旧唯物主义者（费尔巴哈）"强调自然过多而强调政治太少"的局限性，极力构建哲学与政治的"联盟"，这就赋予唯物主义世界观以实践的即革命的和批判的新内涵；其三，这一革命的、批判的唯物主义世界观根本无意于"教条地预期未来"，而是要在"批判旧世界"的过程中"发现新世界"，这就彻底地将哲学从哲学家们的头脑和"纯粹理论体系"中解放了出来，交付给了无产阶级，为无产阶级变革和推动世界历史发展的共产主义运动提供了思想武器。

---

① 《马克思向唯物主义和共产主义世界观的最终转变》，姚颖主编《马克思主义研究资料》第11卷，中央编译出版社2015年版，第102页。

第五章 马克思对旧哲学理论建制的颠覆和瓦解

以上可见，马克思的哲学思想在《德法年鉴》时期产生了一个显著的质的飞跃。马克思在青年时代树立的哲学理想得以基本实现。他所主张的"哲学的世界化"和"世界的哲学化"的哲学观越发在革命实践活动中被具体化。哲学"世界化"的目标和任务得以明确。彻底理性的哲学应以建设一个美好的"新世界"为目标，其任务就是为着这个目标而对"旧世界"即不合理的现存现实进行革命的批判和改造。由此带来的结果必然是世界的"哲学化"。植根于现实的哲学批判必将成为引领时代变革的力量，必将促使"旧世界"瓦解而走向其崭新的形态即"新世界"。由此，哲学与世界的辩证联结在实践中的结果是人与世界、人与人关系的和谐，即全人类摆脱私有制的奴役而获得真正的解放。我们看到，马克思不仅为我们勾勒出了一种崭新的哲学观、一个美好的"理想世界"，而且对实现理想的必然性根据作了深刻的论证。但马克思的哲思逻辑本身也蕴含着固有的限度。国家与市民社会的"矛盾"的本质究竟是什么？其根源又是什么？为什么这一矛盾运动的趋势和结果必然是共产主义革命和人类解放？"一无所有"的工人阶级何以担负起这场伟大的社会革命，其革命主体性何以确保？等等。这些问题亟待进一步去探索和解答。

从1844年到1846年，在这两年间，马克思写作了《1844年经济学哲学手稿》《神圣家族》等著作。在这些著作中，立足于之前的思想成果，马克思对旧哲学展开更加彻底的批判。马克思基于彻底革命和批判的唯物主义哲学观立场，深度剖析了黑格尔及其以后的德国哲学的历史观的唯心主义迷误，在破解"历史之谜"的同时确立了唯物主义的历史观。由此，马克思颠覆和瓦解了整个传统西方哲学的理论建制，为新唯物主义哲学的确立奠定了坚实的理论前提。

一　市民社会解剖奠定马克思哲学革命的根基

《德法年鉴》停刊以后，马克思哲学变革进入一个新的时期。马克思1843年底开始钻研政治经济学，1844年春天给自己提出一个任务，即在报刊上从唯物主义和共产主义的立场来批判资产阶级的政治经济学。在深入研究政治经济学的过程中，马克思越发意识到解剖当下资产阶级社会的经济关系结构的必要性。马克思因此就改变了原有的计划，放弃了既批判资产阶级政治经济学及其附属的资本主义私有制，又批判黑格尔法哲学这一计划。马克思计划在研究的基础上写一部著作来实施新的计划。他打算出版一本《政治和政治经济学批判》。1845年2月1日，马克思与出版商列斯凯签订了该书两卷本的出版合同。在《1844年经济学哲学手稿》（以下简称《手稿》）的序言中，"以及在马克思和恩格斯的档案里面发现的他们跟达姆斯塔德的出版人列斯凯签订的合同，都证明了这一点"[1]。但由于写作《神圣家族》，马克思推迟了政治经济学的研究及批判任务，并推迟了这部著作的出版。马克思在1846年给出版商的信中对此作了说明："我认为，最重要的是在我正面地阐述问题之前写一本论战性的著作来反对德国的哲学和从那时起就存在着的德国的社会主义。要使群众接受那种和德国过去的科学刚好相反的政治经济学的观点，这样做是必要的。"[2] 马克思这里提到的"论战性的著作"就是指《德意志意识形态》。1847年2月，出版商取消了出版合同。

马克思在1843—1845年（《神圣家族》之前）前后所做的一系列政治经济学研究，根本上是对《德法年鉴》时期研究成果的深入拓展，其核心要务就是对市民社会的解剖。这一工作的详情及其达到的成果，汇聚在残著即现今保留下来的《手稿》之中。这部著作并非直接用于刊印的成型的作品，很大程度上是准备性的研究材料。"然而它却是马克思的最卓越的作品之一。这不仅是因为它对唯心主义哲学和资产阶级政治经济学做了彻底批判，而且是因为马克思在手稿中全面地阐述了自己的新世界观的基本特质。"[3]《手

---

[1] 〔法〕奥古斯特·科尔纽：《马克思恩格斯传》第2卷，王以铸、刘丕坤、杨静远译，生活·读书·新知三联书店1965年版，第129页。

[2] 《马克思致卡尔·威廉·列斯凯》，《马克思恩格斯〈资本论〉书信集》，人民出版社1976年版，第7页。

[3] 〔法〕奥古斯特·科尔纽：《马克思恩格斯传》第2卷，王以铸、刘丕坤、杨静远译，生活·读书·新知三联书店1965年版，第132页。

稿》沿着《德法年鉴》时期所开启的唯物主义世界观道路，专题地将其所确立的总体问题域具体化为"解剖市民社会"。这一基于唯物主义世界观对市民社会领域所展开的批判，其目的是在已然确立市民社会领域对国家的决定地位之际，进一步专题地对二者之间的辩证关系展开深入的剖析。尤其是要澄清推动整个市民社会领域这个矛盾机体本身的原动力及其运行机制。

（一）"市民社会"相关范畴分析

马克思这一关于市民社会领域的解剖工作，牢牢立足于唯物主义世界观的基础之上。一系列的结论都是通过批判国民经济学（英国古典政治经济学的德国别称）而得出的。马克思利用了法国和英国社会主义者，例如，蒲鲁东、卡贝、德莎米、邦纳罗蒂、傅里叶、劳蒂埃尔、维尔加德尔和其他作者的著作。马克思参考了德国社会主义者魏特林的《和谐与自由的保证》及其为正义者同盟写的纲领性著作《人类的现状和未来》。马克思还参考了赫斯与恩格斯的相关著述。赫斯发表于《来自瑞士的二十一印张》中的三篇文章：《社会主义和共产主义》《行动的哲学》《惟一和完全的自由》，以及恩格斯的《国民经济学批判大纲》，给予马克思以特定的重要的引导作用。这些，马克思在《手稿》的序言中给予了说明，"德国人为了这门科学而撰写的内容丰富而有独创性的著作，除去魏特林的著作，就要算《二十一印张》文集中赫斯的几篇论文和《德法年鉴》上恩格斯的《国民经济学批判大纲》"[①]。马克思高度重视费尔巴哈的导向作用。他明确指出，"对国民经济学的批判，以及整个实证的批判，全靠费尔巴哈的发现给它打下真正的基础"[②]。在分析马克思的这一解剖工作的具体内容之前，我们简要地探究一下这一研究工作的思想前提。

蒲鲁东与赫斯的著作对马克思产生重要影响。对蒲鲁东的代表作《什么是所有权》，马克思在《神圣家族》中给予了高度的评价。甚至在《哲学的贫困》中，马克思仍然肯定了这部著作的历史地位，"'什么是财产？'无疑是他最好的著作。这一著作如果不是由于内容新颖，至少是由于论述旧东西的那种新的和大胆的风格而起了划时代的作用"[③]。梅林也高度评价了蒲鲁东

---

① 马克思：《1844年经济学哲学手稿》（马克思诞辰200周年纪念特辑），人民出版社2018年版，第4页。

② 马克思：《1844年经济学哲学手稿》（马克思诞辰200周年纪念特辑），人民出版社2018年版，第4页。

③ 马克思：《论蒲鲁东（给约·巴·施韦泽的信）》，《马克思恩格斯全集》第21卷，人民出版社2003年版，第55页。

的这部著作。他指出,当时的"法国无产阶级认为自己的最卓越的代表就是蒲鲁东,他的《什么是所有权》一书,在一定的意义上是西欧社会主义的最前哨"[1]。蒲鲁东的《什么是所有权》这部著作对人的社会性以及社会结构等,进行了深入的分析。蒲鲁东一般地将人界定为社会生活的动物,在他看来,"人是一种社会生活的动物。社会意味着各种关系的总和,总之就是体系。可是一切体系只能在某些条件之下才能存在"[2]。这个起着决定性的基础和条件,在蒲鲁东看来就是"所有权"。正是在特定所有权的决定下,人才获得自身的社会性。蒲鲁东这部著作确立了一个不乏深刻性的命题"所有权就是盗窃"。蒲鲁东对作为古典政治经济学核心范畴的"所有权"展开了激烈的攻击。他尖锐地指出了所有权的虚假性:"挨饿的肚子是不知道什么叫道德的。"蒲鲁东最终得出了一个被普遍当作天才般的结论"一切以所有权为基础的制度和法律都将消亡"[3]。可以说,蒲鲁东的这些反对现存私有制的见解,无疑很大程度上契合了马克思这一时期的思想发展。科尔纽认为,蒲鲁东"社会发展决定于经济规律,任意干预这一客观进程的企图都是注定要失败"的这些见解,不但"是同作者(蒲鲁东——笔者注)的一般的唯心主义世界观相矛盾的,而且看来是证实了马克思的新观点的正确性"[4]。不过,在特定的意义上,蒲鲁东客观上起着"把当时鼓吹德法联盟的马克思引向了一个正确的方向,即对所有制的批判"[5] 这一推动和导向作用。

赫斯的著作也给予了马克思重要的启发。深受蒲鲁东的影响,赫斯深化了其原有的哲学共产主义思想,并且力图将蒲鲁东与费尔巴哈结合起来。赫斯将费尔巴哈称为"德国的蒲鲁东",并且认为必须"把费尔巴哈的人本主义运用到社会生活中去"[6]。立足于费尔巴哈的宗教异化思想,赫斯揭示了资本主义私有制下的个体与类的颠倒性,并且将人们的意识界定为适应于这一颠倒的世界观。赫斯关于政治经济学也有自己独到的见解。他指出,"实际上,政治经济学同神学一样,关心的根本不是人。国民经济学是尘世的发财

---

[1] 〔德〕梅林:《马克思和恩格斯是科学社会主义的创始人》,何清新译,生活·读书·新知三联书店1962年版,第91页。
[2] 蒲鲁东:《什么是所有权》,孙署冰译,商务印书馆1963年版,第240页。
[3] 蒲鲁东:《什么是所有权》,孙署冰译,商务印书馆1963年版,第106—107页。
[4] 〔法〕奥古斯特·科尔纽:《马克思恩格斯传》第2卷,王以铸、刘丕坤、杨静远译,生活·读书·新知三联书店1965年版,第79—80页。
[5] 张一兵主编:《马克思哲学的历史原像》,人民出版社2009年版,第135页。
[6] Moese Hess, *Hilosophische und Sozialistische Schriften*, 1837 – 1850, Herg. v. w. Mönke, Berlin, 1961, p. 292.

致富的科学，正如神学是天国的发财致富的科学一样"①。在赫斯看来，政治经济学的原理与现实之间是不可调和的对立关系。依照政治经济学，"货币应该是一般的交换手段，因而是生命的中介，是人的能力，是现实的生产力"，然而，在资本主义私有制的现实中，却是截然相反的情景，"货币是彼此异化的人、外化的人的产物"，私有制下是"根据人的钱袋的重量来评价人的……人如果再也不能被拿去出卖，他也就一文不值了"，赫斯甚至认为"货币是凝结成为死的文字的、扼杀生命的交往手段，正如文字是凝结成死的货币的、扼杀精神的交往手段一样"②。赫斯的这些看法，甚至在《德法年鉴》时期就影响了马克思。

然而，马克思并非直接地将蒲鲁东、赫斯以及费尔巴哈等思想家的思想移植到自己的思想中。毋宁说，马克思更多的是将这些思想转化为解决问题的思想养料。对此，只需简要地说明和强调的一点是，马克思是立足于国家与市民社会的矛盾关系对市民社会领域进行解剖的。蒲鲁东、赫斯等人虽然也对所有制进行了批判，但他们仅仅是在政治经济学之内从事批判，因此并未真正专题地对政治经济关系亦即市民社会领域的物质生产生活关系的本质进行分析。

恩格斯发表于《德法年鉴》上的《政治经济学大纲》，具体而又深入地剖析了国民经济学的核心范畴，例如价值、价格、竞争等，以揭示出其所蕴含的矛盾。通过分析，恩格斯确证了资本和劳动二者是对立统一的关系，但是，"经济学家还是把资本和劳动分开，还是坚持这两者的分裂，他只在资本是'积蓄的劳动'这个定义中承认它们两者的统一"。这些人们根本无法消除掉"由私有制造成的资本和劳动的分裂"③及其恶果。私有制导致人和自然的对立，致使土地荒芜成为不毛之地，在人的活动分解为劳动和资本之后，这二者之间的对立更为尖锐地表现出来。恩格斯认为现实中的"繁荣和危机、生产过剩和停滞的反复交替"都是由私有制所导致的恶果，为私有制所固有的对立和分裂，根本无法通过政治经济学消除掉。唯一的办法只能是"全面地变革社会关系，使对立的利益融合、使私有制归于消灭"④。

---

① 〔德〕赫斯：《金钱的本质》，《国际共运史研究资料》第 7 辑，人民出版社 1982 年版，第 188 页。
② 〔德〕莫泽斯·赫斯：《赫斯精粹》，邓习议编译，方向红校译，南京大学出版社 2010 年版，第 162 页。
③ 恩格斯：《国民经济学大纲》，《马克思恩格斯文集》第 1 卷，人民出版社 2009 年版，第 70 页。
④ 恩格斯：《国民经济学大纲》，《马克思恩格斯文集》第 1 卷，人民出版社 2009 年版，第 84 页。

由此可见，恩格斯不但对国民经济学展开了前提批判，戳穿了其依附于私有制并为其辩护的面目，还对资本主义私有制的关系结构尤其是其矛盾对立进行了分析。恩格斯的这些看法为马克思专题的对市民社会的解剖工作提供了重要的导向。科尔纽认为，"恩格斯的这篇文章（马克思后来曾称它为'天才的大纲'）使马克思确信：和资产阶级经济学不同，不应当把经济关系看成是某种永恒的、自在自为的东西，而应当看成是历史的产物；经济关系必然包括在历史过程中并为历史过程所扬弃；必须从资本主义经济制度的矛盾性来批判这一制度；应当把这一制度的消灭看成是它本身辩证发展的结果"①。科尔纽的这一评判非常深刻。但这里需要补充的是，这是恩格斯独立地所得出的和马克思基本一致的见解。

总之，英国、法国及德国相关社会主义者们的思想，以及蒲鲁东、赫斯和恩格斯等人的政治经济学批判思想，被马克思吸收并转化为自己求解问题的思想资源。它们为马克思对市民社会进行唯物主义解剖提供了参考。

"市民社会"（德语 Bürgerliche Gesellschaft，英译词为 Civil Society，又译为公民社会、资产阶级社会）就是现实的人们生活于其中的物质生产生活世界。需要指出的是，"在马克思的著作中，'资产阶级社会'和'资本主义社会'这两个概念，是既有联系，又有区别的……马克思和恩格斯所说的'资产阶级社会'，首先是就它作为一定社会'物质生活关系的总和'而言的……但从另一方面看，马克思这里所说的'市民社会'或'资产阶级社会'，确实也具有'资本主义社会'亦即'资本主义生产方式占统治地位的社会'的性质"②。这是一个历史性的范畴，它随着人类历史的发展不断地获得愈加丰富的内涵。这一范畴最早是由亚里士多德提出的。在古希腊，人的社会身份是由它的政治组织（Politeria）来界定的，由此决定了社会在原则上被政治权力规塑。"对全体希腊人来说，城邦就是一种共同生活"，不过，"城邦的宪法是一种'生活的模式'而不是一种法律结构"③。正是基于对古希腊文明的哲学反思，亚里士多德提出了适应古希腊城邦文明的"Koinohia Politike"这一范畴，它对应于城邦（Polis）。这可谓"市民社会"的最初表达形式。这一范畴是指人们在国家这一政治共同体之中的公共生活和个体存在。古罗马时期，适应于国家这个政治共同体的发展，市民社会也随

---

① 〔法〕奥古斯特·科尔纽：《马克思恩格斯传》第 2 卷，王以铸、刘丕坤、杨静远译，生活·读书·新知三联书店 1965 年版，第 138 页。
② 许兴亚：《马克思的国际经济理论》，中国经济出版社 2002 年版，第 16 页。
③ 萨拜因：《政治学说史》，第 33 页。转引自吴晓明、刘日明《近代法哲学与马克思的社会存在理论》，文汇出版社 2004 年版，第 131—132 页。

之繁荣起来。国家给予私人生活领域以及私人利益以尊重，个人的权利和权益得到法律的保障，罗马人甚至已然按照私人权利的准则去看待君主权利，"换句话说，他们把私人权利看成国家权利的最高准则"①。在封建所有制占据统治地位的中世纪，"个人"完全被湮没在宗教神权和国家特权之下，由此导致了市民社会的发展受到了很大程度的制约。但这并不意味着市民社会的发展在中世纪停滞了。中世纪超出以往时代的一点在于，它在将政治权力机构界定为社会结构之际，因此就部分地超越了古典时代将市民社会全然统摄到国家政治制度及政治生活之中的局限性。

中世纪"这种认为社会并不等同于其政治组织的观点，是近代市民社会概念的渊源之一"②。这实则意味着市民社会在中世纪获得了历史的发展。"资产阶级启蒙后，公民社会开始向市民社会裂变：在封建社会后期，资产阶级的分工与商业开始兴起，新生资产阶级作为政治力量走上历史舞台，市民社会的现实主体从城邦的自由人转变为第三等级的资产阶级。"③ 近代以降，无论是以洛克等为代表的英国经验主义哲学家，还是以康德为代表的大陆哲学家，他们对市民社会的界定基本上没有超出其传统含义。他们都将"市民社会"等同为"政治社会"和"国家"。概括起来，近代的市民社会理论大致可以分为两种模式。一种是洛克的经验主义模式。这种观点认为市民社会先于国家，因而国家要受制于作为基础和前提的市民社会。另一种是带有启蒙法权色彩的孟德斯鸠模式。这种观点认为市民社会要由其政治社会予以界定，从而必须纳入政治社会体系之中。"在这一次视角转换的过程中，形成了以洛克为代表的英国式和以孟德斯鸠为代表的法国式两种互相关联的'市民社会'观念。"④ 但这种模式强调，作为政治国家的代表即君主制必须受制于法权，而法权则须按分权原则的独立的"中间机构"加以捍卫。

"市民社会"在黑格尔这里有了新的发展。"19世纪初，传统关于市民社会概念的所有历史线索全部汇集到了黑格尔《法哲学原理》那里。得益于自身著作的包罗万象，黑格尔实现了市民社会理论的突破，因此成为这方面代表性的思想家。黑格尔第一个实现了将'市民社会'这一概念与社会秩序

---

① 马克思：《黑格尔法哲学批判》，《马克思恩格斯全集》第 1 卷，人民出版社 1956 年版，第 379 页。
② 吴晓明、刘日明：《近代法哲学与马克思的社会存在理论》，文汇出版社 2004 年版，第 132—133 页。
③ 张一兵：《马克思"市民社会"话语实践的历史发生构境》，《东南学术》2021 年第 1 期。
④ 邓正来等编：《国家与市民社会——一种社会理论的研究路径》，中央编译出版社 2002 年版，第 51 页。

的本质关联。"① 黑格尔融会了洛克和孟德斯鸠的思想，将它们纳入自己的法哲学体系之中，并且汲取了英国古典政治经济学的内容，将市民社会与国家严格区分起来。从形式上而言，"市民社会"被建构为与"国家"相并列的一个独立性的范畴；从内容上看，"市民社会"被界定为在家庭和国家之间的一个阶段，是各个独立的单个人在国家这个政治共同体中的联合。因此，市民社会虽然独立于国家之外，"但是在伦理上并不自足，从而需要代表普遍利益的国家对它加以克服"②。黑格尔虽然并没有否认市民社会对国家所起到的前提作用，但这个前提作用更多的是无形式规定的实体支撑。

在《法哲学原理》中黑格尔并未否认市民社会领域的实在性，也注意到了市民社会领域不同于政治国家生活的利己主义特质；但他全然将之纳入政治伦理生活之中。黑格尔对之持有的观点是，"私人虽然是利己的，但是他们有必要把注意力转向别人。这里就存在着一种根源，它把利己心同普遍物即国家结合起来，而国家则必须关心这一结合，使之称为结实和坚固的东西"③。这就显然将国家绝对化了。黑格尔的法哲学有着极为丰富的历史内涵，黑格尔"不仅在德国人中对法国革命和拿破仑时代持有最高的和最正确的见解，而且他也是唯一严肃认真分析英国工业革命问题的德国思想家。唯一把古典政治经济学同哲学问题、辩证法问题联系在一起的人"④；但是，黑格尔却思辨地颠倒了国家与市民社会的关系。市民社会虽然在黑格尔这里获得了肯定，却仅仅是在现象层面，将之作为纯然的利己主义这个偏狭的内容加以肯定的。究其实质，"对于黑格尔来说，市民社会借助于被合并到深层次的共同中而保持着平衡。它不可能发现自身。它的成员需要忠诚于较高的共同体"⑤。基于这种纯粹的法哲学视域，市民社会纵然被确立为国家的前提，但仅仅被归结为国家这个至高实体的相关项、附属物。

马克思真正开始关注到市民社会领域，导源于对黑格尔法哲学的批判。在克罗茨纳赫时期，马克思"逐渐获得了一个朴素的历史认知，即市民社会的私有财产会影响国家与法的运行状态。借此，马克思得以证伪黑格尔所说

---

① Jean L. Cohen & Andrew Arato, *Civil Society and Political Theory*, Cambridge, M. I. T. Press, 1992, p. 91.
② 参见吴晓明、刘日明《近代法哲学与马克思的社会存在理论》，文汇出版社2004年版，第133页。
③ 〔德〕黑格尔：《法哲学原理》，范杨、张企泰等译，商务印书馆1961年版，第211—212页。
④ 〔匈〕卢卡奇：《青年黑格尔》节选本，商务印书馆1963年版，第23页。
⑤ 〔加拿大〕查尔斯·泰勒：《黑格尔》，张国清、朱进东译，译林出版社2002年版，第674页。

的国家观念决定市民社会，并揭露其唯心主义的谬误"①。在《黑格尔法哲学批判》之中，马克思基本上实现了对黑格尔思辨国家观的世界观颠倒，破除了黑格尔"国家决定市民社会"论断的抽象性、思辨性和非现实性。将黑格尔的法哲学与国家哲学同普鲁士王权制度联系起来，指出二者之间的深层关联，指明黑格尔的法哲学是对普鲁士王权统治的哲学映现，这些洞见意味着马克思已然意识到了对市民社会领域解剖的必要性。整个《德法年鉴》时期，马克思立足于克罗茨纳赫时期所确立的"市民社会决定国家"这一原理，并且在《论犹太人问题》和《〈黑格尔法哲学批判〉导言》中深化和丰富了这一原理。马克思由此实则确立了自身哲学变革的主题，即要对市民社会领域展开专题的解剖。这一解剖并非纯粹哲学的解剖（思辨的），也不是纯粹政治经济学的解剖（经验主义）。毋宁说，这一解剖工作是以逐步成熟的辩证法为支撑的唯物主义批判。马克思牢牢地立足于共产主义立场及其唯物主义世界观，对市民社会这个物质生产生活领域，这个活生生的机体自身的矛盾展开了彻底的前提批判。《德法年鉴》时期已然部分地揭示了市民社会自身的矛盾及其分裂，并且尤其指出了国家与市民社会关系的带有唯灵论色彩的二元性。这些成果不但是关于市民社会自身矛盾分裂的一般图景揭示，而且是马克思更为彻底地对市民社会领域展开剖析的重要前提。

《德法年鉴》时期，马克思最初沿袭了政治经济学的看法，将市民社会领域视为"一切人反对一切人的战争"的利己主义领域。但随着对犹太人问题以及与之关联的政治解放问题的分析，马克思获得了关于市民社会领域的新见解。他发现，市民社会领域存在着固有的私有财产、出身、等级、教育、职业等活生生的现实差别，作为市民社会成员的人们之间由此造成的世俗冲突，根本不会通过政治国家将之法定为"非政治的差别"。它反而是实现了政治解放的资产阶级国家成其所是的前提和基础。马克思对此在《论犹太人问题》中的说法是，国家之抽象的纯粹的形式规定，反而是以市民社会领域之中的现实的差别为对立面而成其所是。② 这实则意味着国家是市民社会的纯粹形式规定；市民社会则是国家的物质基础和现实前提。二者之间的对立和冲突构成市民社会领域这个物质生产生活领域的矛盾运动。《德法年鉴》时期对政治解放以及人的解放问题的剖析，可谓对市民社会领域矛盾运

---

① 刘冰菁：《从市民社会到资本主义社会：法语语境中马克思市民社会概念的演进》，《东南学术》2021年第1期。
② "国家根本没有废除这些实际差别，相反，只有以这些差别为前提，它才存在，只有同自己的这些要素处于对立的状态，它才感到自己是政治国家，才会实现自己的普遍性。"（马克思：《论犹太人问题》，《马克思恩格斯全集》第3卷，人民出版社2002年版，第172页。）

动本身的一般揭示。但同时我们也应看到,《德法年鉴》只是一般地揭示了市民社会领域的矛盾对立。它触及了这一对立的根源,将之归结为市民社会领域之内的"世俗冲突",将制约和奴役人们的力量根本上归结为物质性的因素"世俗局限性"。对于如何消除这一对立从而使得市民社会领域自身矛盾的分裂达到统一,《德法年鉴》也给出了一般性解答。犹太人的解放被归结为人类从"犹太精神"中解放出来;犹太人的社会解放被归结为人类社会从"犹太精神"中解放出来。这里的"犹太精神"从形式上看是宗教、政治奴役形式出现的物质力量,从内容上看则是被归结为私有制及其金钱统治。

所有这些围绕着"解放"而展开的批判,根本上又可以归入对市民社会领域的唯物主义剖析。这一剖析有着自身亟待突破的限度。就其出发点来说,它是从犹太人解放问题这个理论问题出发的,马克思更多的是将犹太人的解放纳入了国家与市民社会的关系之中。在分析的过程中,他极大地突破了鲍威尔抽象地思辨的做法,从而也一般地实现了对这一问题的唯物主义解答。但是,这里所达到的仅仅是对市民社会领域一般矛盾运行的揭示。马克思虽然在世界观层面突破了黑格尔对市民社会领域的唯心主义界定,也确证了市民社会领域之第一性的物质基础和现实前提,进而也明确了这一矛盾机体本身的分裂对立以及这一矛盾本身统一的主体力量;然而,由于所有这些努力更多的是为了破除市民社会本质结构本身的抽象性,因此,专题地对市民社会领域的解剖工作还亟待开启。

这一解剖工作的首要任务是对国民经济学进行前提批判。黑格尔在《法哲学原理》中实则已经部分地揭示了国民经济学与市民社会领域的关联。其一,黑格尔确证了市民社会领域有着自身的规律,然而却又仅仅把它作为经济现象之间的内在联系,因而实则是将之看作现象的、表象的规律性。其二,黑格尔确证了国民经济学是一门经验主义科学。联系黑格尔对市民社会领域的原则判定,国民经济学并非"本质科学",毋宁说,它是关于市民社会领域的"现象学"。其三,黑格尔原则上是将作为市民社会领域科学的国民经济学归入政治共同体及其政治伦理之中。黑格尔的这些关于国民经济学与市民社会领域的看法,有着合理性的一面。黑格尔的这些看法,是马克思对市民社会领域实施唯物主义解剖的理论前提。马克思在《德法年鉴》时期的研究已经确证了市民社会领域有着自身的客观必然性。但它不同于黑格尔所偏狭地界定的"现象的规律",而是这个矛盾机体本身运行法则的表现。国民经济学揭示了市民社会领域现象运行的规律,立足于经验主义而将之上升到了实证科学的高度。

国民经济学可谓以抽象的方式对市民社会领域的特殊规律运行（资本主义私有制）作出了解释。正是如此，马克思对市民社会领域的解剖，必须充分立足于国民经济学的基础之上。但他没有拘泥于国民经济学的具体结论和命题，而是着力于通过对国民经济学的前提批判，进一步对市民社会领域的矛盾运行亦即其对立与统一作出更为彻底的科学研究。这就决定了马克思对市民社会领域的解剖，实质上是揭示人类社会物质生产生活领域规律。马克思自觉地立足于共产主义立场，对市民社会领域的唯物主义解剖，实则是对人类社会发展规律的科学解释。这一工作直接地奠立在《德法年鉴》的基础之上，但在思想上呈现出两方面质的变化：将《德法年鉴》时期对市民社会领域矛盾运动的一般唯物主义揭示，提升为对于这个矛盾机体的必然性及其规律性的勘测；完成《德法年鉴》的唯物主义转向，确立唯物主义世界观。

（二）市民社会的颠倒本性及其克服

如前所言，对市民社会的唯物主义解剖，这项关涉马克思哲学变革之质点突破的工作，是在《手稿》中开启的。这一解剖遵循着由现象到本质、由抽象上升到具体这样的辩证方法。它首先就是通过对国民经济学的前提批判，以此揭示市民社会领域之内的经济关系的对立运动。

在《手稿》的开篇序言中，马克思表明了自己这项工作的性质，"我的结论是通过完全经验的、以对国民经济学进行认真的批判研究为基础的分析得出的"①。质言之，对国民经济学的前提批判实则构成解剖市民社会的切入口。如前所示，国民经济学已经部分地对市民社会的运行规律作出了经验主义勘察，并将之一般地上升到经验科学的层面。因此，马克思对于国民经济学的前提批判，就其出发点而言，直接的是要推进国民经济学的研究成果，更进一步则是对市民社会这个物质生产生活领域的本质结构作出彻底的分析。除此之外，马克思对国民经济学的批判，还有更为具体的内涵。国民经济学实则有其非批判性和保守性："应该把这种科学称为私经济学，因为在这种科学看来，社会关系只是为了私有制而存在。"② 就此而言，马克思对国民经济学的批判，根本上又是对以私有制为基础的资本主义经济关系结构及其运行规律的揭示。这是一项根本超出以黑格尔的思辨哲学为完成的整个旧哲学的视野之外的事情。以布鲁诺·鲍威尔为代表的"批判的批判"，这些

---

① 马克思：《1844年经济学哲学手稿》（马克思诞辰200周年纪念特辑），人民出版社2018年版，第3页。
② 恩格斯：《国民经济学大纲》，《马克思恩格斯文集》第1卷，人民出版社2009年版，第56页。

"不学无术的评论家则试图用'乌托邦的词句'……掩饰自己的极端无知和思想贫乏"①。这就凸显了市民社会解剖对于马克思的新唯物主义哲学革命的重要意义：根本而言，这是一项基于世界观和历史观双重维度跳出旧哲学的形而上学地基的重要工作。

青年黑格尔派发起的"神学的批判——尽管在运动之初曾是一个真正的进步因素——归根结底不外是旧哲学的、特别是黑格尔的超验性被歪曲为神学漫画的顶点和结果"②。在黑格尔的思辨唯心主义已然被时代的发展终结了的情况下，以"绝对批判者"自居的鲍威尔的做法实则是让"神学这个历来的哲学的溃烂区本身来显示哲学的消极解体，即哲学的腐烂过程"③；由于思辨地撇除掉了现实的人及其历史发展，"神学的批判家认为，从哲学方面应当做出一切，来使他能够侈谈纯粹性、决定性以及完全批判的批判，是十分自然的"④。马克思在明确这项工作的内容（对国民经济学前提批判）之后的这些针对性的反驳，实则是从另外一个向度对这项工作的性质的再次阐明。前者将这项工作明确为对国民经济学的前提批判，实则意味着要超越国民经济学对市民社会领域的经验主义研究；后面对鲍威尔思辨神学及其历史哲学做法的批驳，则又进一步表明这根本不是一项纯粹理论批判，而是原则性地超出了纯粹思辨及其历史哲学的视野之外。这两个向度直接贯穿于《手稿》的全篇，并且成为马克思唯物主义地解剖市民社会的主要的、基本的指向性。

国民经济学已然从诸多方面揭示了市民社会领域的经济结构关系。其工资理论已对工人与资本家之间的关系作了经验主义描绘。在市民社会领域，工人和其产品一样，都是被用来买卖和交换的商品。作为资本家和工人之间对立的结果，工人的工资也像其他商品一样，其价格受供求关系影响而随之波动。在供给超过需求的情况下，当市场价格倾向于自然价格时，工人将遭受到最大的甚至是绝对的损失。而资本家则很少会受到影响，因为资本家这时可以将资本投入其他领域中去。并且，资本家还可以通过地租以及利息等获得补偿。由于工人与地产和资本处于决然分离和对立的状态，因此，无论

---

① 马克思：《1844 年经济学哲学手稿》（马克思诞辰 200 周年纪念特辑），人民出版社 2018 年版，第 290 页。

② 马克思：《1844 年经济学哲学手稿》（马克思诞辰 200 周年纪念特辑），人民出版社 2018 年版，第 5 页。

③ 马克思：《1844 年经济学哲学手稿》（马克思诞辰 200 周年纪念特辑），人民出版社 2018 年版，第 5 页。

④ 马克思：《1844 年经济学哲学手稿》（马克思诞辰 200 周年纪念特辑），人民出版社 2018 年版，第 5 页。

资本家盈利与否，工人的工资都将保持在一个相对均衡的水平。无论资本家是因为商业机密和制造业秘密而获利，还是由于垄断而获得的超额的利润，都是与工人及其工资无关的事情。不但工人与资本家之间有着直接的对立，工人与工人之间也存在着间接的竞争。马克思因此得出的结论为，无论经济繁荣与否，社会上都将存在着失业的工人。

即使在最后一种状态即福利增长的社会中，情况仍然不利于工人阶级。这种状态下，除了最富有的人能够靠着货币利息去生活，其余的资本家都不得不靠资本生活。与上一个社会状态中从业工人的激增类似，随着更多的资本和资本家投身制造业和商业，会导致资本积聚的加强。这种间接地扩大工人阶级人数的结果会引发工资水平进一步下降的局面。对于资本家来说，他们之间的竞争是越发使得资本积聚在相对较少的人的手中，因此就不存在资本家之间争夺工人的情况，因而处于有利境地；而对于工人来说，则恰好相反。由于在竞争中丧失资本的部分资本家被抛入工人阶级行列，工人阶级的境况甚至将更为恶劣，一部分人必然将遭受或沦为乞丐或被饿死的悲惨命运。对三种可能存在的社会状态（衰落、增长、福利）下工人的遭遇及其命运的分析，充分表明："即使在对工人最有利的社会状态中，工人的结局也必然是劳动过度和早死，沦为机器，沦为资本的奴隶。"[①] 社会最有利的状态下确实会引起工资的提高，但是，工人收入的增加却是必须建立在过度劳动的基础上。不仅如此，它还直接地会导致资本对劳动对立程度的加剧，并且会引起工人与其产品关系的对立。而当工人由于竞争被降格为生产机器时，他实际上是被置于与机器同等的地位。"机器就能作为竞争者与他相对抗。"[②] 这显然又是一个对工人阶级极其不利的因素。

马克思发现，劳动与资本之间的对立，必然将随着这一矛盾运动的发展而达到顶点，而过剩人口即多余的工人只能是注定灭亡的命运。总之，以国民经济学的"工资"这个反映工人与资本家对立的范畴为纽结，通过对市民社会领域中三重状态的分析，马克思所得出的结果都是不利于工人阶级的情况。然而，无论在哪种情况下，国民经济学都将如何最大限度地促进社会财富的增加（维护资本的权益）为研究目的和中心。马克思从根本上跳出了国民经济学的意识形态幻象，他透过国民经济学的命题看到的是劳动和资本、工人和资本家关系的对立。在马克思看来，由于掩盖和回避了这一矛盾及其

[①] 马克思：《1844年经济学哲学手稿》（马克思诞辰200周年纪念特辑），人民出版社2018年版，第10页。

[②] 马克思：《1844年经济学哲学手稿》（马克思诞辰200周年纪念特辑），人民出版社2018年版，第10页。

对立，在国民经济学的理论体系中就涌现出一系列理论与实践的颠倒及其二律背反。国民经济学只关心作为经济关系承担者的抽象的个人。按照国民经济学的理论，劳动是财富的源泉，然而作为劳动者的工人，却根本无法得享与其主体创造者地位相匹配的待遇。他们反而是时刻遭受着资本家和土地所有者的奴役和压迫。工人工资直接地并严重地受物价波动影响，他们的生存随着物价涨落而岌岌可危。

这样的理论与实践、理想模态与现实境况的颠倒和断裂，几乎存在于国民经济学一切范畴体系之中。"庸俗经济学家接受了资本家在经营实践中使用的那些概念并将它们系统化。"① 马克思后来在《资本论》中深刻地指出了二者的关联，古典经济学本身就蕴含着庸俗性的一面，这不但使它"陷入了无法解决的混乱和矛盾中，同时为庸俗经济学的在原则上只忠于假象的浅薄性提供了牢固的活动基础"②。国民经济学的地租理论进一步确证了劳动与资本、工人与资本家之间的对立的普遍性。然而，这在国民经济学那里却是通过颠倒的、二律背反的方式证明的。例如，国民经济学的地租原理将土地所有者的利益看作与全社会相一致，但实际情况究竟如何呢？由于工业品价格的降低可以提高地租，"以土地占有者与工业工人工资的降低、资本家之间的竞争、生产过剩以及工业发展所造成的一切灾难有直接的利害关系"③。这就意味着土地所有者的权益同社会的利益完全不一致，并且也同租地农场主、雇农、工业工人甚至和资本家的利益也处于敌对之中。随着竞争的加剧，导致地租持续下降。到了一定的程度，竞争的结果将不断使得土地所有者破产，从而使一大部分地产落入资本家手中，因而地产被越发地转变成为资本的一个构成部分。"最终的结果是资本家和土地所有者之间的差别消失，以致在居民中大体上只剩下两个阶级：工人阶级和资本家阶级。"④ 而地产的自由买卖、地产向商品的转化，实则意味着旧的封建贵族的彻底没落和金钱贵族及其资本家的兴起。

从以上分析看，通过对市民社会关系结构的研究，国民经济学触及了涌动在市民社会领域之中的矛盾及其对立。国民经济学已经初步把握到了市民

---

① 〔英〕G. A. 科恩：《卡尔·马克思的历史理论——一种辩护》，段忠桥译，高等教育出版社 2008 年版，第 153 页。
② 马克思：《资本论》第 1 卷，《马克思恩格斯文集》第 5 卷，人民出版社 2009 年版，第 617 页。
③ 马克思：《1844 年经济学哲学手稿》（马克思诞辰 200 周年纪念特辑），人民出版社 2018 年版，第 38 页。
④ 马克思：《1844 年经济学哲学手稿》（马克思诞辰 200 周年纪念特辑），人民出版社 2018 年版，第 40 页。

社会运动的规律,并且实现了对其经济关系结构的范畴确立。然而,这是否意味着国民经济学已然成为一门关于市民社会领域的科学了呢?国民经济学自身所面临的理论与实践的二律背反给出了否定的回答。国民经济学显然看到了市民社会领域中劳动与资本、工人与资本家的对立,其工资理论的中心要务是对二者关系作出解答。但就其解决方案看,它是将劳动抽象化为生产要素、将工人抽象化为与其他产品并存的商品,因此将二者根本上作为附属条件并入到了资本范畴中去。工人按照市场供需出卖自己的劳动力获取他应得的"报酬"工资,资本家则在购买到工人这种商品后,获得资本利润。他们之间好像并没有实质性的利益冲突,反而在特定的意义上有着共同的利益追求。究其实质,国民经济学唯一关注的课题是资本主义私有制自身的经济关系结构。所以,工人在国民经济学的视域中就是一个纯然的经济学范畴,是个抽象的理论范畴。工人的现实性亦即其作为现实的个人的生存和生活,是不为国民经济学关心从而超出其视野之外的事情。这样一来,国民经济学就以其独有的方式消解了市民社会领域中的矛盾对立。但与此同时,它也陷入了无法回避也无法破解的上述一系列二律背反之中。

通过对国民经济学的前提批判,马克思有效克服了国民经济学狭隘的经验主义局限性。在马克思之前,黑格尔就曾经对经验主义的缺陷作出了深刻的揭示和批判。在黑格尔看来,经验主义是以特定的方式探究事物的规律,通过对事物的感性知觉,它也着力于"由此出发,找出类、共相、规律来"①。透过事物的现象把握其本质,这当然具有合理性所在。然而,在黑格尔看来,"一切经验主义者所共具的另一个典型缺点,就是他们只相信经验,墨守经验"②。黑格尔基于思辨哲学视角对经验主义迷误的评判,在特定程度上有助于我们更进一步认识到国民经济学的维度缺失。结合以上马克思对国民经济学的批判,我们可以看到,国民经济学确然地是从现实中劳动与资本、工人与资本家关系出发的。然而,它归根结底是把这一关系经验主义化从而抽象化了。它并不否认也根本无法否认市民社会领域的矛盾和对立,但又被其经验主义地当作偶然现象予以摒弃和撤除掉了。市民社会领域的矛盾运动因此就被国民经济学抽象化为自然必然性,从而这一领域内的规律被绝对化为类似于物理世界的自然规律。正如自然界难免要发生自然灾害,市民社会领域这个社会的"自然"和自然的"社会",也有着自身无法避免而又

---

① 〔德〕黑格尔:《哲学史讲演录》第4卷,贺麟、王太庆等译,商务印书馆2017年版,第284页。
② 〔德〕黑格尔:《哲学史讲演录》第4卷,贺麟、王太庆等译,商务印书馆2017年版,第289页。

自然而然的弊病。所以，国民经济学虽然也像常人一样看到了工人在市民社会领域中的苦难和悲惨境遇，但国民经济学对此却有着"异乎常人"的独到理解。它原则性地将工人受到资本的奴役和压迫所导致的贫困和苦难看作市民社会领域之中的"自然现象"，将之归入偶然性范畴之中。

总之，通过对国民经济学的前提批判，马克思深化和丰富了以往关于市民社会的认识。在《黑格尔法哲学批判》以及《犹太人问题》中，马克思关于市民社会的看法基本上还是完全依从于国民经济学，即将市民社会视为独立于国家这个政治共同体之外的私人利益领域。对于这个领域之内的矛盾和对立，马克思已经有所察觉，即将之视为一个"一切人反对一切人"的利己主义领域，现实的人们遭受特定世俗局限性奴役并发生世俗冲突的一个领域。并且，在《导言》中，马克思已经触及了这一对立的实质即等级差别和阶级对立，无产阶级不但承受着市民社会领域一切矛盾，而且因此成为打破和破除这一矛盾的历史主体。这些基本上构成了《手稿》之前马克思关于市民社会的见解。通过对国民经济学的前提批判，马克思显然深化、丰富并推进了以往关于市民社会领域的研究成果。不容忽视的一点在于，"在马克思理论的所有阶段上，他的理论基础都包括了哲学的基础"[1]。如果说，之前由于并未真正展开政治经济学研究，从而并未对市民社会领域展开专题的解剖，因而那些已然堪称唯物主义命题的结论，很大程度上是基于哲学批判所得出的，那么，在《手稿》这里对国民经济学的前提批判，这一否定性的批判本身即对市民社会领域的政治经济学解剖，本质上是立足于《德法年鉴》之上的唯物主义解剖工作。马克思由此确然地实现了对市民社会领域中的矛盾及其对立的把握，将之确定性地把握为一项重要课题，在驳斥国民经济学的前提迷误之际，批判地获得了这一矛盾及其对立的内容规定。

国民经济学之所以出现一系列的二律背反，是由于它仅仅将工人看作抽象的经济学范畴，无产者被国民经济学抽象成了"完全像每一匹马一样，只应得到维持劳动所必需的东西"[2]。工人被经验主义地抽象化成了物。国民经济学这一抽象性的世界观基础也已然确证，即这是由于它纯然基于经验主义视域规避了市民社会领域之中的矛盾和对立。如此一来，一项新的超出国民经济学之外的课题就涌现出来，这就是专题地对市民社会领域之中的矛盾对立进行深入剖析。通过对异化劳动的分析，马克思深入地考察了市民社会领

---

[1] 复旦大学哲学系现代西方哲学研究室编译：《西方学者论〈1844年经济学哲学手稿〉》，复旦大学出版社1983年版，第93页。

[2] 马克思：《1844年经济学哲学手稿》（马克思诞辰200周年纪念特辑），人民出版社2018年版，第13页。

域中的这一对立。

（三）市民社会的矛盾本质及其辩证扬弃

在洞悉国民经济学的前提迷误及其维度缺失之际，马克思开始专题地对为国民经济学未能解决的课题，亦即市民社会领域之中的矛盾对立进行深入的剖析。

在马克思看来，国民经济学之所以无法解决这一问题，直接是由其经验主义的偏狭所导致的。"它把私有财产在现实中所经历的物质过程，放进一般的、抽象的公式，然后把这些公式当做规律。它不理解这些规律，就是说，它没有指明这些规律是怎样从私有财产的本质中产生出来的。"① 究其实质，国民经济学是将市民社会领域之中的一系列的矛盾对立，尤其是劳动与资本、工人与资本家的矛盾抽象化和形而上学化了。"私有财产"亦即资本主义私有制下的经验现实，实则被国民经济学默认为自己全部学说的既定前提，因而资本主义私有制被其抽象化为既定的存在。如此一来，市民社会领域自身的一般运行规律和它在资本主义私有制条件下的特殊运行规律，实则就被国民经济学混淆和等同起来。于是，资本主义私有制自身的经济关系及其运动就被抽象化为一般物质生产运动。这里就隐含着将资本主义私有制永恒化的倾向。② 正是如此，马克思对市民社会领域矛盾运动的专题勘察，就有着双重的指向性，直接地是击穿和破除国民经济学经验主义的、形而上学逻辑；根本而言，这一工作则又隐含着如下双重要务，不但要揭示市民社会领域的特殊运行规律，而且要进一步由抽象上升到具体，从而更为根本地考察其一般运行规律。这成为贯穿马克思政治经济学批判的两个基本指向。《手稿》并未真正具体地对这双重规律作出揭示，毋宁说，它是为这一工作奠立了一个重要的不可或缺的前提，推动着马克思对市民社会领域矛盾根源进行追溯。

---

① 马克思：《1844 年经济学哲学手稿》（马克思诞辰 200 周年纪念特辑），人民出版社 2018 年版，第 46 页。

② 整个国民经济学并非完全拒斥了私有财产的来源问题。诸多的资产阶级政治经济学家，例如以威廉·汤普森、霍吉斯金、勃雷等为代表的斯密派社会主义者们那里，他们都对这个问题作了专题研究。然而，他们无一例外地探讨的是在既定的现有私有制体制下私有财产的来源，而不是研究资本主义私有制本身的来源。关于剩余价值也是如此。几乎诸多的经济学家都对某一剩余价值的来源和源泉作了细致入微的分析，但无一例外地没有对剩余价值一般进行分析。在马克思与恩格斯看来，只有完成后面这个工作，才是真正确证了私有制的来源。归根结底，国民经济学是为了论证私有财产来源的合理性，而马克思主义恰恰是为了打破这种披上了颠倒的玄幻色彩的现实性。二者的层次和目的有着本质差异。

马克思进一步更为具体地剖析了国民经济学的前提迷误及其维度缺失。马克思认为，正是囿于自身经验主义的偏狭视域，它在触及劳动与资本对立的经验事实的同时，又对这一事实本身作了抽象化的处理。在工资与资本利润的关系这一直接关涉劳动与资本、工人与资本家的对立这一问题上，国民经济学就原则性地站在了资本和资本家的立场上。国民经济学虽然是从有着矛盾对立的经验事实出发的，但是它却对这一经验事实作了抽象化的处理。因此就将这一矛盾对立当作了一个既定的结果，这无疑是对市民社会领域本质结构的因果倒置。这一迷误贯穿于国民经济学的全部理论体系。普遍存在于市民社会领域之中的竞争被国民经济学仅仅看作"外部情况"。马克思认为，这种做法必然导致国民经济学成了一门关于私有制的神学，因为它像神学那样把市民社会领域中的"原罪"当作具有历史形式的事实。对于这种做法的缺陷及其局限性，马克思后来将之深刻地界定为滞留在和停留在现象和表层的经验主义科学"生理学"[1]。归根结底，马克思之所以能够实现对政治经济学的超越，恰恰得益于其无产阶级的阶级立场。政治经济学归根结底是一门资产阶级的经济学，它是现代资产阶级社会运行的生理学。它虽然当之无愧地是一门经验科学，而且不乏严格的体系和架构，但它的一个致命的缺点就是立场的保守：搁置了私有制的来源。因此，马克思认为，如果不对私有制的来源进行分析，政治经济学就只能是附属于资本统治的现象科学，而无法成为真正的经济科学。这里有一个不容忽略的前提在于，阶级性寓于具体科学的科学性之中。真正的科学性不能搁置和固守于某一阶级立场，必须打破偏狭的阶级立场。

正是由于内蕴于理论建制之中的经验主义的维度缺失，国民经济学虽然对市民社会领域的运动作出了分析，但仅仅是对这一运动的表现和现象的经验主义分析，它以抽象的方式摒弃和撤除掉这一领域中的矛盾及其对立之际，根本无法达到对市民社会领域运动的内在关系的研究。正是如此，在马克思看来，必须弄清楚"这全部异化和货币制度之间的本质联系"[2]。马克思显然是延续了之前一直着力于推进和拓展的对"市民社会"的专题解剖这一中心主题。在不断推进的政治经济学研究进程中，马克思逐步扬弃了黑格尔的思辨唯心主义研究范式，也逐渐扬弃费尔巴哈式的人本学唯物主义范式。立足于具体的工人运动实践，马克思将课题本身实则作了具体的专题化

---

[1] 马克思：《1861—1863 年经济学手稿》，《马克思恩格斯全集》第 34 卷，人民出版社 2008 年版，第 182 页。

[2] 马克思：《1844 年经济学哲学手稿》（马克思诞辰 200 周年纪念特辑），人民出版社 2018 年版，第 47 页。

处理，即这里将研究领域和对象明确为对市民社会的历史形式，亦即对现代资产阶级社会的本质结构及其根本局限进行唯物主义的解剖。

文本的内容十分清楚地表明，马克思对于市民社会领域的矛盾及其对立有了具体的界定即"异化"。它直接是对市民社会领域矛盾的现象，亦即上述所揭示的一系列的二律背反的界定，根本上则又是对市民社会领域中的矛盾对立的本质界定。附带而言，我们当然不应否定为诸多学者所强调的"异化"这一范畴与黑格尔和费尔巴哈的关联。例如，科尔纽就对这一问题作出了具体而微的勘察，"人不应当在自己的生活中被异化这一观点，也是费尔巴哈哲学的基础。这一哲学和黑格尔哲学一起曾是当时马克思的观点的出发点"[①]。但更为根本的是超乎理论出发点之上的实践的出发点，也就是说，马克思何以与这些思想家们发生关联。不应忽视的一点，马克思是出于对问题本身的破解而对相关思想资源进行吸收和整合。亦因此，我们不能仅仅对思想与思想之间的纯粹关联进行分析，而是必须更多地立足于马克思自身思想的发展，深究马克思对问题的把握方式及破解之道。质言之，在《手稿》这里，马克思关于异化的理解，虽然与黑格尔和费尔巴哈有着直接的思想关联，但由于其所面临和解决的问题域的不同，就有着根本不同于黑格尔和费尔巴哈的维度差异。正如我们已然指出的，"异化"在这里构成马克思对市民社会领域矛盾对立的本质界定。

质言之，国民经济学的问题不在于它从市民社会领域中对立的事实出发，而在于它对这一事实本身的理解停留在了表象层面。要真正地对市民社会领域中的矛盾对立作出研究，就必须正视这一领域中充满矛盾的现实，即"物的世界的增值同人的世界的贬值成正比"的异常现象。[②] 马克思认为，这一人与物关系的颠倒根本不是被国民经济学抽象化了的偶然现象，而是有其不可否认的客观实在性。这是普遍地存在于劳动与其产品关系中的一个内在规定，从而也是工人与自己的劳动之间关系的首要的本质规定。劳动与其产品之最为一般的关系是物化及其对象化。从生产过程来看，这是一个物化的过程，即劳动者将自身的本质力量对象化在对象和客体之中；就其结果而言，这又是劳动的具体实现即其力量得以现实化的结晶。"在减去他的生活和完成工作——根据马克思，二者都是人性的内在组成部分——所需要的产

---

① 〔法〕奥古斯特·科尔纽：《马克思恩格斯传》第 2 卷，王以铸、刘丕坤、杨静远译，生活·读书·新知三联书店 1965 年版，第 146 页。
② 马克思：《1844 年经济学哲学手稿》（马克思诞辰 200 周年纪念特辑），人民出版社 2018 年版，第 47 页。

品之后，留给工人的仅仅是一个抽象物，即'抽象的个人'。"① 然而，依照国民经济学描绘的情况，劳动过程与结果之间就充满了无法克服的二律背反："劳动的这种现实化表现为工人的非现实化，对象化表现为对象的丧失和被对象奴役，占有表现为异化、外化。"② 对象化实际上是双向的而非线性的单向度的，"在这个过程中，个人通过劳动以他或她的需要的形象形成对象，并在这个过程中改变了他或她自身"③。然而，这又绝非纯粹理论化的，亦即这仅仅在特定意义上构成劳动实践的形式规定。事实上，人与物关系的对立，劳动与资本、工人与资本家之间的矛盾和对立，根本不是可以通过纯粹经济学的范畴转化及其抽象联结予以消解和消逝的。无论国民经济学构造出多么精巧的理论体系，私有制下市民社会领域所固有的矛盾对立，都有着不以人们的意志为转移的客观必然性。

从纯粹形式规定角度看，这种对立有着与之前所揭示的人与宗教之间关系的相似性。正是由于工人对自己劳动的产品是异己的关系，工人的劳动创造亦即其对象化活动与这一活动本身的结果，也像宗教领域那样充满了二元的断裂性质。"宗教方面的情况也是如此。人奉献给上帝的越多，他留给自身的就越少。"④ 马克思之所以要将工人的对象化劳动与宗教作对比，就是要确证工人与其劳动关系矛盾对立的二元性。换言之，他是要更进一步地揭示市民社会领域之内矛盾对立本身的必然性，它根本不是一种偶然的现象，而是有着抽象的形式规定因而充满了颠倒性的客观事实。这极大暴露了工人的对象化劳动与其产品之间存在着不可协调的矛盾对立。这是市民社会领域中最为基本的矛盾对立，即劳动与资本、无产阶级与资产阶级之间异化关系的首要规定。这也是私有制条件下所必然导致的结果。它不仅表现在工人与其产品的关系中，而且还存在于劳动过程之中即"表现在生产活动本身中"⑤。马克思因此就转入对私有制条件下工人的劳动实践活动本身异化情况的剖析。

---

① 〔美〕奥尔曼：《异化：马克思关于资本主义社会中的人的概念》，王贵贤译，北京师范大学出版社2011年版，第177页。
② 马克思：《1844年经济学哲学手稿》（马克思诞辰200周年纪念特辑），人民出版社2018年版，第47页。
③ 〔美〕古尔德：《马克思的社会本体论：马克思社会实在理论中的个性和共同体》，王虎学译，北京师范大学出版社2009年版，第47页。
④ 马克思：《1844年经济学哲学手稿》（马克思诞辰200周年纪念特辑），人民出版社2018年版，第200页。
⑤ 马克思：《1844年经济学哲学手稿》（马克思诞辰200周年纪念特辑），人民出版社2018年版，第50页。

工人与其产品之间的异化关系,又隐含着工人与其对象化劳动本身的异化。产品是对象化劳动的产物和结果。既然结果本身充满二元对立的异化,那么,由果溯因,这一对象化劳动本身也必然是充满异化的。它的首要表现是,劳动成为独立于作为现实的个人工人之外的一个异质性的规定。在劳动中,人们根本体验不到任何的幸福,反而是不堪忍受的奴役之苦。纯粹为了维持自身生存而从事生产的工人,他们在生产过程中备受肉体和精神的双重折磨和摧残。正是如此,异化劳动本身充满了目的与手段的断裂和背反。"当所有的断裂都出现后,留给个人的仅仅是残渣,通过消减所有这些特点后获得的最低限度的共同点,但这些特点是马克思认为人之为人的基础。因此,剥去这些覆盖物,异化的人变成了'抽象物'。"① 事实上,这种异己性还鲜明地体现为,只要工人不再为自身的肉体生存和生命存在所制约,他们就根本不会去从事这样强制性的劳动,他们甚至"会像逃避瘟疫那样逃避劳动"②。工人在劳动过程中的这一系列表现实则意味着,其一,工人遭受着物的奴役,因为他生产出来的产品不仅不属于他,而且作为异己的存在而与之对立;其二,工人遭受着这一生产关系本身的奴役。因为这整个的生产活动本身都与工人作为现实的个人的本质相对立。工人与其产品及其生产活动本身的异化,根本上可以归结为物的异化。除了这个客体向度,工人劳动的异化还蕴含着"人的异化"异己工人的"自我异化"这个层面。在马克思看来,作为劳动的本质结构,对象化恰恰表明了劳动本身是自由自觉的即与其类本质(费尔巴哈)相契合的活动。因此,人与其产品以及这一活动本身的异化,不但使得人丧失了自由的生命活动这一本质,也丧失了他赖以实现其活动的对象世界即自然界。这因此必然导致的结果是人同他的类本质的异化。不仅如此,作为劳动异化(人同自己的劳动产品、自己的生命活动、自己的类本质)的最终结果"就是人同人相异化"③。这是劳动的第四重异化规定。于是,工人与劳动产品、工人与劳动这一对象化生产活动本身、工人与其人的类本质、人与人(工人与工人,工人与资本家),就构成异化劳动的四重规定。

马克思不仅确证了劳动的异化是市民社会领域的本源动力,而且更进一

---

① 〔美〕奥尔曼:《异化:马克思关于资本主义社会中的人的概念》,王贵贤译,北京师范大学出版社2011年版,第164页。
② 马克思:《1844年经济学哲学手稿》(马克思诞辰200周年纪念特辑),人民出版社2018年版,第50页。
③ 马克思:《1844年经济学哲学手稿》(马克思诞辰200周年纪念特辑),人民出版社2018年版,第54页。

步地指出了扬弃和超越这一异化的途径。基于对劳动的异化及其四重规定的分析，马克思确立了关于无产者与有产者、工人与资本家的对立的本质界定。对此，马克思强调指出，"无产和有产的对立，只要还没有把它理解为劳动和资本的对立，它还是一种无关紧要的对立，一种没有从它的能动关系上、它的内在关系上来理解的对立，还没有作为矛盾来理解的对立"①。换言之，无产与有产的对立，其实质就是劳动与资本的对立，并且有着自身内在的本质规定。究其根本，它们构成同一个矛盾体的两个对立面。私有财产构成这一对立的结果。亦即，私有财产必须被看作劳动与资本这一矛盾关系的结果。通过将私有财产归结为异化劳动的产物，马克思的理解超出了蒲鲁东、傅里叶和圣西门等人的认识。马克思认为，私有财产的现实运动，不仅导致了经济关系的异化（劳动与资本的对立），还进一步导致了思想的异化。它源于经济异化并且有着自身独立性的表现。"宗教的异化本身只是发生在意识领域、人的内心领域，而经济的异化是现实生活的异化。"② 这无疑是对《导言》中相关思想的拓展和深化。在那里，宗教被界定为源于本身颠倒的国家和社会的"颠倒的世界意识"。"自我异化的扬弃同自我异化走的是一条道路"③，马克思自然地引出了对私有财产及其导致的经济的、思想的全部异化的破解之道："共产主义是对私有财产即人的自我异化的积极的扬弃……这种共产主义，作为完成了的自然主义，等于人道主义，而作为完成了的人道主义，等于自然主义，它是人和自然界之间、人和人之间的矛盾的真正解决，是存在和本质、对象化和自我确证、自由和必然、个体和类之间的斗争的真正解决"，归根结底，共产主义"它是历史之谜的解答"④。共产主义的实现虽然包括对一切附着于私有制的思想的破除，然而，它的根本的首要的规定是彻底消灭私有制的社会革命即"现实的共产主义行动"⑤。因此共产主义并非一般意义上的行动，更不是基于哲学思辨的推演，而是历史自身矛盾运动所必然导致的结果，甚至它本身就是这一矛盾运动的有机构成。

---

① 马克思：《1844 年经济学哲学手稿》（马克思诞辰 200 周年纪念特辑），人民出版社 2018 年版，第 74 页。
② 马克思：《1844 年经济学哲学手稿》（马克思诞辰 200 周年纪念特辑），人民出版社 2018 年版，第 79 页。
③ 马克思：《1844 年经济学哲学手稿》（马克思诞辰 200 周年纪念特辑），人民出版社 2018 年版，第 75 页。
④ 马克思：《1844 年经济学哲学手稿》（马克思诞辰 200 周年纪念特辑），人民出版社 2018 年版，第 77—78 页。
⑤ 马克思：《1844 年经济学哲学手稿》（马克思诞辰 200 周年纪念特辑），人民出版社 2018 年版，第 126 页。

在劳动的四重异化规定中，正如马克思所指出的，劳动这一对象化活动及其过程本身的异化，构成其他三重异化的前提和基础。正是如此，这就意味着物的异化是人的异化的前提和基础。这就更进一步意味着，物的异化作为第一性的力量决定着规塑着人的异化。何谓"物的异化"？何谓"人的异化"？二者之间的这一决定关系又意味着什么？不可忽视的是，它们是直接地关涉马克思新唯物主义哲学革命的关键问题。我们已然指出，《德法年鉴》时期已然开启了唯物主义世界观道路，并且已经提出和确立了一系列的唯物主义世界观命题。这主要包括如下几方面的内容。第一，揭示了市民社会构成国家、宗教的物质基础和现实前提；第二，揭示了思想、意识甚至包括宗教这一"颠倒的世界意识"，都源于市民社会领域的矛盾及其冲突；第三，将国家、社会界定为"颠倒的世界"就初步揭示了市民社会领域矛盾本身的纯粹形式规定。尤其需要强调指出的是，《论犹太人问题》中明确将人的自我异化归结为市民社会领域的特定的分裂及其冲突。正是如此，从马克思哲学变革的总体逻辑进程看，《手稿》不但是沿着《德法年鉴》时期唯物主义道路的继续前行，更是这一道路本身的拓展和深化。这集中体现在对市民社会领域这个总体问题域的专题破解。奠立于已然初步实现了的唯物主义世界观转向，这里所展开的对市民社会领域的解剖工作，根本上就是对市民社会领域的唯物主义解剖。以上对国民经济学的前提批判，实际上是对其前提迷误和维度缺失的破除。而对国民经济学的前提批判根本不是纯粹的理论批判，而是有着确定指向性的现实批判。囿于自身经验主义的偏狭视域，国民经济学原则性地摒弃和撇除了市民社会领域之中的矛盾运动，尤其是遮蔽和掩盖了劳动与资本、工人与资本家的矛盾对立。因此之故，对国民经济学的前提批判，首要的就是将其所规避和耽搁的重要课题纳入视野，不但要呈现市民社会领域之中的颠倒本性亦即其矛盾对立，而且要对这一颠倒性本身的实质做出进一步的揭示。

因此，马克思对异化劳动四重规定的揭示，直接地是对国民经济学前提批判的进一步深化，根本而言，则是在确证市民社会领域之颠倒性的基础上，对这一颠倒性本身的性质亦即其本质规定的界定。它实则揭示了市民社会领域矛盾对立的实质及其根源。换言之，劳动这一对象化活动本身的异化，构成市民社会领域的矛盾及其对立的根源所在。《德法年鉴》时期实则已经自觉地将唯物主义世界观道路的开启奠立在对市民社会的解剖之上。《手稿》中异化劳动理论的提出，既是进一步对市民社会领域所展开的唯物主义解剖，又是这一工作的结晶。"异化"这个从黑格尔与费尔巴哈那里借鉴的范畴，在马克思将之纳入市民社会领域的解剖这一中心课题时，它就断然不同于黑格尔与费尔巴哈的纯粹哲学境域,而是被创造性地改造为对市民社会领域矛盾的本质界定。所以,异化劳动理论的提出,首要的是要揭示作为市民社会领域矛盾之本源动力的劳动实践之关系结构。上述劳动的四重异化规定,无疑深刻地揭开了私有制下的劳动实践之关系结构。对象化既是劳动实践的纯粹形式规定,也是其最为抽象的本质规定。异化则是以对象化为其内在关系结构的劳动实践在资本主义私有制下的特殊的内容构成。

总之,《手稿》中对市民社会领域的唯物主义解剖,虽然还尚且有着自身独有的抽象性的一面,但它根本上是对《德法年鉴》时期所已然实现了唯物主义世界观转向的深化,是对已经开启了的"唯物主义世界观道路"[1] 的拓展。"在这里我们得出了可见的马克思主义的基本原理。"它突出地表现为,马克思令人信服地向世人证明,"在人类生活中,意识和社会的最后依靠是劳动。是劳动定义、解释和创造人类。是劳动'异化'它自身并因此压抑它自身"[2]。通过对国民经济学的前提批判,马克思确证了市民社会领域的颠倒性,从而揭示了市民社会领域是矛盾着的客观实在;通过对这一"颠倒的世界"本身的剖析,马克思揭示了劳动实践的四重异化规定,实则发现了市民社会领域矛盾的本源动力。这些关于市民社会领域这个矛盾机体本身关系结构的认识,为发现物质生产生活领域以及人类社会的历史发展规律奠立了重要的前提。正因如此,"《1844 年手稿》也给马克思开辟了通向黑格尔哲学与费尔巴哈哲学的新的途径,由此,马克思开始重新评价空想社会主义与空想共产主义,论证无产阶级的历史作用"[3]。尤其还需要指出的一点是,随着对市民社会领域的唯物主义解剖,马克思哲学变革发生了极其关键而又重要的变化,它开始实现自身哲学世界观的质点突破。这一点我们上面已经指出,它集中体现为对《德法年鉴》时期所已然开启了的唯物主义世界观道路的拓展。具体而言,立足于对市民社会领域的唯物主义解剖,马克思的哲学思想获得了长足进展,开始更加鲜明地呈现出对旧哲学的根本变革意蕴。

从以上分析看,诚然,马克思对市民社会的这一解剖工作借鉴了费尔巴哈和黑格尔等人的相关思想,然而,正如我们一再强调的,马克思对他们的借鉴根本不是亦步亦趋地"复制",即这里并非无批判地将他们的思想直接移植到自己的思想体系中——这是根本无法实现的事情。毋宁说,马克思这

---

[1] 马克思、恩格斯:《德意志意识形态》,《马克思恩格斯全集》第 3 卷,人民出版社 1960 年版,第 261 页。
[2] 〔英〕伯尔基:《马克思主义的起源》,伍庆、王文扬译,华东师范大学出版社 2007 年版,第 171 页。
[3] 参见《〈经济学哲学手稿〉的产生和流传》,《马列主义研究参考资料》1984 年第 15 期。

是超出原有问题域和论域的、在一个新的境域中，对原有思想资源的深化和拓展。马克思对市民社会领域的解剖，借鉴和利用了黑格尔、费尔巴哈的诸多核心范畴，例如，类本质、异化。但由于问题域的转换，这些范畴被赋予了新的可谓与原来有着本质差异的内涵。就"类本质"这个范畴来说，它就几乎原则性地超出了费尔巴哈人本学唯物主义视域。从以上分析可知，马克思深刻地从市民社会领域的关系结构及其矛盾运动维度赋予范畴以新意。"类本质"实际上就成为对作为市民社会领域的成员，这些现实的个人之社会本质的界定，它甚至隐含着对人的社会本质的界定。正是这样，马克思的哲思内含对费尔巴哈人本学唯物主义的突破。根本不同于费尔巴哈将"类本质"看作人的感性实存性的哲学界定，马克思基于市民社会领域的解剖，赋予它以人的社会存在及其经济关系的内容。这无疑是对费尔巴哈人本学唯物主义的改造和发展。除了"类本质"，"异化"这个范畴更是如此。在费尔巴哈那里，异化仅仅被他确认为人的类本质的分裂。这一分裂一旦被人们意识到，它就在人们的思想中被扬弃了。所以，费尔巴哈认为，人们只要意识到宗教是关于世俗世界的幻想，人们就会意识到宗教不过是自身本质的异化，这样，他们就会抛弃这一荒谬的观念。但关键在于人们如何才能意识到这一点呢？更为关键的是人们又将如何抛弃这一幻想。这些问题为费尔巴哈所不察，也是根本上超出其人本学唯物主义视野之外的课题。

因此，《导言》实际上已经开启了一条根本不同于费尔巴哈的哲学道路。与费尔巴哈从人本学唯物主义下降到世俗世界这种做法相反，马克思在这里越发明显地展示出与旧唯物论在世界观层面的差异。以更为彻底对宗教幻象的世俗来源这一关键问题的追问为契机，马克思明确地将问题本身扭转到了市民社会领域的自我分裂亦即其矛盾运动这个层面。这条道路根本不先在地基于某种"观念"去对理论的、实践的问题进行还原，而是着力于将问题本身看作特定的矛盾本身（市民社会）的结果，基于对这一矛盾的关系结构及其运动的分析去破解问题。

由此引发的世界观的变革首要地体现在对"感性世界"的认识之上。马克思早在《博士论文》中就触及了"感性世界"这一范畴。不过，在那里，这一范畴更多的是与旧哲学之超感性世界相对立的范畴。它更为确切的含义是"现象界"或"现象世界"。立足于对伊壁鸠鲁原子论的深入剖析，马克思确证了这个现象世界的客观实存性，并且将它存在的根据与感性的人的自我意识及其时间图式深层关联。"感性世界"对于费尔巴哈来说，根本上就是一个人本学唯物主义范畴。《德法年鉴》时期，马克思充分地借鉴和汲取了费尔巴哈人本学唯物主义思想的精华，通过对国家与市民社会关系的逐步深入的批判，马克思关于感性世界的理解，展现出逐步超出费尔巴哈纯粹哲学境域的变革意蕴。在对犹太人问题的分析之中，马克思极力强调犹太人除了宗教徒身份外，还有一个更为根本的身份即"现实的个人"。他认为，犹太人的解放问题根本不能像鲍威尔那样狭隘化为宗教问题，犹太人不纯粹是"安息日的犹太人"，而是有着更为具体和现实的本质，他们更是"现实的世俗犹太人"。他们的确是宗教徒，但他们之所以如此，却是源于存在于市民社会领域之中的特定世俗因素的制约。他们深受市民社会领域所固有的私有财产、出身、教育、职业等世俗差异的制约。这就超出费尔巴哈纯然地、抽象地将现实世界看作一个贫瘠的"感性世界"的做法，并意味着感性世界在马克思这里获得了超出纯粹哲学境域之外的现实性内容。

在《手稿》中，马克思已经呈现出即将突破费尔巴哈哲学观迹象。在这里，马克思对"异化"的看法已经突破了费尔巴哈的人本学界定。"异化"被马克思界定为源于市民社会矛盾的人的本质的对象化。这就蕴含着将作为活动的"异化"归入物质生产生活实践指向性。虽然在私有制条件下，人们所创造的对象世界与他们处于对立的甚至敌对的状态，然而，归根结底，这是一个客观的物质世界，亦即它是人们将自身的本质力量对象化到自然界中的结果。以对象化的劳动实践为中介，人们不断推动着物质世界由自在形态到自为形态的转化。"人不仅像在意识中那样在精神上使自己二重化，而且能动地、现实地使自己二重化，从而在他所创造的世界中直观自身。"①"精神上的二重化"是人们本质力量的理性自觉，他们力图改变世界以实现自身价值；"现实地二重化"是人们本质力量的实践自觉，他们力图按照真、善、美相统一的尺度，将自身本质力量对象化在变革实践活动中去。"精神上的二重化"所对应的正是包括费尔巴哈在内的专注于世界之可能性开显的哲学形而上学架构；"现实地二重化"强调的是超出纯粹理论境域之外的对感性世界的实践变革。基于这两个维度，马克思根本上超越了费尔巴哈纯粹将感性世界当作"理论客体"的做法。

这一世界观层面的变革突出地表现在对理论本身的实践意蕴的强调。费尔巴哈也极力强调自然界的独立实存性，他明确指出，"哲学是关于真实的、整个的现实界的科学；而现实的总和就是自然（普遍意义的自然）。最深奥的秘密就在最简单的自然物里面，这些自然物，渴望彼岸的幻想的

---

① 马克思：《1844年经济学哲学手稿》（马克思诞辰200周年纪念特辑），人民出版社2018年版，第54页。

思辨者是踏在脚底下的"①。但不同于费尔巴哈仅仅偏重于从感性直观这个角度去对待自然界，奠立于对市民社会领域的解剖，马克思越发自觉地从劳动实践这个角度去认识自然界的本质。对市民社会领域本源根基地位的确证，促使马克思得出了如下结论，即困扰人们的主观主义与客观主义、唯灵论与唯物主义等问题，"是在社会状态中才失去它们彼此间的对立，从而失去它们作为这样的对立面的存在"，因此，"理论的对立本身的解决，只有通过实践方式，只有借助于人的实践力量，才是可能的；因此，这种对立的解决绝对不只是认识的任务，而是现实生活的任务，而哲学（指旧哲学，即从古希腊以降的西方哲学——笔者注）未能解决这个任务，正是因为哲学把这仅仅看做理论的任务"②。这无疑是基于原则高度而突破旧哲学的理论建制的重要结论。这一结论进一步暴露了旧哲学的理论建制的弊病和症结：哲学家们不是从现实世界出发去进行哲学思考，而是以各种观念作为逻辑始基去构造世界；不仅如此，这一结论还进一步展现了马克思所致力于构建的新哲学与旧哲学的根本差异：摒弃将世界先验地构造为"客体"的形而上学玄思，揭示现实世界的本来面目，将人与世界的统一关系的实现诉诸对既定的现存现实的实践变革。

二 市民社会解剖的深入及对唯心史观的清理

《手稿》中对市民社会的解剖，不但确证了市民社会领域这个矛盾体的颠倒本性，而且通过对劳动实践本身的对象化及其异化的剖析，追溯到了造成市民社会分裂的动力源泉。这就为拓展于《德法年鉴》时期开启的唯物主义道路奠定了坚实的基础。马克思在《手稿》之中对市民社会的"经济学—哲学"解剖，突破了黑格尔对市民社会领域的思辨唯心主义化的做法。这种做法全然地摒弃了市民社会领域中的一切"利己主义"现象，仅仅将之作为国家这个至高实体的逻辑相关项。对国民经济学的批判，又使得马克思超出了对市民社会领域的经验主义化的做法。通过由现象到本质的探本溯源，马克思确证了市民社会领域的客观实在性，是一个对立统一的矛盾体。马克思将市民社会领域的矛盾界定为劳动与资本的对

---

① 〔德〕费尔巴哈：《费尔巴哈哲学著作选集》上卷，荣震华等译，商务印书馆1959年版，第84页。
② 马克思：《1844年经济学哲学手稿》（马克思诞辰200周年纪念特辑），人民出版社2018年版，第85页。

立，并且将矛盾的消除归诸共产主义。这个作为市民社会领域矛盾破解之道的"共产主义方案"，既不同于蒲鲁东小资产者的改良主义，也不同于英法的空想社会主义。马克思确然赋予其强烈的变革现存现实之实践纲领的意蕴。我们还必须看到，《手稿》对市民社会领域的首次专题解剖，绝没有一蹴而就地实现对市民社会领域真理的获取和占有。换言之，这里并未真正地确立起一门关于"市民社会领域"的科学。毋宁说，这一解剖工作真正的重要性不是提供某些关于市民社会领域的、供直接运用的结论，而是根本上为马克思哲学变革的进一步发展提供了一个重要的基础和前提，即为这一变革提供了愈加彻底和丰富的唯物主义世界观导向。这一导向作用，在同期对"神圣家族"的批判中得到了更为彻底的贯彻和发挥。马克思不但破除了其唯心史观的认识论根基，还进一步揭示了市民社会的关系结构。

（一）革命实践推动马克思哲思逻辑的飞跃

马克思对"神圣家族"的批判基本上是受两方面因素推动。日益深入的革命实践活动的参与和开展，越发促使马克思的哲思与现实的革命实践活动密切地统一起来。马克思认识到了如下这个日益紧迫和重要的事情，"工人运动的严重缺点在于没有一个经过深刻论证的理论作为指南"，因此，"最迫切的任务就是加深和扩大已经制定的理论观点，以便使工人阶级在他们的革命斗争中能够明确意识到自己的历史地位和使命"[1]。在《导言》中，马克思已经初步探讨了人类社会解放的必然性及其实现路径，不但将无产阶级作为人类社会解放的历史主体，而且极力主张"哲学"（对现实的理论批判）与无产阶级的有机统一。这一工作首要地奠立在之前马克思哲学变革的基础之上，直接又必然地跟当时德国思想界的特殊状况有密切联系。

在《德意志意识形态》中，马克思和恩格斯指出，随着"费尔巴哈揭露了宗教世界是世俗世界的幻想（世俗世界在费尔巴哈那里仍然不过是些词句)，在德国理论面前就自然而然产生了一个费尔巴哈所没有回答的问题：人们是怎样把这些幻想'塞进自己头脑'的？这个问题甚至为德国理论家开辟了通向唯物主义世界观的道路"[2]。因此，马克思世界观变革的意向性，必须解答德国理论界所没有回答的这个问题，这实则也是为工人阶

---

[1] 〔法〕奥古斯特·科尔纽：《马克思恩格斯传》第 2 卷，王以铸、刘丕坤、杨静远译，生活·读书·新知三联书店 1965 年版，第 307 页。

[2] 马克思、恩格斯：《德意志意识形态》，《马克思恩格斯全集》第 3 卷，人民出版社 1960 年版，第 261 页。

级运动提供一个科学的世界观导向。如上所述，这一唯物主义道路已然于《德法年鉴》时期确定性地开启，并且在《手稿》之中得到了更为具体和深入的丰富。唯物主义世界观道路的进一步丰富，必然要求对德国思想界进行更为彻底的批判。

在《神圣家族，或对批判的批判所做的批判 驳鲍威尔及其伙伴》（以下简称《神圣家族》）中，马克思开启了这项工作。从工人运动的革命实践高度出发，马克思充分意识到了以鲍威尔为代表的"神圣家族"对工人运动本身的消极危害作用。他对此指出："现实人道主义在德国没有比唯灵论或者说思辨唯心主义更危险的敌人了"，其危险性集中体现为对现实的个人的思辨的抽象化做法，"思辨唯心主义用'自我意识'即'精神'代替现实的个体的人"[①]。在"神圣家族"的头脑中，现实的人被抽象化为"没有肉体的精神"，人们的现实存在及其历史发展被全然歪曲为基督教日耳曼原则的最完备的表现。基于"哲学对现实的颠倒"，批判的批判不但将自身化为"某种超验的力量"，进而将自己思辨化为历史发展的动力。马克思对"神圣家族"的批判，牢牢立足于共产主义的政治立场和唯物主义的世界观高度，对这一颠倒和歪曲现实的人及其历史发展的唯心史观进行了彻底批判。

"神圣家族"基于自身的思辨唯心主义世界观和历史观，对市民社会领域进行了颠倒和歪曲。之前马克思的《手稿》以及恩格斯的《国民经济学大纲》对国民经济学的前提批判，已然指出了他们的前提迷误及其维度缺失。为了更为清楚地看清"神圣家族"对市民社会领域的思辨颠倒和歪曲，马克思进一步拓展了以往的批判。他指出国民经济学的一切论述都是建立在私有财产这个前提之上。这一做法必然地具有致命的缺陷。"神圣家族"对市民社会领域的矛盾作了全然思辨化的歪曲，这一歪曲又是通过对蒲鲁东的政治经济学的批判实现的。所以，马克思对"神圣家族"的彻底批判，也必须批驳他们对蒲鲁东的歪曲。不可否认，马克思与恩格斯在《神圣家族》中对蒲鲁东的评判存在着拔高蒲鲁东真实水平的问题；然而这又绝非主观任意的评判。我们必须注意到他们作出这一评判的根据，这是超出具体结论之外的关键所在。马克思和恩格斯之所以给予过高的赞誉，看中的是蒲鲁东抓住了国民经济学的根本局限。由于私有财产本质上是市民社会领域矛盾对立的结果，因此，蒲鲁东对国民经济学抹杀私有财

[①] 马克思、恩格斯：《神圣家族》，《马克思恩格斯文集》第 1 卷，人民出版社 2009 年版，第 253 页。

产的本质的批驳,就触及了市民社会这个作为基础和前提的物质生产生活领域的矛盾。与之不同,"神圣家族"却是全然摒弃、抹杀了市民社会领域存在对立的经验事实。

针对于此,马克思深刻分析了"神圣家族"歪曲了市民社会领域矛盾的根本症结。被鲍威尔等人思辨地歪曲为"两种对立的东西",实际上正是切切实实地发生于市民社会领域为其所固有的无产者和有产者及财富的对立。对于这个矛盾整体来说,"无产阶级和财富是两个对立面。它们本身构成一个整体。它们是私有财产世界的两种形态"。也就是说,作为一个矛盾体,市民社会领域的存在是以无产阶级与"财富"(有产者、资产阶级)的对立为前提的。这个私有财产世界,这个现代资产阶级社会就是对立所导致的结果,是劳动与资本矛盾运动的必然结果。二者之间的矛盾对立构成市民社会领域的基本动力。因此,仅仅思辨地指出无产者和有产者是市民社会领域的两个方面,这种抽象的做法无助于认识和揭示市民社会领域这个矛盾整体的关系结构。

马克思深入分析了这两个对立面在市民社会领域这一矛盾整体之中的地位和作用。他进一步对私有财产本身作出了界定。"私有财产作为私有财产,作为财富,不得不保持自身的存在,因而也不得不保持自己的对立面——无产阶级的存在。"① 就其在矛盾整体中的地位而言,私有财产"是对立的肯定方面"②。这无疑拓展了《手稿》的研究。在那里,私有财产尚且抽象地被当作异化劳动的"产物、结果和必然后果"③,马克思的描述充满了对工人阶级悲惨境遇同情的伦理色彩。在这里,共产主义的价值立场更加坚定,并被赋予了更加丰富的内容。不独"私有财产"这一范畴如此,其他与此相关的范畴皆是如此。这既是马克思解剖市民社会工作的推进,也是其新唯物主义哲学革命逻辑深化的重要表现。所谓"对立的肯定方面"无疑意味着,在当下市民社会领域的矛盾运动中,私有财产是占据主导地位的。它作为资本的现实化身对劳动的奴役就充分证实了这一点。在这个矛盾整体及其运动之中,无产阶级处于被支配和被奴役的境地。它是私有财产直接的对立面,而私有财产则同样也是其对立面,更为确切地

---

① 马克思、恩格斯:《神圣家族》,《马克思恩格斯文集》第 1 卷,人民出版社 2009 年版,第 260 页。
② 马克思、恩格斯:《神圣家族》,《马克思恩格斯文集》第 1 卷,人民出版社 2009 年版,第 260 页。
③ 马克思:《1844 年经济学哲学手稿》(马克思诞辰 200 周年纪念特辑),人民出版社 2018 年版,第 57 页。

说，私有财产是无产阶级的敌对方。正是如此，"无产阶级作为无产阶级，不得不消灭自身，因而也不得不消灭制约着它而使它成为无产阶级的那个对立面——私有财产"①。作为私有财产将无产阶级统摄到自身的主导和支配那个"肯定的方面"的对立面，无产阶级消灭自身的这一运动就成为市民社会领域这个矛盾整体的"否定的方面"，"这是对立的否定方面，是对立内部的不安，是已被瓦解并且正在瓦解的私有财产"②。马克思由此所要传达的结论是：私有财产的存在根本不是为市民社会领域所固有的、既定的前提；毋宁说，正是发生在有产者和无产者之间的矛盾，它们分别作为"肯定的方面"和"否定的方面"，不但是当下市民社会领域矛盾运动的两个方面，而且是私有财产产生和私有制存在的本源动力。

有产者与无产者之间的矛盾对立，是发生于市民社会领域之中的异化和分裂。然而，在矛盾的两个不同的对立面那里，这一异化呈现出本质差异。对于作为矛盾运动的主导者和支配者"有产者"来说，"有产阶级在这种自我异化中感到幸福，感到自己被确证，它认为异化是它自己的力量所在，并在异化中获得人的生存的外观"③。有产阶级在这一矛盾运动之中是自我实现；而对于作为矛盾运动的被支配者和被奴役者无产阶级来说，其境遇却是天壤之别。"这个阶级，用黑格尔的话来说，就是在被唾弃的状况下对这种被唾弃的状况的愤慨，这是这个阶级由于它的人的本性同作为对这种本性的露骨的、断然的、全面的否定的生活状况发生矛盾而必然产生的愤慨"④。置身于市民社会领域这个矛盾整体之中的无产阶级，是一个无法得到自我实现的阶级——因为它依附于作为已经得到了自我实现了的有产阶级，而无产阶级与资产阶级之间的对立必将推动市民社会领域矛盾走向更高发展阶段。无产阶级在何种意义上消灭自身，与他在何种意义上破除自身所遭受到的有产阶级的压迫和奴役，这是过程之于结果的一体两面的事情。在这一对立运动中，得到了自我实现了的有产阶级必然是维持和稳固矛盾现状力量，因而是"保守的一方"；与之相应，丧失了自我并且根本无法在现有矛盾格局中实现自我的无产阶级必然是打破现状的革

---

① 马克思、恩格斯：《神圣家族》，《马克思恩格斯文集》第 1 卷，人民出版社 2009 年版，第 260 页。
② 马克思、恩格斯：《神圣家族》，《马克思恩格斯文集》第 1 卷，人民出版社 2009 年版，第 260—261 页。
③ 马克思、恩格斯：《神圣家族》，《马克思恩格斯文集》第 1 卷，人民出版社 2009 年版，第 261 页。
④ 马克思、恩格斯：《神圣家族》，《马克思恩格斯文集》第 1 卷，人民出版社 2009 年版，第 261 页。

命力量,"无产者是破坏的一方"。由此就催生了二重性的矛盾运动,"从前者产生保持对立的行动,从后者则产生消灭对立的行动"①。正是在这两股力量及其对立运动的推动下,市民社会领域成了一个处于发展状态之中的、不断地扬弃自身的有机体。

　　马克思因此就确证了无产阶级及其革命运动的世界历史内涵。正是基于对市民社会领域是一个有机的矛盾整体的认识,正是由于发现了无产阶级革命性地变革市民社会的主导地位和作用,"社会主义的著作家们把这种具有世界历史意义的作用归之于无产阶级"②。然而在"神圣家族"看来,社会主义的著作家们对无产阶级世界历史主体地位的肯定,是"把无产者当做神"③。马克思驳斥了"神圣家族"歪曲无产阶级世界历史主体地位的这一做法,并进一步阐明了无产阶级在世界历史矛盾运动之中的地位和作用。他们指出,社会主义著作家对无产阶级运动的评判,是对真实的历史运动及其现实发展的正确认识。由于饱受有产阶级的奴役和盘剥,无产阶级成了一无所有的阶级,在他们身上不但已经看不到"一切属人的东西","甚至连属于人的东西的外观也已被剥夺"④。在确证这一点之后,马克思提出了一个重要的命题,即无产阶级自我解放的必然性及其可能性。无产阶级在市民社会领域的矛盾运动之中所处的现状及其所担负的地位和作用,意味着无产阶级具备打破自身奴役和枷锁的力量。这一力量直接地源于市民社会领域这个矛盾机体的自我分裂。而无产阶级在这一矛盾运动之中的主体地位,必将打破有产阶级(资本)对无产阶级的奴役和压迫。

　　无产阶级必然能够实现自身的解放,这一解放必须奠立在现实的革命实践活动之中。既然无产阶级的压迫和奴役直接地受制于有产者的支配和主导,那么,无产阶级要打破自身枷锁,就必须打破其在矛盾整体之中的既定现状。马克思由此为无产阶级获得解放指明了道路:"如果无产阶级不消灭它本身的生活条件,它就不能解放自己。如果它不消灭集中表现在它本身处境中的现代社会的一切非人性的生活条件,它就不能消灭它本身

---

① 马克思、恩格斯:《神圣家族》,《马克思恩格斯文集》第1卷,人民出版社2009年版,第261页。
② 马克思、恩格斯:《神圣家族》,《马克思恩格斯文集》第1卷,人民出版社2009年版,第261页。
③ 马克思、恩格斯:《神圣家族》,《马克思恩格斯文集》第1卷,人民出版社2009年版,第261页。
④ 马克思、恩格斯:《神圣家族》,《马克思恩格斯文集》第1卷,人民出版社2009年版,第262页。

的生活条件。"① 这就确证了无产阶级解放的必然性,并指明了无产阶级解放的现实道路。无产阶级的这一革命勇气和力量,直接源于严酷的生活的压迫和奴役,"无产阶级并不是白白地经受那种严酷的但能使人百炼成钢的劳动训练的"。正是如此,无产阶级必须自觉地在这一严酷的劳动实践之中实现自我提升,它必须不断地塑造和提升自己的革命意志。"问题不在于某个无产者或者甚至整个无产阶级暂时提出什么样的目标,问题在于无产阶级究竟是什么,无产阶级由于其身为无产阶级而不得不在历史上有什么作为。"② 马克思由此实则深刻揭示了无产阶级历史主体地位。

在之前的《导言》等论著中,已经初步提出了这一结论。但是,这里将问题及其求解提升到了一个新的高度:通过对市民社会领域的矛盾运动及其发展进行彻底的唯物主义解剖,确证无产阶级的历史地位和历史使命。这个命题已经不再是以往带有强烈的人道主义伦理色彩的激情呼唤,而是奠立在市民社会领域矛盾运动的关系结构,亦即人类社会发展的必然性之上的真理性判断。马克思接着就依据现实的发展尤其是英国和法国的情况对之佐证。无产阶级"它的目标和它的历史使命已经在它自己的生活状况和现代资产阶级社会的整个组织中明显地、无可更改地预示出来了。英法两国的无产阶级中有很大一部分人已经意识到自己的历史任务,并且不断地努力使这种意识完全明确起来"③。由此可见,无产阶级的历史主体地位及其历史使命,是马克思对市民社会领域的矛盾运动及其关系结构的分析而得出的结论,现实的历史发展本身确证了这是切中历史发展规律及其方向的本质判断和真理性的命题。当然,马克思在这里还是主要地基于市民社会领域的矛盾运动的视角去分析和破解问题,尚未真正实现从内容和形式上将认识提升到历史规律高度。但我们不可忽视的是,他越发自觉地将自身哲思奠立在历史的发展和变革的必然性维度。

附带指出,从这里我们能够再次体验到马克思新唯物主义哲学革命的整体性特质。《手稿》通过对国民经济学的前提批判,确证了市民社会领域自身的颠倒本性及其矛盾的本质"异化"。《神圣家族》推进了《手稿》研究

---

① 马克思、恩格斯:《神圣家族》,《马克思恩格斯文集》第 1 卷,人民出版社 2009 年版,第 262 页。
② 马克思、恩格斯:《神圣家族》,《马克思恩格斯文集》第 1 卷,人民出版社 2009 年版,第 262 页。
③ 马克思、恩格斯:《神圣家族》,《马克思恩格斯文集》第 1 卷,人民出版社 2009 年版,第 262 页。

向度。马克思更为确定地将"异化"界定为市民社会领域这个矛盾整体本身的对立运动。这无疑就拓展并推进了之前的研究成果。这一点,更为明显地体现在马克思对市民社会领域的矛盾及其对立的揭示。无疑地,关于"无产阶级消灭自身的"命题丰富拓展了《〈黑格尔法哲学批判〉导言》的研究。在此之前,马克思已经意识到须从市民社会与国家的关系维度去分析问题;但由于他尚未对市民社会矛盾进行深入解剖,因此就导致论断本身带有一定的抽象性。到了《神圣家族》这里,奠立于《手稿》对市民社会领域的专题解剖,马克思明确地将无产阶级的解放诉诸对私有制的革除。这就不但克服了之前研究的抽象性,而且基于新的思想高度丰富和发展了先行提出的相关命题。实际上,这也彰显了马克思的新唯物主义哲学革命的一个重要特点:正是在现实问题和时代课题的推动下,通过越发深入而又彻底的前提批判,马克思得以不断地克服旧哲学的根本局限,将哲学牢牢奠定在新唯物主义的地平线之上。

(二) 祛除"神圣家族"实践观的思辨性

以上奠立于以往成果,马克思通过对市民社会领域的矛盾运动及其关系结构的剖析,不但指出了市民社会领域必然地要实现自身发展的必然性,并确证了作为革命主体的无产阶级的历史地位和历史使命。为马克思所科学地揭示了的这些内容,却被以"批判的批判"自居的"神圣家族"思辨地颠倒和歪曲。他们将自己思辨地化为"超验的力量",从而"宣告自己是历史的唯一创造因素。历史上的种种对立从它那里产生,消灭这些对立的行动也从它那里产生"[1]。如此一来,历史的发展就被其唯心主义化了。究其实质,历史的动力只能是历史自身矛盾发展的推动力,它源于历史自身矛盾双方的对立运动。对于当下市民社会领域这个矛盾整体来说,有产阶级与无产阶级是其矛盾对立的双方,二者之间的矛盾运动是市民社会领域发展的推动力,因而也是历史发展的原动力。然而,客观的历史必然性一经"神圣家族"思辨光环的映射和照耀,就全部变了模样。"有财产和没有财产被当做批判的思辨的两个对立面而受到了形而上学的尊崇。"[2] 于是,对于当下的现实,即对于当下有产阶级与无产阶级的对立,"只有批判的批判的手才能触动它们

---

[1] 马克思、恩格斯:《神圣家族》,《马克思恩格斯文集》第 1 卷,人民出版社 2009 年版,第 262 页。

[2] 马克思、恩格斯:《神圣家族》,《马克思恩格斯文集》第 1 卷,人民出版社 2009 年版,第 262—263 页。

而不犯亵渎圣物的过错"①。作为置身于这一矛盾对立运动之中的现实的主体,"资本家和工人则不应该过问他们自己的相互关系"②。站在有产者利益这一边,"神圣家族"将"无限的自我意识"及其所派生的"自由、平等"这些贫瘠的抽象范畴,意图统摄眼前这个充满矛盾对立的市民社会领域的"秘密"。

囿于德国思辨唯心主义观念论的束缚,埃·鲍威尔重述了已然被历史废弃了的陈旧的思辨哲学论调:"我认为,哲学是超实践的,也就是说,它到现在为止无非是事物现状的抽象表现。"③马克思揭露了这种论调对费尔巴哈的抄袭及其所谓的"独创的、批判的变化"。"费尔巴哈曾经得出结论,认为哲学应该从思辨的天国下降到人类贫困的深渊,而埃德加先生却相反,他教导我们说,哲学是超实践的。"④ 实际上,哲学的超实践性恰恰是由其仅仅致力于"事物现状的抽象表现"的开显,也就是说,"正因为哲学过去只是事物现状的超验的、抽象的表现,正由于它自己的这种超验性和抽象性,由于它在想象中不同于世界,它必定会以为事物的现状和现实的人是远远低于它自己的";如此一来,哲学的超实践性与其抽象性和超验性,这三者实际上就有着内在的同一性,甚至三者根本一致地显示了旧哲学的形而上学本性及其维度缺失。更为具体地说,"因为哲学过去并不是在实际上与世界有所不同,所以它也就未能对世界作出任何实际的判断,未能表现出对世界有任何现实的识别力,也就是说,未能通过实践来干预事物的进程,而至多只是不得不满足于抽象形式的实践"。因此,归根结底,"所谓哲学曾经是超实践的,这只是说哲学曾经漂浮在实践之上"⑤。马克思的这些评判,有着双重的基本指向性。它直接是针对"神圣家族"的思辨哲学观亦即其抽象实践观的批判。根本上,这又是指向整个旧哲学的哲学观的局限性的批判。"神圣家族"未能跳出以探究"存在者之存在"为中心架构和基本建制的旧的哲学形而上学的藩篱。它在摒弃和撤除掉事物自身独特的内容规定之际,实际上

---

① 马克思、恩格斯:《神圣家族》,《马克思恩格斯文集》第1卷,人民出版社2009年版,第263页。
② 马克思、恩格斯:《神圣家族》,《马克思恩格斯文集》第1卷,人民出版社2009年版,第263页。
③ 马克思、恩格斯:《神圣家族》,《马克思恩格斯文集》第1卷,人民出版社2009年版,第264页。
④ 马克思、恩格斯:《神圣家族》,《马克思恩格斯文集》第1卷,人民出版社2009年版,第264页。
⑤ 马克思、恩格斯:《神圣家族》,《马克思恩格斯文集》第1卷,人民出版社2009年版,第264—265页。

是将事物抽象成了纯粹的哲学范畴。更深言之，这种做法原则性地抹杀了市民社会领域的矛盾运动的客观实在性，在搁置一切现实矛盾及其差异的基础上，自我幻化在市民社会领域上空的"绝对的批判"。

受制于这一抽象的实践观，思辨唯心主义对现实世界进行了形而上学的颠倒和歪曲。"当思辨在其他一切场合谈到人的时候，它指的都不是具体的东西，而是抽象的东西，即观念、精神等等"①。而发生和存在于市民社会领域之中的有产阶级与无产阶级的矛盾，也就同样被消融在这一思辨之中。"神圣家族"把这一现实的矛盾对立思辨化为纯粹的抽象范畴，"因此，按照埃德加先生的看法，拥有和不拥有，工资、薪饷，匮乏和需要，为满足需要而进行的劳动，都无非是一些范畴而已"②。照此推论，人们只要在思想上和观念上摆脱了这些范畴的困扰，他们就改变了自己的境况。马克思对这种思辨做法的抽象性和非现实性进行了诘难："如果社会所必须摆脱的只是拥有和不拥有这两个范畴，那么为社会'克服'和'扬弃'这两个范畴，对任何一个甚至比埃德加先生更差劲的辩证论者说来，该是一件多么轻而易举的事呵！"③ 在特定的意义上，我们或许可以说社会在摆脱了"不拥有"这个范畴之后可以消除自身矛盾；然而，这是一个亟待去实现的结果，一个必须通过切实的革命实践才能达到的结果。像鲍威尔这样预先将未来亟待实现的结果直接当作出发点，并且将它纯化为范畴的方式，无疑是预先就摒弃了现实中的一切矛盾。

说到底，这种做法对于破除现实中的矛盾根本无济于事，因为归根结底，"不拥有不只是一个范畴，而是最悲惨的现实"④。作为这个矛盾整体的对立面"不拥有"有着自身独有的形式和内容。就其形式而言，"不拥有是最令人绝望的唯灵论，是人的完全的非现实"⑤，因为无产阶级作为财富的创造者，却与自己的劳动及其产品处于异化的亦即二元分离的境地；就其内容而言，不拥有"是非人的完全的现实，是一种非常实际的拥有，即拥有饥

---

① 马克思、恩格斯：《神圣家族》，《马克思恩格斯文集》第1卷，人民出版社2009年版，第265页。
② 马克思、恩格斯：《神圣家族》，《马克思恩格斯文集》第1卷，人民出版社2009年版，第267页。
③ 马克思、恩格斯：《神圣家族》，《马克思恩格斯文集》第1卷，人民出版社2009年版，第267页。
④ 马克思、恩格斯：《神圣家族》，《马克思恩格斯文集》第1卷，人民出版社2009年版，第267页。
⑤ 马克思、恩格斯：《神圣家族》，《马克思恩格斯文集》第1卷，人民出版社2009年版，第267—268页。

饿,拥有寒冷,拥有疾病,拥有罪过,拥有屈辱,拥有愚钝,拥有一切不合人道的和违反自然的现象"①。因此,受市民社会领域自身固有矛盾决定,无产阶级自身的境况及其与有产阶级的对立,是有着差异性规定的矛盾着的现实。而对于这个充满矛盾的现实世界,根本不能通过对之进行思辨的构造而消除矛盾及其差异。

矛盾的产生源于市民社会领域之中劳动与资本的对立,对此的解决"就必须说明劳动和资本的相互关系,也就是说,必须去探究资本的实质"②。这必须通过对市民社会领域进行更为深入的政治经济学解剖才能够实现,因而是一件完全超出思辨哲学之外的课题。针对埃德加将现实中的苦难归结为"一切祸害都只在工人们的'思维'中"③。马克思对此提出了犀利的反驳。在他看来,这种见解的荒谬性是显而易见的,因为它全然不顾真切的现实境况。英国和法国"这些群众的共产主义的工人……并不认为用'纯粹的思维'就能够摆脱自己的企业主和他们自己实际的屈辱地位"④。被"神圣家族"这些思辨哲学家神化了的范畴,根本无助于破除工人们在现实中遭受到的资本奴役和压迫。无论是对于这些现实的矛盾及其对立的解释还是改变,"神圣家族"的做法都充满思辨唯心主义的味道。于是,现实的在资本的压迫和奴役下呻吟的无产者们,这些"现实的个人"就被"批判的批判"镀上了一层思辨的幻彩,"从这以后,作为绝对的唯心主义者,作为以太般的生物,他们自然就可以靠纯粹思维的以太来生活了"⑤。试看"神圣家族"对工人阶级的进一步"教导":"批判的批判教导工人们说,只要他们在思想上征服了资本这个范畴,他们也就消除了现实的资本;只要他们在意识中改变自己的'抽象的我',并把现实地改变自己的现实存在、改变自己存在的现实条件、即改变自己的现实的'我'的任何行动当做非批判的行为轻蔑地加以拒绝,他们就会现实地发生变化并使自己成为现实的人。"⑥ 无可否

---

① 马克思、恩格斯:《神圣家族》,《马克思恩格斯文集》第1卷,人民出版社2009年版,第268页。
② 马克思、恩格斯:《神圣家族》,《马克思恩格斯文集》第1卷,人民出版社2009年版,第272页。
③ 马克思、恩格斯:《神圣家族》,《马克思恩格斯文集》第1卷,人民出版社2009年版,第273页。
④ 马克思、恩格斯:《神圣家族》,《马克思恩格斯文集》第1卷,人民出版社2009年版,第273页。
⑤ 马克思、恩格斯:《神圣家族》,《马克思恩格斯文集》第1卷,人民出版社2009年版,第274页。
⑥ 马克思、恩格斯:《神圣家族》,《马克思恩格斯文集》第1卷,人民出版社2009年版,第274页。

认，从"批判的批判"的这些言语看，它间接地承认了或者说也意识到了现实中的矛盾对立，即工人与资本的对立以及后者对前者的奴役和压迫。而且，它也给出了破除这一压迫和奴役的方案。

假使工人"在思想上征服资本这个范畴"，他们就消除了所遭受到的现实的资本的奴役；那么，工人如果不摆脱"资本"这个范畴的"原本"即资本的现实，他们如何能够在思想上抛却这个现实的映像呢？这就暴露了思辨哲学家们的根本迷误。对于这种唯心主义做法的缪误，马克思指出，"这种'精神'既然把现实只看做一些范畴，它自然也就把人的一切活动和实践统统归结为批判的批判的辩证思维过程。批判的批判所主张的社会主义同群众的社会主义和共产主义的区别也就在这里"①。这是纯正的唯心主义做法，它将现存现实构造成为抽象范畴，从而把现实的人及其社会存在完全地消融在了思辨辩证法之中。不仅如此，"我们将看到，它又用思辨的辩证法重新创造世界"②。一方面是对市民社会领域的唯心主义颠倒，从而将"范畴"抽象化为世界的本体；另一方面则是对市民社会领域的本体构造或建构，从而将范畴抽象化为历史发展的本源动力，而现实世界及其历史发展则成为纯粹范畴演绎的结果和产物。这二者构成思辨辩证法的基本架构。正是如此，马克思对前一方面的彻底批判，是要破除其唯心主义世界观幻象，进一步地，马克思对后一方面的批判实则是上升到了历史观批判的维度，即要彻底破除思辨的唯心主义历史观的认识论根基。

（三）瓦解"神圣家族"构造世界的认识论基础

"神圣家族"立足于抽象的思辨的实践观，将市民社会领域之中的一切矛盾都消融在其思辨辩证法之中。于是，在"批判的批判"所构建的这个思辨王国之中，无产阶级自身所遭受压迫和奴役的现实境况，以及它与有产阶级的对立，乃至市民社会这个矛盾整体，全部成了纯粹的"范畴"，由此被思辨化为幻影般的存在。这个摒弃了一切现实矛盾和尘世苦难的思辨王国，不过是纯然存在于"批判的批判"的头脑之中的彼岸世界，不过是对市民社会中的矛盾及其差异的抽象映射。正如我们已经指出的，"神圣家族"实则也是间接地承认了——因为它根本无法否认眼前苦难的事实——市民社

---

① 马克思、恩格斯：《神圣家族》，《马克思恩格斯文集》第1卷，人民出版社2009年版，第274页。
② 马克思、恩格斯：《神圣家族》，《马克思恩格斯文集》第1卷，人民出版社2009年版，第275页。

会中的矛盾，但它不是正视这一矛盾，而是力图以抽象的范畴替代现存的现实，将一切矛盾消融在"观念"之中。1844年6月，《文学总汇报》第7期发表了塞利加对法国作者欧仁·苏的长篇小说《巴黎的秘密》的评论。这部小说充满了关于未来社会之不切实际的空想。塞利加的评论全然立足于思辨唯心主义实践观，充分暴露了"神圣家族"对社会及其未来发展的思辨幻想："对《巴黎的秘密》所作的批判性叙述的秘密，就是思辨结构即黑格尔结构的秘密"；塞利加在评论中将国家及文明的发展思辨地消融在了"秘密"这个范畴之中，并且"让'秘密'开始自己的思辨的生命历程"①。基于对"神圣家族"思辨唯心主义的实践观的批判，马克思进一步对思辨结构秘密的揭穿，将批判推进到了历史观层面，其根本旨趣是瓦解"神圣家族"基于唯心史观构造世界的认识论基础。

所谓"思辨结构的秘密"说到底就是思辨唯心主义构造世界的逻辑架构。在越发彻底地实现唯物主义世界观转向的基础上，马克思再来审视思辨地构造世界的这套抽象的逻辑把戏，其荒谬性就显得极为明显了，马克思甚至认为："要说明这种思辨结构的总的特点，只要几句话就够了。"②然而，从另外一个角度，毋宁说，《神圣家族》对思辨结构秘密的洞穿，却又构成马克思对思辨唯心主义的一次极为彻底的批判和清算。其原因在于，究其实质，整个德国哲学（包括对黑格尔作出极为彻底批判的费尔巴哈）实际上都未能完全脱离黑格尔思辨唯心主义的思想境域。因此，马克思对思辨结构秘密的揭穿，就又有着更为根本和深远的指向性。它不但直接地是对"神圣家族"唯心主义地构造世界和历史的认识论基础的破除，也隐含着对整个德国思想界尤其是德国哲学的彻底批判指向性。对此，我们在唯物主义历史观的真正诞生地《德意志意识形态》中将更为清楚地看到。

"神圣家族"对世界的思辨唯心主义构造，是要解决下面这个问题，即如何将感性的个体事物抽象化为完全撤除掉自身感性杂质的纯粹范畴。以马克思所举的例子看，就是如何将"苹果、梨、草莓、扁桃"这些现实的不同种类的水果纯化为一般范畴"果品"。对于普通人及其日常意识来说，"果品"无疑是对苹果等不同种类水果的观念抽象，即它表征了个体事物的普遍性和一般性。但对于思辨唯心主义者们来说，就根本不是这样。在他们看来，观念是独立于个体之外的实体存在。在这些人看来，

---

① 马克思、恩格斯：《神圣家族》，《马克思恩格斯文集》第1卷，人民出版社2009年版，第276页。

② 马克思、恩格斯：《神圣家族》，《马克思恩格斯文集》第1卷，人民出版社2009年版，第276页。

"我从各种现实的果实中得到的'果品'['*die Frucht*']这个抽象观念就是存在于我之外的一种本质,而且是梨、苹果等等的真正的本质,那么我就宣布(用思辨的语言来表达)'果品'是梨、苹果、扁桃等等的'实体'"①。所谓"实体"是指事物的"是之所是",即事物存在的第一性根据和支撑。对此,亚里士多德曾经作出了经典界定。他说,"万物始所从来,与其终所从入者,其属性变化不已,而本体常如……事物或生或灭而实无生灭;因为那些组成一切的实是——无论为一〈元素〉或若干〈元素〉——在万物成坏中,依然如故"②。由此可见,思辨唯心主义将果品奉为独立于个体之外的实体,无疑是一丝不差地重述了旧哲学的形而上学思维方式。"果品"被设定成了作为感性事物的水果的本体存在;与之相应,感性的个体水果则成了漂浮在它们之外的抽象实体(元素)"果品"的化身。前者是可感事物,有着气味、颜色、形状、质量等一系列的特殊的属性,后者则是超感的实体,它将具体的现实的特殊属性作为"感性杂质"而摒弃。于是在思辨唯心主义者们看来,"物的本质的东西并不是它们的可以用感官感触得到的现实的定在,而是我从它们中抽象出来并强加于它们的本质"③。这种做法不但将事物的个体存在与其本质二元分离,而且颠倒了二者的真实关系。究其原本,事物的本质所探究的是同一类别或相近似的不同类别的个体事物之间的普遍性,是关于这些不同的个体事物之间现实差别的抽象。

问题不止于此。在马克思与恩格斯看来,这种思辨唯心主义做法有着自身根本无法克服的矛盾和困境。摒弃掉一切感性差异而得出一个像"果品"这样的纯粹范畴,从观念抽象角度看——因为它也只能存在于观念抽象之中,这并非无法实现的事情。但这个摒弃了一切感性差异的范畴,"果品"又是如何获得自身的内容规定的呢?这是一个根本无法回避的问题,不然的话,"果品"就无疑仅仅是毫无意义的空名。"从现实的果实得出'果品'这个抽象的观念很容易,而从'果品'这个抽象的观念得出各种现实的果实就困难了。"④ 由此立即就涌现出一个新的矛盾:"如果我不抛弃抽象,甚至

---

① 马克思、恩格斯:《神圣家族》,《马克思恩格斯文集》第1卷,人民出版社2009年版,第276页。
② 〔古希腊〕亚里士多德:《形而上学》,吴寿彭译,商务印书馆1959年版,第7页。
③ 马克思、恩格斯:《神圣家族》,《马克思恩格斯文集》第1卷,人民出版社2009年版,第276—277页。
④ 马克思、恩格斯:《神圣家族》,《马克思恩格斯文集》第1卷,人民出版社2009年版,第277页。

不可能从抽象转到抽象的对立面。"① 换言之，如果不扬弃"果品"本身空无一物的抽象性，果品就无法实现自身，即它也就根本无法充当现实水果的实体。"因此，思辨哲学家又抛弃了'果品'这个抽象"，但在马克思他们看来，这些思辨哲学家只是貌似跳出了"抽象的圈子"而已："他是用一种思辨的、神秘的方法来抛弃的，就是说，使人看来好像他并没有抛弃抽象似的。"② 透过思辨唯心主义求解问题的办法，马克思揭穿了其思辨地构造世界的形而上学迷误。

然而，一个独立于感性事物之外的"实体"是如何变幻万千的？为此，思辨哲学家赋予了现实的差异本身以独有的内涵。在他们眼里，这些根本不是个体事物自身以及与其他事物之间的现实差异。如此一来，矛盾貌似就被合理地"解决"了。"这样，'果品'就不再是无内容的、无差别的统一体，而是作为总和、作为各种果实的'总体'的统一体，这些果实构成一个'被有机地划分为各个环节的系列'。"③ 于是，原本我们所提及的个体与其本质之间的二元对立，就被消融在了纯粹的"观念"之中了。在这个被思辨地构造出来的"观念世界"之中，个别水果与其超验本质"果品"这个实体之间，可感与超感、一与多、个别与普遍之间，不再是对立的关系。果品不再是抽象的、贫瘠的、空乏无物的存在，而是蕴含着自身多样性和差异性的"活生生的统一体"，"这个统一体既把每一种果实全都消融于自身中，又从自身产生出每一种果实，正如身体的各部分不断消融于血液，又不断从血液中产生一样"④。于是，我们看到，"果品"自在自为地摈弃掉了个体差异的普遍性，在自身神秘的外化过程中成其所是，由此实现了对自身差异性的消融和化解。

这件事情本身无疑充满了神学的玄幻色彩！马克思对此作了深刻揭示，"人们可以看出，基督教认为，上帝只有一个化身，而思辨哲学则认为，有多少事物就有多少化身，比如在这里，在思辨哲学家看来，每一种果实都是实体的化身，即绝对的果实的化身"⑤。实体不但有着为日常人们所无法理解

---

① 马克思、恩格斯：《神圣家族》，《马克思恩格斯文集》第 1 卷，人民出版社 2009 年版，第 277 页。

② 马克思、恩格斯：《神圣家族》，《马克思恩格斯文集》第 1 卷，人民出版社 2009 年版，第 277 页。

③ 马克思、恩格斯：《神圣家族》，《马克思恩格斯文集》第 1 卷，人民出版社 2009 年版，第 278 页。

④ 马克思、恩格斯：《神圣家族》，《马克思恩格斯文集》第 1 卷，人民出版社 2009 年版，第 278 页。

⑤ 马克思、恩格斯：《神圣家族》，《马克思恩格斯文集》第 1 卷，人民出版社 2009 年版，第 278 页。

的超然独立性——它独立和漂浮于事物之外,更具有自我创造、自我生成的神奇禀赋。抽象的实体因此成了神秘的东西,成了似上帝般的存在。如果我们还记得这样一个抽象而又神奇的实体是被思辨哲学家所创造出来的范畴,那么,思辨哲学家无疑就是纯粹的神学家。因为这些哲学家最拿手的工作就是对苹果、梨、扁桃这些水果的现实存在进行思辨的确认,仿佛这些水果之所以能够存在,全部附属于神秘的"果品"这个实体范畴。

在马克思看来,被思辨地构造出来的这些果实,已经根本不是人们日常生活所需的物品,这些果实实则被思辨哲学家赋予了"超自然的意义,使它们变成了纯粹的抽象"①。思辨哲学家的思维方式根本不同于生活在现实世界中的人们的日常思维方式。当一个普通人说出自己眼前的物品是苹果和梨的时候,他绝不会以为这是多么神奇的事情。"但是,如果哲学家以思辨的方式说出这些存在物,那他就是说出了非同寻常的东西。"② 原因在于,这些思辨哲学家竟然会以为"他创造了一个奇迹,他从'果品'这个非现实的理智本质(理性本体——笔者注)中造出了现实的自然的实物——苹果、梨等等,也就是说,他从他自己的抽象的理智(即他所设想的在他身外的一种绝对主体,在这里就是'果品')中创造出这些果实"③。原本是人们只有根据个体的感性事物(苹果、梨等)才能得出"果品"这个一般范畴,这个"抽象",但在思辨哲学家这里,却被全然地头足颠倒了:只有依照和符合于"果品"这个抽象范畴,个体水果才能确证自身的感性实存。在宗教世界中,人们跪倒在上帝那里顶礼膜拜;而在思辨哲学家构造出来的思想王国中,感性的、具体的、现实的物品水果,全部成了"果品"这个似上帝存在的化身。在马克思看来,"这种办法,用思辨的话来说,就是把实体了解为主体,了解为内在的过程,了解为绝对的人格。这种了解方式就是黑格尔方法的基本特征"④。这就凸显了马克思整个批判的双重意蕴:它直接是对"神圣家族"思辨结构秘密的揭穿,根本上则是对这些思辨唯心论者构造世界的方法论根基的破除。

通过以上的剖析,思辨结构的秘密究竟何在?马克思又是怎么实现对它

---

① 马克思、恩格斯:《神圣家族》,《马克思恩格斯文集》第 1 卷,人民出版社 2009 年版,第 279 页。
② 马克思、恩格斯:《神圣家族》,《马克思恩格斯文集》第 1 卷,人民出版社 2009 年版,第 279 页。
③ 马克思、恩格斯:《神圣家族》,《马克思恩格斯文集》第 1 卷,人民出版社 2009 年版,第 279 页。
④ 马克思、恩格斯:《神圣家族》,《马克思恩格斯文集》第 1 卷,人民出版社 2009 年版,第 280 页。

的揭穿的？这一揭穿本身又有着什么样的作用？这些问题关乎马克思哲学变革的维度跃迁，我们现在需要对这些问题进行一个必要的探讨。

以上可见，所谓"思辨结构的秘密"就是思辨哲学家构造世界的逻辑架构。马克思之所以将之称为"秘密"有着两方面的指向性，直接是对应于《巴黎的秘密》这个书名，根本上乃是基于思辨哲学构造世界本身的抽象性、思辨性及其衍生的神学玄幻性。"思辨结构的秘密"实际上又构成上面所批判的"神圣家族"之思辨实践观的具体内容，它很大程度上就是这一实践观的具体展现。马克思对它的揭穿显然是通过前提批判的方式所实现的。更确切地说，这一揭穿本身是对思辨地构造世界这一唯心主义做法本身的前提批判。在这里主要是对它的认识论架构的洞穿。虽然马克思并未直接标明这一批判的性质，它无疑已然呈现出彻底的唯物主义批判的指向性。之一，马克思对思辨哲学家颠倒事物与其本质关系的批判，深刻地立足于唯物主义世界观之上。因为，对思辨哲学家所构造出来的实体"果品"之抽象性的克服，这一做法解构了将"范畴"奉为本体和第一性存在的唯心主义架构。之二，这里对哲学家思辨地构造世界过程的更为具体和深入的批判，尤其是对其所依赖的黑格尔思辨辩证法及其困境的识破，则又牢牢立足于已然臻于完善的唯物主义的辩证法批判。马克思不但揭示了这些形而上学家们的思维方式的超验性、先验性，更是指出了隐蔽其间的神学的玄幻性。亦如此，马克思与这一掺杂着形而上学的思辨和神学的怪诞的唯心主义幻象的拒斥，成了其思想进一步发展的一个契机和前提。之三，这里对思辨哲学家全然摒弃现实事物的差异性的批判，又隐然地已然呈现出马克思与费尔巴哈哲学决裂的迹象。

不可否认，费尔巴哈的人本学唯物主义根本不能与思辨哲学相等同。然而，我们必须看到，费尔巴哈只是一般地指出了思辨哲学的唯心主义性质，他仅仅满足于世界观层面的"本体颠倒"（主宾颠倒）。由于缺乏对思辨辩证法的前提批判，费尔巴哈哲学根本无法实现对旧哲学的终结。正是如此，马克思对思辨结构秘密的揭穿，客观上就是要完成费尔巴哈哲学未能完成的任务。之前对国民经济学的前提批判，促使马克思对市民社会领域的颠倒本性及其矛盾本质（异化）的揭示；这里对思辨唯心主义的前提批判，就深化了对问题的思考：消除思辨辩证法的颠倒性，揭示市民社会领域以及历史发展本身的辩证法则。

"神圣家族"自身并不把思辨结构的秘密纯粹地看作逻辑的把戏，它反而将之视为世界和历史发展的"逻辑"。在它看来，思辨结构自身的运演同一于世界与历史本身的发展。对于思辨哲学的这一唯心主义做法，必须根本性地超出其形而上学的基地才能破除。在揭穿思辨结构的秘密的基础上，马克思与恩格斯从以下三个方面对"神圣家族"及其思辨唯心主义展开进一步深入批判。其一，深入剖析思辨哲学对现实世界及其历史发展的唯心主义歪曲和颠倒；其二，在揭穿思辨唯心主义曲解市民社会领域的矛盾及其运行之际，揭示市民社会领域这个矛盾整体自身的关系结构；其三，奠立于整个批判本身，暴露了德国哲学抽象实践观的缺陷及其维度缺失，确立唯物主义实践观从而拉开了唯物主义历史观创立的序幕和前奏。

在马克思看来，上述思辨哲学的唯心主义伎俩，究其实质是"把现实的关系（例如法和文明）消融在秘密这个范畴中，从而把'秘密'变为实体"，这种做法必然会导致更为思辨和荒谬的后果，即进一步"把'秘密'变成了体现为现实的关系和人的独立主体"。质言之，超验性和先验性是贯穿这一思辨地构造世界的做法的基本底蕴和突出特点，"他先从现实世界造出'秘密'这一范畴，然后又从这一范畴造出现实世界"[①]。于是，不但整个现实世界被范畴化，而且由于这一形而上学构造本身固有的神学底蕴，现实世界及其历史发展就被其镀上一层神秘的玄幻色彩。奠立于对这一构造本身的认识论基础的前提批判，马克思将对思辨哲学的批判提升到了一个更高的层面，即对其歪曲和颠倒市民社会自身矛盾发展的做法进行彻底批判，以更进一步地揭开为它所遮蔽的市民社会领域的真实状况。

思辨哲学由于纯粹地将对世界的形而上学构造看作唯一重要的事情，它就必然地对无产阶级（群众）及其革命解放事业十分拒斥。从它对现实世界的一系列思辨化构造来看，其出发点"一直是靠批判地贬低、否定和改变一定的群众性的对象和人物来取得自己的相对荣誉"[②]。群众及其实践活动由此被当作非本质的无关紧要的事情。但要想确证自身作为"批判的批判"的"威力"，这些"无关紧要的事情"就又必须再次被统摄和纳入进来。对此，思辨哲学是通过"靠批判地贬低、否定和改变普遍的群众来取得自己的绝对荣誉"[③]。囿于唯心主义立场，思辨哲学将无产阶级及其遭受到的压迫和奴役消融在纯粹的"范畴"之中，并且基于思辨辩证法，去消解"劳动"与

---

① 马克思、恩格斯：《神圣家族》，《马克思恩格斯文集》第1卷，人民出版社2009年版，第280页。
② 马克思、恩格斯：《神圣家族》，《马克思恩格斯文集》第1卷，人民出版社2009年版，第282页。
③ 马克思、恩格斯：《神圣家族》，《马克思恩格斯文集》第1卷，人民出版社2009年版，第282页。

"资本"这两个范畴的对立。思辨哲学由此进一步推进了自己的工作。它将这一工作进一步夸大为要为现实的人及其历史发展提供绝对的尺度和原则。"批判的批判"摇身一变成为"绝对的批判"。对于他们来说,"真理"根本不是现实的人及其历史发展的规律,而是超然独立于现实世界之上的某种"天意"。

对此,马克思与恩格斯指出,"真理对鲍威尔先生来说也像对黑格尔一样,是一台自己证明自己的自动机器。人应该追随真理。现实发展的结果,也像在黑格尔那里一样,不外是被证明了的即被意识到了的真理"①。依照这种看法,真理与历史的关系就被本末倒置,真理被归结为绝对的主体,历史则成了这一绝对力量展示的场所及其结果。庸俗目的论认为,植物的存在是为了给动物充饥,动物的存在是为了给人类充饥。思辨哲学则构造了一套鲜活的历史目的论:"历史所以存在,也是为了给理论的充饥(即证明)这种消费行为服务的。人为了历史能存在而存在,而历史则为了真理的论据能存在而存在。"②这就已经不是简单的历史目的论,而是庸俗的唯心主义的目的论。对此,马克思一针见血地指出,"在这种批判的庸俗化的形式中重复着思辨的英明:人所以存在,历史所以存在,是为了使真理达到自我意识"。如此一来,现实的人与其历史发展的关系就被本末倒置了。"历史也和真理一样变成了特殊的人物,即形而上学的主体,而现实的人类个体倒仅仅是这一形而上学的主体的体现者。"③深究之,与其说是"真理"成了历史的绝对主体,不如说,思辨哲学家们借此将自己超拔在现实的人及其历史发展之上,从而将抽象的"绝对的批判"化为历史发展的本源动力。

无产阶级在现实中所遭受到的压迫和奴役的苦难现实,被思辨哲学家们形而上学地束之高阁。进一步地,无产阶级自身的历史活动亦即其消灭奴役和压迫的解放事业,这一现实的革命实践活动竟然成了思辨哲学的"事业"。马克思揭示了这种做法本身的二律背反。一方面,批判的批判将历史视为证明"几条终归是不言而喻的最简单的真理"的材料;另一方面,它又制造出被抽象化了的"真理"的对立范畴,"它凭着自己的批判的天真想法,臆造

---

① 马克思、恩格斯:《神圣家族》,《马克思恩格斯文集》第1卷,人民出版社2009年版,第283—284页。
② 马克思、恩格斯:《神圣家族》,《马克思恩格斯文集》第1卷,人民出版社2009年版,第284页。
③ 马克思、恩格斯:《神圣家族》,《马克思恩格斯文集》第1卷,人民出版社2009年版,第284页。

出了绝对的'一开始'和抽象的不变的'群众'"①。它这样做，实际上就不得不承认这样一个事实：真理的确立和实现不是绝对的、无条件的，而是有其不可或缺的条件（群众）。这样一来，批判的批判就陷入了自相矛盾之中，"不言而喻的真理已丧失了它的精神实质、意义和价值"②。马克思进一步指出了导致这一悖谬产生的症结。质言之，这是由唯心史观所必然导致的悖谬。对于思辨唯心主义来说，"'真理'和历史一样，是超凡脱俗的、脱离物质群众的主体"③。与这样一种思辨唯心主义的"真理观"相适应，获得真理的途径也必将是"超凡脱俗"的："它不是面向经验的人，而是面向'心灵的深处'，为了'真正被认识'，真理不去接触住在英国地下室深层或法国高高的屋顶阁楼里的人的粗糙的躯体，而是'完完全全'在人的唯心主义的肠道中'蠕动。"④ 可见，历史的发展不但被思辨化为"真理"这个抽象的贫瘠的范畴，而且被幽闭在了"绝对的批判"的头脑中，因此被封闭在了纯粹的思想境域之中。

现实的人及其历史发展，乃至于无产阶级及其粉碎枷锁的革命解放事业，在被消融为抽象的范畴之际，这一活动本身又进一步被幽闭在了纯粹的思辨之中。这些号称绝对的真正的批判家，"虽然认为自己是多么地超出群众，但它仍然万分怜悯群众"。但它是以批判的方式表达对群众及其活动的"爱"。但是，这种"爱"的虚伪性和虚假性，一接触到现实的苦难就立即显现出来，"它纯洁得犹如蓝天，犹如处女，一看到罪孽深重的害麻疯病的群众就吓得心惊肉跳"⑤。之所以会出现这样的反差，乃是因为现存现实在思辨哲学那里是个纯然的理论范畴，尘世的苦难根本无法为其超验的、先验的、绝对批判的视野所容纳和囊括。在这些思辨哲学家看来，迄今为止全部的历史以及群众的活动都是十分"肤浅的"。他们十分自然地将历史的活动抽象化为自己构造出来的范畴"群众"的思想活动，"绝对的批判摒弃群众的历史并打算用批判的历史

---

① 马克思、恩格斯：《神圣家族》，《马克思恩格斯文集》第1卷，人民出版社2009年版，第285页。
② 马克思、恩格斯：《神圣家族》，《马克思恩格斯文集》第1卷，人民出版社2009年版，第285页。
③ 马克思、恩格斯：《神圣家族》，《马克思恩格斯文集》第1卷，人民出版社2009年版，第285页。
④ 马克思、恩格斯：《神圣家族》，《马克思恩格斯文集》第1卷，人民出版社2009年版，第285—286页。
⑤ 马克思、恩格斯：《神圣家族》，《马克思恩格斯全集》第2卷，人民出版社1957年版，第9页。

取而代之"①。如此一来，现实的人的实践活动及其历史发展，就纯粹被归结为特定的思想和范畴的自在自为地演绎。基于对这一唯心主义历史观的荒谬性的洞彻，马克思转入对现实的人及其历史发展的真实状况的分析。

马克思肯定了群众及其历史活动本身的客观现实性。这根本就不是纯粹的理论活动，恰恰相反，它是有着确定性的利益诉求的现实的实践活动。"'思想'一旦离开'利益'，就一定会使自己出丑。"② 现实的人及其历史发展的过程，在特定程度上就是围绕着"利益"而展开的革命斗争。利益首先是政治利益，即为了确立自身政治统治而展开的利益争夺。资产阶级发动的1789年革命，其目的就是确立自身统治的权益，这一权益本身内蕴着强有力的现实内涵，"这种利益是如此强大有力，以至胜利地征服了马拉的笔、恐怖主义者的断头台、拿破仑的剑，以及钉在十字架上的耶稣受难像和波旁王朝的纯血统"③。但资产阶级的政治解放及其权益角逐又有其固有的局限性。思辨哲学将这一局限性抽象化为"不合时宜的"，特定程度上是触及了它的弊端。然而，这一局限性必须从这场资产阶级政治解放本身的限度进行说明。我们知道，在之前的《论犹太人问题》中，马克思已经确证了资产阶级政治解放本身的限度。政治解放打破了人们的封建枷锁，人们从封建等级制中解脱了出来，获得了政治解放，然而，它并未彻底破碎这一枷锁的奴役和压迫。"人的解放"这一超出资产阶级政治解放的事业还亟待开启。在《导言》和《手稿》之中，马克思明确地将这一事业与无产阶级的解放事业统一起来。《神圣家族》推进了对问题的研究。

马克思在这里进一步揭示了资产阶级政治解放的限度。由于全社会都深受封建枷锁的统治和奴役，因此，资产阶级作为从市民社会领域之中超升出来的特殊阶级，其阶级利益就与全社会的普遍利益有着特定的一致性，即封建贵族及其统治是资产阶级和全社会的共同敌人。于是，人民群众的普遍利益与资产阶级的特殊利益就具有了同一性。这一点在《导言》之中已经作了揭示。《神圣家族》进一步地揭示了这种利益同一性的限度。这场资产阶级政治解放"它之所以不合时宜，是因为它在本质上仍然停留在那样一种群众

---

① 马克思、恩格斯：《神圣家族》，《马克思恩格斯文集》第1卷，人民出版社2009年版，第286页。
② 马克思、恩格斯：《神圣家族》，《马克思恩格斯文集》第1卷，人民出版社2009年版，第287页。
③ 马克思、恩格斯：《神圣家族》，《马克思恩格斯全集》第2卷，人民出版社1957年版，第103页。

生活条件的范围内,而那种群众是仅仅由少数人组成的、不是把全体居民包括在内的、有限的群众"①。质言之,资产阶级的解放仅仅是"部分人"的解放,不过是资产阶级自身的解放,并未使得广大人民群众尤其是无产者随之获得解放。正是如此,"人数众多的、与资产阶级不同的那部分群众认为,在革命的原则中并没有体现他们的现实利益,并没有体现他们自己的革命原则,而仅仅包含一种'思想',也就是仅仅包含一个激起暂时热情和掀起表面风潮的对象罢了"②。说到底,资产阶级的政治解放是要打破封建贵族的政治统治,从而确立资产阶级的政治统治。因此,一旦资产阶级打破了封建统治,它就实现了政治解放因而确立起新的政治统治,而一旦资产阶级建立起新的针对广大人民群众的政治统治,原先特定程度上契合人民大众利益的"思想"(革命口号)的虚假性就暴露出来。待革命热潮消退之后,人民群众会充分地在现实中体验到这场资产阶级政治解放的实质和限度。他们将不得不接受这一事实,除非进一步发动超出这场限度的彻底的旨在破除一切锁链压迫的革命,若不然,现实的人及其历史发展将永远走不出围绕着抽象的虚假"普遍利益"而争夺的怪圈。

马克思在洞彻资产阶级政治解放的限度之际深刻指出,"历史活动是群众的活动,随着历史活动的深入,必将是群众队伍的扩大"③。这个历史活动是把资产阶级政治解放所耽搁和未完成的事业作为主题。这个活动虽然也包括思想的解放,也需要革命思想的引导,然而,它又断然不能归结为纯粹的思想斗争。因为,"要想站起来,仅仅在思想中站起来,而让用思想所无法摆脱的那种现实的、感性的枷锁依然套在现实的、感性的头上,那是不够的"④。虽然人们充分地会在自己的思想中意识到并真切地体验到他们所遭受的奴役,然而,这一"思想中的意识"只能是对现实的苦难和压迫的反映;虽然人们对这一压迫和奴役的摆脱也包括对这一"精神奴役"的克服,然而,它有着自身不可或缺的现实前提,除非人们发动和开展旨在打破奴役的现实的革命实践活动,不然的话,就只能是不切实际的空想,从而根本无法改变自身命运。正是如此,马克思与恩格斯深刻地指出,"思想永远不能超出旧世界秩序

---

① 马克思、恩格斯:《神圣家族》,《马克思恩格斯文集》第 1 卷,人民出版社 2009 年版,第 287 页。
② 马克思、恩格斯:《神圣家族》,《马克思恩格斯文集》第 1 卷,人民出版社 2009 年版,第 287 页。
③ 马克思、恩格斯:《神圣家族》,《马克思恩格斯文集》第 1 卷,人民出版社 2009 年版,第 287 页。
④ 马克思、恩格斯:《神圣家族》,《马克思恩格斯文集》第 1 卷,人民出版社 2009 年版,第 288 页。

的范围，在任何情况下，思想所能超出的只是旧世界秩序的思想范围。思想本身根本不能实现什么东西。思想要得到实现，就要有使用实践力量的人"[1]。对于"人的解放"亦即无产阶级的解放事业来说，必须摒弃掉空想的不切实际的纯粹思想斗争。所谓"旧世界"就是这个通过政治解放建立起来的资产阶级世界，就是这个现代资产阶级社会。因此，超出旧世界秩序的"思想"，就是旨在破除仍然存在于市民社会领域并逐渐达到极限的奴役和压迫的共产主义或社会主义原则，它是"新世界秩序的思想"。换言之，共产主义是超越资本主义世界的革命原则及其革命实践。

奠立于此，马克思进一步转入对市民社会领域的关系结构的揭示。对于颠倒的世界何以会产生与之相适应的"颠倒的世界意识"这一问题，在《导言》之中已经作了深入的揭示。马克思不但进一步推进了这一研究，而且得出了超出以往的结论。他拒斥将市民社会领域成员当作"原子"的抽象化做法。"市民社会的成员决不是原子"，因为它这里根本没有原子那"万物皆备于自身"的特性，反而处处受制于现实因素的制约。作为市民社会之中的利己主义的个人，作为有着自身确定性的特殊利益诉求的人，人与人之间的需要包括生命的、生理的需要，然而究其真实，这是"一种把他的私欲变为追逐身外其他事物和其他人的需求"[2]。这甚至成为人们自身以及他们之间的自然必然性。对于市民社会领域中的成员这些现实的个人们来说，"他们之间的现实的纽带是市民生活，而不是政治生活"[3]。但人们为何会本末倒置地将政治生活看作唯一真实的存在？这是由他们对政治国家的崇拜和绝对化所导致的结果。正是在普遍利益与特殊利益发生断裂的缘故，产生了"颠倒的世界意识"。然而事实上，"他们只是在观念中、在自己的想像这个天堂中才是原子"。另外，他们还必须面对自己这个本末倒置的现实世界："而实际上他们是和原子截然不同的存在物，就是说，他们不是超凡入圣的利己主义者，而是利己主义的人。"[4] 政治国家所代表着的超出特殊利益之上的"普遍利益"面目，遮蔽了特殊利益与普遍利益的断裂和对立，催生出人们产生出"市民生活必须由国家来维系"的"政治迷信"，如果破除掉这个抽

---

[1] 马克思、恩格斯：《神圣家族》，《马克思恩格斯文集》第1卷，人民出版社2009年版，第320页。

[2] 马克思、恩格斯：《神圣家族》，《马克思恩格斯文集》第1卷，人民出版社2009年版，第322页。

[3] 马克思、恩格斯：《神圣家族》，《马克思恩格斯文集》第1卷，人民出版社2009年版，第322页。

[4] 马克思、恩格斯：《神圣家族》，《马克思恩格斯文集》第1卷，人民出版社2009年版，第322页。

象的遮蔽，那么真实的关系"其实恰恰相反，国家是由市民生活来维系的"①。这个结论进一步基于历史观层面确证了"市民社会决定国家"这一唯物主义命题。

立足于以上对市民社会的矛盾及其关系结构的揭示，这个命题就有了历史观层面的唯物主义辩证法的意蕴。马克思不再仅仅强调市民社会领域对国家之第一性的前提支撑作用，而是进一步转入如下这个方面，即市民社会自身矛盾分裂产生出与之相适应的天国形式"政治国家"这个新的课题。正是如此，如何对这一分裂本身进行更进一步的剖析，揭示市民社会与政治国家及其衍生的思想、观念、范畴的辩证关系，就成为关乎市民社会领域自身矛盾运行规则亦即其规律性的重要课题。在《神圣家族》这里，马克思与恩格斯实际上已经以批判的方式提出了下一步的研究计划，"难道批判的批判以为，只要它把人对自然界的理论关系和实践关系，把自然科学和工业排除在历史运动之外，它就能达到，哪怕只是初步达到对历史现实的认识吗？难道批判的批判以为，它不把比如说某一历史时期的工业，即生活本身的直接的生产方式认识清楚，它就能真正地认清这个历史时期吗？"② 这就意味着，马克思对思辨哲学的批判进入了历史层面，"正像批判的批判把思维和感觉、灵魂和肉体、自身和世界分开一样，它也把历史同自然科学和工业分开，认为历史的诞生地不是地上的粗糙的物质生产，而是天上的迷蒙的云兴雾聚之处"③。反言之，正是由于割裂了历史自身的发展逻辑，才使得产生于历史运动之中的范畴漂浮于历史运动之上，成了抽象的不乏形而上学玄幻的东西。对此的进一步的批判，亦即对于历史运动何以衍生出如此抽象的范畴映像，将促使马克思哲学变革发生质的飞跃。

这项工作首要的就是要确立唯物主义的实践观。也就是说，要将实践地而非思辨地对待世界作为一个世界观前提而确立下来。在《神圣家族》这里，实则已然预先指出了进一步变革的方向。针对思辨哲学将"宗教世界"独立化的唯心主义做法，马克思与恩格斯指出，"批判的批判"根本没有看到，"当我只是扬弃了这个世界的思想存在，即这个世界作为范畴、作为观点的存在的时候，也就是说，当我改变了我自己的主观意识而并没有用真正

---

① 马克思、恩格斯：《神圣家族》，《马克思恩格斯文集》第 1 卷，人民出版社 2009 年版，第 322 页。
② 马克思、恩格斯：《神圣家族》，《马克思恩格斯文集》第 1 卷，人民出版社 2009 年版，第 350 页。
③ 马克思、恩格斯：《神圣家族》，《马克思恩格斯文集》第 1 卷，人民出版社 2009 年版，第 350—351 页。

对象性的方式改变对象性现实,即并没有改变我自己的对象性现实和其他人的对象性现实的时候,这个世界仍然还像往昔一样继续存在"①。这个命题已然蕴含着对全部旧哲学(思辨主义、经验主义)的变革和超越。思维(意识)与存在是贯穿全部旧哲学的基本架构,黑格尔和恩格斯因此都将思维与存在的关系看作整个西方哲学的基本问题。对于旧哲学来说,问题本身被预先地作了形而上学的转化和处理。思维与存在的关系原本所关涉的是人与世界的关系,亦即现实的人与他们的生活世界的关系。但旧哲学立足于"存在者之存在"这个基本建制,对它作了重重的抽象化处理。现实的人被抽象化为"自我意识",后者成为前者的本质规定;现实世界则被抽象化为一个既定的现成的"存在者大全";人与世界的关系则被进一步抽象化成了纯粹的思想关联,二者之间成了互为相关项的纯粹逻辑关联。现实的人及其存在和发展因此就被排斥和排除在了一个先验封闭的思想境域之外。人与世界的关系确实是有着内在的逻辑关联,但这种关联本身是"对象性"的亦即主体与客体之现实的统一。二者统一的根据并不是纯粹理论的逻辑关联,而是现实的实践统一。也就是说,思维与存在的关系,作为对人与世界关系的范畴表达,它在人们对象性的实践活动之中,不断地得到统一与发展。

总之,《神圣家族》在马克思哲学革命总体逻辑进程中有着特殊的重要性所在。这部论著拓展并深化了《手稿》的研究成果,将对市民社会的解剖提升到了一个新的维度。无产阶级的历史地位和历史使命在这里获得了客观的必然性根据,马克思将之归结为市民社会矛盾运动所必然导向的结果。马克思洞穿了神圣家族构造世界的"奥秘",揭开了其"思辨结构"的"秘密",由此破除了唯心史观的认识论基础。如果说,《手稿》对国民经济学的前提批判,是揭开了为其抽象地遮蔽和掩盖着的市民社会领域之中的矛盾;那么,《神圣家族》对思辨哲学唯心史观的前提批判,不但去除了资产阶级哲学家们对市民社会的矛盾运动的颠倒和歪曲,还进一步把握住了市民社会领域这个矛盾整体之关系结构。马克思的研究及其思想成果内蕴着双重的变革意蕴。就理论上而言,它直接为唯物主义的实践观和历史观的确立奠定了基础;就实践层面而言,对于无产阶级的革命实践活动有着重要的导向作用。因此在列宁看来,《神圣家族》"奠定了革命唯物主义的社会主义的

---

① 马克思、恩格斯:《神圣家族》,《马克思恩格斯文集》第1卷,人民出版社2009年版,第358页。

基础"①。从马克思的新唯物主义哲学革命整体逻辑进程看，马克思和恩格斯在以前的著作中所探索并确立的"唯物主义历史观的原理"，"这些原理在《神圣家族》中得到了进一步的发展。特别是与马克思的《1844年经济学哲学手稿》相比较，这部著作在阐明物质生产对社会发展的决定作用方面又向前迈进了一步"②。就此而言，《神圣家族》可谓马克思的新唯物主义哲学革命逻辑发生质的飞跃的"前哨"。

---

① 列宁：《弗里德里希·恩格斯》，《列宁全集》第2卷，人民出版社2013年版，第7页。
② 《马克思和恩格斯创造性合作的开始》，武锡申主编《马克思主义研究资料》第12卷，中央编译出版社2015年版，第3页。

第六章　旧哲学的终结与马克思的新唯物主义哲学观

马克思以上对神圣家族的批判和清算，既奠立于《德法年鉴》时期解剖市民社会的工作之上，又实质性地推进了这一工作。以鲍威尔为代表的神圣家族之所以会陷入唯心主义迷误之中，根本上乃是由于他们形而上学地摒弃了市民社会领域所固有的矛盾对立。不仅如此，深受黑格尔思辨唯心论制约的他们，意图将劳动与资本、无产者与有产者的对立消融在抽象的思辨逻辑中去。当马克思揭开了思辨结构的秘密，实际上就洞穿了旧哲学构造世界的逻辑结构亦即其认识论根据。马克思由此深化和丰富了自身哲学革命的逻辑，马克思哲学革命由此走向完成阶段。

一　马克思新唯物主义哲学革命的成果凝结

（一）新唯物主义世界观及其实践变革的要旨

这个完成阶段开启于《关于费尔巴哈的提纲》（以下简称《提纲》）。这部极为简短的研究性论纲，在马克思生前并未发表，是恩格斯后来在整理马克思遗著时无意中找到的。然而，它却在马克思哲学革命进程中有着举足轻重的地位。恩格斯将它看作"非常宝贵"的"包含着新世界观的天才萌芽的第一个文献"[①]。在1893年给友人的信中，恩格斯明确将《提纲》看作历史唯物主义的起源，"关于历史唯物主义的起源，在我看来，您在我的《费尔巴哈》（《路德维希·费尔巴哈和德国古典哲学的终结》）中就可以找到足

[①] 恩格斯：《路德维希·费尔巴哈和德国古典哲学的终结》，《马克思恩格斯全集》第28卷，人民出版社2018年版，第534页。

够的东西——马克思的附录其实就是它的起源！"① 总体上看，人们普遍地肯定了恩格斯的经典评判，因而也意识到了《提纲》在马克思哲学革命进程中的重要地位和作用，然而，对于恩格斯这些评判的确切内涵，人们事实上并未真正达成一致意见。对此，阿尔都塞有一个著名的广为流传的说法。他指出，"《关于费尔巴哈的提纲》的闪光使所有接近它的哲学家惊叹不已，但大家都知道，闪电的光只能炫目，而不能照明；对于划破夜空的闪电，再没有比确定它的位置更困难的事情"。阿尔都塞甚至进而提出了如下这一期望，"总有一天应该把这十一条提纲的谜解开"②。

表面上看，《提纲》不可谓不短，只有区区十一条内容。然而，如果切实地对这十一条的指向性及其变革意蕴作出细致的探索和研究，那么，篇幅与其内容之间的不对称性就是巨大的，甚至充满断裂的不协调性。在西方哲学发展史中，有过不少被奉为"箴言"的作品。例如，古老得被称为"晦涩哲人"赫拉克利特的作品，又如巴门尼德对于存在与非存在的区分的那些残篇，这些都被后人看作蕴含着丰富思想和真理火花的箴言。从这个意义上来说，尤其是从马克思哲学革命这个视角看，《提纲》可谓充满丰富的思想变革意蕴和真理性认识的"箴言"。"这个短短不到1500字的文稿，在现代思想史上所产生的深刻影响却是不可估量的。"③ 海德格尔曾经将柏拉图精短的《泰阿泰德》篇看作整个西方哲学发展的根据④，就此而言，我们可以在类比意义上，将马克思的《提纲》看作对哲学发展产生根本性变革的重要文献。毫不夸张地讲，《提纲》短短的十一条内容几乎囊括了之前马克思哲学革命逻辑的本质内涵，并将之进一步提升到了原则性的高度。从第一条对旧哲学无法克服的根本困境及其维度缺失的指认，到最后一条对旧哲学耽于形而上学本性的判定及其决裂，这些只有立足于马克思哲学革命的总体逻辑才能够呈现出其思想的真实面貌。我们可以将《提纲》的内容分为如下几个方面。马克思立足于以往变革逻辑，更为充分地呈现和揭示了旧哲学的形而上学困境及其症结；进而，在一个新的思想高度对此进行彻底破解；最后，奠立于以上两个方面，转入对旧哲学的变革和超越。从总体上来说，这三个方

---

① 《恩格斯致弗拉基米尔·雅可夫列维奇·施穆伊洛夫》，《马克思恩格斯文集》第10卷，人民出版社2009年版，第647页。
② 〔法〕路易·阿尔都塞：《保卫马克思》，顾良译，商务印书馆2006年版，第18页。
③ 孙伯鍨：《马克思的实践概念——纪念〈关于费尔巴哈的提纲〉写作150周年》，《哲学研究》1995年第12期。
④ 〔德〕海德格尔：《论真理的质：柏拉图的洞喻和〈泰阿泰德〉讲疏》，赵卫国译，华夏出版社2008年版，第177页。

面奠立在以往马克思哲学革命的逻辑之中。正是之前不断推进的这一进程及其变革，为当下转入对包括费尔巴哈在内的全部旧哲学的彻底批判，提供了不可或缺的思想前提。然而，《提纲》绝非对以往变革逻辑的简单浮现，毋宁说，这是对之前哲学革命进程的一个整体提升亦即辩证综合。也就是说，它对之前各个时期的思想进行了一个综合的提升，将它们融会在了一起从而形成了一个相对独立的思想整体。

就其根本性的出发点和总体思想内涵而言，《提纲》是自觉地立足于彻底唯物主义视角的实践批判。贯穿《提纲》的中心实际上仍然是唯物主义地解剖市民社会这个主题，即究竟如何真正以彻底唯物主义方式去对待市民社会领域这个矛盾机体。马克思在《提纲》中对费尔巴哈的批判绝非偶然，而是其不断推进的哲学革命进程及其逻辑所必然导致的结果。整体上看，在马克思哲学革命进程中，根本上并不存在一个独立的费尔巴哈阶段。我们断然不能抹杀费尔巴哈给予马克思哲学革命的影响。但马克思并非直接地认同并将之无批判地移植到自己思想的建构之中。毋宁说，从真正接触费尔巴哈哲学时起，马克思就自觉地力图将之与自己所关注和解决的现实问题有机地结合起来，并进而将之提升为自身哲学革命的方法论内涵。这一点尤其突出地表现在市民社会解剖这个主题上面。马克思对黑格尔思辨国家观的批判，尤其是"市民社会决定国家"这条重要的唯物主义原理的制定，以及整个《德法年鉴》时期对此的贯彻和拓展，甚至在《手稿》中对市民社会颠倒本性及其本质的辩证揭示，等等，这些研究工作都隐然有着费尔巴哈人本学唯物主义的支撑和支持。

我们知道，马克思早在1843年初始接触费尔巴哈哲学时，就向卢格倾诉了他对费尔巴哈哲学的不满，"费尔巴哈的警句只有一点不能使我满意，这就是：他强调自然过多而强调政治太少"[①]。仅就这个论断看，我们显然并不能直接地将之归结为马克思对整个费尔巴哈哲学的否定，我们也更不能直接认为马克思已经充分地认识到了费尔巴哈哲学的不足和缺陷。这两种看法事实上都充满了抽象性，本质上是以非历史的态度去看待马克思与费尔巴哈哲学的关系。然而，如果我们将这一论断放到马克思哲学革命的整体逻辑进程中，那么，蕴含在这个命题中的真切的思想内涵就会呈现出来。马克思这一结论的得出，首先显然是建立在《莱茵报》时期他对现实问题尤其是政治问题的强烈关注和持续批判之上。正是在这一批判过程中不断积淀的关于社

---

① 《马克思致阿尔道诺·卢格》，《马克思恩格斯全集》第47卷，人民出版社2004年版，第53页。

会现实矛盾的认识，使得马克思不自觉地意识到了费尔巴哈哲学对现实问题的漠视。不仅如此，克罗茨纳赫时期以及稍后的《德法年鉴》时期在某种程度上又可以看作马克思对费尔巴哈哲学这一不足的自觉"弥补"及其"完善"。这期间，马克思不但广泛而又深入地参与到了无产阶级的革命实践活动之中，而且对犹太人的解放这个极为现实而又紧迫的德国现实问题进行了深入的唯物主义批判。这些虽然贯穿着费尔巴哈哲学的影响，然而，根本上却是马克思从理论和实践两个层面对费尔巴哈哲学的不断突破。囿于黑格尔思辨唯心主义的鲍威尔只能将犹太人的解放抽象化为一个政治哲学问题，进而又归结为抽象的宗教解放问题；那么，费尔巴哈将如何看待犹太人的解放？我们并无法知道费尔巴哈本人究竟会怎样看待这个问题，我们只知道，依照费尔巴哈的类本质学说，他或许会部分地超出鲍威尔思辨的抽象视域，然而，无论是关于问题本身的认识还是对问题的破解，他都无法达到为马克思所希冀和追求的彻底的唯物主义向度。

因此，马克思在《提纲》中明确将费尔巴哈哲学并入旧哲学行列，并对之作出深入而又彻底的批判。费尔巴哈将视野完全固守在了被抽象化了的自然界领域，他这里所实现了的唯物主义转向无法真正将社会现实统摄进来。社会现实及其矛盾和问题实际上逸出了费尔巴哈哲学的视野之外。费尔巴哈立足于对思辨唯心主义的颠倒，重新恢复了一度为旧哲学所形而上学地摒弃了的感性世界之第一性的独立实存的地位，他却并未进一步对感性世界本身的客观实在性作出唯物主义的剖析。换言之，费尔巴哈仅仅是为市民社会的解剖奠立了一个重要的唯物主义前提和基础，但真正彻底地对市民社会的唯物主义解剖，却又是一件超出费尔巴哈人本学唯物主义之外的事情。导致费尔巴哈无法完成这个工作的一个极为重要的原因，是他对于黑格尔思辨辩证法采取了完全否定的态度。实际上，从马克思对市民社会的解剖看，黑格尔的思辨辩证法及其关于市民社会矛盾的相关认识，反而为唯物主义地解剖市民社会提供了不可或缺的钥匙。

整体地看，《提纲》又是对几乎同期的《神圣家族》变革逻辑的深化和提升。《神圣家族》已经深入批判了思辨哲学的抽象实践观。这一抽象的实践观形而上学地摒弃了市民社会领域之中的矛盾运动。它将无产阶级与有产阶级的对立抽象化为纯粹范畴，进而将无产阶级改变自身命运的现实活动纯然诉诸纯粹的"范畴变更"。即只要无产阶级从思想上抛弃和摆脱了"资本"这一范畴，他们随即就改变了深受资本奴役和压迫的现实。深究之，马克思在《神圣家族》中对抽象实践观的批判，已然内蕴着将费尔巴哈哲学也囊括在内的客观指向性。不可否认，在对待市民社会领域及其矛盾这一问题上面,费尔巴哈有着与思辨哲学根本不同的地方。根本不同于思辨哲学对市民社会领域本质的唯心主义歪曲,费尔巴哈立足于人本学唯物主义的世界观,坚决主张将哲学从超感的理念世界(思辨王国)拉回到世俗世界(市民社会领域)。这一点在《神圣家族》中为马克思与恩格斯所看重:"费尔巴哈曾经得出结论,认为哲学应该从思辨的天国下降到人类贫困的深渊。"[①]然而,费尔巴哈的这种做法根本上没有超出旧的哲学形而上学的逻辑。"人类贫困的深渊"是由市民社会领域自身矛盾所必然导致的结果,因此,对这一贫困本身的认识必须牢牢奠立在对市民社会领域的解剖,这就必须对市民社会领域自身矛盾运动进行彻底追溯。这一工作在费尔巴哈哲学那里是缺失的。而这一缺失的工作反而是自《德法年鉴》以来马克思哲学革命之紧紧围绕着的中心课题。

这种反差有着两方面的指向性。其一,费尔巴哈主张哲学走向世俗生活世界,有利地驳斥了思辨哲学对现实世界的唯心主义颠倒和歪曲,从而客观上契合了马克思解剖市民社会领域的要求。其二,随着这一解剖工作的深入,马克思逐渐地扬弃了包括费尔巴哈在内的旧的形而上学套路,从而不断地实现着自我超越。根本上囿于旧哲学的形而上学建制,导致包括费尔巴哈的人本学唯物主义在内的整个旧哲学,都是围绕着"存在者之存在"而建构出来的存在论体系。市民社会领域要么被形而上学地摒弃(纯正的柏拉图主义架构),要么则是经由本体变更而主张将市民社会领域纳入哲学视域。对于前者来说,市民社会领域实际上是存在于哲学视野之外的一个"无"——因为它没有自身客观的实存必然性;对于后者来说,市民社会领域虽然被确认为是一个客观的实存领域,然而,囿于纯粹哲学视野根本上无法把握住这个领域自身的内容规定及其矛盾运动,这就不免导致了"市民社会"的存在只能归结为纯粹范畴。正是这样,马克思不断深化的市民社会解剖工作,就具有两方面的效应。之一,这使得马克思进一步深入揭示市民社会领域的矛盾运动及其关系结构;之二,超越国民经济学和思辨哲学,推动自身发生革命性的变革。亦因此,在特定意义上,《提纲》就成了马克思对自身已然发生了的革命性变革的一个重要的理论反思和思想自觉。作为唯物主义历史观的"第一个文件"和起源,《提纲》预先以雏形的方式展现了即将确立的新哲学的基本要点。

马克思在《提纲》中对旧哲学的批判,有其特定的指向性和确定性的内

[①] 马克思、恩格斯:《神圣家族》,《马克思恩格斯文集》第1卷,人民出版社2009年版,第264页。

涵。这一批判并非一般的形而上学批判抑或纯粹的哲学批判,而是与马克思不断推进的对市民社会的唯物主义解剖有着根本性的内在关联。毋宁说,奠立于不断深化的关于市民社会矛盾关系的前提批判,使得马克思越发深入地意识到旧哲学的本质及其根本性的维度缺失。这一维度缺失集中表现在它对待市民社会领域的思维方式上面,不论是包括费尔巴哈在内的唯物主义还是以黑格尔为最高代表的传统唯心主义,二者根本上都是采取了纯粹理论的方式去对待市民社会。旧唯物论者的"主要缺点"在于,"对对象、现实、感性,只是从客体的或者直观的形式去理解,而不是把它们当做感性的人的活动,当做实践去理解,不是从主体方面去理解";唯心论者深刻地把捉到了人的主体能动性,但他们同样也"是不知道现实的、感性的活动本身的"①。究其实质,旧唯物论者是力图将"世界"建构成为"感性客体",唯心论者则截然相反地意图将"世界"建构成为"思想客体"。马克思这里所提及的"主要缺点"蕴含着一个一般性的指向,即对旧哲学一般形而上学本性的批判;同时,这一批判还有着更为根本的指向性,它十分深刻犀利地将矛头对准了旧哲学对待市民社会矛盾关系的形而上学运思方式,"问题在于马克思以前的所有唯物主义者都不能克服形而上学的思维方法"②。传统唯物主义尤其是费尔巴哈的人本学唯物主义,旗帜鲜明地将一度被思辨的唯心主义地包裹着的"感性世界"确立为哲学的本体,这无疑是西方哲学发展进程中的一件盛事。恩格斯对此给予了高度肯定:"这时,费尔巴哈的《基督教的本质》出版了。它直截了当地使唯物主义重新登上王座。"③ 然而,这并不意味着对西方哲学产生了彻底的革命性变革。自然界虽然被确立为第一性的客观实在,但它的本质内容尤其是其社会历史内涵并未真正澄清。所以,"对象、现实、感性"等虽然都根本上指向了自然界以及人们的物质生产生活世界,然而,它们却仅仅是关于后者的哲学反映,亦即它们归根结底都只能是关于现实的物质生产生活世界的抽象的哲学范畴。

说到底,现实的物质生产生活世界在传统唯物主义那里是被形而上学地转化成了既定的理论范畴。也就是说,旧唯物论者并未真正能够实现对自己处于其中的现实世界作出彻底唯物主义研究。这些人们忽视了对市民社会矛

---

① 马克思、恩格斯:《德意志意识形态》,《马克思恩格斯文集》第1卷,人民出版社2009年版,第499页。
② 〔苏联〕维·莫·鲍古斯拉夫斯基:《马克思的〈关于费尔巴哈的提纲〉》,武锡申主编《马克思主义研究资料》第12卷,中央编译出版社2015年版,第341页。
③ 恩格斯:《路德维希·费尔巴哈和德国古典哲学的终结》,《马克思恩格斯全集》第28卷,人民出版社2018年版,第329页。

盾关系及其现实运动的研究，尤其是没有透过这一矛盾的现实表现亦即其现象去对其本质作出辩证研究，更是无法进一步对市民社会的矛盾对立及其发展趋势进行唯物主义解剖。为旧唯物主义所缺失了的这个向度，在特定的意义上被黑格尔所代表的传统唯心主义哲学所弥补。黑格尔对国家与市民社会关系的剖析，虽然先在地建立在思辨唯心主义的世界观之上，但这并不妨碍黑格尔以颠倒的方式对市民社会的矛盾关系及其现实运动作出了不乏彻底性的分析。但所有这一切在黑格尔那里显然是头足倒置的。由此也就决定了，为市民社会领域所固有的矛盾，归根结底被湮没在了整个旧哲学的形而上学逻辑框架之中。市民社会的矛盾关系虽然必然地要在处于其中的人们的头脑中形成映像，然而，就其映现方式而言，它绝非直观映现，更非哲学家那种颠倒现象与本质关系的思维形式，因为，这一"颠倒"要么是对矛盾的现象的绝对化，要么则是对矛盾的本质与现象关系的思辨化。究其实质，二者都没有真正超出纯粹理论的范围。更为确切地说，二者根本上都是将现实中的矛盾亦即为市民社会所固有的矛盾纯粹观念化和形而上学化了。也就是说，现实的人们与他们自身处于其中的市民社会领域的关系，以及人与人之间的关系所蕴含着的固有的差异性，要么被形而上学地予以摒弃（费尔巴哈），要么被思辨地统摄到了唯心主义架构之中。

这一套路根本上并未超出西方哲学的相关传统。"实践"原本是一个古老的西方哲学形而上学范畴。亚里士多德为这一范畴的确立最先奠定了根基。他对人类的一切活动作了如下区分，即理论（theoria）、实践（praxis）、制作（poiesis），并分别对应于三种理智或能力，即智慧或理论理性（sophia）、实践智慧或实践理性（phronesis）和技艺（techne）。从这个序列及其对应顺序可以看出，理论和实践活动被排在了制作的前面，因而理论理性高于实践理性，二者共同高于技艺。无论是理论活动还是实践活动，都蕴含着纯粹的哲学形而上学意蕴。也就是说，这二者根本上都超出日常人们世俗的生产生活活动之上。其中"理论"基本对应于作为第一哲学的形而上学以及数学、物理学等理论科学，而作为第一哲学的形而上学则被亚里士多德看作"至高的幸福"；"实践"部分则基本对应于政治学与伦理学。处于最末端的制作及其技艺，主要是指包括诗学在内的制造学科，也只是在极为狭窄的意义上意指人们的部分世俗活动。早在柏拉图那里，制作仅仅在极为狭窄和严格的意义上才将维持生计的日常劳作囊括了进来，即使如此，这也成为困扰柏拉图的难题。"柏拉图一边叙述他的治疗技术，一边作为替自己治病的医生，遇到了为自己的劳动要索取报酬的问题而感到困惑。"① 到了亚里士多德那里，通过将"制作"独立于"理论"和"实践"活动之外，这一疑难及其困境部分地得到了解决。技艺被当作与前两者无关的活动排除在了哲学视野之外。传统的实践概念在康德那里被创制为一系列先验的伦理原理和规则。康德进一步将实践区分为"遵循自然概念的实践"和"遵循自由概念的实践"。前者对应于人们运用理论理性去认识自然和改造自然的现实活动；后者则对应于实践理性指导下的伦理道德活动。整个德国古典哲学事实上都没有真正超出康德先验实践观的论域。无论是费希特、谢林还是黑格尔，他们根本上都是基于思辨的角度去界定人们现实的实践活动。费尔巴哈的确在存在论维度颠倒了德国古典哲学的唯心主义观念论架构，但是他的实践观并未超越前人，甚至是延续了德国古典哲学的传统。事实上，费尔巴哈本人对此是并不否认的："只有在实践哲学之领域内，我才是唯心主义者。"②

所以，归根结底，包括费尔巴哈在内的全部旧哲学都滞留在了纯粹抽象的思想领域和观念范围中。也就是说，他们都没有真正立足于实践的立场去从事哲学思考和研究，他们都没有真正将现实的人的生产和生活首要地看作实践活动。奠立于不断深入的市民社会解剖，"实践"这一范畴在马克思这里发生了根本变革，并因此成为标识马克思主义哲学观本质内容的一个基本范畴。回顾以往的变革进程，马克思并未对实践作出专题的分析和明确的界定。但正是在不断推进的、破除旧哲学的形而上学困境的变革过程中，实践这一范畴逐渐地获得了不同于纯粹形而上学视域的丰富内涵。马克思对实践的界定，根本上着力于超出德国古典哲学的形而上学视域。不同于德国古典哲学对待现实的人们的物质生产生活的思辨唯心主义做法，马克思力图从唯物主义角度对人们的实践活动作出客观的评判和界定，并且，内在地将之与市民社会解剖本质关联起来。

马克思认为，市民社会领域的矛盾及其冲突，根本无法通过纯粹理论静观的形式消除掉，而是必须通过现实的实践活动去变革和改变。这就越发地凸显出费尔巴哈在内的全部旧哲学之更为根本的维度缺失。这与其说是他受到哲学立场的制约，不如说是其受到了保守的政治立场的限制。费尔巴哈归根结底是一位资产阶级的思想家，其人本学唯物主义在现实性层面成为德国资产阶级对自身利益的哲学诉求。由于这一阶级立场的制约，造就了费尔巴

---

① 〔美〕汉娜·阿伦特：《马克思主义与西方政治思想传统》，孙传钊译，江苏人民出版社2012年版，第182页。

② 〔德〕费尔巴哈：《基督教的本质》，荣震华译，商务印书馆2017年版，第13页。

哈哲学自身的局限性。这一点事实上也为他自己所承认："你所研究的题目只是关系到头和心。可是人类忍受的真正的病痛并不在头和心中，而是在人的胃里……胃想要的东西有一些人全都有了，而另一些人则没有丝毫东西可吃；从此，人类的一切病痛，甚至连头和心所忍受的病痛，就产生出来了。这样，凡是不涉及对这个重大的病痛的认识和消除方法的东西，不过是个杂货堆，而所有你的著作毫无例外都是从这个杂货堆里出来的。"[1] 由此可见，费尔巴哈虽意识到了社会弊病，却无法对克服和消除这些弊病提供有益见解。

费尔巴哈关于自然界以及宗教的看法，部分地实现了对旧的思辨唯心主义的超越。它们虽然不乏合理性因素，然而，由于实践维度的缺失必定导致这些见解充满形而上学色彩。"包括费尔巴哈哲学在内的形而上学唯物主义者，都把社会历史的发展同自然界的运动发展等量齐观，仿佛它们都只能在直观中被给予、被把握。"这一做法之突出的局限性在于，"既然费尔巴哈从自己的哲学前提中排除了能动原则，历史发展的辩证法就必然是个未知的领域"[2]。自然界对于费尔巴哈来说，仅仅是一个认识论意义上的范畴。"尽管费尔巴哈很注意和当时那些庸俗唯物主义者划清界限，他的认识论最终仍未能摆脱这些庸俗的狭隘偏见，思维和存在、主体与客体的矛盾在他这里并未真正解决，而只是将思维、主体完全融化在存在、客体之中了。"[3] 自然界在他那里是一个被先在地摒弃掉一切现实性内容的实体范畴。这可谓一个没有任何感性杂质的"原始领域"。费尔巴哈所唯一关注的仅仅是这个被他抽象化了的客体本身的开显问题，即如何才能将之纳入哲学（人本学唯物主义）视域之中。这就注定了费尔巴哈的感性直观学说根本无法专题地对"实践的、人的感性的活动"作出研究。早在《手稿》中，马克思就强调了现实的个人们的劳动实践在自然界及其历史发展中的主体创造地位与作用。"在《经济学哲学手稿》里，'感性活动'这个还相当笼统的概念包含着'劳动'（实践）这一比较具体的概念，但它们不是等同的。然而，马克思已经意识到了生产对于社会生活和历史的作用。由此可见，马克思喜欢使用的、来源于费尔巴哈的'感性的'、'对象性的'、'现实的'等术语是适合于表达马克思的新唯物主义愿望观点的概念：首先，它们表明存在是在人的意识和愿

---

[1] 《费尔巴哈全集》第1卷，莱比锡1846年版，"序言"第XV页。转引自〔法〕奥古斯特·科尔纽《马克思恩格斯传》第3卷，管士滨译，生活·读书·新知三联书店1980年版，第157页。

[2] 孙伯鍨、张一兵：《走进马克思》，江苏人民出版社2001年版，第107页。

[3] 杨祖陶：《德国古典哲学逻辑进程》，武汉大学出版社2003年版，第318页。

望之外，不以人的意识和愿望为转移的。其次，它们也表达了人对世界的能动行为，就是说，它们不仅以'直观'的形式把握客体，而且还在实践上、在主体中把握客体。"① 这就无疑克服了费尔巴哈对"实践"的偏狭理解。费尔巴哈对实践的理解基本上没有超出整个德国古典哲学的架构，因而更多的是将实践构造为"实践理性"或"理性实践"。亦如此，费尔巴哈认为，只有主体符合于客体的理论活动才是真正的实践活动。马克思通过对市民社会矛盾的专题研究，在《提纲》这里已经实现了对这一抽象实践观的突破。在特定的意义上，实践蕴含着主体与客体的统一这个向度。然而，问题不在于这一统一本身，问题恰恰在于这一统一的根据和基础。也就是说，主体与客体是在什么样的基础上获得统一的；这一"统一"本身又有着什么样的现实内容。奠立于对市民社会的经济学—哲学解剖，马克思对此越发获得崭新的、超出整个旧哲学的认识。

马克思自觉地将"新唯物主义"与"旧唯物主义"区别开来。他指出，"旧唯物主义的立脚点是市民社会，新唯物主义的立脚点则是人类社会或社会的人类"②。从人本学唯物主义出发，费尔巴哈主张哲学返源到市民社会中来，这无疑是对作为一切理论和实践活动前提即第一性的物质基础的肯定。然而，由于既没有将市民社会看作一个有机的矛盾整体，又进而摒弃了这个矛盾体本身的世俗的对立和冲突，因此，这种人本学唯物主义充其量仅仅是实现了对市民社会之一般的哲学统摄。它虽然极力强调必须从感性直观角度去对待市民社会，然而，由于先在的维度缺失，作为直观到的结果，市民社会只能是纯粹的、有着感性形式的客体和范畴。接过为费尔巴哈所耽搁和延误了的课题，新唯物主义不但将市民社会确立为世界存在之第一性的前提和基础，而且对于这一前提的基础支撑作用又有着具体而又明确的认识。市民社会不是为整个旧哲学所抽象化了的理论范畴，旧唯物主义在特定意义上触及了它的感性表现亦即现象，然而更为关键的事情不是耽于现象本身而拘泥于"感性直观"，关键在于透过现象对市民社会领域展开本质剖析。后一个维度才是真正科学地对待市民社会领域的方式和态度。因此，实践地改变世界就成为新唯物主义的要旨所在。也就是说，马克思哲学的"实践的主要取向是革命的和批判的，是对现存世界的否定。正是实践不断地否定现状、指向未来（变理想为现实，并在现实的基础上进一步创设理想），人类历史才

---

① 〔苏联〕В. П. 卡拉茨基：《费尔巴哈的唯物主义的直观性——马克思的〈关于费尔巴哈的提纲〉》，冯章主编《马克思主义研究资料》第15卷，中央编译出版社2014年版，第11页。
② 马克思：《关于费尔巴哈的提纲》，《马克思恩格斯文集》第1卷，人民出版社2009年版，第502页。

得以生成和延续"①。而由于没有真正开启关于市民社会领域的本质剖析，整个旧哲学囿于和滞留在了"现象界"。如何对市民社会的"现象"作出哲学研究（唯物主义、唯心主义），进而如何将之建构成纯粹哲学范畴，成了全部旧哲学的中心要务。

马克思在《提纲》中对费尔巴哈的批判及其超越，无疑既极大地深化了其哲学革命的逻辑，而且直接地推动着它走向完成。对此，德国当代著名学者亨利希·库诺指出，"只是在马克思和恩格斯超越了费尔巴哈的非历史的抽象，而把人理解为历史发展的产物，同时看到了（社会）存在的基础乃是经济方式之后，他们才达到了那种经济的历史因果论，后来在他们的著作中是以唯物史观的面貌出现在我们面前的"②。马克思哲学明确从"社会生活本质上是实践的"这一立场出发，力图实现彻底地解释世界与革命地变革世界的辩证统一，因而从根本上实现了包括费尔巴哈在内的全部旧哲学的超越。"解释世界"与"改变世界"在整个旧哲学那里被二元分割。"哲学家们只是用不同的方式解释世界，问题在于改变世界。"③囿于自身形而上学体系的封闭，旧哲学先行搁置了市民社会领域的矛盾及其内容。耽搁于此，它反而背道而驰地走向了自己的反面：抽象的理论批判降格为非现实的理论辩护。着力于将纯粹的理论批判提升为彻底的现实批判，被旧哲学捕捉到的现象，恰恰是市民社会领域矛盾对立及其冲突的现实表现。说到底，恰恰是这些现实的个人之间的矛盾对立。对于当下这个资产阶级社会来说，它具体化为由无产阶级与资产阶级之基本的矛盾冲突所造就的问题域。必须透过这些现实的矛盾对立的表现，深究造成这一矛盾分裂的根源。对这一矛盾的克服和消除根本不能通过纯粹理论的方式完成，而是必须对现实的人及其物质生产生活实践过程的矛盾和规律进行新的更为彻底的唯物主义研究，并且将之奠立在无产阶级为主导的革命实践活动之中。实践地改变世界因此就成为新唯物主义的根本要旨和行动纲领。

总之，奠立于以往对市民社会的解剖，《提纲》通过对费尔巴哈哲学的批判，将"实践"提升到了原则的高度，并将之确立为新唯物主义区别于旧唯物主义的标志性范畴。也就是说，"在《关于费尔巴哈的提纲》中，马克思把实践——现实的革命的感性活动提升为新世界观的首要原则，并进而把

---

① 吕世荣、周宏：《唯物史观的返本开新》，人民出版社2006年版，第62页。
② 〔德〕亨利希·库诺：《马克思的历史、社会和国家学说：马克思的社会学的基本要点》，袁志英译，上海译文出版社2006年版，第550—551页。
③ 马克思：《关于费尔巴哈的提纲》，《马克思恩格斯文集》第1卷，人民出版社2009年版，第502页。

自己的哲学建立在无产阶级争取解放斗争的实践上,从而使新哲学超越了旧哲学的一切狭隘性,实现了哲学发展上的哥白尼式革命"①。马克思围绕着这一中心课题所展开的一系列阐发,不但构成新唯物主义的基本要点,而且已然蕴含着马克思主义哲学实践地变革世界的重要意蕴。

第一,开启了愈加彻底的世界观层面的变革。在破除旧哲学对世界的先验解释这个根本性的维度缺失之际,马克思极力主张将哲学奠立在实践的基础之上,从而将哲学与人们的物质生产生活实践本质关联。这就实际上基本超越了耽于纯粹理论境域的旧的哲学形而上学逻辑。

第二,由此也进一步开启了历史观层面的革新。不可否认,马克思在《提纲》这里并未提及"历史观"这样的字眼和词句,然而,从以上我们的分析不难看出,这里实际上已然蕴含着更为具体和更为深入的历史观变革。如果说在几乎同期的《神圣家族》那里,主要侧重于对唯心主义历史观的批判,那么,《提纲》不仅深化了这一批判,而且将之明确地奠立在了实践层面。《提纲》第四条到第七条对费尔巴哈哲学不断深入的批判,直接地就奠立在越发夯实的唯物主义历史观基础之上。不仅如此,这一批判本身实际上又是革新中的唯物主义历史观的具体阐释。这些批判实际上已然充分地显现出了新旧唯物主义的本质区别。像费尔巴哈那样将宗教归结为关于现实的世俗世界之不切实际的幻想,并且将"神"归结为人的类本质的外化,这些看法至多是完成了对宗教的唯物主义还原,亦即只是在破除了宗教的形而上学外观之际,一般地抓住了宗教的世俗内核。但他实际上并未真正进一步揭示出这一内核本身的现实内容。如果不进一步去解决这一问题,那么,不但宗教的本质无法被真正地揭示出来,而且更是无法真正破除宗教这一抽象形式所代表的物质力量对人们的禁锢和束缚。这既是费尔巴哈无法突破的瓶颈,也是马克思突破并超越费尔巴哈哲学的质点。这一问题的解决显然必须对宗教所奠立于其上的世俗基础进行唯物主义的解剖。亦即,必须就特定的世俗基础如何基于自身的矛盾分裂产生出与之相适应的"宗教"这一天国形式进行深入剖析。这就根本不是仅仅在世界观层面坚持唯物主义能够解决的事情,而是必须将唯物主义的世界观贯穿到对市民社会这个矛盾机体的解剖中。正是奠立于不断深入的市民社会解剖这个主题,马克思逐步地实现了这二者的辩证统一,因此不但实现了世界观的彻底唯物主义转向,而且同时也引发了历史观层面的唯物主义变革。也正是奠立于这一革命性的变革,马克思真正实现了对费尔巴哈感性直观学说以及类本质学说之形而上学本性的破

---

① 吕世荣、周宏:《唯物史观的返本开新》,人民出版社2006年版,第41页。

除,更为关键的是,为费尔巴哈所抽象化了的"感性"、人的本质、社会生活等都因此得到了彻底唯物主义的揭示。

第三,导向了哲学观层面的彻底变革。显然,这一变革根本上是马克思对费尔巴哈在内全部旧哲学的彻底唯物主义批判所必然导致的结果。全部旧哲学实际上都从根本上缺失了实践维度。它们都没有真正对市民社会这个矛盾机体及其分裂作出彻底的剖析。也正是由于这一维度缺失,费尔巴哈哲学只能在世界观层面克服黑格尔的思辨唯心主义,而无法在历史观层面进一步突破和超越黑格尔哲学。如果说全部旧哲学只是为人们"解释世界"提供了最为一般的先验根据,那么,马克思的哲学则是为人们"改变世界"提供了科学的世界观根据及其方法论指引。更为确切地说,全部旧哲学的根本目的只是为人们如何认识他们处于其中的现实世界提供支撑,并使得人们的视野仅仅囿于对现存现实的解释和理解,从而原则性地拒斥了对现存现实的革命变革。根本不同于纯然耽于纯粹理论视域的这一旧哲学形而上学视角,马克思的哲学通过对旧哲学的彻底批判,明确地将"改变世界"亦即对现存现实的革命变革作为根本的出发点。对于当下人们置身于其中的资本时代而言,如何克服资本与劳动的对立,如何破除资产阶级对无产阶级的剥削和压迫,如何引领人类社会超越资本奴役,是马克思的哲学必然面对和不容推卸的理论课题和实践课题。正是如此,它也成为马克思哲学革命的中心指向。马克思哲学革命说到底就是要在破解旧哲学形而上学困境的基础上,建立起一门新的"改变世界"的哲学。它根本不是一门像旧哲学那样的体系哲学,而是将唯物论的原则贯彻到底,主张将唯物主义地解释世界与革命地变革世界有机统一起来。被马克思本人称作"新唯物主义"的这门新哲学,通过将哲学牢牢地奠立在时代发展的土壤之中,消解了旧哲学的形而上学体系对哲学精神及其合理内核的束缚,由此使得哲学在内容上升华为"时代精神的精华"和"文明的活的灵魂",使其成为无产阶级"改变世界"的世界观支撑和方法论指引。

(二) 意识形态批判对阶级统治及其幻象的打破

马克思立足于实践立场,对包括费尔巴哈在内的全部旧哲学的批判,已然超出了纯粹理论批判的视域。这里并非着眼于旧哲学某一论点和命题的不足,而是直指其耽于纯粹感性直观这一理论境域的维度缺失。我们知道,马克思早在《手稿》中就将劳动实践确立为历史发展的动力,因此,旧哲学实践维度的缺失,已经不是简单的世界观层面的形而上学迷误,而是同时隐含着历史观层面的唯心主义倾向。也正是如此,对全部旧哲学之双重局限的克服，就成为确立唯物主义历史观的重要契机。正是通过对德国哲学的意识形态幻象的唯物主义清除，马克思基本完成了对市民社会的唯物主义解剖，推动着其哲学变革的基本完成。

实际上，马克思在几乎同期对德国小资产者代表国民经济学家李斯特的批判，无疑已然正式开启了对整个德国思想界的清算，它事实上因此成为马克思意识形态批判的前奏。

作为德国资产者的学术代表，为了维护德国资产者的利益，李斯特于1841年出版了《政治经济学的国民体系》一书。在这部著作中，李斯特声称他发现了政治经济学中流行的国际贸易理论、贸易政策理论的错误的实质和原因。他得出的结论是，由于各国经济发展水平的差异，必须采取适应于本国的对外贸易政策。"历史这就向我们指出，限制政策并不只是出于凭空的理想，而是由于利益的分歧，由于各国在追求独立与优势方面的争夺，也就是由于国际竞胜与战争的自然结果。"[①] 对于资本主义发展相对薄弱的德国来说，必须通过关税保护政策来抵制英国和法国等发达资本主义国家，以此维护德国的国家利益。李斯特的这些主张无疑极大地迎合了德国资产者的心声。他的这部著作一经问世，俨然成了追求财富、渴望统治的年轻的德国资产阶级的宣言书，成了在政治经济上推动德国的"福利、文化和力量"的良方。

如何将德国资产者发财致富的真实意图唯心主义化亦即抽象化和普遍化，是李斯特国民经济学体系的核心目的和要务所在。透过其抽象的体系外观，马克思指出了包裹于其中的真实意图。"这种言词的核心就是不断重复地讲保护关税和'真正德国的'工厂"[②]，它实际上是想发财的德国小资产者、这些"理想化的庸人"为自己创造出的一套新的财富理论。其根本目的不过是向德国人民证明德国资产者发财致富的合理性。马克思认为，为博取支持，李斯特对德国贵族、宗室和官僚的卑躬屈膝，与他对英国和法国经济学的唯心主义颠倒和批判，形成强烈的对比。由于后者对资本主义生产方式的科学研究客观上无疑"泄露了财富的秘密"，它因此遭受到了李斯特的敌视。更加由于以斯密为代表的古典经济学论证了竞争和自由贸易对于资本主义工业发展的推动作用，这就越发招致极力主张保护关税的李斯特的不满和反对，因此，唯心主义地否定古典政治经济学的科学性，成了李斯特为德国资产者利益进行辩护的另外一个重要的手段。

---

① 〔德〕弗里德里希·李斯特：《政治经济学的国民体系》，陈万煦译，商务印书馆1961年版，第104页。

② 马克思：《评弗里德里希·李斯特的著作〈政治经济学的国民体系〉》，《马克思恩格斯全集》第42卷，人民出版社1979年版，第241页。

李斯特提出了一套抽象的生产力理论与古典经济学进行抗衡。马克思认为，古典政治经济学科学性的根据奠立于其特定的实践基础。亦即，它实际上客观上反映了市民社会领域这个矛盾机体固有的对立，所以，"如果说亚当·斯密是国民经济学的理论出发点，那么它的实际出发点，它的实际学派就是'市民社会'，而对这个社会的各个不同发展阶段可以在经济学中准确地加以探讨"①。马克思由此深刻揭示了经济学与市民社会的本质联系。由于忽略了这个本质联系，李斯特对工业生产及其本质作了唯心主义的歪曲，并提出了一系列的、充满辩护色彩的错误见解。作为德国资产者的学术代表，李斯特极力希望国家保护关税，以便攫取政权和占有财富。而为了实现这一意图，尚未掌控国家政权的德国资产者"他就必须向国家——他试图按照自己的利益调整国家的行动方式（活动）——表明，他对国家的要求是他向国家作出的让步，而实际上他要求国家作出让步"②。也就是说，为了遮蔽和掩盖自身的真实意图，"他要求国家按他的利益行事，可是他却把这种要求说成是对国家的承认，即承认国家有权干预市民社会的领域"。不仅如此，为了拉拢德国民众的支持，李斯特对物质财富和交换价值作了唯心主义的歪曲。"他表明，他猎取的不是非精神的物质财富，不是恶的有限的交换价值，而是精神本质，无限的生产力。"③ 将资产者对交换价值的追求和占有抽象化为所谓的"精神本质"和"无限的生产力"，无疑遮蔽了它所包含的资产者对无产者的奴役和剥削，也掩盖了资本与劳动的对立。

马克思明确指出，李斯特的这套抽象的生产力理论歪曲了工业的本质。首先，它根本上遮蔽了工业生产所固有的劳动与资本的对立。李斯特认为无须考虑"生产力理论"和"国家的政治状况"，人们就可以凭借交换价值理论去确定价值、资本、利润、工资、地租等范畴。然而在马克思看来，这种抽象化的做法根本忽略了资本对整个劳动生产过程的主导和统治。正是由于这一点，当李斯特"似乎只关心'生产力'的时候，它就是一种无耻的伪善和唯心主义的粉饰（欺诈）"，以李斯特为代表的资产者"他们关于文明和生产力的空谈，只不过是对狭隘的利己主义倾向的粉饰"④，事实上，工业

---

① 马克思：《评弗里德里希·李斯特的著作〈政治经济学的国民体系〉》，《马克思恩格斯全集》第42卷，人民出版社1979年版，第249页。
② 马克思：《评弗里德里希·李斯特的著作〈政治经济学的国民体系〉》，《马克思恩格斯全集》第42卷，人民出版社1979年版，第250页。
③ 马克思：《评弗里德里希·李斯特的著作〈政治经济学的国民体系〉》，《马克思恩格斯全集》第42卷，人民出版社1979年版，第247页。
④ 马克思：《评弗里德里希·李斯特的著作〈政治经济学的国民体系〉》，《马克思恩格斯全集》第42卷，人民出版社1979年版，第255页。

生产恰恰为克服和超越资本主义生产方式提供了重要的物质基础。这就必须历史地去看待工业,这样"所认识的就不是工业本身,不是它现在的存在,倒不如说是工业意识不到的并违反工业的意志而存在于工业中的力量,这种力量消灭工业并为人的生存奠定基础"①。马克思根本不是着眼于私有制下的工业生产,而是着眼于工业生产的本质及其未来发展趋势。

以上马克思对李斯特的批判,开启了对整个德国哲学的意识形态幻想的清除。在深入探究马克思意识形态批判及其变革内涵之前,我们有必要对传统意识形态思想的历史变革做一个简单的梳理。

1797 年,"意识形态"作为一个独立性范畴被法国哲学家、思想家安东尼·德斯图·德·特拉西(Antoine Destutt de Tracy)创制出来。特拉西的这一概念创制深层契合西方思想的传统。从词源学角度看,"意识形态"(Ideology)源自希腊文 idea(观念)和 logos(逻各斯),通过对二者融合,特拉西将 Ideology 定义为"观念学"(doctrine of ideas)或"观念科学"(science of ideas)。他对此指出,"如果人们只考虑主题,也许可以把这门科学称为意识形态……我认为意识形态应当成为通用的术语,因为这门观念的科学既包括关于这些观念的表达的科学,也包括关于这些观念的起源的科学"②。在确立这个概念之后,特拉西进而致力于从两个维度构建这门作为观念科学的意识形态学说。其一,从纯粹理论角度而言,特拉西力图确立人们思想观念的原初根据。"'观念科学'就意味着'观念的分析',也就是'对观念的起源的研究'。必须把观念打碎以寻找最初的'要素',而这些要素只能是'感觉'。"③由此,特拉西在将抽象的感觉作为人们观念的原初根据之际,展示了他将"观念学"看作人们现实生活的尺度和准则的意图。其二,特拉西借此进一步明确了观念学的实践取向。"'观念学'是用来生成有关人的本质的真正认识,同时也给出确定人类社会性格的一般规律的方式。把个人的'观念'提炼成公众持有的观点是为了说明人类需求与渴望得到共同基础,并因此为立法者提供进一步促进共同利益的途径。"④特拉西因而赋予自身意识形态学说抽象的实践哲学意蕴,即他试图以自身的意识形态学说为根本尺度,借此影响甚至变革现实的政治生活图景。

马克思的意识形态范畴及其变革,根本上超出了传统意识形态理论的视

---

① 马克思:《评弗里德里希·李斯特的著作〈政治经济学的国民体系〉》,《马克思恩格斯全集》第 42 卷,人民出版社 1979 年版,第 257 页。
② 〔德〕卡尔·曼海姆:《意识形态与乌托邦》,艾彦译,华夏出版社 2001 年版,第 123 页。
③ 〔意〕葛兰西:《狱中札记》,曹雷雨译,中国社会科学出版社 2000 年版,第 290 页。
④ Walter Carlsnaes, *The Concept of Ideology and Political Analysis*, Greenwood Press, 1981, p. 26.

域。究其实质,从理论内核看,特拉西显然是将意识形态概念的根据追溯至"感觉",这实际上是将观念之起源还原到抽象的"感觉"那里,"感觉"因而成了观念之普遍性的"本质规定"。正是如此,J.巴林客观地指出,"对于特拉西来说,意识形态是形而上学的基础科学"①。与之根本不同,马克思的意识形态批判有其确定性的主题,是其哲学变革所必然导向的逻辑结果。但很多学者忽略了这一点,因此对马克思的意识形态批判作出了诸多的误判。一种较为流行的看法认为,在马克思那里,"意识形态"是个含混的和不清晰的范畴。他们认为,正是这种不清晰,即"正是马克思著作中意识形态概念的含糊性部分地造成了有关他的著作遗产的不断论争"②。另一种较为常见的看法,则直接将这种"不清晰"归结为马克思自身思想及其方法论的问题。他们对此认为,"马克思著作中的困难并不是局部的和可以改正的,并不是可以被改正并使得其跟上时代发展的次要疏忽。相反,马克思的整套方法都是误入歧途的,因为它建立在一种根本上不可靠的历史和历史变化观念的基础之上"③。姑且不论这两种质疑是否真的切中了马克思意识形态思想的内容和实质,从这些质疑本身来看,他们显然不约而同地仅仅从纯粹概念演绎这个狭隘视角去看待问题。另外,传统意识形态理论并非全然地耽于理论视域,也有着特定的实践指向。例如,赫尔巴赫明确将意识形态与"精神枷锁"关联起来,他认为意识形态批判的出发点就在于,确保人类的理性"它不能再被偏见的沉重锁链所束缚了"④。意识形态幻象包括精神奴役这个内涵,但不能将之全然归结为纯粹的"精神枷锁"。与之相应,对之的破除也不能诉诸于纯粹理性批判。

稍作判断就会感受到,"哲学家"在马克思这里成了一个充满贬义色彩的词语。在《德意志意识形态》中,马克思干脆直接使用了"意识形态"(Ideologie)和"意识形态家"(Ideologe)分别称呼哲学和哲学家;并且将这样的称谓运用到对德国哲学和德国哲学家们身上,将其分别称作"德意志意识形态"和"德意志意识形态家"。⑤ 马克思这样做仅仅是一种主观的情

---

① Jakob Barion, *Ideologie, Wissenschaft, Philosophie*, Bonn: H. Bouvier u. Co. Verlag, 1966, S.15.
② 〔英〕约翰·B.汤普森:《意识形态与现代文化》,高铦等译,译林出版社2012年版,第36页。
③ 〔英〕约翰·B.汤普森:《意识形态理论研究》,郭世平等译,社会科学文献出版社2013年版,第4页。
④ Baron d'Holbach, *The System of Nature*, Burt Franklin, New York, 1970, p.viiiff.
⑤ 马克思、恩格斯:《德意志意识形态》,《马克思恩格斯文集》第1卷,人民出版社2009年版,第512页。

感判断吗？显然并非如此。因为这样的用法在马克思其后的思想发展中是一以贯之的。对此，国外一些学者的看法是有一定的道理的："否定性的意识形态观贯穿了马克思不同阶段的著作"①，"在马克思那里，意识形态指错误的（颠倒）的观念"②。我们看到，自此以后，"哲学家"在马克思和恩格斯语境中基本上就成了"意识形态家"亦即"玄想家"的代名词。

马克思为什么要对"哲学家"采取这样一种带有明显贬义色彩的范畴界定？本质而言，这是马克思基于唯物史观高度，将哲学作为一种精神生产置于人类社会的本质结构之中，对其本质特征所做的深刻的历史科学剖析。其一，派生性。哲学作为一种抽象形式的精神生产，其本质绝非哲学家们自以为的纯粹无比。哲学生产也必然遵循一般精神生产的规律，包括"道德、宗教、形而上学和其他意识形态，以及与它们相适应的意识形式"，根本上是"可以通过经验来确认的、与物质前提相联系的物质生活过程的必然升华物"③。作为现实生活世界的反映、作为物质生产生活实践的派生物，"它们没有历史，没有发展"，它们不过是"发展着自己的物质生产和物质交往的人们，在改变自己的这个现实的同时也改变着自己的思维和思维的产物"④。马克思的意思并非否定哲学有其发展的过程和历史，他是强调这样的以观念形态展现的"哲学史"，它是由现实的人类社会发展历史的派生物。其二，附属性。作为"思维的产物"的哲学体系，是从属于一定的社会阶级、作为该阶级的思想家阶层的哲学家们创制的作品。"现在，分工也以精神劳动和物质劳动的分工的形式在统治阶级中间表现出来，因此在这个阶级内部，一部分人是作为该阶级的思想家出现的，他们是这一阶级的积极的、有概括能力的意识形态家。"⑤ 作为专职精神生产者，哲学家们担负着为其所附属的阶级代言的社会责任。这不仅是不以哲学家本人的主观意志为转移的客观事实，也实则是社会分工所赋予哲学家个人的角色。哲学家们虽然有其创造体系的自由，然而他们所创造的哲学体系有其客观的内容规定，不过是对其所附属的社会阶级的阶级意志的一种观念反映和思想映象。其三，辩护性。

---

① Martin Seliger, *The Marxist Concepion of Ideology*, Cambridge University Press, 1977, p. 35.
② Raymond Boundon, *The Analysis of Ideology*, The University of Chicago Press, 1989, p. 17.
③ 马克思、恩格斯：《德意志意识形态》，《马克思恩格斯文集》第 1 卷，人民出版社 2009 年版，第 525 页。
④ 马克思、恩格斯：《德意志意识形态》，《马克思恩格斯文集》第 1 卷，人民出版社 2009 年版，第 525 页。
⑤ 马克思、恩格斯：《德意志意识形态》，《马克思恩格斯文集》第 1 卷，人民出版社 2009 年版，第 551 页。

"为什么意识形态家使一切本末倒置?"① 这直接是哲学家们的"柏拉图主义"头脑的思维方式的自然展现,但其本原动力并非哲学家们追求真理的主观欲望,而是哲学家们受到了自身的阶级地位和利益的推动,意图为本阶级巩固社会地位、谋取阶级利益提供理论支撑。

马克思在《德意志意识形态》中对旧哲学的批判既奠立于之前解剖市民社会的成果之上,又赋予其新的内涵。质言之,马克思自觉地由抽象上升到具体,由对历史发展的特定阶段和特殊形态——资本私有制条件下国家与市民社会的矛盾的本质及其发展趋势——的研究,上升到对"现实的人及其历史发展"——人类社会的本质及其发展规律——的探索。这因此推动着马克思实现了对旧哲学历史观的彻底批判和根本超越。

第一,推动着马克思将历史观奠立在了唯物主义基础之上。"这种历史观就在于:从直接生活的物质生产出发阐述现实的生产过程,把同这种生产方式相联系的、它所产生的交往方式即各个不同阶段上的市民社会理解为整个历史的基础,从市民社会作为国家的活动描述市民社会,同时从市民社会出发阐明意识的所有各种不同的理论产物和形式,如宗教、哲学、道德等等,而且追溯它们产生的过程。"② 马克思明确意识到"市民社会"(而非旧哲学所以为的"国家")才是"全部历史的真正发源地和舞台"③,作为"物质的生活关系的总和"的市民社会④是历史发展的物质基础,因而是一切纷繁复杂的历史事件及其演变的本原。这一洞见,使得马克思的历史观奠定在了坚实的唯物主义的基础之上。

第二,推动着马克思的历史观实现了唯物主义与辩证法的有机统一。在人与历史发展的关系这一问题上,人并不是哲学家们所理解的"认识主体",而是"创造主体"。人既是历史的"剧中人",又是历史的"剧作者"。⑤ 人们所从事的物质生产生活实践活动,不仅作为动力源泉推动着人类社会不断地向前发展,而且有意识地将人类的意志渗透到历史发展的进程中,力图促使历史的发展合乎人的目的。然而,人对于历史发展的主体作用不能陷入旧

---

① 马克思、恩格斯:《德意志意识形态》,《马克思恩格斯文集》第 1 卷,人民出版社 2009 年版,第 586 页。
② 马克思、恩格斯:《德意志意识形态》,《马克思恩格斯文集》第 1 卷,人民出版社 2009 年版,第 544 页。
③ 马克思、恩格斯:《德意志意识形态》,《马克思恩格斯文集》第 1 卷,人民出版社 2009 年版,第 540 页。
④ 马克思:《〈政治经济学批判〉序言》,《马克思恩格斯文集》第 2 卷,人民出版社 2009 年版,第 591 页。
⑤ 马克思:《哲学的贫困》,《马克思恩格斯文集》第 1 卷,人民出版社 2009 年版,第 608 页。

哲学的唯心主义理解范式。"人们自己创造自己的历史，但是他们并不是随心所欲地创造。"① 而是必须以以往时代的成果为物质前提，"后来的每一代人都得到前一代人已经取得的生产力并当做原料来为自己新的生产服务，由于这一简单的事实，就形成人们的历史中的联系，就形成人类的历史"②。基于这些认识，马克思唯物主义地揭示了历史发展的动力是"物质"（生产力）而非"精神"，又辩证地分析了人对于历史发展的主体地位及其能动作用，因而在历史观上实现了唯物主义与辩证法的有机统一。

第三，推动着马克思破解"历史之谜"并彻底克服旧哲学的唯心史观迷误。随着对市民社会解剖的深入，马克思发现了人们创造历史的实践活动的本质结构与历史发展规律的内在联系。马克思看到，人们创造历史的实践活动并非杂乱无章，而是有其本质结构："人们所达到的生产力的总和决定着社会状况……人们之间一开始就有一种物质的联系。这种联系是由需要和生产方式决定的，它和人本身有同样长久的历史；这种联系不断采取新的形式，因而就表现为'历史'。"③ 人们之间的这种"物质的联系"实质上就是生产力与交往形式（与生产关系同义）的矛盾关系，而生产力和交往形式的矛盾"每一次都不免要爆发为革命"④，于是，历史就呈现出"各个世代的依次交替"的发展规律。⑤ 对于历史发展的这一规律，《德意志意识形态》《共产党宣言》《〈政治经济学批判〉序言》等著作中都作了揭示。马克思并不是先验地确立关于历史发展的绝对真理和万能公式，而是立足于人类社会及其历史发展的客观事实，唯物主义地揭示其所遵循的必然规律，并科学地揭示其未来的发展趋势。马克思由此所确立的历史观不过是人类社会历史发展规律的逻辑呈现。马克思的这一历史观与黑格尔的唯心史观根本不同。马克思将唯物主义的原则贯彻到底，认为人类社会的发展是生产力与生产关系的矛盾推动下的客观发展过程，并必将呈现出其由低到高的发展轨迹；马克思同时还将辩证法的原则贯彻到底，极力强调人民群众为主体的社会革命消

---

① 马克思：《路易·波拿巴的雾月十八日》，《马克思恩格斯文集》第 2 卷，人民出版社 2009 年版，第 470 页。
② 《马克思致帕维尔·瓦西里耶维奇·安年科夫》，《马克思恩格斯文集》第 10 卷，人民出版社 2009 年版，第 4 页。
③ 马克思、恩格斯：《德意志意识形态》，《马克思恩格斯文集》第 1 卷，人民出版社 2009 年版，第 533 页。
④ 马克思、恩格斯：《德意志意识形态》，《马克思恩格斯文集》第 1 卷，人民出版社 2009 年版，第 567 页。
⑤ 马克思、恩格斯：《德意志意识形态》，《马克思恩格斯文集》第 1 卷，人民出版社 2009 年版，第 540 页。

灭私有制而实现共产主义的世界历史作用。"这样一来,唯心主义从它的最后的避难所即历史观中被驱逐出去了,一种唯物主义的历史观被提出来了,用人们的存在说明他们的意识,而不是像以往那样用人们的意识说明他们的存在这样一条道路已经找到了。"[①] 马克思破解了"历史之谜",破除了哲学家们的唯心史观迷误,由此确立了科学的历史观即唯物史观。

我们知道,马克思在《神圣家族》中已经对德国哲学家们的唯心主义谬误进行了深入批判,与之对比,"马克思和恩格斯在《德意志意识形态》中对唯心主义的批判更深入了。他们从批判黑格尔及其后辈,进而批判费尔巴哈的唯心主义局限性,批判小资产阶级无政府主义理论家施蒂纳的唯心主义观点,批判所谓'真正的社会主义者'的错误观点。马克思和恩格斯在这里第一次指出了唯心主义历史哲学的结构模式的基本特征,揭露了唯心主义的从趋势看总是复辟的、为资产阶级辩护的、反革命的特性"[②]。马克思对包括德国哲学在内的旧哲学的意识形态批判,牢牢以唯物史观为支撑。这一批判本身已经不是纯粹的世界观批判,而是蕴含着明确指向性的历史观批判,即在揭穿旧哲学对现实的人及其历史发展的唯心主义歪曲之际,呈现出为其所遮蔽和掩盖的历史真实。《神圣家族》中对唯心史观的批判实际上已经悄然将费尔巴哈囊括在内了。这一点我们在上面已经提及。费尔巴哈主张哲学应该从思辨的天国下降到人间,但他根本没有专题地对市民社会领域进行解剖,他就因此无法将市民社会领域当作一个有机的矛盾整体去看待,更无法真正专题而又彻底地对无产阶级与有产阶级的对立进行研究。这就意味着,作为矛盾机体的市民社会领域的现实性及其历史性,实际上是超出了费尔巴哈人本学唯物主义视域之外。在彻底揭穿思辨哲学的唯心史观及其构造世界的逻辑之后,马克思越发意识到了费尔巴哈哲学的问题所在。所以,作为"匆匆写下的笔记"的《提纲》有其双重的意向性。它首先是马克思对《神圣家族》所已然达到的思想高度的反思,将之前对思辨的抽象的实践观的批判转化为积极的肯定性的成果。《提纲》并未完成对费尔巴哈的批判,毋宁说,它是为批判包括费尔巴哈哲学在内的整个德国哲学奠定了一个前提,开启了一个基本的方向性导引。

《德意志意识形态》开启了历史观层面的批判,这一批判的根本目的是去除德国哲学的意识形态本性。对此,英国当代著名学者汤普森的看法不乏

[①] 恩格斯:《恩格斯在〈社会主义从空想到科学的发展〉中对〈反杜林论〉正文所作的补充和修改》,《马克思恩格斯文集》第9卷,人民出版社2009年版,第387页。

[②] 〔民主德国〕奥托·芬格尔:《论〈德意志意识形态〉对马克思主义理论的意义》,林进平主编《马克思主义研究资料》第1卷,中央编译出版社2014年版,第421页。

第六章　旧哲学的终结与马克思的新唯物主义哲学观　237

合理性。他指出，"马克思、恩格斯把这些思想家观点的特点称为'德意志意识形态'，他们是在按照拿破仑对'ideology'一词的用法，并把理论家们的著作与青年黑格尔派的著作进行比较：青年黑格尔派的著作在19世纪初期德意志相对落后的社会与政治条件下相等于德·特拉西及其朋友的学说"。"正如拿破仑对这些学说大加辱骂从而对'ideology'一词作了一个负面的变调，马克思、恩格斯也嘲笑他们同胞的观点。"① 包括费尔巴哈哲学在内，整个德国哲学都没有真正超出黑格尔哲学的地平线。"德国哲学家们在他们的黑格尔的思想世界中迷失了方向"②，"它谈到的全部问题终究是在一定的哲学体系即黑格尔体系的基地上产生的。不仅是它的回答，而且连它所提出的问题本身，都包含着神秘主义"③。究其根本，包括费尔巴哈在内的所有的德国哲学家，他们在哲学观上都深受黑格尔思辨唯心主义的制约和束缚，并且尤其更为根本地深受黑格尔唯心主义历史观的禁锢。因此，德国哲学的意识形态迷梦实际上有着三重架构。之一，世界观层面的形而上学本性。囿于形而上学的世界观，德国哲学家们对现实世界进行了纯粹的哲学构造，从而对现存现实作出了形而上学的映现。之二，历史观层面的唯心主义本性。这是对现实世界的形而上学幻想必然导致的逻辑终局。正是由于先在地摒弃掉了现实的人及其社会存在的本质内涵，社会以及人们自身发展的历史及其未来朝向也就被幽闭在了纯粹的思想境域中。之三，价值观层面对现存现实的辩护底蕴。形而上学的世界观必然将现存现实抽象化为既定的和现成的理论客体，而唯心主义的历史观则进一步规避和拒斥了现实世界的历史运行，如此一来，对现存现实的纯粹哲学批判就不可避免地沦为对现存现实的辩护。

总体上看，马克思对德国哲学的意识形态迷梦的批判，基本上包括理论和实践两个层面。他既要从理论层面对其进行彻底的前提批判从而揭穿其谬误，又要从共产主义这一实践立场对德国哲学偏狭的小资产者立场进行驳斥。就内容而言，它本质上是内蕴三重向度的唯物主义批判。牢牢地立足于实践层面，马克思对德国哲学世界观层意识形态迷幻实施唯物主义批判，深化和完善了已然在《提纲》中初步创立了的新唯物主义世界观；和德国哲学的唯心史观进行决裂，则由此确立了唯物主义的历史观；对德意志意识形态

---

① 〔英〕约翰·B. 汤普森：《意识形态与现代文化》，高铦等译，译林出版社2012年版，第37页。
② 马克思、恩格斯：《德意志意识形态》，《马克思恩格斯文集》第1卷，人民出版社2009年版，第511页。
③ 马克思、恩格斯：《德意志意识形态》，《马克思恩格斯文集》第1卷，人民出版社2009年版，第514页。

的价值观批判,将批判本身上升到了阶级批判的高度,由此就实现了彻底性与科学性的统一。

马克思与恩格斯首先在世界观层面剖析了蕴含在意识形态范畴内的形而上学迷幻。这一迷幻是将抽象的主体力量,不但同一化为现实人们的本质,而且进而投射到社会领域,试图将之演化为社会"本体",即主宰和制约社会历史发展的本真力量。马克思明确地将此归结为意识形态幻象,并对之作出深入剖析。产生这种幻象的根本症结是人们对于作为观念之现实前提的遮蔽,由此导致观念脱离了它的物质基础。这一幻象的产生更深地基于如下这个特定的存在论设定。所谓世界的合理性是由"理性"先验地赋予的;唯有奠立在"理性"的解释之上,现存世界才具有合理性。也就是说,人们必须通过"形式显现"的方式才能把捉世界的本质。立足于此,现实世界的本源内容及其真实关系就根本性地逸出了理论的视野,世界因此被裂分成"观念世界"与实在世界之二重化的存在样态,并且前者明显是一个超越于后者之上的"独立王国"。这一被抽象化、形而上学化的"独立王国"(实则是被纯粹化的思想领域)就直接地成为意识形态家们活动于其间的区域。

马克思进而在历史观层面揭示了意识形态家们的局限性。意识形态家们不仅在历史观层面割裂了思想与现实的关系,还将抽象化的"思想"当作历史发展的本源推动力,即将"思想统治"当作了历史的前提。"它不在历史本身中寻找这种动力,反而从外面,从哲学的意识形态把这种动力输入历史。"[①] 抽象的思想因而被意识形态化为历史的动力。他们不约而同地将"怪影"、"枷锁"、"概念"等看作历史的基石,"认为宗教、概念、普遍的东西统治着现存世界"[②]。如此一来,他们全部围绕的就只能是这些抽象存在物,这些"现实的影子"。

于是,意识形态家们最终在价值观上完全沦为一种对现实世界的抽象辩护。从"意识"是世界的始基、"思想"是历史的本源动力这样的视角出发,将"现实的个人"归结为纯粹意识,意识的差别因而成为人们的本真生活;进而又将人们的物质生产生活过程归结为现成的抽象存在,历史的发展被归结为纯粹的意识变更。如此一来,就可以合乎逻辑地向人们提出一种纯粹的道德要求,人们只需改变现存的意识,只需将之替换为"自我意识"、"实体"、"利己的意识",就可以消除现实中人们所受的物质力量的操纵

[①] 恩格斯:《路德维希·费尔巴哈和德国古典哲学的终结》,《马克思恩格斯全集》第 28 卷,人民出版社 2018 年版,第 357 页。

[②] 马克思、恩格斯:《德意志意识形态》,《马克思恩格斯文集》第 1 卷,人民出版社 2009 年版,第 515 页。

和主宰。究其根本而言,"这种改变意识的要求,就是要求用另一种方式来解释存在的东西,也就是说,借助于另外的解释来承认它",这因而构成了一切意识形态说教的逻辑终局。在这些非现实的、抽象的外表后面,隐匿地存在着的却是确定的价值取向,"他们只是用词句来反对这些词句;既然他们仅仅反对这个世界的词句,那么他们就绝对不是反对现实的现存世界"①。思想家们这一确定性的诉求成为他们颠倒意识与存在、思想与现实的真实目的,这也同时使得被他们独立化的哲学、法律、宗教等体系褪去遮蔽真实的保护色,"道德、宗教、形而上学和其他意识形态,以及与它们相适应的意识形式便不再保留独立性的外观了"②。这些貌似独立的力量及其抽象,实际上不过是人们现实的物质生产生活过程的必然的升华物,它们归根结底乃是现实物质生产生活本身的意识形态映像。

　　奠立于以上逐步深入的批判,马克思着力于将意识形态纳入市民社会这一矛盾整体的分裂及其关系结构之中,将之看作市民社会自身分裂所必然导致的结果和产物。这就直接提升了批判的深度——深入历史自身的发展中去,实现了与唯心史观的彻底决裂。仅仅从理论上指出特定的世界观和历史观的谬误,这只能是对事物本身的一般唯物主义批判。在此基础上,还必须对造成这一谬误的物质本源进行进一步的追溯。后一向度才称得上是彻底的唯物主义批判。对此,马克思与恩格斯在《德意志意识形态》中指出,"德国哲学从天国降到人间;和它完全相反,这里我们是从人间升到天国"③。在马克思看来,"意识形态"根本上是抽象的社会意识形式(例如德意志意识形态),即"可以通过经验来确认的、与物质前提相联系的物质生活过程的必然升华物"④。换言之,意识形态不仅仅是世界观和历史观的迷误,更是依托于特定的现实的世俗基础之上的必然产物。哈贝马斯的相关说法具有特定的合理性。他指出,"上层建筑对基础的依赖性,首先是对一个社会所处的向一个新的发展水平过渡的危机阶段而言的,不是对社会的任何一种本体论状态,而是对经济结构在社会进化中所起的领导作用而言的"⑤。这里实际上

---

① 马克思、恩格斯:《德意志意识形态》,《马克思恩格斯文集》第1卷,人民出版社2009年版,第516页。
② 马克思、恩格斯:《德意志意识形态》,《马克思恩格斯文集》第1卷,人民出版社2009年版,第525页。
③ 马克思、恩格斯:《德意志意识形态》,《马克思恩格斯文集》第1卷,人民出版社2009年版,第525页。
④ 马克思、恩格斯:《德意志意识形态》,《马克思恩格斯文集》第1卷,人民出版社2009年版,第525页。
⑤ 〔德〕哈贝马斯:《重建历史唯物主义》,郭官义译,社会科学文献出版社2013年版,第116页。

侧面指涉了作为观念上层建筑的意识形态与市民社会即经济基础的辩证关联。

正是如此，马克思将意识形态纳入市民社会的矛盾分裂中去分析，即实现了对思想、观念和意识之彻底的唯物主义批判。马克思在《资本论》的一个小注中明确地将这一进路称为"唯一的唯物主义的方法"："事实上，通过分析来寻找宗教幻象的世俗核心，比反过来从当时的现实生活关系中引出它的天国形式要容易得多。后面这种方法是唯一的唯物主义的方法，因而也是唯一科学的方法。那种排除历史过程的、抽象的自然科学的唯物主义的缺点，每当它的代表越出自己的专业范围时，就在他们的抽象的和意识形态的观念中立刻显露出来。"① "从当时的现实生活关系中"引出与之相应的"天国形式"，意味着不但要对现实本身进行唯物主义研究，从而确证思想、观念、范畴的物质基础和现实本源，更要对社会现实本身进行辩证解析；这就实则意味着必须将对事物的唯物主义研究提升到历史观的高度。"在马克思之前，从未有人能以如此清晰的线索把社会历史剥离得这么深刻。马克思实际上是向思想界展示了一种崭新的理论视界，即透过历史现象抓住历史的本质，并进而通过历史本质因素之间的矛盾运动来理解和剖析历史发展过程的思想线索。"② 对此，马克思在《德意志意识形态》中就已然深刻地洞察到了，他第一次集中而又系统地对这样一种科学的历史观即唯物史观的要义作了阐述："由此可见，这种历史观就在于：从直接生活的物质生产出发阐述现实的生产过程，把同这种生产方式相联系的、它所产生的交往形式即各个不同阶段上的市民社会理解为整个历史的基础，从市民社会作为国家的活动描述市民社会，同时从市民社会出发阐明意识的所有各种不同的理论产物和形式，如宗教、哲学、道德等等，而且追溯它们产生的过程。"③ 这无疑就实现了对市民社会的科学解剖。换言之，这无疑是科学地揭示了作为矛盾整体的市民社会的存在及其发展的概貌。而一旦实现了这一点，实际上就实现了对现实的人及其历史发展的科学研究。这就必然导向一门历史科学的创立。

马克思进一步更为深入地从市民社会的矛盾运动这个层面推进了意识形态批判。"马克思在意识形式和意识形态之间做出区分，前者是最有利于一个阶级的利益的思想，后者是该阶级实际上接受的思想。他由此进一步拉开

---

① 马克思：《资本论》德文第1版第1卷，人民出版社2016年版，第382页。
② 张一兵主编：《马克思哲学思想发展史研究》第1卷，中央编译出版社2018年版，第51页。
③ 马克思、恩格斯：《德意志意识形态》，《马克思恩格斯文集》第1卷，人民出版社2009年版，第544页。

了在阶级和它的意识形态之间的距离。"① 马克思明确地将哲学看作由一定经济基础所派生的精神生产。他认为，这样的精神生产是人类社会发展的有机构成。从历史发展的最初阶段看，这种精神生产是"直接与人们的物质活动，与人们的物质交往，与现实生活的语言交织在一起的"。马克思特别强调，"表现在某一民族的政治、法律、道德、宗教、形而上学等的语言中的精神生产也是这样"②。精神生产的主体是生活在一定社会现实中的人自身，"人们是自己的观念、思想等等的生产者，但这里所说的人们是现实的、从事活动的人们，他们受自己的生产力和与之相适应的交往的一定发展——直到交往的最遥远的形态——所制约"③。就此而言，哲学也不过是社会精神生产的一种形态，其生产主体哲学家们也是受"生产力和与之相适应的交往"所制约的现实的人。问题在于，"生产力和与之相适应的交往"究竟是如何推动哲学家们进行精神生产的？

对此，马克思也作了深刻的分析。"如果在全部意识形态中，人们和他们的关系就像在照相机中一样是倒立成像的，那么这种现象也是从人们生活的历史过程中产生的，正如物体在视网膜上的倒影是直接从人们生活的生理过程中产生的一样。"④ 这个"照相机"的比喻，十分精妙地揭示了包括哲学在内的全部精神生产都是在物质力量推动下而产生的机理。"意识一开始就是社会的产物，而且只要人们存在着，它就仍然是这种产物。"⑤ 马克思基于对人类社会及其历史发展本质结构的解剖而确立的这一原理，为其透过各种"精神生产"（如哲学和宗教）的抽象形式而抓住其本质内核提供了理论支撑。人们感知自然界的意识活动发展成为精神生产，并进而成为一个独立的社会机构和职业，其根本动力是生产力发展水平的提高，其必要条件是成熟的社会分工。"分工只是从物质劳动和精神劳动分离的时候起才真正成为分工。从这时候起意识才能现实地想象：它是和现存实践的意识不同的某种东西；它不用想象某种现实的东西就能现实地想象某种东西。从这时候起，意识才能摆

---

① 〔英〕S. H. 里格比：《马克思主义与历史学：一种批判性的研究》，吴英译，译林出版社2012年版，第334页。
② 马克思、恩格斯：《德意志意识形态》，《马克思恩格斯文集》第1卷，人民出版社2009年版，第524页。
③ 马克思、恩格斯：《德意志意识形态》，《马克思恩格斯文集》第1卷，人民出版社2009年版，第524—525页。
④ 马克思、恩格斯：《德意志意识形态》，《马克思恩格斯文集》第1卷，人民出版社2009年版，第525页。
⑤ 马克思、恩格斯：《德意志意识形态》，《马克思恩格斯文集》第1卷，人民出版社2009年版，第533页。

脱世界而去构造'纯粹的'理论、神学、哲学、道德等等。"① 马克思特别加了一个边注进行强调："与此同时出现的是意识形态家、僧侣的最初形式。"② 基于这些分析我们看到，包括哲学在内的精神生产，是在生产力和交往形式推动下由社会机体所派生的产物，是发达的社会分工的必然结果。

问题在于，这样的社会分工又是何以可能的？对此，马克思也作了分析。他明确地将社会分工的动因归结为生产力与交往形式（生产关系）的矛盾运动。社会分工的发展程度与社会发展的程度和层次内在统一。只是随着人类社会开始进入"第二种所有制形式"即古典古代的公社所有制时起，大体说来，从奴隶制社会开始，分工才开始变得发达，城乡之间的对立才开始形成。也只是从这个时候起，专业化和专门化的精神生产及其意识形态家（当然也包括哲学家）才得以从社会的胞胎中孕育出来。马克思进一步分析了这种精神生产与国家和阶级统治的本质关系。"统治阶级的思想在每一时代都是占统治地位的思想。这就是说，一个阶级是社会上占统治地位的物质力量，同时也是社会上占统治地位的精神力量。"因此，统治阶级不仅支配着物质生产资料，"同时也支配着精神生产资料"③。统治阶级是如何支配精神生产的？"现在，分工也以精神劳动和物质劳动的分工的形式在统治阶级中间表现出来，因此在这个阶级内部，一部分人是作为该阶级的思想家出现的，他们是这一阶级的积极的、有概括能力的意识形态家。"④ 至此，马克思就从唯物史观的高度看清了这些专职思想家的本来面目。他们是从属于特定统治阶级的思想家阶层；他们所进行的创建哲学体系的精神生产，并非他们所标榜的是为了全人类的自由而进行的高贵的真理求索；究其实质，他们不过是将统治阶级的意志凝聚并升华为思想和观念。

因此，究其根本，意识形态并非人们主观任意的个人幻想，而是人们作为市民社会中的成员，对他们所处其中的社会生活状况的特定映现。换言之，作为独立化了的思想观念体系，意识形态自身也是内容与形式的统一，是人们以歪曲的、本末倒置的形式对自身特定的现实关系进行映现的结果。它根本上源于同人们的物质生产力的一定发展阶段相适合的生产关系。"这

---

① 马克思、恩格斯：《德意志意识形态》，《马克思恩格斯文集》第1卷，人民出版社2009年版，第534页。
② 马克思、恩格斯：《德意志意识形态》，《马克思恩格斯文集》第1卷，人民出版社2009年版，第534页注释②。
③ 马克思、恩格斯：《德意志意识形态》，《马克思恩格斯文集》第1卷，人民出版社2009年版，第550页。
④ 马克思、恩格斯：《德意志意识形态》，《马克思恩格斯文集》第1卷，人民出版社2009年版，第551页。

些生产关系的总和构成社会的经济结构"并非实体性的存在范畴,而是蕴含着自身现实的、具体的内容规定,"即有法律的和政治的上层建筑竖立其上并有一定的社会意识形式与之相适应的现实基础"①。这个"现实基础"实则是由经济基础和上层建筑所构成的矛盾体。它是一个由生产力、生产关系、上层建筑和意识形态构成的有机整体。这是社会的整体存在方式。社会的内容是指在物质生产活动中形成的各种关系的总和。生产力和生产关系的矛盾关系体是经济结构,经济基础和上层建筑是社会形式结构。任何社会存在的变化发展都依赖于这个整体结构的改变。而整体的变化则受制于具体要素的改变,这是社会形态演进的基本形式。② 因此,意识形态并非法律的、政治的等现实关系总和之上层建筑的直接观念映现,而是适应于上述整体矛盾运动进程的产物。这里必须摒弃还原论立场及其误读,这种做法将经济基础与上层建筑的关系扭曲为纯粹的单向度的关联。在这一问题上,英国著名当代学者里格比的下述说法有着特定的合理性所在。他认为,"正如高质量的马克思主义历史研究所表明的,马克思主义者很容易摆脱还原论的魔咒,而它的批判者通常会将还原论视为导致它失败的关键所在"③。与此同时,还必须看到,意识形态本身作为这个矛盾运动的一个必然结果,又是社会历史整体运动链条中的一个不可或缺的部分和环节。作为精神生活领域的一个特殊构成,意识形态领域没有自身独立自为的历史。它既根本上受制于物质生活的生产方式,又受制约于人类社会历史自身生产力和生产关系、经济基础和生产建筑之间的矛盾运动。

总之,马克思对德国哲学的意识形态批判,根本上是立足于实践层面的唯物主义批判。批判集中破除了包括费尔巴哈在内的整个德国哲学关于现实世界的形而上学幻想。当马克思明确地将意识形态看作特定世俗基础分裂所必然导致的"升华物"时,就意味着基于历史观层面而实现了与唯心史观的彻底决裂。这一决裂有着直接的实践意蕴。法国著名学者雷蒙·阿隆对此认为,马克思不但批判意识形态,"也旨在超越这种批判,直抵活生生的人的基本实在"④。质言之,马克思的意识形态批判实际上就是对阶级统治之形而

---

① 马克思:《〈政治经济学批判〉序言》,《马克思恩格斯全集》第31卷,人民出版社1998年版,第412页。
② 吕世荣:《内容与形式视域下的文化繁荣》,《哲学研究》2012年第4期。
③ 〔英〕S. H. 里格比:《马克思主义与历史学:一种批判性的研究》,吴英译,译林出版社2012年版,第29页。
④ 〔法〕雷蒙·阿隆:《想象的马克思主义:从一个神圣家族到另一个神圣家族》,姜志辉译,上海译文出版社2012年版,第13页。

上学幻想的唯物主义根除。它不但彻底地破除了这一幻想的世界观根据，而且在指出它与阶级统治的本质关联之际，实际上为人们超越阶级统治及其压迫提供了科学的方法论导向。正是如此，在对于传统的意识形态——尤其是作为德国古典哲学在德国上层建筑领域的表现形态的德国意识形态的批判，马克思全面地展示了对于旧哲学进行革命性变革的理论成果。虽然，这种展示仅仅是以论战的形式得到了体现，但是，这里所展示的理论成果无疑是马克思哲学变革成果的凝结和汇聚。

因此，意识形态批判实则标志着对旧哲学的彻底清算。对此，马克思在1859年的《〈政治经济学批判〉序言》中作了集中说明。他说，当1845年自己与恩格斯在布鲁塞尔见面的时候，"我们决定共同阐明我们的见解与德国哲学的意识形态的见解的对立，实际上是把我们从前的哲学信仰清算一下。这个心愿是以批判黑格尔以后的哲学的形式来实现的"[①]。那么，关乎紧要的、极为关键的问题在于，马克思的意识形态批判在何种意义上实现了对旧哲学的清算？结合以上的分析，这一清算蕴含着如下几方面的内容。

其一，立足于已然确立的新唯物主义及其实践观，通过对德国哲学关于现存现实的形而上学幻想的清除和清理，马克思彻底在哲学世界观层面实现了对旧哲学形而上学本性的克服。这不仅使得唯物主义根基得到充分巩固，而且使得新世界观以这一彻底批判的方式得以塑立。其二，通过将德国哲学与其所奠立的独特德国现实本质关联，马克思哲学彻底洞穿了其耽于理论玄思的真实面目。马克思进一步对二者之间关系的分析，亦即对后者如何基于自身矛盾衍生出与之相适应的观念形式（抽象形式，甚至"天国形式"）的说明，使得一度披着玄幻外壳并为其遮蔽的德国哲学之现实的历史内涵呈现了出来。去除其抽象的甚或玄幻的体系外观，它们归根结底是现存现实世界在思想上的独立化表现，是受制于现实的物质生产生活束缚的人们关于自身社会关系之非现实的观念映现。这实则基本实现了对德国哲学及其所代表的旧哲学之彻底唯物主义批判。其三，马克思的意识形态批判并未止步于此，而是进一步由抽象上升到具体，由此推进和提升到了历史观层面。特定的社会存在之所以会产生出与之相适应的特定的意识形态幻象及其幻想，根本上必须归结为生产力与其交往关系的矛盾。而这个矛盾之更为具体的规定亦即其现实表现则是阶级对立和阶级冲突。具体而言，正是统治阶级与被统治阶级之间物质利益的根本差别，正是统治阶级自身的特殊利益与全社会其他社

[①] 马克思：《〈政治经济学批判。第1分册〉序言》，《马克思恩格斯全集》第31卷，人民出版社1998年版，第414页。

会成员普遍利益之间的根本对立，为意识形态的存在提供了不可或缺的物质基础和现实前提。统治阶级为了弥合自身利益与被统治阶级利益之间的二元断裂，为了粉饰和巩固自身的阶级统治，自我分化出一个专职的意识形态阶层。他们立足于形而上学的世界观前提，对现存阶级统治的社会现实进行了颠倒和歪曲。换言之，他们归根结底搁置了现存现实条件下国家与市民社会、生产力与生产关系、经济基础和上层建筑等一系列矛盾，由此将现存社会现实抽象化为现成的既定存在。如此一来，现实的人及其社会存在实际上就被消融在了抽象的范畴体系之中，虽然历史自身的发展终究会冲破一切意识形态幻象，然而，直接附属于统治阶级的意识形态阶层别有用心的意识形态编造——将统治阶级的阶级意识提升为适应于全社会的统治阶级的思想，进而渗透到人们的日常生活意识之中，甚至与人们的日常生活融为一体，这就无疑会产生为现存现实阶级统治进行辩护的历史效应。对于当下这个资本统治和主宰的历史时代来说，它们无疑必将侵蚀、延误、耽搁无产阶级的解放事业。

正是如此，意识形态批判在特定的意义上就成为马克思哲学变革的落脚点。这一批判实则是马克思对德国哲学展开逐步递进的三重批判（哲学世界观、历史观、价值观），这显然是马克思哲学变革逻辑所必然导致的结果。奠立于愈加彻底的变革进程，马克思新唯物主义哲学立场不断端正和臻于完善，由此实现了对德国哲学意识形态幻象及其幻想的清除和清理。就这一批判所达到的结果来看，这无疑是马克思哲学变革逻辑的质的跃迁。这首要的是从马克思哲学变革的直接出发点来说的。如前所述，如何在克服旧哲学形而上学困境的基础上超越旧哲学，构成马克思哲学变革的直接出发点。这一点正是通过意识形态批判才得以真正完成。在之前不断推进的哲学变革过程中，马克思已然初步实现了对旧哲学形而上学本性的克服；而通过将这一批判进一步纳入生产力与交往形式的矛盾中，从而将之看作社会存在与社会意识对立统一的现实表现，这就无疑破除了旧哲学所衍生的形而上学幻象；这就因而在哲学观层面实现了对旧哲学的根本超越。

进一步讲，意识形态批判的变革意蕴又断然不止于此，而是着意于实践层面之更为根本和彻底地对旧哲学的历史批判及其超越。当马克思明确将包括费尔巴哈哲学在内的整个德国哲学界定为德意志意识形态，并且对它们所蕴含的一般意识形态倾向进行彻底的前提批判时，这实则敲响了全部旧哲学必将走向终结的号角。毋宁说，这是马克思哲学站在世界历史发展的高度及其未来趋势，自觉地立足于无产阶级及其革命实践立场，对全部旧哲学所发出的革命宣言。由于它们所依附着而又对之颠倒和歪曲了的现存阶级统治必然将被历史自身的发展所终结，作为与这一暂时的、历史的阶级统治相适应的它们的意识形态幻象及其幻想，必然将被"历史辩证法"亦即历史自身的辩证发展规律扬弃。而从另外一个肯定性的方面来看，亦即从继承和发展这个角度来看，德国古典哲学将在其继承者[①]工人阶级及其革命实践运动中得到必然的升华。无产阶级运动不但必然会褪去德国古典哲学的玄幻外观即其抽象形式，而且其思想精华将被融贯和铸入作为历史主体的无产阶级的阶级意识之中，成为其不可或缺而又独特的一个组成部分。

（三）旧哲学的终结与"改变世界"哲学的确立

以上分析可知，全部旧哲学或隐或显地奉柏拉图主义为圭臬，致力于通过对世界的"事后反思"而赢获那"宁静的自由"。如此一来，就不可避免地衍生出双重效应。一方面，它因而确立了超越现存现实之上的珍贵品格；另一方面，却又使得它客观上蕴含着为现存现实辩护的隐秘的目的论诉求。事实上，也正是后者推动着旧哲学走向终结。耽于纯粹理论玄思，旧哲学一贯将可能性超拔于现实性之上。如果纯然由着这一形而上的诉求，那么，哲学无疑配享"科学之科学"的至高权威。然而，如果我们超出旧哲学精心构筑的形而上学境域，那么，千百年来它呈现给世人那个"厮杀的战场"，无疑直接地意味着它陷入了内容与形式、目的与手段的二律背反，根本上彰显着其非批判性和独断性。这甚至成为一个有着特定内涵的"哲学的耻辱"，这一"'哲学的耻辱'不在于至今尚未完成这个证明，而在于人们还一而再再而三地期待着、尝试着这样的证明。诸如此类的期待、企图和要求是因为在存在论上没有充分的理由却一开始就设置了一件东西，从而应该证明有一个'世界'作为现成的东西是独立于它和'外在'于它的"[②]。这一诘责深度触及了旧哲学必然走向完结的"阿喀琉斯之踵"。问题不在于世界是否独立于哲学之外而存在，问题的关键是世界的存在根本不是一个纯粹理论问题。当旧哲学不但将之视为纯粹理论问题，并一再试图为之提供形而上学的确保时，它实则迂回在了完结的旋涡中。

更深言之，使得旧哲学在极度绽放自身生命之后而走向终结，则又是历史和时代所必然推动和导致的结果。旧哲学一度以时代的批判者而自居，力图在思想中把握住整个时代。然而，囿闭于自身形而上学建制，旧哲学纯然

[①] "德国的工人运动是德国古典哲学的继承者。"参见恩格斯《路德维希·费尔巴哈和德国古典哲学的终结》，《马克思恩格斯全集》第28卷，人民出版社2018年版，第367页。

[②] 〔德〕海德格尔：《存在与时间》，陈嘉映、王庆节译，生活·读书·新知三联书店2012年版，第263页。

的乃是为了获得现存现实的先验解释。不仅如此,它还将破解当下现实问题和时代矛盾仅仅诉诸纯粹理性批判。作为古典哲学乃至于全部旧哲学的完成者,黑格尔原则性地无视眼前普鲁士帝国的腐朽不堪,不但将"绝对精神"最终实现于"弗里德里希—威廉三世向他的臣民再三许诺而又不予兑现的那种等级君主制中",而且"还用思辨的方法向我们论证了贵族的必要性"①;如此一来,黑格尔哲学就褪去了一贯玄奥的思辨光环,客观上成了为当时普鲁士当局辩护的官方哲学。青年黑格尔派力图通过纯粹的甚至激进的宗教批判去反对普鲁士当局。然而,由于它先行禁锢于黑格尔思想世界,因此就注定了这套纯粹理论批判至多只是隐晦表达了上升中的德国资产阶级的"微弱呼声"。费尔巴哈的人本学唯物主义一度也是有着强烈的现实指向的。基于"主宾颠倒"对黑格尔思辨唯心主义乃至于全部旧哲学作出了颠覆性改造,费尔巴哈由此主张哲学应从思辨的天国下降到人类贫困的深渊。然而,当看到"大批患瘰疬病的、积劳成疾的和患肺痨的穷苦人而不是健康人的时候",费尔巴哈便不得不求助于"最高的直观"和观念上的"类的平等化"②,以便确保人本学唯物主义先行赋予感性世界的前定和谐。不管他多么不情愿,费尔巴哈毋宁是将"感性"纯化成了为现存现实客观辩护的形而上学纲领。为什么一贯有着强烈批判指向甚至一度以"批判的批判"自居的这些旧的哲学体系竟纷纷走到了自己的对立面,甚至近乎吊诡地沦为"辩护学"呢?归根结底,乃是由于全部旧哲学囿于自身形而上学建制先行封闭了通往现实的可能性,因而无法找到由形而上学的抽象王国通向活生生的现实世界的道路。耽搁于此,不仅"对哲学家们来说,从思想世界降到现实世界是最困难的任务之一"③,而且导致一度作为"第一科学"的"形而上学"窒息了自身的历史维度,即丧失了超越当下既定存在、追溯事物发展趋势及其未来,从而"关注现实改变现实"的珍贵品格。

随着旧哲学的形而上学建制及其困境被马克思哲学革命破除和克服,一贯黄昏时分才翩然起飞的"密涅瓦的猫头鹰"、一度被视为智慧女神雅典娜使者的哲学形而上学,因而走向了终结。如何接过旧哲学囿闭于自身形而上学建制而无法完成的任务,因而成为助力其涅槃重生的要务所在。这一使命

---

① 恩格斯:《路德维希·费尔巴哈和德国古典哲学的终结》,《马克思恩格斯全集》第 28 卷,人民出版社 2018 年版,第 325 页。
② 马克思、恩格斯:《德意志意识形态》,《马克思恩格斯文集》第 1 卷,人民出版社 2009 年版,第 530 页。
③ 马克思、恩格斯:《德意志意识形态》(马克思诞辰 200 周年纪念特辑),人民出版社 2018 年版,第 127 页。

历史地落在了马克思的身上。

第一，为弥补旧哲学耽于纯粹理论领域这一维度缺失，马克思极力强调哲学与世界之实践的统一，促使哲学由"彼岸的沉思"升华为"现世的智慧"。旧哲学专注于事物存在的合理性，内在地就蕴含着自身与世界的深层联系。然而，囿于自身形而上学建制，旧哲学根本上走的乃是一条从"理想下降到现实"的道路。为克服这一做法的先验缺陷，马克思将哲学切实融会和贯穿到对现实问题和时代课题的破解中来。"问题是时代的格言，是表现时代自己内心状态的最实际的呼声。"① 因此，必须就时代问题发出哲学的声音，必须将时代课题的破解提升到哲学高度。而随着哲学极力融入时代，并在时代的中心切实发挥自己的作用和践履自身的职能，它就褪去一度超然世外的形而上学样态，由此升华为时代之"文化的活的灵魂"②。

第二，为扬弃旧哲学耽于对世界的先验解释，马克思明确将"改变世界"作为哲学的根本出发点，着力于通过对现存现实矛盾的深度解剖，以探寻实践地变革现存不合理现状的现实路径。"哲学家们只是用不同的方式解释世界，问题在于改变世界。"③ 囿于自身形而上学体系的封闭，旧哲学先行搁置了现存现实问题和时代矛盾的确切内容。耽搁于此，反而背道而驰抽象的理性批判降格为非现实的理论辩护。着力于将纯粹的理论批判提升为彻底的现实批判，马克思明确从"社会生活本质上是实践的"这一立场出发，力图实现哲学地解释世界与革命地变革世界的辩证统一，因而从根本上实现了对旧哲学之全面超越。在时代之强有力推动下，一度被幽闭于理论境域中的哲学就被促逼着走出"阿门塞斯冥国"这个颠倒的"形而上学世界"；立足于对时代原动力的自觉体认和实践把捉，必须面向现实并朝向时代而开放和绽放，因而成为哲学发展的主旋律和主要趋向。基于对现实的人及其物质生产生活实践过程的矛盾和规律的揭示，致力于打造一门关于现实的人及其历史发展的科学，更是因而成为马克思哲学的核心内容与中心要务。

第三，站在世界历史和时代发展的高度，马克思着力于将哲学升华为无产阶级解放的思想武器，由此不但使得哲学绽放出曾经所缺失的历史维度，而且实现了对全部旧哲学的终结和超越。无产阶级的"社会革命不能从过

---

① 马克思：《集权问题》，《马克思恩格斯全集》第 1 卷，人民出版社 1995 年版，第 203 页。
② 马克思：《〈科隆日报〉第 179 号的社论》，《马克思恩格斯全集》第 1 卷，人民出版社 1995 年版，第 220 页。
③ 马克思：《关于费尔巴哈的提纲》，《马克思恩格斯文集》第 1 卷，人民出版社 2009 年版，第 502 页。

去，而只能从未来汲取自己的诗情"①。对于马克思所处的资本主义时代而言，其核心问题域就是资本与劳动的关系。立足于社会生活，通过对现存现实经济关系及其本质的探究，揭示资本的运动规律及其历史限度，不但是马克思哲学的时代任务，而且构成其超越旧哲学瓶颈缺失的质点突破。马克思牢牢立足于社会关系整体视角，通过对社会有机体自身矛盾运动及其发展规律的研究，致力于彻底改变深受资本奴役和阶级压迫之苦的无产阶级命运，并更为根本地将无产阶级自身的解放与全人类的解放本质关联。"哲学把无产阶级当作自己的物质武器，同样，无产阶级也把哲学当作自己的精神武器。"② 如此一来，不仅促使现实问题的哲学批判与资本问题的历史批判内在地本质关联，而且进一步使得已然褪去自身玄幻外壳的哲学发生革命性的变革。哲学不但被必然赋予现实批判与历史批判之双重统一的功能与使命，并由此被历史地提升为无产阶级解放事业的思想武器。

伴随着"高卢雄鸡"的啼鸣，"密涅瓦的猫头鹰"就实现了自己的涅槃重生。在无产阶级解放运动打破资本统治实现共产主义的伟大历史进程中，不但依附于资本主义时代的资产阶级哲学必然随着资本统治的瓦解而灭亡，而且"形而上学"作为被囊括在人们类本质之内并全程伴随其确立和发展的独特品格，它在矛盾和困境中对自由的向往和追求，将成为未来自由王国中作为目的本身的人类能力的有机构成。

二 马克思的新唯物主义哲学观

马克思的哲学观是其哲学革命成果的范畴结晶。马克思哲学革命的彻底性赋予其哲学观以深刻性的内涵，使得马克思哲学呈现出与旧哲学根本不同的本质规定。"改变世界"的马克思哲学革命性的变革"解释世界"的西方哲学的超越意蕴，集中地通过新唯物主义哲学观而展现出来。

众所周知，在马克思发动哲学革命之前，在传统西方哲学体制之中已然发生过许多次哲学革命。在古代，当柏拉图的理念论构筑完成之际，随即迎来了他的批判者。作为柏拉图的亲炙弟子，秉持"吾爱吾师，吾更爱真理"的亚里士多德，不仅质疑构成柏拉图哲学体系拱顶石的"理念"范畴的合理

---

① 马克思：《路易·波拿巴的雾月十八日》，《马克思恩格斯文集》第 2 卷，人民出版社 2009 年版，第 473 页。
② 马克思：《〈黑格尔法哲学批判〉导言》，《马克思恩格斯全集》第 3 卷，人民出版社 2002 年版，第 214 页。

性，更是将批判指向了柏拉图"理念论"对世界的"二重化"设定。在近代，经验论者和唯理论者的纷争，这场围绕着"思维和存在的关系问题"所展开的激烈论争，实则内蕴着一场针对古代哲学局限性的思想革命。无论是经验论者还是唯理论者，他们都不再满足于直接地将某个纯粹"观念"设定为世界的本原，不再直接地以此为逻辑始基去解释"存在者"的"存在"，而是力图追溯进行这样一种形而上的哲思形式的根据。两派哲学家们对问题进行深入追溯的结果是推动了西方哲学的发展，可谓将之从"本体论时代"推进至"认识论时代"。以康德为奠基者和开创者，经费希特、谢林到黑格尔，德国古典哲学为这场变革古代哲学的近代哲学革命画上了一个句号。特别是黑格尔，他不仅解决了德国古典哲学自身的问题即克服了困扰费希特和谢林的"康德形而上学疑难"，而且还解决了困扰整个近代哲学的"基本问题"、克服了这些哲学家所共同陷入其中的"知性形而上学幻象"。黑格尔哲学因此成为横亘在西方哲学发展史上的一座高峰：不仅是作为"德国形而上学"的德国古典哲学的完成形态，而且是作为"柏拉图主义"的传统形而上学的完成形态。如此一来，实际上也就暴露了发生于西方哲学内部的哲学革命的维度缺失。从亚里士多德到黑格尔，每一位批判的西方哲学家对西方哲学进行批判的目的，都不仅没有能够跳出西方哲学的形而上学地基，反而是牢牢地站立在这个地基之上；他们所发动的一次次"哲学革命"，根本上并不是要改变西方哲学作为"形而上学"的本质规定，更不是要否弃西方哲学作为关于"超感性世界"的"真理"的基本属性；究其实质，这些发生于西方哲学内部的哲学革命，其共同的旨趣是"拯救形而上学"即夯实西方哲学的形而上学地基。若仅仅从表象上看，某些哲学家的批判貌似实现了对西方哲学的"柏拉图主义"形态的否定。例如，康德的"纯粹理性批判"。他的这一"哥白尼式革命"就颠倒了柏拉图的理念论，"按照柏拉图，现象是可感而不可知的，理念（本质）则是不可感但却可知的。现在，康德把两者的关系颠倒了过来：现象是可感的因而也是可知的，本体（即理念——笔者注）则是不可感因而也是不可知的"①。这样一来，康德显然就颠倒了柏拉图关于感性世界与理性世界关系的设定。然而这是否意味着康德是一个"反柏拉图主义者"呢？是否意味着康德哲学摒弃了柏拉图的理念论对西方哲学建制的筹划和设定呢？答案显然是否定的，康德对柏拉图理念论所实施的这一"颠倒"，只是意味着他们的具体哲学观点的差异，绝不意味着他们哲学观的对立。实际上，"两者的目的

---

① 张志伟：《形而上学的历史演变》，中国人民大学出版社2010年版，第173页。

却可以说是一致的。柏拉图为了形而上学'牺牲'了日常世界，康德'拯救'日常世界也是为了形而上学"①。这个典型的例子充分证明了一个基本事实：自柏拉图之后，所有西方哲学家都将哲学的领地绝对地设定为"超感性世界"，因而绝对地将哲学视为关于这个超越于日常生活世界之外的"彼岸世界"的"形而上学"。

基于以上各章节内容，总体观之，马克思的新唯物主义哲学革命内蕴着四个层次。这四个层次分别为存在论批判、世界观变革、历史观变革和价值观变革。其中，存在论批判所针对的是旧哲学耽于"柏拉图主义幻象"的弊病。世界观、历史观和价值观变革是一个整体。建基于存在论批判基础之上，通过逐步深入的批判，马克思克服了旧哲学耽于对"世界"的先验"解释"而无法"改变"世界历史发展的根本局限，实现了"两个转向"（从唯心主义转向唯物主义、从革命民主主义转向共产主义），确立了彻底唯物主义的世界观、唯物史观和共产主义价值观。

作为马克思新唯物主义哲学革命的第一个维度，其存在论批判深刻展现了这场哲学革命的彻底性。也就是说，马克思发动哲学革命的目的根本不同于以往的西方哲学家。他根本不是为了"拯救形而上学"，即不是像康德那样通过一场体制内的变革去夯实西方哲学的形而上学地基。"德国哲学从天国降到人间；和它完全相反，这里我们是从人间升到天国。"②《德意志意识形态》中的这一论断集中展现了马克思存在论批判的针对性及其哲学革命的彻底性，表明了马克思彻底地变革包括德国哲学在内整个传统西方哲学的超越意蕴。在《存在与时间》的开篇，海德格尔指出："当你们用到'存在着'这样的词，显然你们早就很熟悉这些词的意思，不过，虽然我们也曾以为自己是懂得的，现在却感到困惑不安。"海德格尔提出的诘难是：这些西方哲学家"用'存在着'意指什么？我们今天对这个问题有了答案吗？没有"③。海德格尔判定传统西方哲学"遗忘了存在"的依据，正是基于上述的那个"基本事实"。这个事实表明："自柏拉图以来，更确切地说，自晚期希腊和基督教对柏拉图哲学的解释以来。"西方哲学家们纷纷将"超感性领域"确立为"真实的和真正现实的世界"，与此同时，他们把"感性世界"界定为"尘世的、易变的、因而是完全表面的、非现实的世界"；基于这样的"柏拉图主义教条"，"超感性世界"被西方哲学家们共同地尊崇为

---

① 张志伟：《形而上学的历史演变》，中国人民大学出版社2010年版，第173页。
② 马克思、恩格斯：《德意志意识形态》，《马克思恩格斯文集》第1卷，人民出版社2009年版，第525页。
③ 〔德〕海德格尔：《存在与时间》，陈嘉映、王庆节译，商务印书馆2016年版，第1页。

"形而上学的世界"①。马克思不仅洞晓传统西方哲学的这个"秘密",而且力图克服旧哲学的局限性。在马克思看来,唯有破解为旧哲学所独有的"形而上学疑难",唯有克服传统的西方哲学家们——这些形而上学家——的"柏拉图主义幻象",才能够创立一门与旧哲学根本不同的新哲学。马克思不仅深刻地把握住了这个问题,而且对问题本身给予了愈加深入而又彻底的解答,从而实现了对全部旧哲学的彻底变革和根本超越。对此,恩格斯深刻地指出:"这已经根本不再是哲学,而只是世界观。"②这正是马克思为何将自己的哲学命名为"新唯物主义"的原因:不仅要与唯心主义区分开来,而且要与旧唯物主义区分开来,实则是要同作为"形而上学"的整个传统西方哲学分道扬镳。马克思哲学革命精华凝聚于其哲学观并通过这一新唯物主义哲学观而璀璨绽放。与传统西方哲学之充满浓郁形而上学色彩、带有十分鲜明的"柏拉图主义"特质的哲学观相比较,马克思所确立的"新唯物主义哲学观"呈现出鲜明的非形而上学的特点:摒弃了旧哲学的柏拉图主义教条、跳出了旧哲学的形而上学地基。马克思由此颠覆并确立了一种与旧哲学相区别的、可谓"非形而上学"的哲学思维方式。我们看到,哲学研究的领域不再是彼岸世界、所谓的"超感性世界";哲学研究的任务也不再是将"感性世界"建构成为"超感性世界"的对象;哲学研究的目的也不再是基于抽象的观念和范畴进行先验的体系构造。这就十分清楚地展现出新旧哲学观的差异:如果说黑格尔是在头脑中意图将哲学构造为关于"超感性世界"的真理,那么马克思则是在现实世界中将哲学锻造为"人世的智慧"③。马克思由此将哲学之思从"彼岸世界"移入"现实世界",将哲学奠定在社会现实之上,将"现实问题"作为哲学研究课题,由此克服了传统西方哲学耽于纯粹理论玄想的弊病。

建基于存在论批判及其所开启的崭新哲学思维方式,马克思对旧哲学进一步实施了一个整体性的三重批判即世界观、历史观和价值观的变革。从大学时期开始,经《莱茵报》时期和克罗茨纳赫时期,再到《德法年鉴》时期,马克思基本实现了对旧哲学的世界观的批判和变革。大学时期,马克思敏锐地洞察到了旧哲学的世界观症结,意识到必须克服它先验地将"应有"与"现有"对立起来的弊病。《博士论文》通过确证"超感性世界"与"感

---

① 〔德〕海德格尔:《海德格尔文集·林中路》,孙周兴译,商务印书馆2015年版,第248页。
② 恩格斯:《反杜林论》,《马克思恩格斯全集》第26卷,人民出版社2014年版,第146—147页。
③ 马克思:《〈科隆日报〉第179号的社论》,《马克思恩格斯全集》第1卷,人民出版社1995年版,第223页。

性世界"关系的统一性,克服了旧哲学的柏拉图主义世界观幻象,并赢获了虽则思辨但却辩证的世界观图式:哲学的"世界化"就是世界的"哲学化"。《莱茵报》时期,马克思将思辨的辩证的世界观嵌入反封建、反专制、求民主、争自由的革命实践,创造性地赋予其共产主义和唯物主义的崭新意蕴。从旅居克罗茨纳赫到创办《德法年鉴》这一时期,马克思的世界观在越发丰富的革命实践中得到淬炼,彻底地从唯心主义转向唯物主义、从革命民主主义转向共产主义。

马克思的历史观变革与其世界观变革内在统一。一方面,世界观变革和逐步确立的新世界观,为历史观变革奠定思想前提;另一方面,历史观变革内嵌于其世界观变革的进程之中,并反过来推动着世界观变革逻辑的深化。世界观、历史观双重变革逻辑叠加的辩证特性,使马克思哲学观变革呈现出"圆圈运动"的轨迹。从大学时期、《博士论文》,经《莱茵报》、克罗茨纳赫时期,一直到《德法年鉴》时期,马克思哲学观变革逻辑的主要任务、核心主题是世界观变革,这构成马克思哲学思想发展的"主要方面";但在这个过程中,作为"次要方面"的历史观变革不仅贯穿于其中,而且随着世界观变革逻辑的深化而越发丰富。

《博士论文》在克服旧哲学的世界观幻象、确证哲学与世界之双向促动的辩证联系之际,已然悄然地对旧哲学的唯心史观展开了冲击,即打破了形而上学家们特别是德国形而上学家们(黑格尔及其门徒)对历史之纯粹观念化的、理性静观式的认知模式。《莱茵报》时期,马克思的世界观在初步实现"两个转向"之际,激发了其历史观变革的问题意识:国家与市民社会的关系、"法"和普鲁士政府颁布的"法律"的关系,为何与德国形而上学家(黑格尔)的观点截然相反?这一疑难推动着马克思在克罗茨纳赫时期对黑格尔的法哲学展开系统批判,基于世界观、历史观双重维度确立了"市民社会决定国家"的原则,从前提上颠覆了旧哲学唯心主义地构造世界历史的先验逻辑。《德法年鉴》时期,随着马克思的世界观彻底地实现了"两个转向",马克思哲学观变革逻辑的主次方面开始发生转化:历史观变革替代世界观变革成为马克思哲学思想发展的"主要方面"。马克思的世界观、历史观都呈现出十分鲜明的共产主义化、唯物主义化特质;共产主义化、唯物主义化的世界观嵌入了其历史观之中,其内容和形式也随着历史观变革逻辑的深化而得以丰富。从《德法年鉴》时期到《德意志意识形态》的创作,马克思哲学观变革的"主要方面"亦即其主要任务、核心主题是历史观变革。这一变革要解决的问题有二。一是破解困扰全体形而上学家特别是德国形而上学的"历史之谜";二是清除德意志意识形态家们的唯心史观幻象。马克思解决第一个问题的基本思路为：对旧哲学（主要是黑格尔的历史哲学）的历史观进行了唯物主义的改造；揭示了贯穿于人类社会之中的客观必然规律；确立了与旧哲学截然相反的唯物主义历史观的立场、观点和方法；始终站在现实历史的基础上、始终从物质实践出发来解释各种观念形态。马克思解决第二个问题的基本思路是基于唯物史观的立场、观点和方法，解析德意志意识形态家们构造德国现实和世界历史的唯心史观的颠倒性、虚假性。马克思认为，这些思想家不仅颠倒了社会存在与社会意识的关系，而且也陷入了黑格尔"国家决定市民社会"的唯心史观幻象。他们自封为拯救德国人民、推动世界历史发展的"救世主"，实则不过是附庸于正在上升中的社会新阶层即德国资产者的思想家代表；他们的"纯粹理性批判"虽迂回地反映了日渐尖锐化的德国社会矛盾，实则不过是德国资产者力图取代封建统治者而成为新的统治者的"统治阶级思想"在哲学和思想文化领域的投射。正是如此，他们和所有形而上学家们一道，只是在一味地"解释世界"：观念论地将世界构造成为"客体"；歪曲"现实的人及其历史发展"的真实逻辑；将德国资产者的私人利益绝对化并抽象化为"人"的利益。这样一来，他们就根本无法"改变世界"：将德国社会矛盾的解决诉诸社会革命；依靠并发动人民群众特别是工人打破资本私有制的奴役；为德国社会和世界历史朝着共产主义新文明形态发展提供思想武器。这两个问题的解决意味着马克思历史观变革的完成，也意味着马克思的世界观变革的真正实现。要言之，马克思的世界观在《德法年鉴》时期彻底地完成了"两个转向"之后，在其历史观变革逻辑推动下，其世界观的唯物主义化和共产主义化得以真正实现。

作为马克思的新唯物主义哲学革命的第四重维度，价值观变革既是前述三重变革的必然结果，又反过来给予这三重变革尤其是世界观和历史观变革动力支撑。马克思在大学时期虽然还未形成自己的价值观，但已然展现出对自由和民主的希冀与向往。在《博士论文》中，马克思通过比较德谟克利特和伊壁鸠鲁原子论思想的差异，极力追溯造成感性世界与超感性世界二者矛盾关系的根源，并且将消除根源、解决矛盾的方法诉诸主体的抗争，由此为其世界观转向奠定价值观支撑。《莱茵报》时期，马克思对于全部现实问题的研究，其目的并非要确立某种合理解释；毋宁说，他恰恰是要论证问题本身的不合理性，并且将人民作为合理与否的判断主体，将人民的利益作为根本的出发点和落脚点。"马克思的独到之处在于，他一方面捍卫人民利益，另一方面驳斥旨在维护封建制度以及维护普鲁士国家政策的反动观点，两者并行不悖。这已经初步显示了无产阶级世界观的产生和发展的一个基本特点，即这种世界观只有在反封建、反资本主义和反小资产阶级理论的斗争中才能形成。"[①] 内蕴于政论文及其批判之中的鲜明的人民立场，带有一定的"人本主义"特点，不可否认，"马克思恩格斯在一段时期内，作为黑格尔左派的一员，可以说确实抱有'人本主义'的极致的观点"[②]；然而，马克思所持有的这种"人本主义"情结，在革命实践的推动下，作为越发确定的价值观推动着他在世界观上超越了资产阶级哲学家们（青年黑格尔派）。到了《德法年鉴》时期，马克思的这一人民立场及其价值观彻底地呈现出共产主义特质。马克思明确提出要将"批判的武器"与"武器的批判"相结合，强调哲学是无产阶级的"物质武器"、无产阶级把哲学当作自己的"精神武器"，提出必须通过"从根本上进行革命"而实现"人的解放"。马克思因此成功将哲学嵌入无产阶级革命实践中，并因此赋予其彻底唯物主义化的世界观以共产主义属性，同时也给予马克思的历史观变革——为其破解"历史之谜"并确立唯物史观——奠定价值观前提。反过来看，随着马克思世界观、历史观的彻底唯物主义化，又使得其价值观的共产主义意蕴越发丰富。在《德法年鉴》时期，马克思就已然完全是一个共产主义者了，他已经基于历史观的高度认识到世界历史必将在无产阶级革命推动下朝着共产主义社会发展；随着1846年前后马克思基本完成历史观变革、确立唯物史观，其共产主义的价值观就越发清楚地展现出"历史科学"的鲜明特质。在《德法年鉴》上即在《论犹太人问题》和《〈黑格尔法哲学批判〉导言》这两篇文章中，马克思关于共产主义的信仰虽然已经十分坚定，但并非没有局限性；要言之，马克思更多的是基于"历史哲学"维度意识到了"旧世界"必将被"新世界"替代；而到了《德意志意识形态》中，马克思对于共产主义的信仰已然是以科学的历史观为基础和前提。马克思犀利地批判了"各式各样先知所代表的德国社会主义"，剖析了这些德国著作家"企图用德国的特别是黑格尔和费尔巴哈的意识形态，来阐明社会主义和共产主义文献的思想"[③]，抨击了这些人意图通过"把法国人的思想翻译成德意志意识形态家的语言，任意捏造共产主义和德意志意识形态之间的联系"[④]，以创制出

[①] 《走向唯物主义和共产主义之路——马克思早期思想发展研究》，姚颖主编《马克思主义研究资料》第11卷，中央编译出版社2015年版，第49页。

[②] 〔日〕广松涉：《马克思主义的哲学》，邓习议译，南京大学出版社2020年版，第62页。

[③] 马克思、恩格斯：《德意志意识形态》，《马克思恩格斯文集》第1卷，人民出版社2009年版，第589页。

[④] 马克思、恩格斯：《德意志意识形态》，《马克思恩格斯文集》第1卷，人民出版社2009年版，第589页。

一种所谓的"真正的社会主义"的唯心史观幻象。与之截然不同,马克思明确地将共产主义的实现视为世界历史发展规律所必然导致的历史结果:"共产主义对我们来说不是应当确立的状况,不是现实应当与之相适应的理想。我们所称为共产主义的是那种消灭现存状况的现实的运动。"① 这样一来,奠基于唯物史观之上,马克思的阶级立场亦即其共产主义价值观就呈现出十分明显的"历史科学"属性。

马克思旨在创立"不再是哲学"的"新唯物主义哲学"的哲学革命,对于推动哲学的发展而言,具有十分重大的意义和价值。马克思实则是从前提上瓦解了旧哲学的理论建制,确立了与旧哲学根本不同的哲学思维方式、理解方式、认识论架构及与其相联系的世界观、历史观和价值观理论,开辟了一条崭新的哲学道路。马克思所确立的被其命名为"新唯物主义"的哲学及其与旧哲学根本不同的"新唯物主义哲学观",呈现出实践的批判的亦即"改变世界"的鲜明特质。"新思潮的优点又恰恰在于我们不想教条地预期未来,而只是想通过批判旧世界发现新世界。"② 马克思哲学不是不"解释世界",而是诉诸"批判旧世界"这样的崭新形式;它不是为了批判而批判,而是以"发现新世界"为目标。而马克思"通过批判旧世界发现新世界"的"新唯物主义哲学观"的思想要义及其变革内涵,具体地通过其特有的哲学思维方式即崭新的世界观、历史观和价值观而集中展现。

马克思的世界观是彻底的唯物主义的世界观。马克思立足人与其现实生活世界具体而历史地发生的现实实践关联关系去理解说明所有现实对象和问题,将一切脱离实践——人所不能也无力说明的对象或自我意识主观臆造的各种虚假对象和问题统统排除在了他的研究视野和说明对象之外,这才为彻底唯物地科学地说明世界并以科学的世界观理论来改造现实生活世界奠定了坚实可靠的基础。"既然唯物主义总是用存在解释意识而不是相反,那么应用于人类社会生活时,唯物主义就要求用社会存在解释社会意识。"③ 这里所说的社会存在显然就是人类通过自己的生产实践社会实践这一存在方式而建构的这样一种存在,马克思也是立足于这种历史地展开的关系实践来把握理解现实生活世界的关系和关系运动,他才能将黑格尔思辨唯心主义主观任意地设定的不彻底的辩证法改造为彻底的、革命的唯物辩证法。"辩证法在对

---

① 马克思、恩格斯:《德意志意识形态》,《马克思恩格斯文集》第1卷,人民出版社2009年版,第539页。
② 《马克思致阿尔诺德·卢格》,《马克思恩格斯全集》第47卷,人民出版社2004年版,第64页。
③ 列宁:《卡尔·马克思》,《列宁专题文集 论马克思主义》,人民出版社2009年版,第13页。

现存事物的肯定的理解中同时包含对现存事物的否定的理解,即对现存事物的必然灭亡的理解;辩证法对每一种既成的形式都是从不断的运动中,因而也是从它的暂时性方面去理解;辩证法不崇拜任何东西,按其本质来说,它是批判的和革命的。"[1] 这种"批判的和革命的"唯物辩证法构成马克思世界观的内核,即赋予马克思的世界观以"批判旧世界"即对"对现存的一切进行无情的批判"[2] 的方法论内涵。

马克思的历史观为他的"批判的和革命的"世界观提供了"历史科学"支撑。唯物史观的要义绝非为人们提供了将历史"客体化"(凝固为一幅"历史图画")的公式,而是将客观的"历史辩证法"(历史发展所遵循的客观规律)逻辑地展现为思维的或理论形态的"主观辩证法"——"唯物辩证法";马克思由此确立的科学的历史观即唯物史观,究其实质,它不过是客观历史的辩证法经过人们的科学的历史抽象而形成的科学历史理论或思维的辩证法理论。立足于唯物史观,站在人类社会发展的高度,马克思从历史发展规律的维度揭示了"现存事物"(人类社会发展的既定形态)的暂时性及其必然灭亡的过程性特质。于是,马克思"批判的和革命的"世界观就赢获了一种有别于黑格尔的"历史感",为人类擘画了一幅以革命实践为动力而推动世界历史发展的图景:"'解放'是一种历史活动,不是思想活动,'解放'是由历史的关系,是由工业状况、商业状况、农业状况、交往状况促成的"[3] 彻底的共产主义革命;这一革命所必然导致的结果是,人类社会彻底从根基处消灭私有制,告别"丛林社会",创建出崭新的文明形态。正是站立在世界历史发展的高度,马克思强调,对现存现实的"批判",不能像旧哲学那样停留在"纯粹理论批判"的主观层面,而是要立足于世界历史发展逻辑,将"批判的武器"锻造为"武器的批判",将哲学批判现实化为推动世界历史发展、变革人类文明形态的革命实践。

这种革命实践的本质就是"通过批判旧世界而建立新世界",并在价值观层面展现为科学的社会理想即共产主义信仰。问题在于,何以能够"通过批判旧世界"而"建立新世界"?马克思坚定的人民立场为此提供了不可或缺的价值观支撑。马克思的共产主义价值观既是渗透于其世界观和历史观之中的阶级立场,又是建基在彻底唯物主义的世界观和历史观之上的价值原

---

[1] 马克思:《资本论》第 1 卷,《马克思恩格斯文集》第 5 卷,人民出版社 2009 年版,第 22 页。

[2] 《马克思致阿尔诺德·卢格》,《马克思恩格斯全集》第 47 卷,人民出版社 2004 年版,第 64 页。

[3] 《德意志意识形态》(马克思诞辰 200 周年纪念特辑),人民出版社 2018 年版,第 19 页。

则。"实际上,而且对实践的唯物主义者即共产主义者来说,全部问题都在于使现存世界革命化,实际地反对并改变现存的事物。"① 马克思坚持将共产主义作为自己的价值观,并非主观任意,而是以其对工人阶级反抗资产阶级的共产主义运动的科学认识为前提。马克思哲学由此为无产阶级运动提供了强大的思想武器。"哲学把无产阶级当做自己的物质武器,无产阶级也把哲学当做自己的精神武器……哲学不消灭无产阶级,就不能成为现实;无产阶级不把哲学变成现实,就不可能消灭自身。"② 马克思不仅坚持将共产主义作为价值观,而且将工人阶级自觉自为的共产主义立场有机嵌入科学的世界观和历史观之中,为人类社会变革和超越"资本时代"提供了科学的价值引领和崇高的信念支撑。

由此我们便可窥探到马克思发动的这场新唯物主义哲学革命的变革意蕴。他所创立的新哲学及其对旧哲学的变革和超越的实质,是确立了一种全新的"改变世界"的新唯物主义哲学观。马克思从根本上摒弃了脱离实践思辨唯心主义、形而上学地思考的"世界是什么"(实体主义本体论)、"主体如何切中在它之外的客体"、先验确定的人何以能够认识世界(实体主义的认识论或观念论)这样的哲学叙事和运思逻辑,开辟了一条以人的实践来建构与理解人的一切关系、创造人的世界历史的崭新的哲学道路。立足于实践,面向社会现实,站立在时代和历史发展的高度,马克思对"关于现实的人及其历史发展"③ 的本质及其规律进行了彻底唯物主义的解剖;解剖的目的不单是理解现存现实世界,不是为其存在的合理性或合法性提供哲学证明,而是基于共产主义立场确证这个充满矛盾的现实世界必将走向灭亡、人类社会必将消灭私有制而进入共产主义社会。这样,就像普罗米修斯将火种从天上带到人间那样,马克思自觉地将哲学与无产阶级所担负的革命的历史任务有机地结合统一起来,既为这场共产主义革命提供了科学的世界观、历史观和价值观支撑,又使哲学实现了其现实化而必须能够指导人们科学有效地"改变世界"的历史使命。

马克思由此就破解了"历史之谜",把握住了"现实的人及其历史发展"的"奥秘"。对这一困扰以往全部西方哲学家特别是德国哲学家的时代

---

① 马克思、恩格斯:《德意志意识形态》,《马克思恩格斯文集》第1卷,人民出版社2009年版,第527页。
② 马克思:《〈黑格尔法哲学批判〉导言》,《马克思恩格斯选集》第1卷,人民出版社2012年版,第16页。
③ 恩格斯:《路德维希·费尔巴哈和德国古典哲学的终结》,《马克思恩格斯全集》第28卷,人民出版社2018年版,第349页。

难题的解决，使得马克思在哲学的高度洞察到了人类社会发展的客观逻辑、世界历史发展的必然趋势。马克思彻底地清除了唯心史观迷误、克服了"德意志意识形态家"的"先验幻象"，以"改变世界"的新唯物主义哲学观实现了对"解释世界"的旧的形而上学的哲学观的根本超越。相对于耽于理论玄思的旧哲学，马克思的新唯物主义哲学观呈现出十分鲜明且深刻的超越意蕴：立于哲学高度把握住了人类社会发展的客观逻辑、世界历史发展的必然趋势，唯物主义地揭示了"现实的人及其历史发展"的本质和规律；将哲学有机嵌入无产阶级和人类解放的革命实践，辩证地建构了"批判的武器"与"武器的批判"的统一关系；基于世界观和历史观相统一的维度，将哲学重新定义为"改变世界"——通过"消灭旧世界"而"发现新世界"——的实践智慧。

第七章　马克思对资本主义的唯物主义批判与人类文明的未来

上述各章分析表明，通过逐步深入的哲学革命，马克思完成了对传统西方哲学的批判和超越。马克思对传统西方哲学的理论建制实施了彻底的前提批判，将哲学从"柏拉图主义"的禁锢中解放了出来，解除了"感性世界"与"理念世界"的先验对立，打通了哲学通往现实世界的道路。马克思彻底改变了传统西方哲学耽于"解释世界"的形式，创建了一门以"改变世界"为鲜明特质的新哲学。我们看到，马克思哲学不是简单地在旧的哲学地基上建构体系，而是对旧哲学的变革和超越。"哲学家们只是用不同的方式解释世界，问题在于改变世界。"[①] 马克思这句众所周知的话语深刻而又鲜明地展现了两种哲学的性质和功能的对立。"对哲学的任务的新观点意味着，哲学只有在它把对现实的科学解释变成改造这个现实的手段时，才能完成它自己的使命。这样一来就彻底消除了作为马克思以前的一切哲学的特征的理论和实践的脱离。"[②] 一种是"解释世界的"旧哲学，另一种是"改变世界的"新哲学即马克思哲学。马克思因此就把自己的哲学与全部旧哲学区别开来。问题在于，马克思这样做的根据是什么，马克思哲学何以能与全部旧哲学区分开来？这一问题至关重要，实则关涉到了马克思哲学革命的合法性，即马克思何以能够创建一门与"解释世界"的旧哲学根本不同的"改变世界"的新哲学。马克思反对旧哲学只是一味地"解释世界"，极力主张将哲学锻造为"改变世界"的思想武器；问题在于，马克思所创立的新唯物主义哲学在何种意义上是一门改变世界的哲学？只有对这一问题作出深入的分析和解决，才能真正彰显马克思的

[①] 马克思、恩格斯：《德意志意识形态》，《马克思恩格斯文集》第 1 卷，人民出版社 2009 年版，第 502 页。

[②] 〔苏〕维·莫·鲍古斯拉夫斯基：《马克思的〈关于费尔巴哈的提纲〉》，武锡申主编《马克思主义研究资料》第 12 卷，中央编译出版社 2015 年版，第 369 页。

新唯物主义哲学革命的"新意",才能真正展现马克思的新唯物主义哲学彻底地变革包括唯心主义和旧唯物主义在内的全部旧哲学之超越意蕴。

马克思创立的这门新哲学究竟是如何"改变世界"的?对此,马克思早在1843年给卢格的信中已经作了深刻的阐明:"新思潮的优点又恰恰在于我们不想教条地预期未来,而只是想通过批判旧世界发现新世界。"[①] 总的来说,作为"新唯物主义"的马克思哲学,不是书斋里的学问,不是先验地在头脑中构造出的一套"纯粹理论体系",以便将现实世界抽象地归结为"客体";恰恰相反,马克思哲学从根本上抛弃了这样一套陈旧的哲思逻辑,致力于将"消灭旧世界"和"建立新世界"作为自己的历史使命。"这个学说是无产阶级的世界观,它为争取推翻资本主义和建设共产主义社会的革命斗争提供了实践的指南,不成为共产主义者,就不可能成为这个学说的彻底的拥护者,因为共产主义是从这个哲学学说中得出的必然结论。"[②] 立足于世界历史发展的高度,以唯物史观所揭示的人类社会发展规律为基本遵循,马克思将对资本主义的批判作为新哲学的根本任务。也正是在对资本主义所展开的越发深入和彻底的批判中,马克思的新唯物主义哲学的真理性和科学性得以充分展现。

一 资本主义社会制度的颠倒性

从唯物史观角度看,现代资本主义社会是一个矛盾到了极点的"怪胎"。在《资本论》第3卷中,马克思明确地将现代资本主义社会这个"商品王国"、"资本世界"看作一个"着了魔的、颠倒的、倒立着的世界"[③]。在马克思看来,这是世界历史发展的客观逻辑所必然导致的结果。内蕴于资本主义世界的这种颠倒性是"资本主义生产方式的神秘化,社会关系的物化,物质的生产关系和它们的历史社会规定性的直接融合已经完成"的必然结果。在这个"着了魔的、颠倒的、倒立着的世界"中,"在这个世界里,资本先

---

① 《马克思致阿尔诺德·卢格》,《马克思恩格斯全集》第47卷,人民出版社2004年版,第64页。
② [苏]维·莫·鲍古斯拉夫斯基:《马克思的〈关于费尔巴哈的提纲〉》,武锡申编《马克思主义研究资料》第12卷,中央编译出版社2015年版,第371—372页。
③ 马克思:《资本论》第3卷,《马克思恩格斯文集》第7卷,人民出版社2009年版,第940页。

生和土地太太,作为社会的人物,同时又直接作为单纯的物,在兴妖作怪"①。作为"颠倒的世界",现代资本主义社会的矛盾比以往任何时代都要剧烈,是以往全部私有制社会的矛盾的极端形态和顶峰状态。资本主义社会的矛盾本质及其颠倒特性在其制度层面突出地反映出来。立足于新唯物主义哲学观,马克思深刻地对矛盾本身进行了剖析,揭示了资本主义制度的矛盾本质及其颠倒特性。

资本主义社会本身固有的矛盾究竟是什么?从唯物史观的基本原理来看,这一矛盾不过是人类社会的基本矛盾即生产力与生产关系、经济基础与上层建筑的矛盾在资本时代的特殊形式。这一矛盾弥漫到了整个资本主义世界,并集中地在政治领域和经济领域中展现出来。马克思较早地在克罗茨纳赫时期就发现了这一矛盾;并在《德法年鉴》上发表的两篇文章《论犹太人问题》和《〈黑格尔法哲学批判〉导言》中初步揭示了这一矛盾在政治领域和政治制度层面的突出表现,在《共产党宣言》和《法兰西内战》等论著中,马克思对资本主义政治制度的矛盾作了更为具体和深入的科学解剖。这一解剖首先暴露了资产阶级国家政权及其政治制度的固有症结。马克思基于历史观的高度审视并破除了资产阶级思想家们所宣扬的"国家决定市民社会"的意识形态,由此拂去了附着在现代资产阶级社会之上、为其合法性及其合理性进行辩护的"幻彩外衣"。

(一) 破除"国家决定市民社会"的资产阶级意识形态

马克思在《克罗茨纳赫笔记》中,特别是在对法国史的研究笔记中,仔细研究了封建所有制的结构。马克思有其独到的研究视角,"他感兴趣的不是这种结构本身,而是它对社会的社会结构和政治设施的影响"。具体而言,"他注意到了施米特关于封地制度在封建制度下成了政治生活的形式的思想。在对巴约尔的书的摘录中,马克思援引了把封建制度看作是建立在地产基础上的等级制、建立在对大多数人的奴役基础上的千头暴政的一半评述"②。同时,在对兰克的《历史—政治杂志》的摘录中,马克思写下了自己的见解,留下了一大段对杂志内容的评析:"评论。在路易十八统治时期是国王恩准的宪法(钦定的国王宪章),在路易—菲力浦执政时期则是宪法恩准的国王(钦定的王权)。总之我们可以发现,主词变成宾词,而宾词变成主词,被决

---

① 马克思:《资本论》第3卷,《马克思恩格斯文集》第7卷,人民出版社2009年版,第940页。
② 〔苏联〕B. Г. 莫洛索夫:《1843—1844年马克思对世界史的研究是唯物史观形成的来源之一》,冯章主编《马克思主义研究资料》第15卷,中央编译出版社2014年版,第162页。

定者取代决定者，总是构成例行的革命，而且不仅从革命者方面来说是如此。国王制造法律（旧的君主国），法律又制造国王（新的君主国）。宪法的情况也完全是如此。反动派的情况也是这样。长子继承制是国家的法律。国家希望有长子继承制的法律。因此，黑格尔这样把国家观念的要素变为主词，而把国家存在的旧形式变为宾词，——但是在历史现实中情况恰好相反：国家观念始终都是国家存在的那些［旧形式］的宾词，——他这样做只不过说出了时代的一般精神，他的政治神学。这里的情况同他的哲学和宗教上的泛神论的情况一模一样。非理性的一切形式这样一来都变成理性的形式。但是这里在宗教上是理性，在国家中是国家观念在原则上被变成了决定的要素。这种形而上学是反动派的形而上学表现，对于反动派来说，旧世界是新世界观的真理。"[1] 在这一大段评论中，马克思展露了对黑格尔的唯心主义国家观的不满，同时也展现了对于西欧社会结构的深刻洞察力。马克思敏锐地发现了这样一个客观事实，作为国家观念的普遍形式的宪法并不是凭空产生的，而是与国家的政治制度有着内在的密切联系。它和所有的法律一样，实际上是社会中各个阶级利益的独特反映。这一点，在社会大变革时期，例如中世纪后期封建社会向着资本主义社会转变的时候，就表现得特别明显。在《笔记》中，马克思尤其对推动历史发展的"经济因素"作了深入的研究。马克思在"第二笔记"的"索引"中分析了1789年没收教会财产有关的历史事件，将最高限额的规定与恐怖制度联系起来对法国大革命进行考察。马克思的这种做法的深刻之处在于，他抓住了所有制与政治制度的本质联系，认为"所有制同统治和被统治的联系"与"财产作为选举权的条件"[2]。另外，在"第四笔记"的"索引"中，马克思还分析了特权的形成、特权的各种不同学说的融合、市民等级、公社中的特权者的身份及其与普通贫民的关系等现象。马克思开始自觉地从阶级分析视角对欧洲社会的政治制度的本质进行分析，关注到了系列基本问题如阶级特权产生、来源与社会结构之间的联系等。[3]《克罗茨纳赫笔记》对于马克思的思想发展具有重要的地位，可谓是其批判资本主义政治制度的前提性的奠基。

立足于《克罗茨纳赫笔记》的摘录和探索，马克思在《黑格尔法哲学批判》中更为具体地将批判的矛头对准了资本主义政治制度。在克罗茨纳赫时期，马克思只是发现了黑格尔国家观的颠倒性，到了《黑格尔法哲学批

---

[1] 中共中央马克思恩格斯列宁斯大林著作编译局编译：《马列著作编译资料》第12辑，人民出版社1980年版，第36页。
[2] MEGA1I/1（2），*Marx-Engels-Verlag*，G. M. B. H. Berlin 1929. S. 123.
[3] MEGA1I/1（2），*Marx-Engels-Verlag*，G. M. B. H. Berlin 1929. S. 123, 129.

判》中，马克思则是直接地对黑格尔的唯心主义国家观进行了一个唯物主义的倒置。在黑格尔看来，"国家是精神为自己所创造的世界，因此，国家具有特定的、自在自为地存在的进程……国家高高地站在自然生命之上，正好比精神是高高地站在自然界之上一样。因此，人们必须崇敬国家，把它看做地上的神物"①。然而在马克思看来，这种观点完全是将现存的国家制度绝对化的唯心主义谬论。"家庭和市民社会都是国家的前提，它们才是真正活动着的；而在思辨的思维中这一切却是颠倒的。"② 历史发展的真实逻辑并非"国家决定市民社会"，恰恰相反，"家庭和市民社会使自身成为国家。它们是动力"③。马克思由此破除了黑格尔所代表的旧时代思想家们的唯心主义国家观的意识形态迷误，为科学认识国家与市民社会的关系、从市民社会出发认识国家的本质和历史起源奠定了历史观前提。

（二）资产阶级国家政权和政治制度的颠倒特性

马克思将这一唯物主义的历史观及其国家观作为基本理论依据，贯彻到了发表在《德法年鉴》上的两篇重要文章之中。对此我们在前述章节中已经做出了相应的分析。我们这里对问题的分析视角与前述不同。在这里我们分析的重点不是马克思如何破解"犹太人问题"，不是展现马克思解决这一难题的方案，而是重在呈现马克思通过求解问题对资产阶级国家政权和政治制度的颠倒特性的深刻揭示。

众所周知，《论犹太人问题》探讨的中心问题是犹太人的"解放问题"，即犹太人何以在现代社会获得自由和解放。囿于唯心史观，鲍威尔十分偏狭地将问题仅仅理解为犹太人的宗教解放问题。在鲍威尔看来，有着独特信仰（犹太教）的犹太人是根本不可能在基督教国家获得解放的。要么犹太人放弃自己的宗教信仰，要么国家不再将基督教奉为国教。这二者必居其一，否则的话，根本无法消除宗教对立，因而也就无法实现犹太人的解放。依照鲍威尔的逻辑，犹太人要么就得听天由命，继续忍受基督教国家的歧视，无法像其他公民那样享受平等的政治权利，要么就改变自己的信仰，抛弃犹太教，做一个像其他公民那样的正常人。马克思认为，鲍威尔所设想的犹太人

---

① 〔德〕黑格尔：《法哲学原理：或自然法和国家学纲要》，范扬、张企泰译，商务印书馆2017年版，第325页。
② 马克思：《黑格尔法哲学批判》，《马克思恩格斯全集》第3卷，人民出版社2002年版，第10页。
③ 马克思：《黑格尔法哲学批判》，《马克思恩格斯全集》第3卷，人民出版社2002年版，第11页。

的"解放疑难"、所谓的犹太人所面对的"二难困境"不过是暴露了他自己的片面和浅薄。鲍威尔不是直面这个现实问题,而是将这个活生生的现实问题思辨地抽象化了,亦即他只是在思辨地和抽象地追问"谁应当是解放者"、"谁应当得到解放"。"这无论如何是不够的。批判还应当做到第三点。它必须提出问题:这里指的是哪一类解放?人们所要求的解放的本质要有哪些条件?"在马克思看来,"只有对政治解放本身的批判,才是对犹太人问题的最终批判,也才能使这个问题真正变成"鲍威尔所谓的"当代的普遍问题"①。鲍威尔根本没有站在这样的高度认识问题,这是他必然陷入矛盾的根本原因。这里所展现的不是具体观点的差异,而是马克思和鲍威尔二人所坚持的历史观的根本对立。鲍威尔所坚持的是唯心史观,信奉的是"国家决定市民社会"的原则;与之截然不同,马克思所坚持的唯物史观,信奉的是"市民社会决定国家"的原则。囿于唯心史观的鲍威尔只能从现存的既定现实出发对问题进行纯粹理论的形式逻辑推理,因而必然无法从市民社会和国家的矛盾关系出发破解犹太人问题的本质。马克思则是坚定地从"市民社会决定国家"这一科学的唯物史观的基本原则出发,着力于通过对市民社会与国家的矛盾的存在论批判而破解犹太人问题,由此探索犹太人得以真正地和彻底地解放的现实路径。

从彻底的唯物论哲学立场看,犹太人问题并非抽象的"宗教问题",而是一个与犹太人居住地有着密切联系的现实问题。这一问题在德国、法国和美国的表现各异。在封建专制统治下的德国,这一问题的确是像鲍威尔所描述的那样,带有"纯粹的神学"气息,是一个掺杂着犹太教和基督教的对立的问题,即犹太教徒如何摆脱基督教的宗教压迫的政治解放问题。在政治解放不彻底的、作为立宪国家的法国,这一问题的实质是立宪制的问题。犹太人面临的难题是如何克服在共同体中自己与国家和国教的对立关系。只有在美国,在北美的一些自由州,"犹太人问题才失去其神学的意义而成为真正世俗的问题"②。不同于德国和法国,北美通过资产阶级革命完成了政治解放,确立了资本主义政治制度。在这样的社会现实中,"犹太人问题"的本来面目才得以真正暴露出来。它根本不是什么神学问题,也不是犹太教徒与基督教徒的宗教对立问题,而是作为"现实的人"的犹太人与作为共同体的"政治国家"二者的矛盾何以解决的现实问题和时代课题。"问题在于:完

---

① 马克思:《论犹太人问题》,《马克思恩格斯全集》第3卷,人民出版社2002年版,第167页。
② 马克思:《论犹太人问题》,《马克思恩格斯全集》第3卷,人民出版社2002年版,第168页。

成了的政治解放怎样对待宗教？"① 美国并没有废除宗教这个客观事实表明，资产阶级的政治解放并没有达到"消灭宗教"的效果。它不仅没有消灭宗教，宗教反而在新的资本主义制度、这个资产阶级国家中得以蓬勃发展。"宗教的定在"和"国家的完成"这二者并不矛盾的事实，因此暴露了现代国家的缺陷，亦即暴露了资本主义政治制度的根本局限。

马克思发现了资产阶级革命及其所实现的政治解放的问题所在。"政治解放的限度一开始就表现在：即使人还没有真正摆脱某种限制，国家也可以摆脱这种限制，即使人还不是自由人，国家也可以成为自由国家。"② 资产阶级革命在推翻封建专制统治的同时，也废除了基督教的国教地位，实现了国家政权与教权的分离。就此而言，它可以说是将国家从宗教中解放出来，解除了披在国家之上的、散发着神学幻彩的宗教外衣。然而，这是否意味着作为国家成员的个人也摆脱了宗教的束缚？答案是否定的。国家从宗教中获得解放并不意味着人同时摆脱宗教的精神奴役。这二者之间没有必然的因果关系。即使绝大多数人还是宗教徒，这也丝毫不影响国家废除某一宗教派别如基督教的国教地位。从存在论维度看，宗教是一种颠倒的世界观，是人在自己的头脑中将自己和世界的关系的本末倒置。然而，基于唯物主义的世界观，宗教又不仅仅是一种"颠倒的意识"，它并不是完全脱离现实世界的"神学观念"，而是与宗教徒所处的社会现实有着内在的物质联系。

在资产阶级国家、资本主义政治制度下，在废除了国教的条件下，国家公民仍然受到了宗教的束缚和禁锢。这实在是一种奇特的景象。马克思深刻地描述了这种奇特惊险的颠倒性特质："完成了的政治国家，按其本质来说，是人的同自己物质生活相对立的类生活。"③ 在国家这个共同体中，每个人都是无差别的存在体，都有共同的政治身份——公民；然而他们的现实差别却并未消失，而是被留置到了市民社会之中。也就是说，对于每一个人来说，他们的存在呈现出二重性的对立和断裂：抽象的公民身份与具体的市民社会成员。"在政治国家真正形成的地方，人不仅在思想中，在意识中，而且在现实中，在生活中，都过着双重的生活——天国的生活和尘世的生活。"④ 所谓"天国的生活"是指人们以公民的身份在政治共同体即国家中的存在状况。作为公民，每一个人都是具有同一本质的"社会存在物"；所谓"尘世的生活"是指人们作为现实的个人在市民社会中的利己生活状况，在这个领

---

① 马克思：《论犹太人问题》，《马克思恩格斯全集》第3卷，人民出版社2002年版，第169页。
② 马克思：《论犹太人问题》，《马克思恩格斯全集》第3卷，人民出版社2002年版，第170页。
③ 马克思：《论犹太人问题》，《马克思恩格斯全集》第3卷，人民出版社2002年版，第172页。
④ 马克思：《论犹太人问题》，《马克思恩格斯全集》第3卷，人民出版社2002年版，第172页。

域中，每个人都是利己的私人，各个人都在追逐私人利益，他们之间充满争斗。这样一来，政治共同体和市民社会、政治公民和作为市民社会成员的私人之间就充满着矛盾和对立："政治国家对市民社会的关系，正像天国对尘世的关系一样，也是唯灵论的。"① 政治国家与市民社会之间关系的这种尖锐的、带有唯灵论色彩的本末倒置，使得人的存在也被二重化了，使得人的社会存在与其日常生活存在之间的关系也披上了形而上学的幻彩。生活在市民社会中的人，作为现实的个人，他们是"尘世存在物"。在这个日常生活世界中，每个人相对于其他人而言都是现实的即活生生的存在体，然而，他们却无法从彼此身上确证自己的存在性，即无法表明自己的社会本质。每个人的区别不过是有着不同的姓名如张三、李四罢了，因而是看似具体实则抽象的不真实的存在物。他们的社会存在性是共同地被政治共同体赋予的。他们只有在政治共同体中、作为国家公民才赢获了自己的社会本质。"在这里，他被剥夺了自己现实的个人生活，却充满了非现实的普遍性。"② 在这里，在国家中，作为国家成员、社会公民的个人被赋予了"类存在物"的特性，被国家中介并无差别地赋予了"虚构的成员"的政治身份。

究竟是什么原因导致了这一奇特的景象呢？马克思深刻地对导致问题的根源作了唯物主义的追溯。"人作为特殊宗教的信徒，同自己的公民身份，同作为共同体成员的他人所发生的冲突，归结为政治国家和市民社会之间的世俗分裂。"③ 对于作为 bourgeois 即市民社会的成员、现实的个人来说，他们的处境和犹太人十分相像，具有内在的本质同一性。如果说没有公民权的犹太人在政治共同体中是虚无的存在，只是一种假象存在，那么，对于作为 citoyen 的公民而言，同样因为其政治身份的虚假性与其私人身份的抽象性的对立而无法确证自己的生存的意义和价值。与之相对应，"宗教信徒和政治人之间的矛盾，是 bourgeois 和 citoyen 之间、是市民社会的成员和他的政治狮皮之间的同样的矛盾"④。造成国家与市民社会的尖锐对立、政治人和利己私人之间的二重分化的根源和症结，必须诉诸资本主义政治制度本身，必须从资产阶级革命及其政治解放的历史限度中去找寻。马克思基于唯物主义的哲学立场对此指出："政治解放当然是一大进步；尽管它不是一般人的解放的最后形式，但在迄今为止的世界制度内，它是人的解放的最后

---

① 马克思：《论犹太人问题》，《马克思恩格斯全集》第3卷，人民出版社2002年版，第173页。
② 马克思：《论犹太人问题》，《马克思恩格斯全集》第3卷，人民出版社2002年版，第173页。
③ 马克思：《论犹太人问题》，《马克思恩格斯全集》第3卷，人民出版社2002年版，第173页。
④ 马克思：《论犹太人问题》，《马克思恩格斯全集》第3卷，人民出版社2002年版，第173—174页。

形式。"① 必须看到，马克思的这一判断尚未达到真正的历史科学的高度，而是基于唯物主义的历史哲学分析。

马克思是如何得出这样一个深刻的唯物主义历史哲学结论的呢？他不是像黑格尔及其门徒鲍威尔那样诉诸抽象的思辨逻辑解析，而是着眼于从客观社会现实出发，将矛盾着的社会现实作为出发点对问题进行深入的哲学解析。促使马克思得出这一结论的是上述我们提及的那个客观事实，即在资产阶级国家、资本主义政治制度中并未消灭宗教，而是任其存在，允许公民个人有其宗教信仰，并以国家的名义赋予这一宗教信仰以政治的意义，即把它作为一项人权。资产阶级国家对待宗教和宗教徒的这种处理方案，实质上是意图遮蔽国家与市民社会的矛盾和对立。作为统治者的资产阶级之所以在政治领域罢黜宗教作为国教的地位，根本上是要消解封建意识形态的精神支柱，解除其对于资产阶级政权、资产者确立自身的统治阶级地位的精神枷锁。一言以蔽之，资产阶级革命的反封建性质必然推动着力图成为新的统治阶级的资产者将斗争的矛头对准教会，废除作为封建统治的精神支柱和观念补充的宗教意识形态。由此而言，资产阶级革命及其政治解放只是解除了宗教对于资产阶级的封建禁锢，却并没有彻底地将对宗教的政治解放提升为对社会的解放和人民的解放，即解除这种"颠倒的世界意识"对人民大众的精神奴役。对于这一更高的"人的解放"的目标，资产阶级既无力为之，也根本无意为之。这是因为，宗教的社会根源正是国家与市民社会的二元分离。而这一突出的矛盾和对立则又是私有制造成的。资产阶级革命只是废除了封建私有制，而没有产生"消灭私有制"的革命效应。作为资产阶级政治共同体的"国家根本没有废除这些实际差别，相反，只有以这些差别为前提，它才存在"②。马克思认为，这一点早就为黑格尔所洞悉到了，他关于政治国家和宗教的关系是"完全正确的"。在《法哲学原理》的第三篇"伦理法"中，黑格尔指出，"如果国家作为精神之自身认识的伦理现实而达到定在，那么，它的形式必然与权威和信仰的形式有所区别，而这种区别只有教会在它自身内部达到分立时才会出现。只有这样，国家才超出特殊的教会而达到思想的普遍性，即它的形式上原则，并使这个普遍性达到实存"③。也就是说，所谓的资本主义政治制度及其建立的国家政权，这个实则独属于资产阶

---

① 马克思：《论犹太人问题》，《马克思恩格斯全集》第 3 卷，人民出版社 2002 年版，第 174 页。
② 马克思：《论犹太人问题》，《马克思恩格斯全集》第 3 卷，人民出版社 2002 年版，第 172 页。
③ 〔德〕黑格尔：《黑格尔著作集》第 7 卷，邓安庆译，人民出版社 2016 年版，第 407 页。

级的、为其所操纵的"政治共同体",既是以往社会矛盾运动的结果,又将自身建筑在以新的形式所表现出来的矛盾之上。作为"政治国家"的资产阶级政权、资本主义制度的"政治国家",本身就是矛盾的结果,它是以任由矛盾存在为前提条件而赢获自己的"普遍性"的。

正因如此,资产阶级革命及其政治解放就陷入了自相矛盾之中,呈现出自己独有的颠倒特性。资产阶级的政治生活的"革命实践"同"它的理论"(革命理想)就处于"极大的矛盾"之中。① 这样的矛盾在整个资产阶级社会中随处可见。例如,资产阶级一方面赋予安全以人权的内涵,但另一方面又肆意地侵犯公民的通信秘密;一方面规定人人都有新闻出版的自由,但另一方面又时时刻刻地限制乃至取缔这种自由。包括自由在内的所有人权不过是一个幌子,只是以抽象的"政治权利"赋予公民。所有的人权、公民权利只要同政治共同体和政治生活相抵触,就必定会被抛弃。资产阶级政治公共体的固有矛盾及其颠倒特质以这样的"谜题"而集中展现出来:"为什么在谋求政治解放的人的意识中关系被本末倒置,目的好像成了手段,手段好像成了目的?他们意识上的这种错觉毕竟还是同样的谜,虽然现在已经是心理上的、理论上的谜。"马克思认为,这个"谜"从唯物主义世界观、历史观的高度是不难解答的,"这个谜是很容易解答的"②。问题的关键是如何理解资产阶级革命及其政治解放的本质。这一问题必须基于新唯物主义世界观和唯物史观的高度才能得以科学解答。资产阶级"政治解放同时也是同人民相异化的国家制度即统治者的权力所依据的旧社会的解体。政治革命是市民社会的革命。旧社会的性质是怎样的呢?可以用一个词来表述。封建主义"③。在封建时代,严格来说,"市民社会"并不存在,即并不存在一个独立意义上的、属于人民的社会共同体。在这里,市民生活的各种要素如财产、家庭、劳动方式都是被笼罩在封建制之中,为封建等级制的"普照之光"所照耀。这些要素的存在形式及其存在特性都是由封建等级制规定和决定的,它们在封建国家中被转化为领主权、等级和同业公会的政治形式。作为人民的日常生活世界的"市民社会",不但无法将财产和劳动提升为社会要素和人民的权益,反而是游离于国家之外而与国家整体相分离。这就必然导致从封建意义上而言,"市民社会的生活机能和生活条件"都是"政治的"。这实则表明,"这些机能和条件使个体同国家整体分隔开来,把他的同业公会对

---

① 马克思:《论犹太人问题》,《马克思恩格斯全集》第3卷,人民出版社2002年版,第185—186页。
② 马克思:《论犹太人问题》,《马克思恩格斯全集》第3卷,人民出版社2002年版,第186页。
③ 马克思:《论犹太人问题》,《马克思恩格斯全集》第3卷,人民出版社2002年版,第186页。

国家整体的特殊关系变成他自己对人民生活的普遍关系，使他的特定的市民活动和地位变成他的普遍的活动和地位"①。市民社会以及人民群众与国家的矛盾关系所必然导致的是这样一个结果，即国家反过来主宰市民社会和人民，"国家统一体，作为这种组织的结果，也像国家统一体的意识、意志和活动即普遍国家权力一样，必然表现为一个同人民相脱离的统治者及其仆从的特殊事务"②。于是，国家就成了独属于封建阶级（地主、贵族）的政治机构，也成了封建统治者统治人民的政治工具。

马克思高度肯定了资产阶级革命及其所实现的政治解放的合理性和历史进步性。马克思将它视为历史发展的"一大进步"，认为是"在迄今为止的世界制度内"，作为"人的解放的最后形式"。资产阶级革命废除了封建等级制，瓦解了地主和贵族的统治阶级地位。究其实质，资产阶级政治革命是"消灭了市民社会的政治性质"③。资产阶级革命在打倒推翻封建制度的同时，将国家事务从地主和贵族手中夺取了过来，将它们变为人民事务，赋予全体公民平等的政治权利。这无疑是其历史进步性。"可是，国家的唯心主义的完成同时就是市民社会的唯物主义的完成。摆脱政治桎梏同时也就是摆脱束缚住市民社会利己精神的枷锁。政治解放同时也是市民社会从政治中得到解放，甚至是从一种普遍内容的假象中得到解放。"④该当如何理解马克思这段话的深刻内涵呢？显而易见，这是马克思基于唯物主义哲学立场出发，对于资产阶级政治解放的历史限度的哲学批判。在马克思看来，资产阶级政治解放并不彻底。这种不彻底性的根本症结是并没有废除私有制，而是将封建私有制变成了资本私有制。当然，马克思在这里并未对此进行深入的解析。他主要是从政治批判这一维度剖析展现由此所导致的不良历史后果。现在，作为政权机构的国家不再像以往那样仅仅隶属于某个等级了，而是好像成了属于全体公民的"共同体"，此即为"国家的唯心主义的完成"。马克思为何既肯定资产阶级国家形式的完成形态而又将之界定为"唯心主义"性质呢？因为基于唯物主义的世界观和唯物史观，由资产阶级通过革命而建立的国家政权的真实面目应该是"资产阶级国家"，它和封建制国家一样，本质上都是统治阶级统治人民的政治机构。然而，资产阶级的高明之处是为自己的这个政权和政治制度披上了一层唯心主义的或唯灵论的幻象外衣，将之

---

① 马克思：《论犹太人问题》，《马克思恩格斯全集》第3卷，人民出版社2002年版，第186—187页。
② 马克思：《论犹太人问题》，《马克思恩格斯全集》第3卷，人民出版社2002年版，第187页。
③ 马克思：《论犹太人问题》，《马克思恩格斯全集》第3卷，人民出版社2002年版，第187页。
④ 马克思：《论犹太人问题》，《马克思恩格斯全集》第3卷，人民出版社2002年版，第187页。

第七章 马克思对资本主义的唯物主义批判与人类文明的未来　271

巧妙地包装为属于全体国民的政治共同体。资产阶级"政治解放的一个实际结果，就是以表面上的平等掩盖了事实上的不平等。这种表里不一的'二元结构'，集中地暴露了政治解放的不彻底性"①。究其实质，资产阶级这样做的目的不过是打着自由、平等和博爱的幌子继续让少数人（资产者）统治和奴役大多数人（人民群众），不过是将古代的奴隶制转化为现代的更为高级的奴隶制罢了。

那么，难道人类社会就无法冲破这样的现代奴隶制的奴役和统治了吗？难道人民就自甘情愿地沦为资产阶级政治制度统治下的现代奴隶吗？难道历史的发展要停步于此吗？马克思对此展现了他作为无产阶级哲学家和革命家的深邃智慧。马克思斩钉截铁地给出了否定的答案，"马克思则证明，过去的全部历史是阶级斗争的历史，在全部纷繁复杂的政治斗争中，问题的中心始终是社会阶级的社会和政治的统治，即旧的阶级要保持统治，新兴的阶级要争得统治"②。马克思并且从唯物主义世界观和唯物史观的高度，指出了人类社会摆脱现代奴隶制、人类摆脱资本主义政治制度奴役的现实路径："只有当现实的个人把抽象的公民复归于自身，并且作为个人，在自己的经验生活、自己的个体劳动、自己的个体关系中间，成为类存在物的时候，只有当人认识到自身'固有的力量'是社会力量，并把这种力量组织起来因而不再把社会力量以政治力量的形式同自身分离的时候，只有到了那个时候，人的解放才能完成。"③马克思的这一结论摒弃了空想社会主义的迷误，但又并未堕入经验主义的意识形态。它虽带有一定的先验的、理想主义的色彩，却是基于唯物主义世界观和正在成型之中的唯物史观而作出的哲学断言。在马克思看来，"犹太人的解放问题"乃至现代社会的解放问题必须诉诸市民社会与国家的矛盾的彻底破解。资产阶级革命只是部分地完成了这一时代任务，而又止步于建立资产阶级专政。在资本主义制度下，国家与市民社会的矛盾不仅仍然存在着，而且变得异常尖锐，国家呈现出黑格尔所深刻地把握到的那种"尘世的神物"④的特质。马克思将社会的解放之道诉诸必须褪去笼罩在国家这个政治共同体之上的唯灵论幻彩，并且强调必须将"社会解放"与"人的解放"有机统一，将二者得以实现的根据诉诸人和社会对私有制及其政治统治的超越。唯其如此，马克思认为，所谓的"犹太人问题"才能得到

---

① 刘同舫：《马克思人类解放思想史》，人民出版社2019年版，第87页。
② 中共中央马克思恩格斯列宁斯大林著作编译局编译：《回忆马克思恩格斯之我景仰的人》，人民出版社1982年版，第35页。
③ 马克思：《论犹太人问题》，《马克思恩格斯全集》第3卷，人民出版社2002年版，第189页。
④〔德〕黑格尔：《黑格尔著作集》第7卷，邓安庆译，人民出版社2016年版，第413页。

彻底解决。唯有彻底消除"犹太精神"的"经验本质",唯有实践地破除犹太人做生意的物质前提——私有制,犹太人才能打破现代资产阶级社会的奴役枷锁而获得自由和解放。对于广大深受资本私有制和现代资本主义制度奴役的人民群众而言,亦是如此。

马克思在同期发表的《论犹太人问题》的姊妹篇《〈黑格尔法哲学批判〉导言》中,继续对"社会解放"和"人的解放"的实现路径问题作了更为具体的探索。在这篇文章中,马克思探讨的中心课题是:德国的共产主义革命何以可能?马克思立足于《论犹太人问题》中的理论成果,从"政治解放"和"人的解放"辩证统一的唯物主义哲学立场,对这一重大时代课题进行了深入的哲学求解。马克思认为,"德国问题"即德国如何超越封建专制这一重大时代课题,必须从唯物主义的世界观和历史观高度才能破解。德国社会和德国人民要想获得真正的自由和解放,不能寄希望于英国和法国那样的道路,即无法通过资产阶级革命得以实现。资产阶级革命及其政治解放虽然可以将德国社会和德国人民从封建统治中解救出来,使得他们摆脱封建等级制的束缚和禁锢,但必然将他们又抛到了另一种奴隶制即资本主义制度的奴役之中。因此在马克思看来,"对德国来说,彻底的革命、全人类的解放,不是乌托邦式的梦想,确切地说,部分的纯政治的革命,毫不触犯大厦支柱的革命,才是乌托邦式的梦想"①。所谓"彻底的革命"就是彻底地消灭私有制的社会革命亦即共产主义革命;所谓"纯政治的革命"就是只在国家层面废除等级制但又在保留市民社会的私有性质,从而以资本私有制代替封建私有制的资产阶级革命及其政治解放。马克思在这里以更加简洁的语言重述了《论犹太人问题》中的思想:"部分的纯政治的革命的基础是什么呢?就是市民社会的一部分解放自己,取得普遍统治,就是一定的阶级从自己的特殊地位出发,从事社会的普遍解放。"② 资产阶级革命及其所实现的政治解放也是如此。它实际上是作为市民社会成员的资产阶级反抗封建统治者的革命斗争,它所实现的解放首要的是解除封建统治者(地主和贵族)对于资产者的统治和奴役,根本上只是为了维护资产者的物质利益。封建制度的专制性和腐朽性也让人民群众备受压迫而不堪忍受。因此,封建制度和封建统治者与人民群众之间也充满矛盾。也正是如此,资产者反对封建统治者的资产阶级革命,资产者在市民社会中所扮演的革命者这个角色,他们对

---

① 马克思:《〈黑格尔法哲学批判〉导言》,《马克思恩格斯全集》第3卷,人民出版社2002年版,第210页。
② 马克思:《〈黑格尔法哲学批判〉导言》,《马克思恩格斯全集》第3卷,人民出版社2002年版,第210页。

封建制度和封建统治者展开的革命行动，因为符合人民群众的利益而得到了他们的支持，就很容易"在自身和群众中激起瞬间的狂热"，它成了全体人民的"总代表"，"在这瞬间，这个阶级的要求和权利真正成了社会本身的权利和要求，它真正是社会的头脑和社会的心脏"①。问题在于，导致这样的"联合"或"联盟"的原因是什么？究竟是什么因素或力量导致一个特殊的阶级（资产阶级）和人民大众共同地与统治者相敌对？马克思将问题的线索诉诸市民社会与国家的矛盾关系，将导致这样的革命者的联合或革命阵营的联盟的原因归结为市民社会自身固有矛盾的激化，以及市民社会对于国家的根本决定作用。社会中的某一个等级之所以必然地要起来反抗统治者，推动他们开展革命行动的并不是纯粹的革命理想或某种观念，"光凭革命精力和精神上的自信是不够的"②，革命行动背后必然有其物质动因。统治者凭借私有制及其所建立的政治统治剥夺了被统治者们的权益，他们为了生存和发展，必然要起来反抗和斗争。

问题在于，德国社会具备这样的条件吗？问题的实质在于，德国具备发生彻底的社会革命即共产主义革命的条件吗？马克思对于问题并未给出一个确凿的经验性的答案，而是对这一问题的必然性和可能性作了唯物论解析。马克思并不认为德国也会发生像英国和法国那样的资产阶级革命。这不仅是因为在德国根本不具备一个能够和各个阶级打成一片、代表大多数人民利益的阶级，而且还因为德国社会的矛盾呈现出十分复杂的状况。"当诸侯同君王斗争，官僚同贵族斗争，资产者同所有这些人斗争的时候，无产者已经开始了反对资产者的斗争。"③ 德国自身的独特社会现实决定了它与法国走的不应该是完全相同的道路。法国可以通过资产阶级革命而打破封建贵族的统治而实现政治解放；就当时的实际情况而言，德国则根本不具备这样的条件。马克思对问题的思考其实并非偏重于此，而是着眼于更高的即根本原则的考量。既然"犹太人问题"已然暴露了资产阶级革命及其政治解放的历史限度，那么对于德国人民而言，他们就不能寄希望于通过一场资产阶级革命实现解放。因此，无论从现实还是从原则的角度，马克思坚决地将德国社会发展的前途和德国人民的命运都诉诸彻底的共产主义革命。同时，马克思还对

---

① 马克思：《〈黑格尔法哲学批判〉导言》，《马克思恩格斯全集》第3卷，人民出版社2002年版，第210—211页。

② 马克思：《〈黑格尔法哲学批判〉导言》，《马克思恩格斯全集》第3卷，人民出版社2002年版，第211页。

③ 马克思：《〈黑格尔法哲学批判〉导言》，《马克思恩格斯全集》第3卷，人民出版社2002年版，第212页。

革命得以发动的必然性和可能性进行了深入的唯物主义解析。"批判的武器当然不能代替武器的批判，物质力量只能用物质力量来摧毁；但是理论一经掌握群众，也会变成物质力量。"① 德国共产主义革命的必然性根源于德国的封建专制制度与市民社会的矛盾，这是具有本源意义的客观条件；德国共产主义革命必然地也必须由德国工人阶级来承担，只有无产阶级才能真正担负起这个重大历史使命。马克思并不否认革命所必需的物质条件，"就是说，革命需要被动因素，需要物质基础"② 。但是德国的国家政治制度和市民社会之间的尖锐矛盾及其独特性质，也要求必须考虑问题的另一方面，既要看到"理论在一个国家实现的程度，总是决定于理论满足这个国家的需要的程度"，同时更应该看到，"理论需要"并不能直接地自动成为"实践需要"，"光是思想力求成为现实是不够的，现实本身应当力求趋向思想"③。因此，必须从理论与现实的辩证统一维度去思考问题。从这样的维度看，德国的共产主义解放就有其"实际可能性"。这个实际的"可能性"就在于"形成一个被戴上彻底的锁链的阶级，一个并非市民社会阶级的市民社会阶级"亦即无产阶级。④ 德国一直存在着大量无产者，但是受资本主义经济发展薄弱的根本制约，德国无产者一直难以发展成为一个阶级。

然而，自从1830年以后，德国资本主义获得了长足的发展，德国社会矛盾在大工业推动下而开始变得激化起来，大量的人变得一无所有，被抛入到了无产者的行列。所有无产者日益在严酷的社会现实中意识到自己的悲惨命运与大工业生产方式和资产者的本质联系，于是他们的阶级意识就逐渐地被唤醒和激发，在斗争实践中发展成为无产阶级，由此就为德国的共产主义革命得以可能的主体力量和主观条件。"三月革命前时期"，德国工人阶级开始作为独立的政治力量登上历史舞台。其标志性的事件就是西里西亚纺织工人起义。1844年6月4日，彼得斯瓦尔道（Peterswaldau）、卡施巴赫（Kaschbach）等地的3000名工人走上街头，要求增加工资和改善工作条件。在遭到了工厂主们的拒绝后，愤怒的工人们与工厂主们展开斗争，赶走了工厂主，并捣毁其住宅和工厂。两天后，起义被普鲁士军队镇压，10人被杀，上

---

① 马克思：《〈黑格尔法哲学批判〉导言》，《马克思恩格斯全集》第3卷，人民出版社2002年版，第207页。
② 马克思：《〈黑格尔法哲学批判〉导言》，《马克思恩格斯全集》第3卷，人民出版社2002年版，第209页。
③ 马克思：《〈黑格尔法哲学批判〉导言》，《马克思恩格斯全集》第3卷，人民出版社2002年版，第209页。
④ 马克思：《〈黑格尔法哲学批判〉导言》，《马克思恩格斯全集》第3卷，人民出版社2002年版，第213页。

百人被逮捕和判刑。"除了西里西亚纺织工起义外，萨克森的埃尔茨山等地也爆发了缝纫用品工人起义。"① 与此同时，工人阶级的政治组织即政党组织也开始形成。1836年，德国"流亡者同盟"中的一些激进的和进步的帮工和工人在巴黎建立了具有共产主义革命倾向的"正义者同盟"（Bund der Gerechten），并确立了自己的革命目标："将德国从压迫下解放出来"，"致力于实现人权和公民权"。② 我们知道，到了1847年，在马克思和恩格斯的领导下，"正义者同盟"更名为"共产主义者同盟"（Bund der Kommunisten）。同年11月29日至12月8日，"共产主义者同盟"在伦敦召开第二次代表大会，批准了共产主义性质的同盟纲领，确定要"推翻资产阶级政权，建立无产阶级统治，消灭旧的以阶级对立为基础的资产阶级社会和建立没有阶级、没有私有制的新社会"③。这些事实充分证明，马克思关于德国社会的共产主义革命的必然性和可能性的分析，牢牢秉持了理论与实践统一的原则。

在1847年批评卢格的文章《评一个普鲁士人的〈普鲁士国王和社会改革〉》中，马克思开始对问题展开进一步的深入探索。马克思对资本主义的私有制及其政治制度的症结和根源展开深刻的唯物论解析。"国家不消灭自身，就不能消灭存在于行政管理机构的任务及其善良意愿为一方与行政管理的手段和能力为另一方之间的矛盾，因为国家本身是建筑在这个矛盾上的"，也就是说，"国家是建筑在社会生活和私人生活之间的矛盾上，建筑在普遍利益和私人利益之间的矛盾上的"④。马克思这里明确地提出，必须通过共产主义革命彻底消灭资产阶级国家政权；而革命的必然性及其可能性不是由别的什么外在的力量赋予的，而是由现代社会自身固有的矛盾（亦即资本私有制条件下国家与市民社会、资产者与无产者利益的根本对立）所必然导致的历史终局。

在《共产党宣言》（以下简称《宣言》）中，马克思和恩格斯揭开了资本主义政治制度的固有矛盾的根本症结所在。马克思和恩格斯从十分成熟的唯物史观高度对资本主义的历史起源进行了彻底的解析。他们根据"至今一切社会的历史都是阶级斗争的历史"⑤ 这一基本规律，以生产力与生产关系

---

① 邢来顺：《德国通史》第4卷，江苏人民出版社2019年版，第38页。
② Martin Vogt（Hrsg），*Deutsche Geschichte：Von den Anfängen bis zur Wiedervereinigung*，S. 393.
③ 恩格斯：《共产主义者同盟章程》，《马克思恩格斯全集》第4卷，人民出版社1958年版，第527页。
④ 马克思：《评一个普鲁士人的〈普鲁士国王和社会改革〉》，《马克思恩格斯全集》第3卷，人民出版社2002年版，第386页。
⑤ 马克思、恩格斯：《共产党宣言》，《马克思恩格斯文集》第2卷，人民出版社2012年版，第31页。

的矛盾运动为基本准绳和根本尺度,分析了资产者一步步确立资本主义生产方式、争夺独属于自己的政治权利的历史过程。"由此可见,现代资产阶级本身是一个长期发展过程的产物,是生产方式和交换方式的一系列变革的产物。"① 在生产力这个根本推动力的作用下,资产阶级在其发展的进程中每一个阶段都伴随着其对于自身政治权利的争夺和攫取。在中世纪封建主的统治下,资产者是被压迫的等级;在法国的公社里,他们是武装的和自治的团体,并在一些地方组成"城市共和国"或在另一些地方组成"君主国中的纳税的第三等级";到了工场手工业时期,资产者成了在等级君主国或专制君主国中同贵族抗衡的势力,并构成封建的大君主国的社会基础;到了最后的也是资产者自身力量发展的最高阶段,即从大工业兴盛发展和世界市场开始建立的历史时刻,资产者就开始真正成为一个阶级,开始从资本私有者变成取代封建统治者的新的统治阶级。马克思由此得出结论:"现代的国家政权不过是管理整个资产阶级的共同事务的委员会罢了"②。这一论断无疑是马克思对资产阶级国家政权、资本主义政治制度进行的彻底解析而得出的历史科学结论。这一结论从唯物史观的高度深刻揭示了这个所谓的"现代社会"的本来面目,揭穿了资产阶级所标榜的国家是自由、平等和博爱的政治共同体的意识形态谎言,为无产阶级通过共产主义革命消灭资本主义"旧世界"而建立共产主义"新世界"指明了方向和任务。对于无产阶级来说,他们必须在自己的政党即共产党的领导下,通过彻底的共产主义革命实现社会和人的双重解放。"共产党人的理论原理,决不是以这个或那个世界改革家所发明或发现的思想、原则为根据的。"③ 马克思和恩格斯特别强调指出,共产党所领导的共产主义革命是彻底解决国家与市民社会的矛盾的唯一道路,它并不是由哪个人发明的,与空想社会主义有着本质区别。"这些原理不过是现存的阶级斗争、我们眼前的历史运动的真实关系的一般表述。"④ 由此表明,马克思对于资本主义的唯物论批判并不是先验的纯粹理性批判,并不是从观念出发对现实世界进行先验的构造。马克思的这一批判摒弃了旧哲学的柏拉图主义传统,他牢牢地立足于现实世界、对其不合理的现存现实进行彻底的

---

① 马克思、恩格斯:《共产党宣言》,《马克思恩格斯文集》第 2 卷,人民出版社 2012 年版,第 33 页。
② 马克思、恩格斯:《共产党宣言》,《马克思恩格斯文集》第 2 卷,人民出版社 2012 年版,第 33 页。
③ 马克思、恩格斯:《共产党宣言》,《马克思恩格斯文集》第 2 卷,人民出版社 2012 年版,第 44 页。
④ 马克思、恩格斯:《共产党宣言》,《马克思恩格斯文集》第 2 卷,人民出版社 2012 年版,第 45 页。

唯物主义批判。这一批判的目的正如我们在前述章节中指出的，正是要"改变世界"，即探索"消灭旧世界"而"建立新世界"的社会发展规律和现实道路。马克思直截了当地宣告了共产主义革命的根本目标，"共产主义的特征并不是要废除一般的所有制，而是要废除资产阶级的所有制……从这个意义上说，共产党人可以把自己的理论概括为一句话：消灭私有制"①。事实上，这正是无产阶级革命的彻底性所在。和以往的革命一样，无产阶级革命的直接目标也是要夺取政权，是要消灭旧的统治阶级，建立新的政权即建立无产阶级的政治统治。与停留于"政治解放"、只是消灭了封建等级制而没有消灭私有制的资产阶级革命不同，无产阶级革命的目标是要解放人民，彻底打破私有制对人民群众的束缚和禁锢，使他们获得真正的自由和解放。以往的包括资产阶级革命在内的全部革命说到底不过是改朝换代，不过是在私有制的基础上以新的统治阶级替代旧的统治阶级，不断地且循环地确立"少数人统治多数人"即"剥削者奴役人民群众"的阶级统治和政权组织。共产党领导广大人民群众赋予社会革命以共产主义的特质，其目标不是以"保留私有制"为前提而"重建阶级统治"，而是以"消灭私有制"为目标而"消灭阶级压迫"。对于西欧社会而言，这一共产主义革命的目标就是消灭资本主义生产方式及其建筑其上的"资本统治"，亦即推翻这个仍然"存在着阶级和阶级对立的资产阶级旧社会"的"资本王国"，消灭冒充共同体（"虚假共同体"）的资产阶级国家，建立"每个人的自由发展是一切人的自由发展的条件"的"联合体"②。根本而言，这一共产主义革命的终极目标就是彻底变革人类社会的"旧文明形态"，赋予人类文明以崭新的"共产主义特质"。

在《共产党宣言》中，马克思不仅立足于唯物主义世界观和唯物史观的高度，揭示了"旧世界"灭亡的必然性，而且也具体地分析了"新世界"代替"旧世界"的必然性及其现实路径。马克思站在世界历史发展的整体进程维度指出，"建立工人阶级的政治统治是完成它的历史使命过程中的必不可少的一步。无产阶级要靠自己的政权开始一个从根本上重新改造社会的过程，在这个过程中生产力的快速增长具有头等重要的意义"，在马克思看来，这是"无产阶级革命的根本问题"③。共产主义革命的第一步是夺取国家政

---

① 马克思、恩格斯：《共产党宣言》，《马克思恩格斯文集》第2卷，人民出版社2012年版，第45页。
② 马克思、恩格斯：《共产党宣言》，《马克思恩格斯文集》第2卷，人民出版社2012年版，第53页。
③ 〔德〕蕾娜特·默克尔：《〈共产党宣言〉——马克思恩格斯著作介绍》，郑天喆主编《马克思主义研究资料》第2卷，中央编译出版社2013年版，第30页。

权，亦即使无产阶级代替资产阶级而成为社会的统治阶级。这一革命的实质是要彻底地改变国家政权和政治制度的私有性质，让广大人民群众真正成为国家的主人。而要真正实现这一目标，就不能停留在"国家革命"这个层面，还要从"国家革命"跃升到"市民社会革命"，对作为国家的物质基础的市民社会进行彻底的变革，扬弃这个"一切人反对一切人"的"日常生活世界"的私有性质。"由此产生的结果是：无产阶级作为被剥削阶级不占有任何生产资料，他们关心的是消灭生产资料私有制并变生产资料私有制为社会所有制。这是一种历史趋势并使顺利有序的发展和有效利用现代生产力成为可能。"[①] 对此，马克思从 1848 年欧洲各国特别是英国和法国的实际情况出发，在《共产党宣言》中给出了共计十条具体措施。[②] 我们切不可认为马克思是为所有国家和民族通达未来的共产主义新文明提供了"药方"或"公式"。这些措施本质上不过是"变革全部生产方式"的"必不可少的手段"，"这些措施在不同的国家里当然会是不同的"[③]。因此，这些具体的措施不过是马克思仅仅针对当时欧洲最发达的国家如何开启共产主义文明的必然性及其可能性的唯物论解析，是他基于彻底的唯物主义世界观、以唯物史观基本原理为基本依据对如何变革西欧资本主义的原则性的勘察。马克思由此不仅充分展现了马克思主义作为一门"历史科学"的本质规定，而且也为人们如何推动着旧文明形态朝着新文明形态转化和飞跃作出了光辉典范。

二 资本主义必然灭亡的历史命运

上述分析表明，资本主义政治制度的颠倒性，充分暴露了现代资产阶级社会本身的历史性亦即暂时性。同时，这也意味着资本主义必然灭亡亦即必然朝着更高的文明形态发展，这是不以任何人的意志为转移的客观事实。然而，基于彻底的唯物主义世界观和历史观，马克思十分清醒地意识到：对于资本主义的灭亡这一问题的认识，绝不能停留于纯粹理论批判，而必须诉诸将彻底的理论批判与实践批判相统一，亦即需要把对资本主义的唯物主义批

---

① 〔德〕蕾娜特·默克尔：《〈共产党宣言〉——马克思恩格斯著作介绍》，郑天喆主编《马克思主义研究资料》第 2 卷，中央编译出版社 2013 年版，第 19 页。
② 马克思、恩格斯：《共产党宣言》，《马克思恩格斯文集》第 2 卷，人民出版社 2009 年版，第 52—53 页。
③ 马克思、恩格斯：《共产党宣言》，《马克思恩格斯文集》第 2 卷，人民出版社 2009 年版，第 52 页。

判提升到"消灭资本逻辑"的高度上来,推动着旧世界向着新世界的辩证转化。

(一) 空想社会主义的迷误

在关于人类社会未来发展这个问题上,马克思与空想社会主义者们有着本质区别。二者之间的对立,集中展现能否坚持以科学的历史观即唯物史观为指导分析和解决问题。不可否认,"马克思主义以前的社会主义者,包括工人共产主义者在内,都试图科学地把握在他们眼前发生的、他们作为行为的主体或多或少地在其中起过作用的社会运动"[①],然而,他们最终却未能真正完成这一任务。马克思之所以能够完成这一任务,一个重要的原因是将社会主义学说彻底地奠定在了唯物主义的哲学基础之上。马克思立足于新唯物主义哲学观,以彻底的唯物主义哲学立场、以唯物史观原理为依据,从人类社会发展的客观必然性和历史规律的维度,探索无产阶级革命发生的必然性、可能性及其现实性,以此实现了"革命的理论"与"革命的实践"的辩证统一。在马克思的思想境域中,无产阶级革命不是盲动,也不是暴动,而是一门"严格的科学",是以历史科学(马克思主义)为根本指导、旨在实现人类社会的彻底解放的世界历史运动。这样的基于对社会历史发展规律的探索而"改变世界"的彻底唯物主义的主张,显然是包括魏特林在内的一切空想社会主义者所无法企及的。空想社会主义者实际上全都陷入了耽于理论玄思的乌托邦之中,他们所极力推崇的"社会主义运动的构思本身过于意识形态化和抽象化,思考得并不深入,同时误判了这种构思的起源、方法和目的。因它过于乌托邦化,它就必须在平淡无奇中受到考验;因它本身过于平淡,它就不能将乌托邦当作某种天真的和末世论的希望来维持"[②]。然而,一个非常有意思的现象是,空想社会主义者从来都不认为自己陷入了乌托邦之中。他们全都十分虔诚而又自信地认为自己是科学家,在创立一门全新的社会科学理论。例如,傅里叶不仅创造了"社会科学"这一概念,并且主张用"批判哲学的方法"去实践这门科学。[③] 圣西门和傅里叶一样也要建立"新的社会科学",并且起草了一个纲领。欧文则致力于将这门"社会科学"

---

① 〔德〕沃尔夫冈·迈泽尔:《马克思和恩格斯所理解的空想社会主义和科学社会主义》,吕增奎主编《马克思主义研究资料》第 19 卷,中央编译出版社 2015 年版,第 11 页。

② 〔法〕科斯塔斯·阿克塞洛斯:《未来思想导论:关于马克思和海德格尔》,杨栋译,南京大学出版社 2021 年版,第 91 页。

③ 参见〔德〕J. 格朗荣和 H. 佩尔格《关于 1840 年前后空想社会主义和科学社会主义的讨论》,1981 年慕尼黑版第 2 卷,第 328 页。

付诸实践，建立了一个"科学宫"、所谓的"社会主义的殿堂"①。德国的空想社会主义呈现出十分典型的"哲学共产主义"的地域性特点。在这些德国社会主义者（包括魏特林）看来，"共产主义只是哲学发展的逻辑结论。他们否认共产主义首先是社会经济发展的结果，是无产阶级革命实践的总结，因而不认真研究政治经济学、社会主义思想史和无产阶级的阶级斗争史，津津乐道于唯心主义的哲学词句"②。

早在1843年写给卢格的信中，马克思就已然展现出对这种乌托邦意识形态幻象的抵制。他告诉卢格："我们不是教条地以新原理面向世界……我们是从世界的原理中为世界阐发新原理。"③ 马克思强调必须将对现存私有制性质的政治制度的共产主义改造这一"实际斗争"作为"批判的出发点"，必须将这一对现存不合理现实的共产主义批判上升到实践的高度，而不能仅仅停留在纯粹理论层面。马克思对此明确表示，他绝不想教条主义（像一切空想社会主义者那样）地"预期未来"，"而只是想通过批判旧世界发现新世界"④。在发表于《德法年鉴》上的文章中，马克思已然表达了这样的思想。在《论犹太人问题》中，马克思将"犹太人问题"的症结归结为包括犹太人在内的全人类深受私有制和阶级统治奴役，因而将这一问题的解决诉诸对人和社会的共产主义解放。马克思据此作出了两个重要判断：一是强调"犹太人的社会解放就是社会从犹太精神中解放出来"；二是强调这种解放本身绝不能像鲍威尔那样诉诸所谓纯粹的宗教批判，而应该诉诸对于建筑在私有制之上的现代社会制度的彻底改造，强调社会必须也只有"消除了犹太精神的经验本质"亦即铲除了其"经商牟利及其前提"的物质基础⑤，犹太人才能真正获得解放，整个现代社会才能够真正从资本私有制的禁锢中获得解放。马克思在发表于《德法年鉴》上的另一篇文章即《〈黑格尔法哲学批判〉导言》中明确提出，只有实现"批判的武器"和"武器的批判"有机

---

① 参见〔德〕H. 佩尔格《马克思恩格斯和他们的某些同时代的人在1848年前是如何理解"科学社会主义"、"科学共产主义"和"革命科学"的?》，载《科学社会主义和工人运动》，第10—11页。

② 〔苏〕E. Л. 康捷尔：《马克思恩格斯与哲学共产主义和"真正的社会主义"》，吕增奎主编《马克思主义研究资料》第19卷，中央编译出版社2015年版，第125页。

③ 《马克思致阿尔诺德·卢格》，《马克思恩格斯文集》第10卷，人民出版社2009年版，第9页。

④ 《马克思致阿尔诺德·卢格》，《马克思恩格斯文集》第10卷，人民出版社2009年版，第7页。

⑤ 马克思：《论犹太人问题》，《马克思恩格斯全集》第3卷，人民出版社2002年版，第198页。

统一，才能彻底从根基处和根本上改造资本主义的共产主义。① 在"巴黎手稿"中，马克思明确地将共产主义界定为扬弃私有财产、超越资本私有制的理念、制度和行动，强调："共产主义是对私有财产即人的自我异化的积极的扬弃，因而是通过人并且为了人而对人的本质的真正占有；因此，它是人向自身，也就是向社会的即合乎人性的人的复归。"② 马克思深刻地洞察到了历史发展的客观规律：共产主义对于私有财产和私有制的超越具有根本性和彻底性的革命意蕴，将开启人类文明的新形态，这种共产主义新文明形态"是历史之谜的解答"③。马克思这里十分深邃地展现了这样一种思想：对于私有财产和私有制的扬弃和超越，不但要诉诸无产阶级革命行动，而且必须诉诸新型社会制度的构建，唯其如此，才能真正开启人类文明的新形态。"旧唯物主义的立脚点是市民社会，新唯物主义的立脚点则是人类社会或社会的人类。"④ 也正是如此，"'提纲'是《德意志意识形态》的思想提纲，是马克思主义哲学新的入口"⑤。旧唯物论者（包括费尔巴哈在内）没有在原则的高度（特别是在历史观层面）提出"消灭旧世界"的共产主义主张。与之截然不同，马克思明确地将"消灭旧世界"而"建立新世界"作为自己新唯物主义哲学的基本立场，将对资本主义社会制度的彻底改造作为自己的历史使命。

（二）资本主义必然灭亡的历史科学阐释

围绕着资本主义的历史命运这一重大课题，马克思进行了持续深入的研究，基于历史科学的高度揭示了资本主义的暂时性，分析了它必将为一种更高的文明形态所扬弃和超越的必然趋势。

《神圣家族》深刻揭示了工人阶级所担负着的"消灭旧世界"的历史使命："问题不在于某个无产者或者甚至整个无产阶级暂时提出什么样的目标，问题在于无产阶级究竟是什么，无产阶级由于其身为无产阶级而不得不在历

---

① 马克思：《〈黑格尔法哲学批判〉导言》，《马克思恩格斯文集》第 1 卷，人民出版社 2009 年版，第 11 页。
② 马克思：《1844 年经济学哲学手稿》（马克思诞辰 200 周年纪念特辑），人民出版社 2018 年版，第 77—78 页。
③ 马克思：《1844 年经济学哲学手稿》（马克思诞辰 200 周年纪念特辑），人民出版社 2018 年版，第 77—78 页。
④ 马克思：《关于费尔巴哈的提纲》，《马克思恩格斯文集》第 1 卷，人民出版社 2009 年版，第 502 页。
⑤ 张一兵：《文献学语境中的〈德意志意识形态〉》，南京大学出版社 2005 年版，"代译序"第 23 页。

史上有什么作为。它的目标和它的历史使命已经在它自己的生活状况和现代资产阶级社会的整个组织中明显地、无可更改地预示出来了。"① 在这段话中，通过对"工人阶级的究竟是什么"的唯物论反思，马克思从历史观高度深刻揭示了无产阶级的本质规定及其历史使命。无产者绝非黑格尔等资产阶级思想家们所以为的"贫贱者"，而是世界历史的真正主人。他们所从事着的大工业生产，这一最先进的生产方式赋予了他们以雄伟的蓬勃力量，推动着他们必然地要推翻资本统治，打破资本家的奴役和剥削。马克思这里特别深刻地将无产阶级反抗资本和资本家的革命斗争运动与现代资产阶级社会本质关联，实则是深刻地将工人阶级的历史地位与现代资产阶级社会的内在矛盾根本关联，由此揭示了无产阶级革命与资本主义制度之间的本质联系。

在《德意志意识形态》中，马克思立足于唯物史观，进一步将问题本身聚焦和提升到了从根基处彻底改造资本主义制度的高度。"共产主义对我们来说不是应当确立的状况，不是现实应当与之相适应的理想。我们所称为共产主义的是那种消灭现存状况的现实的运动。这个运动的条件是由现有的前提产生的。"② 无产阶级推翻资本统治的共产主义革命运动并非寻常的暴力革命，而是世界历史自身发展的客观规律所必然导致的结果。"资产阶级社会的阶级划分被阐明为最后的阶级形态，《德意志意识形态》比《1844年经济学哲学手稿》更精确地说明了资产阶级社会的阶级对立的特征。"③ 随着研究的深入，马克思越发真切地意识到，唯有诉诸彻底的社会革命即共产主义革命，才能真正破除资本私有制对于包括无产者在内的整个人类的禁锢，才能获得新生，赢得解放，"才能胜任重建社会的工作"④。马克思还进一步揭示了共产主义所开启的人类文明新形态的光明前景："推翻一切旧的生产关系和交往关系的基础，并且第一次自觉地把一切自发形成的前提看做是前人的创造，消除这些前提的自发性，使这些前提受联合起来的个人的支配。"⑤ 这意味着无产阶级革命对旧的社会制度是进行彻底的革命性改造：消除旧的

---

① 马克思、恩格斯：《神圣家族》，《马克思恩格斯文集》第1卷，人民出版社2009年版，第262页。

② 马克思、恩格斯：《德意志意识形态》，《马克思恩格斯文集》第1卷，人民出版社2009年版，第539页。

③ 〔民主德国〕奥托·芬格尔：《论〈德意志意识形态〉对马克思主义理论的意义》，林进平主编《马克思主义研究资料》第1卷，中央编译出版社2014年版，第433页。

④ 马克思、恩格斯：《德意志意识形态》，《马克思恩格斯文集》第1卷，人民出版社2009年版，第543页。

⑤ 马克思、恩格斯：《德意志意识形态》，《马克思恩格斯文集》第1卷，人民出版社2009年版，第574页。

社会制度的私有性质,消灭奠基于其上的阶级统治的制度架构及其组织形式,重建共产主义性质的生产力与生产关系形式,并且从客观必然性即历史规律的高度让世界历史的新主人(人民群众)能够自由地驾驭它。

《哲学的贫困》和《共产党宣言》进一步从遵循历史规律而"改变世界"这一彻底的唯物主义哲学立场,更为具体地阐述了推动着"旧世界"朝着"新世界"辩证转化的思想。马克思在《哲学的贫困》中指出,"被压迫阶级的解放必然意味着新社会的建立"①。马克思这里重申了新唯物主义的基本哲学立场和科学社会主义的基本主张。无产阶级革命的爆发不是哪个冒险家鼓动的偶发事件,而是现代社会自身矛盾分裂的必然结果。根本而言,这是其资本私有制条件下的生产力与生产关系的矛盾不可调和的产物。马克思从政治斗争和社会革命实践角度将无产阶级视为"最强大的一种生产力"②。这里不仅是指工人所从事着最先进的大工业生产,更主要的是指工人阶级因其所担负的伟大历史使命而具有"改变世界"的巨大力量。马克思还进一步深刻地揭示了无产阶级革命之"重建社会"亦即重塑人类文明的重大作用。无产阶级革命胜利之后,不是简单地改朝换代,不是以新的阶级统治替代旧的阶级统治,而是彻底消灭这种"少数人统治多数人"的不合理的奴隶制。他们进行革命的直接目的是打破私有制及其阶级统治,是"消灭阶级",而不是继资产者之后成为新的统治人民的"统治阶级"。因此,无产阶级革命所产生的重大世界历史作用是重构人类社会的发展进程及其内部结构,建构人类文明新形态:"劳动阶级在发展进程中将创造一个消除阶级和阶级对抗的联合体来代替旧的市民社会从此再不会有原来意义的政权了。因为政权正是市民社会内部阶级对抗的正式表现。"③ 无产阶级革命将彻底改变市民社会的私有性质,解除其在私有制条件下"一切人反对一切人"的"敌对状态",消除统治阶级将国家政权凌驾在市民社会之上的不合理性,重建共产主义性质的市民社会组织。那么这个共产主义性质的市民社会究竟是什么呢?它有着什么样的规定?

问题推动着马克思思考的深入。自1850年以后,他开始从政治经济学批判的维度进一步研究资本主义的历史限度及其辩证转化的客观条件。马克思由此提出了著名的"五形态论"和"三形态论"。通常人们认为,马克思在这里勾勒了人类社会从低到高的发展进程和逻辑演变,但是,必须注意的

---

① 马克思:《哲学的贫困》,《马克思恩格斯文集》第1卷,人民出版社2009年版,第655页。
② 马克思:《哲学的贫困》,《马克思恩格斯文集》第1卷,人民出版社2009年版,第655页。
③ 马克思:《哲学的贫困》,《马克思恩格斯文集》第1卷,人民出版社2009年版,第655页。

一点是,"不能把社会形态相继更替的关节点同社会形态相继更替的具体期限及其实现形式混为一谈"①。马克思的目标并不是描绘人类社会发展的具体进程,而是从唯物主义世界观和唯物史观的高度、基于对人类社会发展规律的科学认识,揭示人类社会从低到高的普遍必然性和客观历史规律。马克思这里尤其深刻地揭示了资本主义社会发展的极限问题,"这里的'极限'实际就是指生产力和生产关系矛盾运动发展达到的一定程度或者是'一定点'。这里的'一定点'就是社会生产力在一定的社会形态中的发展极限,也就是一种社会形态存在的'度',从而也是历史上各个社会形态自我解体的关节点"②。因此,马克思既揭示了资本主义生产方式及其制度的有限性、暂时性的历史限度,同时也揭示了推动现代资产阶级社会发生本质变化的物质动因。导致资本主义灭亡的并不是某种主观的意志,而是客观的物质力量即生产力的发展。一旦资本主义生产关系成为束缚其生产力的桎梏,就必将使得资产者和无产者的阶级矛盾变得尖锐化,矛盾将推动着无产阶级政党领导包括工人在内的全体劳动人民推翻资本统治,铲除这个不合理的、资本奴役一切的"资本世界",终结这个现代奴隶制所支配的"资本时代"。

学术界对于马克思的"三形态论"的研究也十分深入,取得了极其丰硕的研究成果。同样需要注意的一点是,这两个论断之间不是对立关系,而是围绕着共同的问题轴心的统一关系。"五形态论"侧重于从纵向揭示人类社会的整体或总体发展逻辑及其演变规律;而"三形态论"则侧重于从横向揭示人类社会整体发展逻辑之中的结构性变化及其演变规律。另外,这三种社会形式之间也是辩证统一关系。从社会形态的视角看,"最初的社会形式"显然是指以前资本主义的私有制为基础的社会形态,即原始社会(原始共产主义性质的亚细亚生产方式)、古希腊罗马的奴隶制社会和封建社会;"第二大形式"是意指建筑在资本私有制基础之上的现代资产阶级社会;"第三个阶段"对应的则是建筑在公有制基础之上的未来共产主义社会。因此,和"五形态论"比较,"'三形式论'的中心是在与前资本主义和未来的共产主义社会的比较中,剖析资产阶级社会特点的一个侧面:生产中人与人的关系表现为异己的物与物的关系,在物的形式的掩盖下实现一些人对另一些人的统治和剥削"③。"三形态论"的提出表明,马克思深化了对历史规律的认识,进一步具体地揭示了资本私有制及其资本主义制度的历史限度,并揭示

---

① 吕世荣:《马克思的社会发展理论研究》,中国社会科学出版社2001年版,第82页。
② 吕世荣:《马克思的社会发展理论研究》,中国社会科学出版社2001年版,第81页。
③ 李根蟠:《如何理解所谓"三形态"》,《中国社会科学报》2020年8月3日。

了其在生产力发展推动下必然将朝着更高的发展阶段即共产主义社会过渡和转化。

三 共产主义对资本主义的扬弃和超越

在为马克思的《法兰西内战》所写的1891年版导言中，恩格斯遵循马克思的著作中的基本思想，再次重申了必须"消灭国家"的主张，"在新的自由的社会条件下成长起来的一代有能力把这国家废物全部抛掉"，为马克思主义者提出了沿着巴黎公社的足迹进一步探索实现无产阶级专政、在全世界实现共产主义的重大时代课题。"马克思和恩格斯当然不是想从道义上把资本主义评说为不公正的社会关系制度。他们也不是想把社会主义作为以正义的名义来实现的理想状态，与资本主义对立起来。他们称这类观点为'空想社会主义'，并用自己的'科学社会主义'同这种'空想社会主义'明确地划清界限。"质言之，马克思和恩格斯"他们不是用道德标准，而是用对资本主义的科学分析来论证社会主义生产方式的必然性"[①]。的确如此，马克思对资本主义的历史局限和历史命运的批判，绝非乌托邦的空想，而是基于彻底的唯物主义哲学立场、以唯物史观原理为依据的历史科学批判。

（一）消灭阶级统治的共产主义道路

"没有一部马克思的著作是不涉及人类解放的，任何一种无产阶级专政理论也不应不涉及这一问题。资产阶级和国家官僚机构的消灭不会自动导致人类的解放，认识这一点是至关重要的。"[②] 围绕着"无产阶级专政"这一主题，在《危机与反革命》《1848年至1850年的法兰西阶级斗争》等论著中，马克思进一步揭示了唯有通过无产阶级专政建立共产主义制度，才能消除资本主义政治制度的固有症结。

特别是在《法兰西内战》中，马克思进一步对问题本身进行了深入的分析。"马克思阐明公社的真正意义在于，它是'使资产阶级的头脑怎么也捉

[①]〔德〕米歇尔·亨利希：《关于马克思恩格斯著作中资本主义分析和社会主义构想的关系问题》，吕增奎主编《马克思主义研究资料》第19卷，中央编译出版社2015年版，第28页。

[②]〔美〕穆罕默德·塔巴克：《重新认识马克思的无产阶级专政理论》，陈喜贵编《马克思主义研究资料》第21卷，中央编译出版社2015年版，第8页。

摸不透的怪物'。"① 马克思结合巴黎公社的实践经验，对于为何必须"打碎旧的国家政权而以新的真正民主的国家政权来代替"旧的阶级统治及其国家机器的原因和机理，在《法兰西内战》中给予了彻底的唯物主义哲学解析。马克思高度肯定了巴黎公社的历史功绩，"公社的真正秘密就在于：它实质上是工人阶级的政府，是生产者阶级同占有者阶级斗争的产物，是终于发现的可以使劳动在经济上获得解放的政治形式"②。私有者的阶级统治被推翻了，在其废墟之上巴黎无产阶级建立起了新型的人民政权。工人阶级掌握着这个共同体和政权，他们从奴隶变成了主人，将命运掌握在了自己的手中。巴黎公社以铁的事实再次确证了唯物史观所揭示人类社会发展的必然规律，马克思对此指出："工人阶级不能简单地掌握现成的国家机器，并运用它来达到自己的目的。"③ 从奴隶制社会到现代资产阶级社会，国家作为"虚假的共同体"都是阶级统治的工具，"国家无非是一个阶级镇压另一个阶级的机器"④。私有制条件下国家的这一普遍本质意味着，国家在所有旧时代中都是有产阶级统治和奴役广大人民群众的工具。

正是如此，在资本时代，对于工人阶级而言，"国家再好也不过是在争取阶级统治的斗争中获胜的无产阶级所继承下来的一个祸害；胜利了的无产阶级也将同公社一样，不得不立即尽量除去这个祸害的最坏方面，直到在新的自由的社会条件下成长起来的一代有能力把这个国家废物全部抛掉"⑤。在《法兰西内战》中，马克思对此作了深入而又具体的分析和阐释。巴黎公社所遭遇到的这个"中央集权的国家政权"不是既定的存在物，而是有其独特的历史起源。这个由常备军、警察局、官僚机构、教会和法院等政治机构和机关所构成的国家政权，起源于封建专制时代，它的前身是君主专制制度。在封建时代的末期，这个国家政权开始成为资产者和人民与封建制度斗争的有力武器。然而，它还受到自身的封建性的束缚，其领主权利、等级制、城市和行会的垄断以及各种封建法规，这一切"中世纪的垃圾"使得它的发展受到了严重的影响和阻碍。轰轰烈烈的法国大革命变革了国家政权的封建性质，清除了附着在国家政权和各项政治制度之上的封建垃圾，即"清除了那

---

① 中共中央马克思恩格斯列宁斯大林著作编译局编译：《回忆马克思恩格斯之摩尔和将军》，人民出版社1982年版，第153页。
② 马克思：《法兰西内战》，《马克思恩格斯文集》第3卷，人民出版社2009年版，第158页。
③ 马克思：《法兰西内战》，《马克思恩格斯文集》第3卷，人民出版社2009年版，第151页。
④ 恩格斯：《卡·马克思〈法兰西内战〉一书导言》，《马克思恩格斯全集》第29卷，人民出版社2020年版，第238页。
⑤ 恩格斯：《卡·马克思〈法兰西内战〉一书导言》，《马克思恩格斯全集》第29卷，人民出版社2020年版，第238—239页。

些妨碍建立现代国家大厦这个上层建筑的最后障碍"①，将国家政权和政治制度从封建君主专制中解放了出来。

在第一帝国时期，法国开始逐渐地成为现代国家，开始进入由资产阶级执掌国家政权的资产阶级社会。这个现代国家政权虽然褪去了其封建专制的外衣，然而并没有真正消除自身的私有性质。究其本质，它仍然是为少数有产阶级所操纵、为私有者阶级（没落的地主、贵族以及作为统治者的新兴资产者）而服务的机器。"政府都被置于受议会控制，即受有产阶级直接控制的地位。"② 这个被置于议会控制之下、受有产阶级直接控制的政府成了新的剥削和奴役人民群众的政治机构。它不但变成了"巨额国债和苛捐重税的温床"和"统治阶级中各不相让的党派和冒险家们彼此争夺的对象"，因而在资本生产方式的成熟、资本生产力的迅速发展的推动下日益变成资本家的玩物，即"变成了为进行社会奴役而组织起来的社会力量，变成了阶级专制的机器"③。随后，1830年的革命推动着国家政权性质发生进一步变化，资产者、资本家阶级开始替代封建地主和贵族，成为国家的主人，成为掌控国家政权的新统治阶级。而资产阶级共和党人则通过"二月革命"将国家政权夺了过去。这些共和党人一旦成为新的执掌国家政权的主人，他们就原形毕露，暴露出了自己作为反动统治者的真实面目。1843年6月23—26日，他们利用国家政权对巴黎无产阶级起义进行了残酷的"六月屠杀"。这一血腥的暴力屠杀充分暴露了这个所谓的现代国家政权的"秘密"。对于工人阶级来说，这个从封建襁褓中孕育诞生出来的现代国家，这个所谓的"'社会'共和国"④ 实际上不过是要让工人阶级和劳动人民继续遭受私有制奴役的"虚假共同体"；同时，这个资产阶级作为统治者的国家政权并没有真正在市民社会中消灭封建等级，而是成了维护大批保皇派和地主阶级利益的政治场域，是这些反动阶级继续剥削奴役人民群众的政治制度保障。

这个现代国家政权的性质在第二帝国时期并未发生本质改变。它仍然是私有者骑在人民头上作威作福的国家机器。这一点已然为资产阶级的意识形态家们坦然承认。他们对此毫不避讳，认为这个"议会制共和国"是统治阶级各派成员相互妥协的结果，因而对于各个派别来说，显得"最不易分裂"。然而，与此同时所必然导致的结果则是，"它在这个人数很少的阶级和这个

---

① 马克思：《法兰西内战》，《马克思恩格斯文集》第3卷，人民出版社2009年版，第151页。
② 马克思：《法兰西内战》，《马克思恩格斯文集》第3卷，人民出版社2009年版，第152页。
③ 马克思：《法兰西内战》，《马克思恩格斯文集》第3卷，人民出版社2009年版，第152页。
④ 马克思：《法兰西内战》，《马克思恩格斯文集》第3卷，人民出版社2009年版，第152页。

阶级以外的整个社会机体之间却挖了一道鸿沟"①。在其他历史时期，例如封建君主专制时期，这种景象并不存在。那时，统治阶级各成员之间还存在着一定的利益对立，因此使得统治阶级内部也并非铁板一块，而是存在着一定的矛盾和冲突。到了第二帝国时期，这种统治阶级内部存在着矛盾的景象消失了。统治阶级内部的分裂对于国家政权所产生的制约力不复存在。全体统治者们在剥削和奴役人民群众的阶级统治中达成了最大的一致性，于是实际上就加重了对市民社会的统治，因而也就加重了私有制套在人民群众身上的枷锁。同时，由于复杂的历史局势，特别是由于封建残余势力的强大，这个"第二帝国"实际上是一个怪胎，是一个十分矛盾的混沌似的存在，"事实上，帝国是在资产阶级已经丧失统治国家的能力而工人阶级尚未获得这种能力时唯一可能的统治形式"②。这个披着帝国外衣的"虚假共同体"，这个仍然不过是维护私有者阶级及其各个阶层的政权，以其虚幻的外观、浮夸的内容赢得了法国社会的热烈欢迎。在这个"帝国时代"，法国资本主义的发展获得了十分有利的条件，工商业变得繁荣起来。然而，这种"发展"却是以牺牲工人阶级和劳动人民权益为代价的："金融诈骗风行全世界；民众的贫困同无耻的骄奢淫逸形成鲜明对比。"③这个"帝国"绝不是什么属于全体法国人民的"共同体"，"实际上正是这个社会最丑恶的东西，正是这个社会一切腐败事物的温床"④。当法国的国家政权演变成了帝国的形式，这种"帝国制度"作为旧制度的"最高产物"⑤ 就宣告了旧时代的终结。这个"最低贱的"因而也是"最后形式"的"帝国制度"，把建筑在私有制性质的市民社会之上的国家政权的反动性暴露无余。它原本是法国大革命的产儿，是资产阶级争取自身的政治解放、破除封建专制制度对市民社会的奴役的有力武器。令人遗憾的是，它却最终成了资产阶级和封建残余势力相互勾结用来共同对付工人阶级和劳动人民的工具，"成熟了的资产阶级社会最后却把它变成了资本奴役劳动的工具"⑥。于是，这就不仅以铁的事实证明了旧制度的不中用，而且也以确凿无疑的证据证实了唯物史观所揭示的"市民社

---

① 马克思：《法兰西内战》，《马克思恩格斯文集》第3卷，人民出版社2009年版，第153页。
② 马克思：《法兰西内战》，《马克思恩格斯文集》第3卷，人民出版社2009年版，第153页。
③ 马克思：《法兰西内战》，《马克思恩格斯文集》第3卷，人民出版社2009年版，第153—154页。
④ 马克思：《法兰西内战》，《马克思恩格斯选集》第3卷，人民出版社2012年版，第154页。
⑤ 马克思深刻地揭示了"帝国制度"的矛盾特性：帝国制度是国家政权的"最低贱的形式"，同时也是"最后的形式"。（马克思：《法兰西内战》，《马克思恩格斯文集》第3卷，人民出版社2009年版，第154页。）
⑥ 马克思：《法兰西内战》，《马克思恩格斯选集》第3卷，人民出版社2012年版，第154页。

会决定国家"的历史规律。

巴黎公社的无产阶级性质及其彻底的革命性在国家政权上集中展现出来。公社本质上是"帝国的直接对立物"。巴黎工人阶级进行起义的目的是建立一个属于大多数人即属于人民的共同体,"即要求建立一个不但取代阶级统治的君主制形式、而且取代阶级统治本身的共和国","公社正是这个共和国的毫不含糊的形式"。① 旧日的巴黎是旧政权的中央政府所在地,是工人阶级们所组成的国民自卫军勇敢地武装反抗梯也尔政府,从旧的反动统治者手中夺取过来的胜利果实。在起义取得成功后,巴黎公社"现在必须使这一事实成为制度,所以,公社的第一个法令就是废除常备军而代之以武装的人民"②。这一做法从根本上变革了国家的军队制度,消灭了军队这个作为统治阶级镇压人民的刽子手的反动性质,将之变成人民武装亦即维护法国工人阶级和广大劳动人民的军事力量。巴黎公社接着就着手对国家机器的上层建筑进行彻底的变革。作为工人阶级和人民的政权,作为无产阶级专政的政治组织,巴黎公社的市政委员和旧社会的官老爷们有着本质区别。他们全都是由巴黎各区的人民通过普选选出来的代表,其中大多数是工人或社会公认的工人阶级的代表。这些委员只对巴黎人民负责,而巴黎人民随时都可以罢免他们。权力机构的成员组成及其选举方式赋予巴黎公社以独有的无产阶级专政的性质,"公社是一个实干的而不是议会式的机构,它既是行政机关,同时也是立法机关"③。旧政权的局限性即维护私有制及其政治制度的政治职能因此就被扬弃了。警察局实际上成了公社管理社会的机构,警察和公社委员们一样,都不过是为公社和人民服务且随时都可以罢免的工作人员。

马克思还深刻地注意到了这样一个事实,即巴黎公社将自己的无产阶级专政的性质拓展和延伸到了意识形态领域。"公社在铲除了常备军和警察这两支旧政府手中的物质力量以后,便急切地着手摧毁作为压迫工具的精神力量,即'僧侣势力',方法是宣布教会与国家分离,并剥夺一切教会所占有的财产。"④ 教会的政治性质即作为旧政治制度的附属机构的性质被罢黜了,教士们不再是统治阶级成员,而是成了有着宗教信仰、过着私人的清修隐遁生活的人。同时,教育的阶级性质即作为私有者统治人民的工具的旧有属性也被改变了。这里再次展现出马克思哲学思想及其理论建制的"改变世界"的实践特质,"马克思从来没有把批判与革命和对现存一切的彻底铲除分割

---

① 马克思:《法兰西内战》,《马克思恩格斯文集》第3卷,人民出版社2009年版,第154页。
② 马克思:《法兰西内战》,《马克思恩格斯文集》第3卷,人民出版社2009年版,第154页。
③ 马克思:《法兰西内战》,《马克思恩格斯文集》第3卷,人民出版社2009年版,第154页。
④ 马克思:《法兰西内战》,《马克思恩格斯选集》第3卷,人民出版社2012年版,第155页。

开来，既不宽恕生产中的官僚机构，也不宽恕教育中的官僚机构；正是因为如此，他用他的'不断革命'的概念与旧的概念相对立"①。巴黎公社的全体成员都能够平等地且无差别地接受教育。与此同时，法律制度也发生了本质性的改变。法官作为私有者利益的维护者和代言人的角色和身份被彻底改变。总的来说，公社对于国家政权进行的彻底的社会主义改造，所导致的是这样一个前所未有的历史结果："公社体制会把靠社会供养而又阻碍社会自由发展的国家这个寄生赘瘤迄今所夺去的一切力量，归还给社会机体"，"公社的存在本身就意味着那至少在欧洲是阶级统治的真正赘瘤和不可或缺的外衣的君主制已不复存在"②。如前所示，这正是马克思所深刻地指出的，"公社的真正秘密"。在人类文明进程中，作为使得无产者及其劳动在经济上获得解放的政治形式，公社的诞生具有重大的历史变革意蕴，"公社要成为铲除阶级赖以存在、因而也是阶级统治赖以存在的经济基础的杠杆。劳动一解放，每个人都变成工人，于是生产劳动就不再是一种阶级属性了"③。公社由此成为了"真正的共同体"的独特表现形式，克服了资产阶级国家的历史局限性，它彻底地在政治领域即国家政权层面实现了彻底的解放，消除了国家政权及其政治机构的私有性质和阶级统治的工具属性；不仅如此，它还在市民社会领域中产生了极其彻底的革命效应，它铲除了私有制这个导致国家沦为"虚假共同体"的物质根源，从而为现实的人的自由和解放提供了切实可行的政权组织形式和坚实的政治制度保证。对此，马克思在《法兰西内战》中给予了高度的赞誉："工人阶级……他们知道，为了谋求自己的解放，并同时创造出现代社会在本身经济因素作用下不可遏止地向其趋归的那种更高形式，他们必须经过长期的斗争，必须经过一系列将把环境和人都加以改造的历史过程。工人阶级不是要实现什么理想，而只是要解放那些由旧的正在崩溃的资产阶级社会本身孕育着的新社会因素。"④ 英勇的巴黎工人阶级将革命理想变成了革命的实践行动，建立了世界历史上第一个伟大的社会主义性质的国家政权，可谓无产阶级专政的第一次伟大探索、第一个历史形态。巴黎公社必定会成为镶嵌在世界历史长河之中的珍贵明珠。

总之，在《法兰西内战》中，马克思立足于唯物史观的原理和新唯物主义哲学立场，深刻分析了"巴黎公社"变革和超越旧制度特别是资产阶级国

---

① 〔美〕拉·杜娜耶夫斯：《马克思的"新人道主义"、"民族学笔记"和妇女解放》，李百玲主编《马克思主义研究资料》第14卷，中央编译出版社2015年版，第358页。
② 马克思：《法兰西内战》，《马克思恩格斯文集》第3卷，人民出版社2009年版，第157页。
③ 马克思：《法兰西内战》，《马克思恩格斯文集》第3卷，人民出版社2009年版，第158页。
④ 马克思：《法兰西内战》，《马克思恩格斯文集》第3卷，人民出版社2009年版，第159页。

家政权的性质和意义。列宁高度肯定了马克思在《法兰西内战》中所揭示的马克思主义国家观的重大理论贡献,"马克思忠于自己的辩证唯物主义哲学,他以 1848—1851 伟大革命年代的历史经验作为依据。马克思的学说在这里也像其他任何时候一样,是用深刻的哲学世界观和丰富的历史知识阐明的经验总结"[1]。归结起来,巴黎公社的超越性及其变革意蕴有这样三个方面。其一,完成了资产阶级未能完成的社会革命的任务,将资产阶级所追求的"政治解放"真正变成了一种崭新的国家制度。作为"公社"的国家政权不再是少数人统治多数人的暴力机构,而是变成了属于工人和劳动人民的政权组织和政治机构。这一无产阶级专政的国家政权和政治组织的成员不再是统治人民的官僚,他们要么本身就是人民内部某个阶层的成员,要么则是能够真正代表人民利益的人士。由这些人民代表、议政委员所组成的公社彻底扬弃了作为共同体的国家政权的"虚假性"和"颠倒性",使得国家政权和政治制度真正成了属于全体巴黎人民的共同体,从而成了马克思在《共产党宣言》中所希冀的共产主义国家政权和政治制度——作为真正的共同体和"自由人联合体"。其二,铲除了私有制,真正将国家政权放置在了市民社会的地基(经济基础)之上,恢复了其受市民社会决定、作为派生物而耸立于其上的上层建筑的本来面目。在整个私有制时代,国家政权及其所建构的全部政治制度全都是为私有阶级所操纵和支配。他们作为社会中的少数,为了确保对市民社会和广大人民群众的统治地位,为了实现自己永久统治和支配人民的阶级意志和利益诉求,他们和他们的意识形态家们本末倒置地将国家凌驾于市民社会之上,并赋予其抽象的乃至神圣的虚幻形式,借此欺骗并愚弄人民。巴黎公社彻底撕开了统治阶级披在国家之上的抽象外衣,不仅暴露出了它的旧的反动本质,而且随即就赋予了它以崭新的亦即无产阶级的和共产主义的内容。革命的巴黎工人阶级彻底摆正了国家与市民社会的真实关系,罢黜了国家政权及其政治机构的反动政治属性,构建了一种崭新的"多数人统治少数人"即无产阶级专政的国家政权形式,并在此基础上对全部的政治机构及其政治组织进行了彻底的变革。其三,巴黎公社对后世其他国家的无产阶级革命有着重要的借鉴意义,提供了重要的理论启示和方法指导。巴黎公社虽然最后因为各种复杂的因素[2]而归于失败,然而,英勇而无畏的巴黎工人阶级的创举,他们遵照马克思和恩格斯所揭示的唯物史观原理建立无产

---

[1] 列宁:《国家与革命》,《列宁全集》第 31 卷,人民出版社 2017 年版,第 27 页。
[2] 当然了,导致巴黎公社失败的最为根本的因素是经济因素。但除了这个根本因素,还有反动统治阶级力量过于强大等外部因素。

阶级专政，这一伟大创举将革命的理论变成了革命的实践，亦即实践地证实了马克思主义的唯物主义哲学原则、唯物史观原理，以及科学社会主义原理的真理性和科学性；同时，他们创立公社所遵循的共产主义性质的组织原则和根本方法，也为后世的无产阶级革命提供了宝贵的理论资源和实践经验，指出了一条推动着人类文明新旧形态更迭和交替的现实道路：唯有通过铲除私有制，才能重构并摆正国家和市民社会的真实关系，才能消除国家政权的阶级统治的旧有属性，才能彻底去除资产阶级国家政权和资本主义政治制度的颠倒性和虚假性。

（二）从资本主义到共产主义的过渡

人类文明的这一新旧形态的辩证转化，究竟是何以可能的？这一问题的实质是，现代资产阶级国家的消亡和共产主义社会制度的确立之间的本质联系是什么？这实际上是时代向马克思提出的一个重大课题，必须基于彻底唯物主义的哲学立场揭示新旧文明形态转化的客观规律。这个规律究竟是什么？对此，马克思在《哥达纲领批判》中作了集中而又系统的分析和阐明。

首先必须解答的疑难是，未来共产主义社会还存在国家吗？在这个问题上，马克思和恩格斯两人的看法显然是根本一致的。在1875年3月28日给奥·倍倍尔的信中，恩格斯更多的是在否定的意义上使用"国家"这个范畴，认为"国家""只是在斗争中、在革命中用来对敌人实行暴力镇压的一种暂时的设施"；正是基于这一点，恩格斯甚至认为应该取消或废除"国家"这个用语："我们建议把'国家'一词全部改成'共同体'［Gemeinwesen］。"① 不过，马克思在《哥达纲领批判》中却使用了"未来共产主义社会的国家制度"这样的用语。② 这就给人一种印象，好像马克思和恩格斯两人关于国家消亡这个看法是对立的，好像马克思还主张国家将在共产主义社会中继续存在。这显然是错误的看法，显然是对马克思真实思想的误读。如果仔细地深入马克思的著作中，对他的观点进行深入的领会和把握，那么就会发现，马克思这里所说的"国家制度"指的并不是"共产主义国家制度"，并不是说要国家还将在共产主义社会继续存在下去；马克思这句话所指的其实是国家走向消亡的发展趋势和存在状态，是指处于正在消亡之中的国家制度。马克思这里之所以会提及这一问题，不过是在对德国工人党纲领

---

① 《恩格斯致奥·倍倍尔》，《马克思恩格斯文集》第3卷，人民出版社2009年版，第414页。
② 马克思：《哥达纲领批判》，《马克思恩格斯文集》第3卷，人民出版社2009年版，第445页。

进行批注的时候偶然碰到了它而已。其用意并不是要为国家何时消亡给出一个精确的日期,而是着眼于从世界历史发展规律的高度揭示新旧文明形态转变的逻辑。对此,列宁深刻地指出,"马克思的全部理论,就是运用最彻底、最完整、最周密、内容最丰富的发展论去考察现代资本主义。自然,他也就要运用这个理论去考察资本主义的即将到来的崩溃和未来共产主义的未来的发展"①。这里问题的关键就在于,马克思的理论依据究竟是什么?他是如何提出这个问题并对这个问题给予彻底的唯物主义哲学解析的?

结合以上的分析,我们可以十分清楚地看到这样一个事实,马克思的新唯物主义哲学是对旧哲学的彻底变革和超越,奠基于其上的马克思的社会发展学说亦即唯物史观和科学社会主义理论,也与空想社会主义者有着本质区别。对此,马克思对魏特林的驳斥已然十分清楚地展现了二者的根本区别。按照马克思的看法,共产主义不是从天上掉下来的,不是在遥远的、遥不可及的乌托邦实现的。它内在于资本主义制度之中、为其所孕育并产生出来。也就是说,共产主义是世界历史运动规律所必然导致的结果,是历史地从资本主义之中发展出来的结果。在这个问题上,正如列宁所言,马克思丝毫不想制造任何乌托邦的幻梦,根本无意于去进行毫无根据的主观臆测,恰恰相反,"马克思提出共产主义的问题,正像一个自然科学家已经知道某一新的生物变种是怎样产生以及朝着哪个方向演变才提出该生物变种的发展问题一样"②。列宁的这一说法与恩格斯所说的马克思主义是关于现实的人及其历史发展的科学,这二者是根本一致的。这一说法深刻地揭示了马克思的新唯物主义哲学的历史科学本质。马克思并不是先验地对人类社会的具体发展进程进行纯粹理论演绎,而是牢牢立足于他所处于其中的资本主义社会现实,对其矛盾本性进行彻底的唯物主义解剖,分析其固有的历史限度,并揭示其必然地为一种更高的社会形态所扬弃和超越的发展规律。

针对德国工人党纲领提出要建立"自由国家"并滥用"现代国家"和"现代社会"的说法,马克思对之进行了深入的前提性批判。马克思讥讽道:"自由国家,这是什么东西?"马克思之所以这样反诘,实则是根据上述我们所分析的他在《法兰西内战》等论著中关于国家本质的深刻洞察。马克思强调关于问题的分析必须是具体的而非抽象的,所谓的"现代国家"和"现代社会",必须牢牢立足于特定的社会存在进行认识:"它在普鲁士德意志帝国同在瑞士不一样,在英国同在美国不一样。所以,'现代国家'

---

① 列宁:《国家与革命》,《列宁全集》第31卷,人民出版社2017年版,第80页。
② 列宁:《国家与革命》,《列宁全集》第31卷,人民出版社2017年版,第81页。

是一种虚构。"① 可以在宽泛的、一般意义上使用"现代社会"这个概念，它所指的就是"现代资产阶级社会"。然而，"现代国家"却是一个抽象且含混不清的概念。也就是说，根本没有一个与"现代资产阶级社会"相对应的"现代资产阶级国家"。这是因为，国家作为共同体与各个民族和地区自身的特殊现实有着本质联系，其特质带有这些国家和民族的独有特征。作为国家，德意志帝国和瑞士共和国、英国即大不列颠及北爱尔兰联合王国和美利坚合众国，它们虽然都可以涵盖到"国家"这个普遍概念之下，但是它们作为"共同体"的内容和本质具有各自的特殊规定。因此在马克思看来，在无产阶级政党的纲领中切不可不加区别地使用"现代国家"这样的说法。它很容易在实践中作为一种错误的意识形态干扰乃至阻碍无产阶级革命行动。马克思特别强调，工人阶级一定要注意到这样一个具有世界历史意义的客观事实，这就是所谓的"现代国家"——实际上应该是指资本主义制度在各个不同的民族和地区的具体的共同体形式——既非既定的现成的存在体，也绝不可能天长地久地永远存在下去，而是有其根本的限度。要言之，现代资产阶级社会及其在各个国家所确立的资本主义制度，在未来是注定要走向灭亡的，当下它们主宰着整个世界，"而未来就不同了，到那时，'现代国家制度'现在的根基即资产阶级社会已经消亡了"②。因此，"现代国家"必将随着世界历史运动的进程的发展而走向灭亡。这一客观事实、世界历史运动的逻辑所必然导致的结果，再次证明了德国工人党纲领的抽象性及其为资产阶级意识形态所俘获的可悲性，并触及了这样一个重要的根本问题，"于是就产生了一个问题：在共产主义社会中国家制度会发生怎样的变化呢？"③ 这个问题的实质是，在未来的共产主义社会中，与以往社会相比较，国家作为共同体的职能会发生什么样的变化？马克思认为，这不仅是一个真实的问题，也是一度深受资本奴役的无产阶级不可回避的重大时代课题。

自1843年到1846年，马克思和恩格斯都在思索并力图解答这一重大课题。然而，实事求是地讲，他们关于共产主义的认识带有较为浓郁的哲学气息。这是因为，他们的共产主义观，本质上是立足于新唯物主义哲学观和唯物史观，从人类社会一般发展规律维度锚定人类文明形态的未来发展趋势的论断。当然了，马克思和恩格斯并没有陷入将应然和实然、理想和现实分裂

---

① 马克思：《哥达纲领批判》，《马克思恩格斯文集》第3卷，人民出版社2009年版，第444页。
② 马克思：《哥达纲领批判》，《马克思恩格斯文集》第3卷，人民出版社2009年版，第444页。
③ 马克思：《哥达纲领批判》，《马克思恩格斯文集》第3卷，人民出版社2009年版，第444—445页。

开来的误区，而是明确地将解决应然与实然、理想与现实的矛盾坚定而又坚决地诉诸无产阶级革命；他们绝不是将共产主义先验地设定为人类社会的"终点"，而是基于彻底的唯物主义世界观、科学的历史观逻辑地推导出来的必然结论。然而，我们也要看到，对于"后资本主义"的"新文明形态"的认识，对于究竟如何通过无产阶级革命推动着"旧世界"向"新世界"转化，对于新旧文明形态辩证转化的逻辑和机制，对于这些更为具体和细微的问题，马克思和恩格斯并未进一步作出彻底的唯物主义解析。因此，他们对于问题的认识主要的是停留在"质"的层面，即从本质的维度科学地揭示新旧文明形态转化的必然逻辑，从人类社会发展的一般规律维度指明其必然地要在无产阶级革命的推动下而朝着崭新文明的形态跃进。对于前进道路中的具体细节问题，更多的是诉诸唯物主义哲学立场和唯物史观基本原理的逻辑推导。然而，在《哥达纲领批判》这部论著中，马克思对问题的提法及其对问题的解决的认识发生了根本性变化。

列宁敏锐地把握住了这个变化。"从前，问题的提法是这样的：无产阶级为了求得自身的解放，应当推翻资产阶级，夺取政权，建立自己的革命专政。现在，问题的提法已有些不同了：从向着共产主义发展的资本主义社会过渡到共产主义社会，非经过一个'政治上的过渡时期'不可，而这个时期的国家只能是无产阶级的革命专政。"① 在写作《哥达纲领批判》之前的相当一段时间内，"消灭资本主义"而"实现共产主义"主要的是科学的社会理想，是马克思关于人类社会新旧文明形态交替、世界历史运动的必然规律的唯物论解析；在《哥达纲领批判》这部论著中发生了根本性的变化，马克思将问题提升到了一个新的高度：共产主义究竟是如何消灭和代替资本主义的、作为崭新文明形态的共产主义的本质规定是什么？这实际上就从唯物论的哲学维度跃升到了历史科学的维度。

显而易见，问题的提法的变化并不意味着后者对前者的否定；恰恰相反，问题的新提法意味着马克思对于问题的思考的维度和向度的提升和拓展。自1844年开始，马克思就转入了系统的政治经济学研究；从1857年到1865年，马克思对政治经济学的研究越发深入，越发彻底地而又创造性地将唯物主义的哲学立场与政治经济学批判和科学社会主义有机统一而融为一体，特别是1867年《资本论》第一卷的出版，马克思真正实现了于《德意志意识形态》中就提出的要创立一门"历史科学"的目标。正是在这些前期的研究成果的基础上，《哥达纲领批判》才能够将对"老问题"的思考提

---

① 列宁：《国家与革命》，《列宁全集》第31卷，人民出版社2017年版，第82页。

升到新的高度,将之真正提升到彻底的唯物主义世界观和历史观高度并对问题进行切实的历史科学的辩证综合分析。

马克思不仅将问题提升到了新的高度,而且对于问题给出了明确的解答。他指出,"在资本主义社会和共产主义社会之间,有一个从前者变为后者的革命转变时期。同这个时期相适应的也有一个政治上的过渡时期,这个时期的国家只能是无产阶级的革命专政"①。这一论断显然是立足于《法兰西内战》中对巴黎公社经验教训的分析。如前所述,马克思明确地肯定了巴黎公社建立无产阶级性质的政权的世界历史意义,并将之作为无产阶级革命超越资产阶级革命的伟大创举。《哥达纲领批判》将《法兰西内战》中所揭示的巴黎公社的伟大创举和实践经验提升到了原则的高度,将之作为共产主义超越资本主义的必由之径。马克思明确地提出了"在资本主义社会和共产主义社会之间"这一科学概念,实则是探索到了资本主义必然为共产主义所替代的历史规律具体化为新文明超越旧文明的现实路径。马克思由此犀利地指出了德国工人党纲领的局限性和根本症结:这一纲领回避了究竟如何推动着资本主义朝着共产主义过渡和转化这一要害问题,不仅对"无产阶级革命专政"这一根本问题避而不谈,也回避了未来的新文明形态即共产主义社会的国家制度的状况问题。令马克思感到不满乃至愤慨的是,德国工人党所坚持的还是旧的即为资产阶级意识形态所束缚的抽象国家观。"德国工人党提出下列要求作为国家的经济基础:……交纳单一的累进所得税……","德国工人党提出下列要求作为国家的精神和道德的基础:1. 由国家实行普遍的和平等的国民教育。实行普遍的义务教育。实行免费教育"。② 这些内容表明,德国工人党根本上没有跳出资产阶级意识形态的影响,他们仍然深陷于"国家决定市民社会"的唯心主义国家观的教条之中。这些信条表明,德国工人党仍然是从旧有的唯心主义国家观视角去错误地认识国家的本质的,在他们看来,"国家"不过是"政府机器"③。受这种唯心主义的国家观的制约,进而导致了德国工人党对于教育的本质及其功能的理解也陷入了错误之中。在所谓的"现代社会"(即现代资产阶级社会和各个资本主义国家)中,教育具有强烈的阶级属性,它根本不可能是对于每个阶级而言都平等的"权利"。另外,德国工人党所希冀的"自由"绝不可能通过一个凌驾于市民社会之上的"国家"而实现。这种观念表明他们关于社会发展的理解尚未真正达到科

---

① 马克思:《哥达纲领批判》,《马克思恩格斯文集》第 3 卷,人民出版社 2009 年版,第 445 页。
② 马克思:《哥达纲领批判》,《马克思恩格斯文集》第 3 卷,人民出版社 2009 年版,第 446 页。
③ 马克思:《哥达纲领批判》,《马克思恩格斯文集》第 3 卷,人民出版社 2009 年版,第 446 页。

第七章 马克思对资本主义的唯物主义批判与人类文明的未来

学社会主义的境域,而是本末倒置地将现存国家视为绝对的存在,即把国家绝对化为"一种具有自己的'精神的、道德的、自由的基础'的独立存在物"①。在马克思看来,这才是问题的症结所在。

由此也引发了一个十分关键且至关重要的问题,即在共产主义社会中,国家制度的组织和管理形式究竟是什么样子的。这一问题的实质是在共产主义社会中,在这个"无产阶级的革命专政"的社会中,人民是如何管理国家的?《共产党宣言》中已经对这个问题给出了一个方案,明确地将"无产阶级上升为统治阶级"和"争得民主"作为无产阶级革命的"第一步"要实现的目标。② 在这里,马克思和恩格斯明确地将"无产阶级上升为统治阶级"与"争得民主"二者等同起来,实际上是不仅揭示了共产主义社会形态中国家政权的"无产阶级专政性质",也同时阐明了这一专政的实质。它不是少数人对多数人的统治,不再是资本家对人民的统治,人民翻身从奴隶变成了国家的主人,因而确立了真正的"民主制"——人民成了国家政权的掌控者,国家成了真正属于全体人民的共同体,成了"真正的共同体"。这是包括现代资产阶级社会在内的以往任何时代都难以实现的事情,这只有超越私有制社会亦即铲除私有制才可能实现。在"史前文明"的最高形态现代资产阶级社会中,例如在美国虽然也采取了民主共和制,然而,这种"民主共和制"说到底还是少数人对多数人的专制;这样的民主共和国说到底不过是资产阶级管理国家的委员会罢了,即"只是资产阶级社会为了维护资本主义生产方式的一般外部条件使之不受工人和个别资本家的侵犯而建立的组织",正是如此,"不管它的形式如何,本质上都是资本主义的机器,资本家的国家,理想的总资本家"③。在这样的资产阶级专政的却披着"民主共和制"的国家中,在这个"虚假的共同体"中,工人沦为了为资本家创造财富的奴隶,整日遭受雇佣劳动制度的奴役,导致他们根本没有条件也根本没有闲暇参与国家事务的管理。于是,"在这被迫专门从事劳动的大多数人之旁,形成了一个脱离直接生产劳动的阶级,它掌管社会的共同事务:劳动管理、国家事务、司法、科学、艺术等等"④。而无暇过问民主也无暇过问政治的广大人民群众竟成了游离于国家政治生活之外的虚无性的存在。

---

① 马克思:《哥达纲领批判》,《马克思恩格斯文集》第3卷,人民出版社2009年版,第444页。
② 马克思、恩格斯:《共产党宣言》,《马克思恩格斯文集》第2卷,人民出版社2009年版,第52页。
③ 恩格斯:《社会主义从空想到科学的发展》,《马克思恩格斯全集》第25卷,人民出版社2001年版,第408页。
④ 恩格斯:《反杜林论》,《马克思恩格斯全集》第26卷,人民出版社2014年版,第299页。

由私有制及其阶级统治所造成的社会现实的弊病，是根本无法通过资产阶级革命及其政治解放来破除的。启蒙思想家们一度憧憬着在人世间实现全人类的"自由"和"平等"，他们也为此进行了深入的理论研究，甚至一些法国思想家也积极地投身于实践，以至于为了理想而被封建专制统治者逮捕入狱。然而，当启蒙运动终于变成一场社会革命，引发了资产阶级反对封建专制的社会革命，待到这场资产阶级革命胜利后，人们不得不面对这样的结局：一方面，"自由"和"平等"不再仅仅是抽象的观念和理想了，而是通过革命变成了现实，封建国家政权的大厦轰然倒塌，在废墟上耸立起了"民主共和国"，国家不再绝对地隶属于地主和贵族，而是成了名义上属于全体公民的"共同体"。但另一方面，国家的私有性质即它不过是为少数人所操纵、进行阶级统治的狭隘属性，并未发生根本性的改变。作为资产阶级革命胜利果实的这个"现代资产阶级社会"，不过是改朝换代的产物，不过是资产者代替封建地主和贵族成了新的统治阶级。因此，在这样的社会存在和社会现实中，根本不是像资产阶级思想家们、这些隶属于统治阶级的意识形态家所宣称的，人民可以通过议会制参与国家政治生活并享受权利。资本私有制及其雇佣劳动制度对于工人和劳动人民的根本性禁锢，不仅意味着他们根本无法通过"政治解放"获得真正的民主权利，也意味着他们只有彻底铲除资本私有制及其阶级统治的政权结构，才能够获得真正的解放。

所以在马克思看来，不彻底跳出私有制的束缚，不彻底地从根基处打破资本私有制对于人和社会的阶级统治，人类社会始终都不过是在"少数人统治多数人"的圈子里打转。在所谓的"民主共和制"框架中是既难以达到真正的"民主"，也无法做到真正的"共和"；新旧文明形态的更迭并不是像一些资产阶级思想家和空想社会主义者所天真地以为的，是"简单地、直线地、平稳地走向'日益彻底的民主'"，这是根本背离世界历史发展的客观逻辑的意识形态幻梦。旧文明为新文明所超越的路径只能是经由无产阶级革命而朝着更高的发展形态演进，"向前发展，即向共产主义发展，必须经过无产阶级专政，不可能走别的道路，因为再没有其他人也没有其他道路能够粉碎剥削者资本家的反抗"[①]。无产阶级专政必然要求在国家政权架构的设计上坚持采取人民民主的政权组织形式。无产者争取民主的要求并不能停留在选举权、被选举权，无产阶级专政的国家政权是要赋予"民主"以全新的内涵，它不是在原有的私有制基础上建立的各种国家制度中的那种让私有制统治人民的制度形式，而是对旧的"民主制度"的颠倒或颠覆。人民为了获

[①] 列宁：《国家与革命》，《列宁全集》第 31 卷，人民出版社 2017 年版，第 84 页。

第七章 马克思对资本主义的唯物主义批判与人类文明的未来 299

得民主权利,就必须将权力从私有者手中夺取过来;不仅如此,为了将这样的合理的权利诉求变成一种科学的制度设计,为了防止失去政权的旧统治者卷土重来而兴风作浪,他们还必须对这些旧时代骑在人民头上的"老爷们"实施专政,"无产阶级专政还要对压迫者、剥削者、资本家采取一系列剥夺自由的措施"①。切莫要从抽象的人道主义角度(这恰恰是为资产阶级意识形态所束缚和禁锢的表现)对这些旧日的统治者同情和怜悯,而是必须从世界历史运动和发展的高度对待之:"为了使人类从雇佣奴隶制下面解放出来,我们必须镇压这些人,必须用强力粉碎他们的反抗,——显然,凡是实行镇压和使用暴力的地方,也就没有自由,没有民主。"② 这里必须牢牢坚持唯物史观的基本原则。如从被专政的对象角度看的话,无产阶级专政的措施既不"民主",也不"自由";但我们必须立足于唯物史观,站在无产阶级和人民大众的立场上去看问题。从人民群众的立场看,这正是民主的本有含义:人民无差别地享受政治权利,并对昔日剥削、压迫、奴役人民的旧统治阶级实施专政,就像旧日他们对待人民那样,现在轮到他们被排斥到民主之外的历史时刻了。事实上,"这就是民主在从资本主义向共产主义过渡时改变了的形态"③。事实上,这就是"后资本主义时代"人类社会发展的本质逻辑:人类社会将告别"史前文明"而进入真正的"人类文明"的新时代。

因此,总的来说,无产阶级革命必然要推翻资产阶级的统治、消灭资本主义国家制度,建立无产阶级专政从而确立新的、真正的"民主制"。然而,在从旧时代向新时代转变的过程中,在现代资产阶级社会走向共产主义社会的过程中,必然地要历经一个无产阶级专政的过渡时期。伴随着无产阶级革命的胜利,"无产阶级必须采取政治行动,必须把实行无产阶级专政作为达到废除阶级并和阶级一起废除国家的过渡"④。无产阶级专政是革命的无产阶级在自己的政党共产党的领导下,像以往任何一次革命那样,胜利者对失败者所实施的统治;然而,它又和以往的任何一次旨在确立以"少数人的统治"为目标的革命有着本质区别。这个无产阶级政权不仅仅是对待私有者的"暴力手段",更是胜利了的人民管理社会的政治组织形式。这既是民主的真正的而又彻底的实现形式,同时又意味着旧的民主制度开始走向消亡。一旦废除了资本私有制和资产阶级对于国家和市民社会的统治,一旦人们从私有制的禁锢中获得了彻底的解放,人们就不再需要在国家机器的强制下去遵守

---

① 列宁:《国家与革命》,《列宁全集》第31卷,人民出版社2017年版,第84—85页。
② 列宁:《国家与革命》,《列宁全集》第31卷,人民出版社2017年版,第85页。
③ 列宁:《国家与革命》,《列宁全集》第31卷,人民出版社2017年版,第85页。
④ 恩格斯:《论住宅问题》,《马克思恩格斯文集》第3卷,人民出版社2009年版,第310页。

法律和法规，而是十分自觉地将这些法律法规作为反映全体社会成员利益的共同规则去执行。在这种情况下，社会就再也不需要一个凌驾于其之上的"国家"这个"虚假共同体"了。作为过渡时期的人民民主的国家制度，在这个人民的"联合体"中，仍然会保留着旧时代国家机器的职能。区别在于，在以往，这些职能本质上是统治者对人民进行阶级统治的政治手段乃至暴力手段；而在这个无产阶级专政的过渡时期，这些功能则是人民管理社会、确保生产和生活有序进行的必要手段。即使是表现形式完全相同的职能例如镇压，过渡时期也呈现出与以往根本不同的本质规定。在过渡时期，镇压本质上是无产阶级专政的共同体性质在社会生活领域的具体化形式，它不再是统治者对于人民的压迫，而是人民对于失去了统治地位而并未改变其私有者的阶级属性的剥削者的改造。

只有到了共产主义社会（这里指超越了过渡阶段的人类社会的新文明形态）中，国家才会真正成为恩格斯所说的"废物"，它才会被新文明和新人类彻底地送到历史的博物馆。到了共产主义社会中，就不再存在阶级和阶级之间的矛盾斗争了；随着阶级的消亡，就没有阶级需要国家去对之进行专政和镇压了，国家的存在因此就丧失了其现实条件。在这个问题上，马克思并未陷入空想社会主义的意识形态之中，他并不知道国家消亡的确切日期——事实上，这在马克思看来也是一个不应提出的、具有空想性质的伪问题。然而，马克思的伟大之处是他揭示了新旧文明形态转化的本质联系及其普遍规律。不仅如此，他还对作为有机体的共产主义社会的特性给予了既唯物又辩证的解析。

（三）作为有机体的共产主义社会

我们知道，马克思在《资本论》中提出了社会是一个"有机体"的重要思想："社会不是坚实的结晶体，而是一个能够变化并且经常处于变化过程中的有机体。"① 那么共产主义社会是否也是一个有机体？这一提法本身关涉到的是共产主义社会的发展特性这一重要问题，其所意指的是共产主义社会是否也有一个从低到高的发展过程。马克思对此的回答是肯定的。在他看来，共产主义社会是一个有机体，其发展特性呈现出一个由低到高、由一个低级形态发展到高级形态的过程。马克思基于彻底的唯物主义哲学立场，以唯物辩证法为方法论支撑，在《哥达纲领批判》中对此进行了深入的分析。

---

① 马克思：《资本论》法文版第 1 卷，《马克思恩格斯全集》第 43 卷，人民出版社 2016 年版，第 20 页。

马克思对问题的分析是由德国工人党纲领中的错误条文引发的。1875年3月7日发表在《人民国家报》上的这个纲领中，它在第一条指出："劳动所得应当不折不扣和按照平等的权利属于社会一切成员。"① 这实际上无疑是受到了拉萨尔的影响，充满着机会主义的色彩和格调。马克思对于德国工人党附庸于拉萨尔的做法十分愤慨，对之进行了详细而又具体的驳斥。在马克思看来，"劳动所得"这个概念充满含混性，事实上是拉萨尔主观地为了代替科学的政治经济学概念而提出的模糊观念。它究竟是指劳动产品的使用价值呢，还是用于进行社会交换的劳动产品即商品的价值呢？究竟是指产品的总价值呢，还是仅仅指用于补偿消耗掉的生产资料的那部分新的价值？对此，拉萨尔没有说清楚，附庸于拉萨尔的德国工人党更是不清楚。至于"社会一切成员"和"平等的权利"，马克思认为，这两个说法十分空洞，是十分抽象且空乏无力的说辞。这样的空洞的抽象说辞掩盖了问题的实质，"问题的实质在于：在这个共产主义社会中，每个劳动者都应当得到拉萨尔的'不折不扣的劳动所得'"②。所谓的"劳动所得"并不是拉萨尔及其信徒所理解的"全部社会产品的总和"。马克思认为，扣除的份额至少要包括三个部分。第一部分是补偿性的扣除，即要首先扣除掉这一阶段的生产活动所损耗掉的生产资料；第二部分是确保再生产得以正常进行的扣除，即确保生产活动可以延续并扩大下去的必要的追加部分的扣除；第三部分则是公共性的扣除，即为了维护全体社会成员的未来权益免受不幸事故和自然灾害等的后备基金和保险基金。马克思并未对各个部分究竟应该扣除多少给出一个精确的比例设定，他不可能作出这样的明显带有空想色彩的先验设定；马克思要强调的是，这几个部分的扣除是维持经济发展的必要措施，至于扣除多少必须根据实际情况予以确定，而根本无法按照拉萨尔所谓的"公平原则"进行计算。

马克思并未回避问题，而是具体地分析了消灭资本主义社会的共产主义社会的物质条件。他强调，"我们这里所说的是这样的共产主义社会，它不是在它自身基础上已经发展了的，恰好相反，是刚刚从资本主义社会中产生出来的，因此它在各方面，在经济、道德和精神方面都还带着它脱胎出来的那个旧社会的痕迹"③。这段话中提到的"共产主义社会"所指的正是无产阶级专政的这个过渡时期的文明形态。马克思要强调的是这个共产主义文明

---

① 马克思：《哥达纲领批判》，《马克思恩格斯文集》第3卷，人民出版社2009年版，第429页。
② 马克思：《哥达纲领批判》，《马克思恩格斯文集》第3卷，人民出版社2009年版，第432页。
③ 马克思：《哥达纲领批判》，《马克思恩格斯文集》第3卷，人民出版社2009年版，第434页。

形态的辩证特性。作为刚刚从旧时代和旧的文明形态中孕育出来的新时代和新文明形态，这个"共产主义社会"必然地还带有旧社会即资产阶级社会的"痕迹"。无论是在经济基础还是上层建筑以及思想文化领域，它都未彻底实现对旧文明形态的扬弃和超越。这一点完全符合事物发展的客观辩证规律。依照唯物辩证法，"世界不是既成事物的集合体，而是过程的集合体"①。共产主义社会也是如此，它本身也遵循事物发展的普遍规律。它既是世界历史自身运动发展的必然结果，同时又遵循着世界历史运动进程的普遍历史规律，因而必然地而又合理地呈现出"有机体"的即过程性的发展特性。

马克思明确地将这个刚刚脱胎于旧时代、旧文明形态的新社会称作"共产主义社会第一阶段"②。所谓"第一阶段"就是指低级阶段，即超越"史前社会"的新文明形态的共产主义之初始阶段。马克思深刻地指出了这样一个事实：它必然地带有"旧社会的痕迹"③。那么这个存在于共产主义社会第一阶段的"旧社会的痕迹"究竟是什么？它的具体表现形式是什么？问题的实质是资本私有制条件下主宰商品交换的价值规律还存在吗？它还会起作用吗？对此，马克思事实上在之前的著作中作了研究，他在《资本论》及其手稿中对此作了科学的分析。

在资本私有制下，人与人的关系被抽象化为商品交换关系，呈现出以货币为中介、受资本这个"物神"所主宰的颠倒特质，以至于"一种社会生产关系采取了一种物的形式，以致人和人在他们的劳动中的关系倒表现为物与物彼此之间的和物与人的关系"④。在《资本论》中，马克思明确地将这种颠倒归结为发生在现代资产阶级社会之中的"拜物教"现象。⑤ 在深刻地指出了为资本生产方式及其生产关系所固有的这种拜物教特质的同时，马克思特别强调这种人与物关系颠倒的现象的暂时性特质：这只是发生在商品生产中的、特别突出地存在于资本主义社会之中的景象。马克思认为，这种建基于人与物关系颠倒之上的拜物教景象，是资本时代即所谓的"现代社会"

---

① 恩格斯：《路德维希·费尔巴哈和德国古典哲学的终结》，《马克思恩格斯文集》第 4 卷，人民出版社 2009 年版，第 352 页。
② 马克思：《哥达纲领批判》，《马克思恩格斯全集》第 28 卷，人民出版社 2018 年版，第 352 页。
③ 马克思：《哥达纲领批判》，《马克思恩格斯全集》第 28 卷，人民出版社 2018 年版，第 352 页。
④ 马克思：《政治经济学批判》，《马克思恩格斯全集》第 31 卷，人民出版社 1998 年版，第 427 页。
⑤ 马克思：《资本论》法文版第 1 卷，《马克思恩格斯全集》第 43 卷，人民出版社 2016 年版，第 66 页。

的独有特质。至于前资本主义时代，无论是在"欧洲昏暗的中世纪"，还是在更为古老的原始公有制时期（亚细亚的、印度的公有制形式）中，人与人的关系都是非常直接地表现为他们本身之间的个人的关系，没有被镀上一层抽象的幻象外衣，"而没有披上物之间即劳动产品之间的社会关系的外衣"①。至于"后资本主义时代"，在那个虽然尚未到来但一定会实现的共产主义的"自由人联合体"中，更是如此。在这里，生产将不再采取商品生产这种特殊形式，而是由全体社会成员在公有制（生产资料属于社会，由全体社会成员共同占有）条件下进行劳动生产。"社会主义经济不是建立在各种不同的甚至对立的计划生产基础上，也不是建立在一种自发的市场的基础上，而是建立在生产资料公有制的基础上，生产资料公有制使国民经济再生产过程的计划得以实现，它需要这种计划；同时，它还改变社会主义制度下的商品生产和商品货币关系的特性，因此，商品生产和商品货币关系是社会主义计划经济的固定组成部分，它们的一般规律并入社会主义的经济规律体系。"② 马克思认为，未来新文明形态之中的人们不再是盲目地进行生产活动，而是自觉地基于对规律的认识、以规律为指导进行有计划的社会生产。作为生产的结果即联合起来的全体劳动者生产出来的产品的总和"总产品"，将进行必要的二重性的管理和规划：一部分仍然是归属于社会，作为联合体用于扩大生产的必要生产资料储备；另一部分则用于全体社会成员即联合劳动者们的个人消费，即作为消费资料在全体劳动者们之间进行分配。问题在于如何进行分配。问题的实质是，在这个自由人联合体中，关于劳动产品的分配方式将呈现出不同于以往的什么样的特质？可以肯定的是，新旧文明形态的不同必然决定着分配方式的差异，因为从唯物史观角度看，"分配方式会随着社会生产机体和劳动者的历史发展程度而改变"③，这是人类社会的一般发展规律。为了说明这一点，马克思假定，"每个劳动者得到的份额同他的劳动时间成正比"④。我们需要注意的是，这并非主观任意的假定，而是马克思以"劳动时间"为考察对象分析两个时代的本质差异。在资本主义社会中，劳动者即工人的生产被资本生产统摄，劳动与资本、工人与资本家之间

---

① 马克思：《资本论》法文版第1卷，《马克思恩格斯全集》第43卷，人民出版社2016年版，第71页。
② 〔民主德国〕汉·卢夫特：《通过社会主义计划经济克服异化和隐蔽性》，苑洁主编《马克思主义研究资料》第16卷，中央编译出版社2014年版，第296页。
③ 马克思：《资本论》法文版第1卷，《马克思恩格斯全集》第43卷，人民出版社2016年版，第72页。
④ 马克思：《资本论》法文版第1卷，《马克思恩格斯全集》第43卷，人民出版社2016年版，第72页。

的关系被表现为以货币为中介的工资关系,后者对前者的剥削和压迫关系就为这种颠倒了的人与物的关系所抹杀。这种景象在未来社会中即在"自由人联合体"中不复存在。"一方面,劳动时间在社会中的分配,精确地调节着各种职能同各种需要的比例;另一方面,劳动时间计量每个生产者在共同劳动中所占的份额,同时也计量每个生产者在共同产品的消费部分中所占的份额。"① 因此在共产主义社会里,无论是劳动者们在生产中的社会关系,还是在分配领域,人与人、人与社会(联合体)之间的关系都十分简单明了,不存在任何颠倒的景象。

《哥达纲领批判》既充分立足于之前的这些政治经济学研究成果,又对其思想内涵进行了丰富。马克思不再假设存在着一个"自由人联合体",而是明确地将它作为资本主义社会灭亡之后的新文明形态的存在形式,将之精确地界定为"共产主义第一阶段";另外,马克思还深刻揭示了这个新旧文明交替的过渡时期的过渡性的特质。"这里通行的是调节商品交换(就它是等价的交换而言)的同一原则",以等价交换为基本表现形式的商品价值规律并未消失,它并不会随着资本主义制度覆灭而立即消逝,而是仍然存在于"共产主义第一阶段"这一过渡时期。不过,规律起作用的方式已然发生了改变。"内容和形式都改变了。"② 社会成员之间的关系不再是阶级对立的关系。他们的社会关系不再直接地是商品交换关系,不再受货币和资本的支配。劳动成为每个人的存在方式,也是他们与他人和社会建立联系、缔结关系的基本形式。生产资料私有制已经被废除,生产资料不再是属于私人的财产,而是归社会所有。每个人能够占有的,只能是通过自己的劳动生产出来的产品。如果说个人还有什么属于自己的财富的话,那就只能是用于个人生存和生活的消费资料,因此任何人都不可能凭借手中的这些仅仅用于个人消费的生活资料去剥削他人。那么,消费资料的分配将遵循什么样的原则?马克思的答案是,也必将遵循等价交换的原则,"这里通行的是商品等价物的交换中通行的同一原则,即一种形式的一定量劳动同另一种形式的同量劳动相交换"③。全体社会成员的劳动将不再以"工资"去计量。对他们所完成的一定份额的社会必要劳动进行计量的仍然是时间,不过采取的不是用于计算价值量的货币形式,而是采取了"凭证"的形式,作为其向社会提供的劳动量(这里当然要扣除掉每个人都必须为社会的公共基金而进行的必要劳动

---

① 马克思:《资本论》法文版第1卷,《马克思恩格斯全集》第43卷,人民出版社2016年版,第72页。
② 马克思:《哥达纲领批判》,《马克思恩格斯文集》第3卷,人民出版社2009年版,第434页。
③ 马克思:《哥达纲领批判》,《马克思恩格斯文集》第3卷,人民出版社2009年版,第434页。

时间）的证明。而每个获得劳动凭证（相当于劳动券）的人，就可以去换取一份等额的即耗费同等劳动量的消费资料。

在这个新的文明形态下，已经消除了阶级压迫和奴役。"在社会主义制度下，劳动异化已被消除，尽管旧的社会分工还继续存在着。由于生产资料公有制的统治地位，劳动异化所具有的社会对立已经被消除，但是，还继续存在着简单活动和复杂活动、脑力活动和体力活动以及工业活动和农业活动之间的本质差别，而克服这些差别是一个通过改变各种不同劳动的内容使它们逐步接近起来的复杂的、纷繁多样的漫长过程。"[1] 正因如此，"在这里平等的权利按照原则仍然是资产阶级权利"[2]。这就产生了一个必须进行认真思考的疑难：既然已经消灭了资本私有制和资本主义制度，既然已经建立了无产阶级专政，既然人类社会已经告别了旧文明形态而进入了"共产主义社会第一阶段"，那么，为何说"平等的权利"仍然是"资产阶级权利"呢？马克思特别强调，这是一个"按照原则"的客观事实。正如上面我们已经指出的，马克思的意思并不是说资本私有制条件下的价值规律在这里原封不动地保留着，事实上并非如此。规律和其在实践中的表现形式二者之间不再是对立关系，现象和本质的矛盾已然溶解，作为普遍的价值规律或者说价值规律的普遍性不再是通过个别和特殊，因而以"平均数"的形式呈现出来；在新文明形态中，规律将抛开内容与形式相区别、现象与本质相对立的独特的亦即颠倒的形式，以最为直接而又完满的合理形态展现出来并发挥作用。既然如此，马克思为什么说，这个起着根本主导作用的"原则"是"资产阶级权利"呢？马克思要强调的是，价值规律表现为直接的和合理的形态，它也带来了平等和进步——最大的平等和进步就是废除了私有制和现代奴隶制。一方面，平等确实实现了，人与人之间的关系不再是剥削关系，由剥削所导致的不平等成了历史的回忆；然而，另一方面，这样的"平等"有其局限性。"但这个平等的权利总还是被限制在一个资产阶级的框框里。"[3] 生产者之权利大小取决于其所提供的劳动量的大小，劳动者提供的劳动越多，享受到的权利就越大，相反，他们劳动得越少，权利就越小。因此，在劳动面前，人人平等，全体劳动者没有任何阶级差别。劳动因此成了衡量劳动者权利大小的"绝对尺度"；与之相对应，必须进行劳动才能获得相应的权利就成为每位劳动者都必须遵循的"绝对命令"。这难道有什么问题吗？当然有

---

[1] 〔民主德国〕汉·卢夫特：《通过社会主义计划经济克服异化和隐蔽性》，苑洁主编《马克思主义研究资料》第16卷，中央编译出版社2014年版，第293页。
[2] 马克思：《哥达纲领批判》，《马克思恩格斯文集》第3卷，人民出版社2009年版，第434页。
[3] 马克思：《哥达纲领批判》，《马克思恩格斯文集》第3卷，人民出版社2009年版，第435页。

问题，这里存在着的问题就是劳动者个体之间的差异被忽略了，或者说，这个差异本身被作为根本尺度的劳动本身摒弃了。分配所唯一考虑的就是劳动，就是每一位劳动者所提供的劳动量的大小：多劳多得，少劳少得，不劳不得。这样的分配方式实则忽略和摒弃了劳动者个体的差异。也可以说，它是默认了每个劳动者的个体差异，将每位劳动者的不同等的个人天赋及其劳动能力作为"天然特权"，默认这种基于人的生命力而导致的"自然禀赋"作为劳动者获得权利的条件，但同时又根本不管哪些劳动者借此获得更多的权利，另一些劳动者则因为自身禀赋的不足而获得的少一些。① 如此一来，"平等的权利"对于不同等的劳动者而言就成了"不平等的权利"，于是劳动者之间的关系就会在劳动的过程中逐渐变得不平等起来。这显然是一种弊病。但这种弊病是由"共产主义社会第一阶段"的社会结构所无法规避的必然结果，因为"权利决不能超出社会的经济结构以及由经济结构制约的社会的文化发展"②。采取这种特定分配方式的根本原因显然是该阶段生产力水平发展相对不足。在生产力尚不十分发达的情况下，为了确保全体社会成员在生产资料公有制条件下能够更好地生活，并激发全体劳动者竭尽所能投身于劳动生产，就不得不采取这样一种"按劳分配"的方式。

随着生产力水平的继续发展，共产主义社会将由"第一阶段"跃升到更高的发展阶段，马克思称其为"共产主义社会高级阶段"。马克思并未采取过多的笔墨为我们描绘这个未来的美好世界的图景。我们知道，这不应是科学社会主义者的做法。如果马克思这样做了，他就陷入了空想社会主义者对未来的不切实际的乌托邦意识形态之中。马克思要强调的是，推动着共产主义社会从"第一阶段"必然地走向"高级阶段"的根本动力和经济基础是生产力的高度发展。离开生产力的高度发展，这样的发生于新文明形态内部的新的质变就根本不可能实现。只有到了"共产主义社会高级阶段"，国家才会真正走向消亡。但是，对于马克思主义者来说，"我们只能谈国家消亡的必然性，同时着重指出这个过程是长期的，指出它的长短将取决于共产主义高级阶段的发展速度，而把消亡的日期或消亡的具体形式问题作为悬案，因为现在还没有可供解决这些问题的材料"③。在共产主义社会的高级阶段，必将呈现出人类文明形态以往从未有过的光明图景。生产力水平和劳动生产

---

① 马克思举例作了说明："一个劳动者已经结婚，另一个则没有；一个劳动者的子女较多，另一个的子女较少，如此等等。"（马克思：《哥达纲领批判》，《马克思恩格斯文集》第 3 卷，人民出版社 2009 年版，第 435 页。）
② 马克思：《哥达纲领批判》，《马克思恩格斯文集》第 3 卷，人民出版社 2009 年版，第 435 页。
③ 列宁：《国家与革命》，《列宁全集》第 31 卷，人民出版社 2017 年版，第 92 页。

率将极大提升,摆脱了社会分工制约的人们,将十分自觉地遵守共产主义社会生活规则,这些自由地联合起来的劳动者们将在人类社会历史上第一次实现"各尽所能,按需分配"。劳动将成为现实的个人绽放其本质的唯一途径,也将成为他们自由发挥个性、彰显个人能动力量的生产生活方式。这样的劳动实践活动已然不再是私有制条件下社会强加于个人的沉重负担,而是成为每个人实现自我的且充满灵动性的艺术形式。马克思关于未来人类文明形态的历史科学阐释,为人类摆脱私有制奴役、超越"资本时代"指明了道路和方向。"马克思的这些解释的伟大意义,就在于他在这里也彻底地运用了唯物主义辩证法,即发展学说,把共产主义看成是从资本主义中发展出来的",一个毋庸置疑的事实是,"马克思没有经院式地臆造和'虚构'种种定义,没有从事毫无意义的字面上的争论(什么是社会主义,什么是共产主义),而是分析了可以称为共产主义在经济上成熟程度的两个阶段的东西"[1]。质言之,这是马克思关于人类文明新旧形态转变的历史科学揭示;究其实质,这是关于世界历史发展之谜的马克思主义答案。

---

[1] 列宁:《国家与革命》,《列宁专题文集·论马克思主义》,人民出版社2009年版,第269页。

结　语

本书研究表明，"新唯物主义哲学革命"是内蕴于马克思哲学革命的重要维度，也是马克思确立自己哲学思想的根本途径。以实践为动力，以求解社会问题和时代课题为线索，马克思一步步破除了传统西方哲学的形而上学建制及其"柏拉图主义迷障"，以"改变世界"的新哲学完成了对"解释世界"的旧哲学的根本性变革和彻底的超越。

马克思与传统和现代西方哲学家们进行哲学研究的方式具有根本差异。马克思不是供职于大学的专职哲学教授，而是以职业革命家的身份确立其哲学家的身份的。与之相应，马克思的哲学思想根本不是像康德、黑格尔哲学那样的"书斋里的学问"，而是他自觉立足于自己所领导和参与的革命实践活动、对丰富实践经验的总结。我们虽然并不完全赞同奎因（W. V. Quine）的"本体论承诺"[①]，但是，我们也并不否认奎因所主张的"一切哲学都有其本体论支撑"这一论断的特定合理性。众所周知，马克思主义是由哲学、政治经济学和科学社会主义组成的真理学说和科学体系。在这样一个"思想整体"、整体性的思想体系中，哲学是根基，为政治经济学和科学社会主义奠定不可或缺的思想前提和理论基础。在此意义上，我们可以说，马克思的新唯物主义哲学观是其整个学说的"本体论依据"，为他创立马克思主义的政治经济学和科学社会主义学说提供了科学的世界观、历史观和价值观支撑。

因此，当我们站立在新时代的中国社会存在和社会现实中，重思马克思的哲学革命这一经典课题时，当我们再度对"老问题"进行"新思考"时，我们就不得不首先对"马克思哲学革命何以可能"这一问题进行一个前提思考。这一课题的任务就是要深入马克思哲学革命的逻辑进程中，探索马克思究竟是如何彻底跳出旧哲学的形而上学地基而建立一门新哲学的。马克思将这门新哲学命名为"新唯物主义"，那么，新唯物主义究竟"新"在哪里？

[①] 〔英〕奎因：《从逻辑的观点看》，江天骥等译，上海译文出版社1987年版，第10、121页。

这就需要我们必须对马克思哲学革命进行不断深入的研究和反思,展现其在哲学观的高度对传统西方哲学的变革和超越。然而,当我们开启这样一项课题研究的时候,却又面临着不小的难题。当我们不得不认同海德格尔"形而上学就是柏拉图主义"论断的合理性时,我们就必须对之进行一个马克思主义的回应,即直面马克思哲学如何超越"柏拉图主义"这一疑难。这一问题促逼着每一位马克思主义者、马克思主义哲学研究者,不得不返回马克思哲学思想的根基处,领会和把握马克思所发动的那场新唯物主义哲学革命的内容和实质。

澄清这一问题有其必要的思想史前提,要求我们必须对传统西方哲学的理论建制进行必要的前提反思,需要对自古希腊以降、经近代到德国古典哲学的整个传统形态进行研究。这一研究的难度不仅仅是要从整体上把握住传统西方哲学的发展历程,更要把握住西方哲学的整体发展过程和内在逻辑。课题本身的性质和主题决定了本书处理和解决问题的方式。本书并未采取一般思想史回顾和反思这样的惯常做法,而是深入西方哲学整体发展过程而呈现其哲学基础及其理论建制确立和完善的思想逻辑。

西方哲学的形而上学特质、它的形而上学基础及其理论建制,在第一位哲人泰勒斯那里就已经初步奠定,这样一种从某种普遍的观念(作为本体、始基的"一")统摄世界(纷繁复杂的"存在者大全")的做法,构成后世哲学家们进行形而上学致思的逻辑开端。柏拉图的贡献不仅仅是沿着泰勒斯等古希腊早期哲学家们开启的哲学道路前行,不仅仅是对这些先辈的哲学思想进行了一个整理和综合,而是基于原则的高度推进了古希腊哲学的理论高度和思想深度。他构建"理念论"的目的,并不是和以往哲学家们那样创建一个"本体论体系",而是要对以往的全部本体论学说的哲学基础进行深入思考;柏拉图不仅将"理念"确立为存在者大全的本体,而且对这一本体构造的哲思逻辑的前提亦即"存在者之为存在者"的根据进行勘察。究其实质,柏拉图的"理念论"实则是对古希腊哲学和哲学本身的形而上学基础的深入求解。也正是如此,我们认为,"理念论"不仅是柏拉图哲学的核心内容,而且是柏拉图对于西方哲学究竟是什么、应该以什么形式进行哲学研究的回答。柏拉图因此成为后世西方哲学家们特别是传统西方哲学(从古希腊到德国古典哲学)家们的老师,而他所创建的"理念论"则成为哲学家们构建一个个哲学体系的范本。

所谓"近代西方哲学"实则是西方哲学的近代化形态。在理论层面上,西方哲学呈现出十分典型的"柏拉图主义"特征。我们看到,经验论和唯理论围绕的轴心问题及其理论建制正是柏拉图的"理念论"所给予和奠定的。

"可感世界"与"理念世界"的分离问题被哲学家们深刻转化为"思维和存在的关系问题","存在者之为存在者"的根据问题被他们相应地转化为主体何以切中客体这一课题。围绕着二者符合的根据是什么这一轴心问题,笛卡尔和洛克等哲学家们分别从两个不同的维度对问题本身进行了深入的求解,给出了不同的答案。从整体上看西方哲学近代化的逻辑可以发现,两派哲学家有着一个共同的形而上学地基,实则是共享由柏拉图的"理念论"所奠定的理论建制。他们的区别仅仅在于究竟选择哪种"观念"(本体)作为构造世界的逻辑始基罢了。他们关于问题的认识论求解逻辑及其方式貌似对立,但并非决然对立,而是具有内在的本质同一性。休谟的怀疑论在向世人展现了两派内在同一关系的同时,也宣告了西方哲学近代化的终局:思维与存在、主体与客体的关系问题,无法通过构建一个经验主义的或理性主义的认识论体系得以解决;因为缺失对二者符合的必然性进行考察,意味着两派哲学家们都滞留在了"观念"(感性的经验客体和理性的思想客体)与"世界"相分离的柏拉图主义幻象中。在此意义上,他们可以说都是柏拉图主义的囚徒。为休谟所敏锐地把握住的西方哲学近代化的内在困境,进一步地被法国的唯物论者们意识到了。他们在自然观和历史观的双重维度更为彻底地暴露了西方哲学近代化的根本局限性。然而,这一固有矛盾和根本局限恰恰成为推动西方哲学发展的动力和支点。

  德国古典哲学站在新的时代高度对问题本身进行求解。康德的"纯粹理性批判"有效克服了经验论者们的独断论迷误,也驳斥了唯理论者们的"唯心主义迷误"。以求解"休谟问题"为契机,康德掀起了一场旨在为近代西方哲学乃至整个西方哲学的理性根基进行前提勘察的"哥白尼式革命"。康德的贡献很大,他深刻地凸显了思维与存在、主体与客体的关系的先验之维度。也就是说,他通过对这一关系本身的前提批判而对二者能否符合、何以符合作了深入的考察,为近代西方哲学家们构筑的一个个认识论体系找寻到了先验的原理依据。康德因此就消解了休谟的怀疑论对于西方哲学之形而上学建制的颠覆性的危险和破坏作用,承接着柏拉图之后对其所开启的"柏拉图主义"范式作了别具德国特色的丰富和完善,并由此将西方哲学发展的重心从英国和法国转移到了德国。继康德之后,费希特和谢林分别从两个方面继承了康德的哲学事业,力图通过破解康德所遭遇到的"形而上学疑难"而推进西方哲学的发展。他们的哲学研究的合理性在于,进一步凸显了主体的能动性作用,越发明确地揭示了思维与存在、主体与客体关系的矛盾特质;然而,他们的局限性也是十分明显的,分别陷入了为康德所驳斥的"唯心主义幻象"之中。黑格尔哲学不仅是德国古典哲学的集大成者,同时也是整个传统西方哲学的完成形式和完备形态。黑格尔以"绝对精神"为本体支撑，以唯心辩证法为方法论，把历史和逻辑的统一作为原则，将思维与存在、主体和客体的矛盾关系视为绝对精神外化的过程和结果的统一。黑格尔不仅基于世界观维度深刻地揭示了绝对精神运动过程中思维和存在的对立统一关系，而且还对二者从对立走向统一的各个阶段、各个环节进行了思辨的辩证解析，由此将精神世界、自然界和人类社会思辨地融为一体，构建起了一个恢宏的、无所不包的思辨唯心主义的存在论体系。黑格尔由此解决了困扰费希特和谢林的"康德形而上学疑难"，从而为德国古典哲学画上了句号；他也完成了自柏拉图以降所有哲学家的梦想，为作为"柏拉图主义"的传统西方哲学也画上了句号。

然而，的确如海德格尔所犀利指出的，包括黑格尔哲学在内，整个西方哲学本质上是"柏拉图主义"，它们有着共同的理论建制。哲学家们全都以"两个世界"的分离为逻辑始基而将世界形而上学地构造成为对象，区别只在于究竟将哪种"观念"设定为世界的本体。基于此，我们或许可以借用中国哲学的术语，将"柏拉图主义"视为贯穿于整个西方哲学发展过程之中的"道统"：为所有哲学家所遵循的基本原则；与之相应，每一个哲学家的"崇高理想"就是要以柏拉图的"理念论"为范本，创建新的哲学体系；而他们所创造的一个个哲学理论体系，就此而言，都是"柏拉图主义"逐渐完备化的特定形式和表现形态。然而，正是由于哲学家们全都十分自然地在柏拉图所奠定的形而上学地基上去解释世界，正是由于他们全都十分自然地以柏拉图所确立的理论建制为基本遵循去构造体系，这样一来，哲学家们就始终没有走出自我封闭的"形而上学王国"，在世界观、历史观和价值观层面陷入困境；这导致哲学家们始终不能真正打通哲学通往现实的道路，因而也就始终无法真正凸显哲学的真理性和科学性。

"新唯物主义哲学革命"不仅是马克思哲学思想的有机构成，也是马克思哲学变革和超越传统西方哲学的必要环节。可以说，如果缺失这个环节，马克思就难以确立新的"改变世界"的哲学观，也就无法实现对"解释世界"的旧哲学的彻底变革和根本超越。然而，当我们对这一课题进行研究的时候，又会面临这样一个疑难：我们在马克思的著作中根本找不到一个专题化的"哲学革命"板块。造成这一疑难的原因并不是我们文本考证的能力和技术手段的不足，而是马克思本人并未做过这样的事情。这实际上是由马克思哲学革命的开展方式所必然导致的疑难。马克思不是康德、黑格尔那样的学院派哲学家，他"首先是一位革命家"的身份必然地赋予其哲学革命及其哲学思想以超越性的意蕴，具有根本上超越以往人类思想史上所有哲学革命的独有品格。作为"思想革命"的马克思的新唯物主义哲学革命，其必须首先破解传统西方哲学"柏拉图主义"的困境和症结；这场具有重大意义的"哲学革命"，又必然地与马克思领导和参与的革命实践活动存在着密切的联系。究其实质，马克思是在立足于社会现实，对现实问题和时代课题进行持续求解的过程中，进行哲学研究、丰富其哲学思想，从而越发深入和彻底地完成了对旧哲学的彻底变革。

本书各个章节的分析表明，马克思的这一新唯物主义哲学革命具有鲜明的问题意识，即是要破解困扰整个传统西方哲学的形而上学疑难和困境，破除困扰哲学家们并制约西方哲学发展的迷障。自从马克思在大学时期遭遇这一疑难，他就开始对之进行深入的求索。《博士论文》初步破除了康德和青年黑格尔派们关于思维和存在关系问题的二元论迷误及其主体形而上学误区，确立了融"哲学的世界化"与"世界的哲学化"为一体的、虽则思辨但却辩证的哲学观。《莱茵报》时期的革命实践活动使马克思的哲学观得以淬炼，推动着马克思在世界观层面开始从唯心主义的理论建制挣脱出来，开始站立在唯物主义的哲学立场上思考和解决问题，同时，马克思的价值观也开始发生根本性的变化，开始从革命民主主义立场朝着共产主义的立场转变，马克思自觉地站在了人民群众这一边、将维护人民利益作为其哲学研究的根本价值立场。而世界观、价值观的变革也促使马克思开始初步意识到了黑格尔哲学的局限性，推动着马克思对旧哲学的历史观进行反思。这一工作成为马克思在克罗茨纳赫时期所进行的历史研究的重要主题。在其研究成果《克罗茨纳赫笔记》中，马克思初步反转了黑格尔的及其所代表的旧哲学的历史观：以人类社会历史的客观逻辑颠覆了这些哲学家基于"柏拉图主义"理论建制的主观逻辑。对黑格尔法哲学的批判拓展并深化了这一研究成果，得出了"市民社会决定国家"的重要结论，为唯物主义历史观的确立奠定了理论建制和逻辑前提。《德法年鉴》时期，以求解"犹太人问题"为契机，马克思切中了时代主题、把握住了资本时代的脉搏。他站在唯物主义的哲学地基上、共产主义的价值观立场上，揭示了政治解放和人类解放的本质差异，并基于原则的高度阐明了从资产阶级政治解放到无产阶级的社会解放的必然性和可能性；马克思的哲学观由此被赋予了革命的和批判的实践原则，而且进一步克服了"柏拉图主义"世界观及其唯心主义历史观的束缚。马克思的世界观彻底地奠定在了唯物主义的哲学基础之上，其共产主义价值观彻底地奠定在无产阶级消灭旧世界、建立新世界的共产主义革命实践之中。

世界观、价值观的彻底变革为马克思的新唯物主义哲学革命的进一步发展，为其在历史观层面彻底清算旧哲学的唯心史观迷误提供了理论支撑。从1844年到1846年，马克思逐步完成了这一工作。"巴黎手稿"对"异化劳动"的本质及其根源的分析，罢黜了旧哲学所栖居的"理念世界"的本原地位，明确将"感性世界"与"理念世界"的矛盾关系作为研究主题，将新唯物主义哲学观的鲜明特质展露并绽放了出来。以劳动与资本矛盾关系的"经济哲学分析"（实质是基于唯物主义哲学基础之上的政治经济学研究）为切入口，马克思批判并改造了黑格尔的唯心主义辩证法，分析了资本私有制条件下市民社会的极端矛盾本质，并再次从文明形态的更迭视角确证了共产主义社会制度的超越性意蕴。《关于费尔巴哈的提纲》是马克思哲学超越旧哲学、新唯物主义哲学超越作为形而上学的旧哲学的论纲，因而实则是马克思新唯物主义哲学革命的纲领。马克思事实上是基于世界观、历史观和价值观三者一致的整体性视域，展现了自己哲学的"新唯物主义"本质，同时以新唯物主义的理论建制实现了对旧哲学的"柏拉图主义"理论建制的扬弃。在和恩格斯合著的《德意志意识形态》中，马克思基本完成了对于旧哲学的变革和超越。以彻底的唯物主义世界观为根据，以共产主义的革命实践及其人民立场为价值观支撑，马克思的历史观实现了从唯心主义到唯物主义的彻底转变；同时，马克思以这一科学的唯物主义的历史观内蕴的"历史辩证法"为方法论，对人类社会发展的客观必然性及其未来发展趋势给予了唯物主义的求解，由此破解了"历史之谜"，实现了对"德意志意识形态"和旧哲学的彻底变革和根本超越。马克思的新唯物主义哲学的"改变世界"的本质属性，在其"资本批判"中得以充分彰显。马克思从哲学高度深邃地预测到了历史发展的未来必定是共产主义对资本主义的终结，并通过彻底的政治经济学批判将这个伟大的哲学理想锻造成为科学的社会理想。立足于新唯物主义哲学的高度，马克思对资本主义的内在本质展开了彻底的解剖，暴露了资本主义的政治制度、经济生产方式及其生产关系的颠倒性，深刻地把握住了现代资本主义社会的运行趋势和未来朝向，科学地揭示了人类社会新旧文明交替的必然演绎轨迹。

总之，马克思之所以能够创立一门改变世界的新唯物主义哲学，就在于他自觉地将现实化和时代化确立为自身哲学变革的前提。以破除旧哲学封闭体系为契机而发动的哲学变革，有着理论与实践相结合的鲜明特质。哲学的理论批判与现实的实践变革被有机地统一起来；密切地关注现实的同时极力寻求对现存现实的实践改造，成为贯穿整个变革过程的主体诉求；经由哲学批判转入对现实问题和时代课题的彻底破解，并将之上升为对社会历史发展之谜的揭示，成为主导马克思哲学革命的基本逻辑和最终归宿。马克思的新唯物主义哲学之所以能够改变世界亦即实践地变革资本时代，根本原因就在于它自觉地将哲学批判与资本批判密切地结合起来，着力于将对资本时代的哲学批判转化和提升为对资本统治的实践超越。

诚如恩格斯深刻地指出的："马克思的整个世界观不是教义，而是方法。它提供的不是现成的教条，而是进一步研究的出发点和供这种研究使用的方法。"① 马克思的新唯物主义哲学为打破资本统治、超越资本时代提供了思想武器和实践智慧。直到今天，马克思所创立的新唯物主义哲学及其"改变世界"的宗旨，在百年未有之大变局的今日仍然有其重要价值。"今天，马克思主义极大推进了人类文明进程，至今仍然是具有重大国际影响的思想体系和话语体系，马克思至今仍然被公认为'千年第一思想家'。"② 对于马克思思想的重大时代价值，许多西方当代思想家都给予了高度肯定。美国当代著名经济学家罗伯特·L.海尔布隆纳认为，"马克思主义是我们这个时代的'必要的'哲学……它为我们生活的历史和社会难题提供了至关重要的见解"③。德裔美国当代著名政治理论家汉娜·阿伦特认为，"我们只要还生活在这些问题依然存在的时代，那么我们今天依然与马克思生活在同一个时代"④。而法国当代著名经济学家托马斯·皮凯蒂则更为具体地指出，"马克思提出的无限积累原则表现出其深邃的洞察力，它对于 21 世纪的意义毫不逊色于其在 19 世纪的影响"⑤。马克思对资本主义的彻底的唯物主义批判表明：现存不合理的资本时代只是人类社会发展进程中的一个特定历史阶段，人类社会自身发展的必然性及劳动与资本关系固有的矛盾，决定了这个现代资产阶级社会将是史前文明的最后一个社会形态。"随着资本主义在全球范围内的蔓延以及它在曾经的'不发达'经济体（比如巴西和印度）的兴起，马克思的著作与现在更加相关，而不是变得更加无关紧要。"⑥ 随着资本矛盾的加剧，无产阶级与资产阶级对立必将不可调和，这个人与物关系颠倒的资本时代，必将为无产阶级的革命实践活动所扬弃，最终为共产主义所超越。这不仅是

---

① 《恩格斯致韦尔纳·桑巴特》，《马克思恩格斯文集》第 10 卷，人民出版社 2009 年版，第 691 页。
② 习近平：《在纪念马克思诞辰 200 周年大会上的讲话》，人民出版社 2018 年版，第 11 页。
③ 〔美〕罗伯特·L.海尔布隆纳：《马克思主义支持与反对》，马林梅译，东方出版社 2014 年版，第 9 页。
④ 〔美〕汉娜·阿伦特：《马克思主义与西方政治思想传统》，孙传钊译，江苏人民出版社 2012 年版，第 9 页。
⑤ 〔法〕托马斯·皮凯蒂：《21 世纪资本论》，巴曙松等译，中信出版社 2014 年版，第 11 页。
⑥ 〔英〕彼得·奥斯本：《问题在于改变世界》，王小娥、谢昉译，中信出版社 2016 年版，导言第 XIV 页。

马克思哲学超越旧哲学的深刻变革意蕴，也是马克思的新唯物主义哲学革命的世界历史意义。

马克思哲学革命的世界历史意义，马克思所创立的新唯物主义哲学的真理力量，在中国社会现实中得以充分彰显。"马克思主义哲学成为20世纪中国哲学的主流思潮，对中国思想世界产生了长久的深刻影响，正是通过不断的中国化、通过这个伟大哲学运动而实现的。"① 在领导人民进行革命、建设和改革一百多年的历史进程中，中国共产党"坚持把马克思主义基本原理同中国具体实际相结合、同中华优秀传统文化相结合"，领导中国人民"在一次次求索、一次次挫折、一次次开拓中完成中国其他各种政治力量不可能完成的艰巨任务"②。中国共产党由此充分证明了自己是当之无愧的马克思的传人——马克思主义的忠诚信奉者和坚定实践者。

"我们不但善于破坏一个旧世界，我们还将善于建设一个新世界。"③ 自成立至今一百多年来，中国共产党立足于马克思的新唯物主义哲学观，坚持以马克思和恩格斯创立的"历史科学"——马克思主义——为根本指导，孜孜不倦地领导中国人民"改变世界"：彻底地变革中国、推动中国社会朝着光明灿烂的未来发展，创造了彪炳千秋的丰功伟绩。一是创造了新民主主义革命的伟大成就。党领导人民进行了28年的浴血奋战，彻底打破了在中国社会存在了几千年的"少数人统治多数人"的旧制度，开启了中华民族历史的新纪元，"实现了中国从几千年封建专制政治向人民民主的伟大飞跃"④。二是创造了社会主义革命和建设的伟大成就。新中国成立后，党领导人民克服了来自政治、经济、军事等方面的严峻挑战，巩固了新生的人民政权，并通过"一化三改"完成了对经济基础的社会主义改造，随之在上层建筑领域确立了社会主义制度，由此"实现了一穷二白、人口众多的东方大国大步迈进社会主义的伟大飞跃"⑤。三是创造了改革开放和社会主义现代化建设的伟大成就。"文化大革命"之后，为真正发挥出社会主义制度优越性，为了使

---

① 李维武：《马克思主义哲学中国化与中国哲学的现代转型》，北京师范大学出版社2021年版，第83页。
② 《中国共产党第十九届中央委员会第六次全体会议文件汇编》，人民出版社2021年版，第96页。
③ 毛泽东：《在中国共产党第七届中央委员会第二次全体会议上的报告》，《毛泽东选集》第4卷，人民出版社1991年版，第1439页。
④ 《中国共产党第十九届中央委员会第六次全体会议文件汇编》，人民出版社2021年版，第118页。
⑤ 《中国共产党第十九届中央委员会第六次全体会议文件汇编》，人民出版社2021年版，第118页。

亿万人民摆脱贫困、尽快富裕起来,党领导人民解放思想、锐意进取,创造了举世瞩目的伟大成就,"推进了中华民族从站起来到富起来的伟大飞跃"①。四是创造了新时代中国特色社会主义的伟大成就。党的十八大以来,中国特色社会主义进入新时代,以习近平同志为核心的党中央统筹把握中华民族伟大复兴战略全局和世界百年未有之大变局,推动党和国家事业取得历史性成就、发生历史性变革,形成了一系列原创性思想、变革性实践、突破性进展、标志性成果,由此推动着中华民族伟大复兴进入不可逆转的伟大历史进程,"中国共产党和中国人民以英勇顽强的奋斗向世界庄严宣告,中华民族迎来了从站起来、富起来到强起来的伟大飞跃"②。

资产阶级思想家们(主要是西方现代哲学家们)一度对马克思哲学革命的彻底性提出质疑:马克思所创立的新唯物主义哲学何以是"改变世界"的哲学?作为改变世界的"哲学",新唯物主义又是如何"改变世界"的?中国共产党对此给出了有力的回答。党领导人民奋斗百年取得的丰功伟绩、推动中国社会持续发生的一次次"伟大飞跃",不仅对这一质疑作出了有力反驳和回击,也对这一关涉马克思哲学革命精髓要义的问题给出了"中国答案"。"以中国共产党的成立为标志,中国道路的百年探索开辟出一条以现代化和马克思主义中国化来实现中华民族伟大复兴的道路。这条复兴之路的新近形式是中国特色社会主义,而其所处的历史方位已然表明:中国特色社会主义在更深入地完成现代化任务的同时,正在积极地开启出一种新文明类型的可能性。"③ 今天,中华民族实现了第一个百年奋斗目标、乘势而上踏上了全面建设社会主义现代化国家新征程,中国共产党踔厉奋发、笃行不怠,正领导14亿多中国人民致力于构建中国式现代化文明新形态。"面向未来,中国共产党将坚定不移高扬社会主义旗帜,继续推进马克思主义中国化时代化。"④ 一方面,作为根本指导思想的马克思主义为这项伟大事业提供了重要理论支撑,我们仍然可以从马克思创建的新唯物主义哲学中汲取智慧;另一方面,中国共产党和中国人民也没有辜负这一"改变世界"的哲学:马克思主义的"中国化"将新唯物主义哲学的真理性充分绽放,中国的"马克思

---

① 《中国共产党第十九届中央委员会第六次全体会议文件汇编》,人民出版社2021年版,第120页。
② 《中国共产党第十九届中央委员会第六次全体会议文件汇编》,人民出版社2021年版,第121页。
③ 吴晓明:《中国道路的百年探索与马克思主义中国化》,《北京师范大学学报》(社会科学版)2021年第4期。
④ 中共中央宣传部:《中国共产党的历史使命与行动价值》,人民出版社2021年版,第94页。

主义化"又对它作了创造性的丰富和发展,使其在内容和形式上呈现出鲜明的"中国特色"。"横空大气排山去,砥柱人间是此峰。"从唯物史观和大历史观的维度看,世界历史的发展并未超出马克思关于人类文明发展未来的深邃哲思和深刻认知。"习近平新时代中国特色社会主义思想对世界历史转变的哲学洞见彰显了回应'时代之问'的世界眼光"[1],作为当代中国马克思主义、21世纪马克思主义,习近平新时代中国特色社会主义思想对"世界怎么了、我们怎么办"的"时代之问"和"未来之问"给出了"中国答案",实现了马克思主义中国化新的飞跃,引领中华民族正朝着马克思所描绘和期望的光明未来奋力前行!

---

[1] 刘同舫:《历史哲思与未来想象》,社会科学文献出版社2022年版,第177页。

参考文献

一 中文文献

(一) 马克思主义经典著作

《马克思恩格斯全集》(第1卷),人民出版社1956年版。
《马克思恩格斯全集》(第1卷),人民出版社1995年版。
《马克思恩格斯全集》(第2卷),人民出版社1957年版。
《马克思恩格斯全集》(第3卷),人民出版社1960年版。
《马克思恩格斯全集》(第3卷),人民出版社2002年版。
《马克思恩格斯全集》(第4卷),人民出版社1958年版。
《马克思恩格斯全集》(第6卷),人民出版社1961年版。
《马克思恩格斯全集》(第16卷),人民出版社1974年版。
《马克思恩格斯全集》(第25卷),人民出版社2001年版。
《马克思恩格斯全集》(第28卷),人民出版社2018年版。
《马克思恩格斯全集》(第31卷),人民出版社1998年版。
《马克思恩格斯全集》(第32卷),人民出版社1974年版。
《马克思恩格斯全集》(第37卷),人民出版社2019年版。
《马克思恩格斯全集》(第40卷),人民出版社1982年版。
《马克思恩格斯全集》(第42卷),人民出版社1979年版。
《马克思恩格斯全集》(第43卷),人民出版社2016年版。
《马克思恩格斯全集》(第46卷),人民出版社2003年版。
《马克思恩格斯全集》(第47卷),人民出版社2004年版。
《马克思恩格斯全集》(第49卷),人民出版社1982年版。
《马克思恩格斯选集》(第1—4卷),人民出版社2012年版。
《马克思恩格斯文集》(第1卷),人民出版社2009年版。
《马克思恩格斯文集》(第2卷),人民出版社2009年版。
《马克思恩格斯文集》(第3卷),人民出版社2009年版。

《马克思恩格斯文集》(第8卷),人民出版社2009年版。
《马克思恩格斯文集》(第9卷),人民出版社2009年版。
《马克思恩格斯文集》(第10卷),人民出版社2009年版。
《资本论》(第1卷),人民出版社2004年版。
《1844年经济学哲学手稿》(马克思诞辰200周年纪念特辑),人民出版社2018年版。
《共产党宣言》(马克思诞辰200周年纪念特辑),人民出版社2018年版。
中共中央马克思恩格斯列宁斯大林著作编译局编译:《马列著作编译资料》(第12辑),人民出版社1980年版。
《列宁全集》(第2卷),人民出版社2013年版。
《列宁全集》(第18卷),人民出版社2017年版。
《列宁全集》(第26卷),人民出版社2017年版。
《列宁全集》(第31卷),人民出版社2017年版。
《列宁全集》(第55卷),人民出版社2017年版。
《列宁专题文集·论马克思主义》,人民出版社2009年版。
《列宁专题文集·论辩证唯物主义和历史唯物主义》,人民出版社2009年版。
《毛泽东选集》(第4卷),人民出版社1991年版。
习近平:《在纪念马克思诞辰200周年大会上的讲话》,人民出版社2018年版。

（二）译著

北京大学哲学系外国哲学史教研室编译:《十八世纪末—十九世纪初德国哲学》,商务印书馆1975年版。
〔德〕阿多诺:《阿多诺选集·黑格尔三论》,谢永康译,上海人民出版社2020年版。
〔德〕奥特弗里德·郝费:《康德的〈纯粹理性批判〉——现代哲学的基石》,郭大为译,人民出版社2008年版。
〔德〕费尔巴哈:《费尔巴哈哲学著作选集》(上卷),荣震华等译,商务印书馆1959年版。
〔德〕费尔巴哈:《费尔巴哈哲学著作选集》(下卷),荣震华等译,商务印书馆1984年版。
〔德〕费希特:《费希特著作选集》(第5卷),梁志学编译,商务印书馆2006年版。
〔德〕弗里德里希·李斯特:《政治经济学的国民体系》,陈万煦译,蔡受百校,商务印书馆1961年版。
〔德〕哈贝马斯:《重建历史唯物主义》,郭官义译,社会科学文献出版社

2013年版。

〔德〕海德格尔：《存在与时间》，陈嘉映、王庆节译，生活·读书·新知三联书店2012年版。

〔德〕海德格尔：《海德格尔文集·康德与形而上学疑难》，王庆节译，商务印书馆2018年版。

〔德〕海德格尔：《海德格尔文集·林中路》，孙周兴译，商务印书馆2015年版。

〔德〕海德格尔：《海德格尔文集·面向思的事情》，陈小文、孙周兴译，商务印书馆2014年版。

〔德〕海德格尔：《海德格尔文集·尼采》（上下卷），孙周兴译，商务印书馆2015年版。

〔德〕海德格尔：《海德格尔选集》（上下卷），孙周兴译，生活·读书·新知三联书店1996年版。

〔德〕海德格尔：《论真理的质：柏拉图的洞喻和〈泰阿泰德〉讲疏》，赵卫国译，华夏出版社2008年版。

〔德〕汉斯-格奥尔格·加达默尔：《哲学解释学》，夏镇平、宋建平译，上海译文出版社2004年版。

〔德〕黑格尔：《法哲学原理》，范杨、张企泰等译，商务印书馆1961年版。

〔德〕黑格尔：《法哲学原理》，范杨、张企泰等译，商务印书馆2017年版。

〔德〕黑格尔：《黑格尔著作集》（第7卷），邓安庆译，人民出版社2016年版。

〔德〕黑格尔：《精神现象学》（上卷），贺麟、王玖兴译，商务印书馆2017年版。

〔德〕黑格尔：《小逻辑》，贺麟译，商务印书馆1980年版。

〔德〕黑格尔：《哲学史讲演录》（第1—4卷），贺麟、王太庆等译，商务印书馆2017年版。

〔德〕亨利希·库诺：《马克思的历史、社会和国家学说：马克思的社会学的基本要点》，袁志英译，上海译文出版社2006年版。

〔德〕卡尔·曼海姆：《意识形态与乌托邦》，艾彦译，华夏出版社2001年版。

〔德〕康德：《康德三大批判合集》（上卷），邓晓芒译，杨祖陶校，人民出版社2009年版。

〔德〕康德：《康德书信百封》，李秋零编译，上海人民出版社2006年版。

〔德〕康德：《任何一种能够作为科学出现的未来形而上学导论》，庞景仁译，商务印书馆1978年版。

〔德〕康德:《未来形而上学导论》(注释本),李秋零译注,中国人民大学出版社 2013 年版。

〔德〕莱布尼茨:《人类理智新论》(上册),陈修斋译,商务印书馆 1982 年版。

〔德〕立夏德·克朗纳:《论康德与黑格尔》,关子尹译,同济大学出版社 2004 年版。

〔德〕莫泽斯·赫斯:《赫斯精粹》,邓习议编译,方向红校译,南京大学出版社 2010 年版。

〔德〕瓦尔特·舒尔茨:《德国观念论的终结:谢林晚期哲学研究》,韩隽译,中国人民大学出版社 2019 年版。

〔德〕文德尔班:《哲学史教程》,罗达仁译,商务印书馆 1993 年版。

〔德〕谢林:《先验唯心主义体系》,梁志学、石泉译,商务印书馆 1977 年版。

〔法〕阿兰·巴迪欧:《德勒兹:存在的喧嚣》,杨凯麟译,南京大学出版社 2018 年版。

〔法〕奥古斯特·科尔纽:《马克思的思想起源》,王瑾译,中国人民大学出版社 1987 年版。

〔法〕奥古斯特·科尔纽:《马克思恩格斯传》(第 1 卷),王以铸、刘丕坤、杨静远译,持平校,生活·读书·新知三联书店 1963 年版。

〔法〕奥古斯特·科尔纽:《马克思恩格斯传》(第 2 卷),王以铸、刘丕坤、杨静远译,持平校,生活·读书·新知三联书店 1965 年版。

〔法〕奥古斯特·科尔纽:《马克思恩格斯传》(第 3 卷),管士滨译,生活·读书·新知三联书店 1980 年版。

〔法〕笛卡尔:《第一哲学沉思集》,庞景仁译,商务印书馆 1986 年版。

〔法〕笛卡尔:《谈谈方法》,王太庆译,商务印书馆 2000 年版。

〔法〕亨利·列斐伏尔:《空间的生产》,刘怀玉等译,商务印书馆 2021 年版。

〔法〕雷蒙·阿隆:《想象的马克思主义:从一个神圣家族到另一个神圣家族》,姜志辉译,上海译文出版社 2012 年版。

〔法〕路易·阿尔都塞:《保卫马克思》,顾良译,商务印书馆 2006 年版。

〔法〕蒲鲁东:《什么是所有权》,孙署冰译,商务印书馆 1963 年版。

〔法〕托马斯·皮凯蒂:《21 世纪资本论》,巴曙松等译,中信出版社 2014 年版。

复旦大学哲学系现代西方哲学研究室编译:《西方学者论〈1844 年经济学哲学手稿〉》,复旦大学出版社 1983 年版。

〔古希腊〕柏拉图:《柏拉图对话集》,王太庆译,商务印书馆 2004 年版。

〔古希腊〕柏拉图:《柏拉图全集·裴洞》,溥林译,商务印书馆 2021 年版。

〔古希腊〕柏拉图:《柏拉图全集·苏格拉底的申辩》,溥林译,商务印书馆 2021 年版。

〔古希腊〕亚里士多德:《形而上学》,苗力田译,中国人民大学出版社 2003 年版。

〔古希腊〕亚里士多德:《形而上学》,吴寿彭译,商务印书馆 1997 年版。

〔古希腊〕亚里士多德著、苗力田主编:《亚里士多德全集》(第 7 卷),中国人民大学出版社 1993 年版。

〔加拿大〕查尔斯·泰勒:《黑格尔》,张国清、朱进东译,译林出版社 2002 年版。

〔美〕阿兰·布鲁姆:《人应该如何生活:柏拉图〈王制〉释义》,刘晨光译,华夏出版社有限公司 2020 年版。

〔美〕奥尔曼:《异化:马克思关于资本主义社会中的人的概念》,王贵贤译,北京师范大学出版社 2011 年版。

〔美〕古尔德:《马克思的社会本体论:马克思社会实在理论中的个性和共同体》,王虎学译,北京师范大学出版社 2009 年版。

〔美〕汉娜·阿伦特:《马克思主义与西方政治思想传统》,孙传钊译,江苏人民出版社 2012 年版。

〔美〕罗伯特·L. 海尔布隆纳:《马克思主义支持与反对》,马林梅译,东方出版社 2014 年版。

〔美〕斯坦利·罗森:《存在之问:颠转海德格尔》,李昀译,华东师范大学出版社 2020 年版。

〔美〕特里·平卡德:《德国哲学 1760—1860:观念论的遗产》,韩隽译,中国人民大学出版社 2019 年版。

〔日〕广松涉:《马克思主义的哲学》,邓习议译,张一兵审订,南京大学出版社 2020 年版。

〔匈〕卢卡奇:《青年黑格尔》(节选本),王玖兴译,商务印书馆 1963 年版。

〔意〕葛兰西:《狱中札记》,曹雷雨译,中国社会科学出版社 2000 年版。

〔意〕马塞罗·默斯托:《另一个马克思:从早期手稿到国际工人协会》,孙亮译,中国人民大学出版社 2022 年版。

〔英〕G. A. 科恩:《卡尔·马克思的历史理论——一种辩护》,段忠桥译,高等教育出版社 2008 年版。

〔英〕S. H. 里格比:《马克思主义与历史学:一种批判性的研究》,吴英译,译林出版社 2012 年版。

〔英〕彼得·奥斯本:《问题在于改变世界》,王小娥、谢昉译,中信出版社2016年版。

〔英〕伯尔基:《马克思主义的起源》,伍庆、王文扬译,华东师范大学出版社2007年版。

〔英〕弗朗西斯·培根:《新工具》,许宝骙译,商务印书馆1986年版。

〔英〕奎因:《从逻辑的观点看》,江天骥等译,上海译文出版社1987年版。

〔英〕乔治·贝克莱:《人类知识原理》,关文运译,商务印书馆2010年版。

〔英〕休谟:《人性论》(上册),关文运译,郑之骧校,商务印书馆1980年版。

〔英〕约翰·B.汤普森:《意识形态理论研究》,郭世平等译,王晓升审校,社会科学文献出版社2013年版。

〔英〕约翰·B.汤普森:《意识形态与现代文化》,高铦等译,译林出版社2012年版。

〔英〕约翰·洛克:《论人类的认识》,胡景钊译,上海人民出版社2017年版。

中共中央马克思恩格斯列宁斯大林著作编译局编译:《回忆马克思恩格斯之摩尔和将军》,人民出版社1982年版。

中共中央马克思恩格斯列宁斯大林著作编译局编译:《回忆马克思恩格斯之我景仰的人》,人民出版社1982年版。

中国社会科学院哲学研究西方哲学史研究室编:《国外黑格尔哲学新论》,中国社会科学出版社1982年版。

(三)专著

陈喜贵主编:《马克思主义研究资料》(第21卷),中央编译出版社2015年版。

陈修斋:《欧洲哲学史上的经验主义和理性主义》,人民出版社2007年版。

邓正来等编:《国家与市民社会——一种社会理论的研究路径》,中央编译出版社2002年版。

姚颖主编:《马克思主义研究资料》(第11卷),中央编译出版社2015年版。

葛力:《十八世纪唯物主义》,上海人民出版社1982年版。

郝立忠:《哲学形态学》,人民出版社2018年版。

李百玲主编:《马克思主义研究资料》(第14卷),中央编译出版社2015年版。

李超杰:《近代西方哲学的精神》,商务印书馆2017年版。

李维武:《马克思主义哲学中国化与中国哲学的现代转型》,北京师范大学出版社2021年版。

林进平主编:《马克思主义研究资料》(第1卷),中央编译出版社2014年版。
刘敬东:《理性、自由与实践批判:两个世界的内在张力与历史理念的动力结构》,北京师范大学出版社2015年版。
刘同舫:《历史哲思与未来想象》,社会科学文献出版社2022年版。
刘同舫:《马克思人类解放思想史》,人民出版社2019年版。
吕世荣:《马克思的社会发展理论研究》,中国社会科学出版社2001年版。
吕世荣、周宏:《唯物史观的返本开新》,人民出版社2006年版。
吕增奎主编:《马克思主义研究资料》(第19卷),中央编译出版社2015年版。
聂敏里:《西方思想的起源——古希腊哲学史论》,中国人民大学出版社2017年版。
强以华、唐东哲:《西方形而上学思想史》,人民出版社2018年版。
孙伯鍨:《孙伯鍨哲学文存(第1卷):探索者道路的探索》,江苏人民出版社2010年版。
孙伯鍨、张一兵:《走进马克思》,江苏人民出版社2001年版。
孙正聿:《哲学:思想的前提批判》,中国社会科学出版社2016年版。
吴晓明、陈立新:《马克思主义本体论研究》,北京师范大学出版社2012年版。
吴晓明:《黑格尔的哲学遗产》,商务印书馆2020年版。
吴晓明、刘日明:《近代法哲学与马克思的社会存在理论》,文汇出版社2004年版。
武锡申主编:《马克思主义研究资料》(第12卷),中央编译出版社2015年版。
武锡申主编:《马克思主义研究资料》(第3卷),中央编译出版社2014年版。
邢来顺、吴友法主编:《德国通史》(第3卷),江苏人民出版社2019年版。
许兴亚:《马克思的国际经济理论》,中国经济出版社2002年版。
杨祖陶:《德国古典哲学逻辑进程》,武汉大学出版社2003年版。
姚介厚:《西方哲学史·学术版》(第2卷),凤凰出版社2005年版。
冯章主编:《马克思主义研究资料》(第15卷),中央编译出版社2014年版。
苑洁主编:《马克思主义研究资料》(第10卷),中央编译出版社2014年版。
苑洁主编:《马克思主义研究资料》(第16卷),中央编译出版社2014年版。
张世英:《中西哲学对话:不同而相通》,东方出版中心2020年版。
张一兵:《文献学语境中的〈德意志意识形态〉》,南京大学出版社2005年版。

张一兵主编：《马克思哲学的历史原像》，人民出版社 2009 年版。

张一兵主编：《马克思哲学思想发展史研究》（第 1 卷），中央编译出版社 2018 年版。

张志伟：《形而上学的历史演变》，中国人民大学出版社 2010 年版。

赵敦华：《西方哲学简史》（修订版），北京大学出版社 2001 年版。

赵汀阳：《没有答案：多种可能世界》，江苏凤凰文艺出版社 2020 年版。

中共中央宣传部：《中国共产党的历史使命与行动价值》，人民出版社 2021 年版。

《中国共产党第十九届中央委员会第六次全体会议文件汇编》，人民出版社 2021 年版。

周晓亮：《西方哲学史·学术版》（第 4 卷），凤凰出版社 2005 年版。

周艳辉主编：《马克思主义研究资料》（第 2 卷），中央编译出版社 2013 年版。

（四）论文

陈培永：《重思马克思新唯物主义的世界观》，《马克思主义理论学科研究》2021 年第 5 期。

陈先达：《历史唯物主义的史学功能——论历史事实·历史现象·历史规律》，《中国社会科学》2011 年第 2 期。

崔唯航：《重估马克思与唯物主义的关系问题》，《南京大学学报》2016 年第 1 期。

〔德〕海德格尔：《晚期海德格尔的三天讨论班纪要》，F. 曼迪耶等辑录，丁耘编译，《哲学译丛》2001 年第 3 期。

段忠桥：《历史唯物主义："哲学"还是"真正的实证科学"——答俞吾金教授》，《学术月刊》2010 年第 2 期。

高清海、孙利天：《马克思的哲学观变革及其当代意义》，《天津社会科学》2001 年第 5 期。

刘冰菁：《从市民社会到资本主义社会：法语语境中马克思市民社会概念的演进》，《东南学术》2021 年第 1 期。

刘同舫：《马克思文本解读的价值反思与方法论自觉》，《马克思主义与现实》2021 年第 3 期。

孙伯鍨、刘怀玉：《"存在论转向"与"方法论革命"——关于马克思主义哲学本体论研究中的几个问题》，《中国社会科学》2002 年第 5 期。

孙麾：《本体论的限度与改变世界的哲学》，《哲学研究》2003 年第 7 期。

孙亮：《从"社会事实"到"社会存在"——基于〈资本论〉价值形式批判的尝试性分析》，《天津社会科学》2021 年第 2 期。

孙正聿:《历史唯物主义的真实意义》,《哲学研究》2007年第9期。

唐正东:《历史规律的辩证性质——马克思文本的呈现方式》,《中国社会科学》2021年第10期。

魏博:《历史唯物主义与〈德意志意识形态〉——日本学者对MEGA2第一部分第5卷出版的回应》,《马克思主义与现实》2021年第3期。

吴晓明:《马克思的哲学革命与全部形而上学的终结》,《江苏社会科学》2000年第11期。

俞吾金:《历史唯物主义是哲学而不是实证科学——兼答段忠桥教授》,《学术月刊》2009年第10期。

俞吾金:《马克思哲学是社会生产关系本体论》,《学术研究》2001年第10期。

张奎良:《马克思的新唯物主义及其微型体系》,《马克思主义研究》2018年第5期。

张汝伦:《马克思的哲学观和"哲学的终结"》,《中国社会科学》2003年第7期。

张一兵:《马克思"市民社会"话语实践的历史发生构境》,《东南学术》2021年第1期。

二 外文文献

Baron D'Holbach, *The system of Nature*, Burt Franklin, New York, 1970.

Jakob Barion, *Ideologie, Wissenschaft, Philosophie*, Bonn: H. Bouvieru. Co. Verlag, 1966.

Jean L, *Civil Society and Political Theory*, Cambridge, M. I. T. Press, 1992.

Martin Seliger, *The Marxist Concepion of Ideology*, Cambridge University Press, 1977.

MEGA1I/1 (2), *Marx-Engels-Verlag* G. M. B. H. Berlin, 1929.

Moses Hess, *Philosophische und sozialistische Schriften (1837 – 1850)*, Herg. v. w. Mönke, Berlin, 1961.

Raymond Boundon, *The Analysis of Ideology*, The University of Chicago Press, 1989, p. 17.

Walter Carlsnaes, *The Concept of Ideology and Political Analysis*, Greenwood Press, 1981.

后　　记

　　本书是我承担的国家社科基金后期资助项目"马克思的新唯物主义哲学革命研究"（项目批准号：19FZXB095）的最终研究成果。该成果是以我的博士学位论文为研究基础，对问题作进一步深入探索和认真思考的结晶。

　　我的博士学位论文《马克思哲学变革的逻辑进程》通过深耕马克思哲学文本，主要探究了马克思冲破旧哲学束缚而创建新哲学的逻辑进程，被评为校级优秀学位论文，并入选《中国社会科学博士论文文库》。自2014年获得博士学位之后，利用工作闲暇，我开始对博士学位论文进行修改和完善。这一新的研究工作是以"马克思新唯物主义哲学革命何以可能"为轴心，以期进一步深入领会把握马克思哲学思想的精髓要义。2019年，承蒙全国哲学社会科学工作办公室和五位评审专家厚爱，我历经数年而形成的新的研究成果《马克思的新唯物主义哲学革命研究》，有幸中标了本年度的国家社科基金后期资助项目。现在呈现在大家面前的这个最终研究成果，既与博士学位论文有着内在联系，又与它有着不小的区别。我拓展了博士学位论文的研究论域，对一系列之前未曾涉及的新问题作了深入探索，特别是挖掘了马克思哲学对资本主义的唯物主义批判向度，展现了马克思哲学对于人类文明发展趋势的深邃智慧指引。

　　历史地看，我国学界关于马克思哲学革命的研究取得了丰硕的成果。对于这项课题，诸多前辈学人都倾注了心血，提出了许多真知灼见。当我追随前辈学人们的足迹，走入马克思的"思想世界"时，一下子就折服于马克思哲学思想的独特魅力了。但与此同时，我也坠入了问题旋涡之中：马克思哲学何以同传统西方哲学区别开来？这里的疑难在于：马克思不是哲学教授，而是一个职业革命家；马克思言说自己哲学思想的方式也十分特别，他并没有去构建一个"包罗万象"的"体系"。随着学习的深入，我越发地为这个课题所吸引：马克思究竟是如何将哲思嵌入革命实践中，创建一门与旧哲学根本不同的新哲学的？通过对这一课题进行深入的思考和求解，我完成了博士学位论文，也得以进入马克思哲学殿堂。

这几年来，立足于博士学位论文研究成果，我的研究愈加具体化并聚焦到一个点上：作为"新唯物主义"的马克思哲学究竟是如何创立的？这促使我在以往研究工作基础上对自己提出了新的任务：逻辑地呈现马克思新唯物主义哲学观的建构过程和思想意蕴。总的来看，研究基本达到了预期目标。我逐步深入地分析了马克思新唯物主义哲学革命的问题意识、论域、主题，呈现了马克思变革传统西方哲学而确立新唯物主义哲学观的逻辑脉络；基于世界观、历史观和价值观维度分析了马克思的新唯物主义哲学观的深刻内涵；深刻体悟到了它作为"改变世界"的新哲学与"解释世界"的旧哲学的本质差异；作为研究的落脚点，我对马克思的新唯物主义哲学"改变世界"的方式及其意义作了思考。在本书的最后一章，我通过分析马克思对资本主义的彻底唯物主义批判，展现了马克思哲学"改变世界"即变革资本时代、开创人类文明新形态的真理力量；并从马克思主义的"中国化"和中国的"马克思主义化"相统一的视角，凸显了马克思哲学对人类文明发展的重要意义和当代价值。

让"老树"发"新芽"并不容易！能否对这项十分经典的"老课题"给出一点点"新阐释"，是鼓舞我不懈前行的动力，更是我多年来拼搏进取的目标。这个目标是理想，使我在陷入困境时不气馁；它也是希望，使我虽迷茫彷徨却从未迷失方向；它更是信仰，使我下定决心要成为马克思主义忠诚传人的信念越发坚定。受主客观条件的制约，这个最终研究成果必然会有瑕疵。因此，至于我是否完成了目标，我自己断不敢妄言，甚至是备感忐忑的。如有错谬之处，敬请方家不吝赐教！

最后，真心感谢各位专家和师友对我的指导和帮助！特别感谢五位评审专家对研究成果给予的较高评价和非常宝贵的修改意见，指导我通过针对性地修改完善去进一步提升书稿的质量；再次感谢全国哲学社会科学工作办公室对成果的肯定。同时，感谢恩师吕世荣教授多年来的培养和教导；感谢中国社会科学出版社编辑刘艳老师的推荐和支持。

是为记。

聂海杰
2022 年 12 月 26 日于郑州